中国财政科学研究院年度智库报告

世界主要国家财政运行报告（2019）

——风险社会与逆全球化中的财政

中国财政科学研究院 著

中国财经出版传媒集团
中国财政经济出版社

《世界主要国家财政运行报告（2019）》

撰 写 组

顾　　问：刘尚希

组　　长：傅志华

执行组长：李成威

撰写组成员：（按姓氏笔画排序）

于雯杰　王美桃　白忠涛　刘翠微

朱玉迪　杜崇珊　李成威　李　欣

张晓云　高　丰　景婉博　傅志华

目录
CONTENTS

导言：风险社会与逆全球化中的财政

习近平总书记在省部级主要领导干部“坚持底线思维着力防范化解重大风险”专题研讨开班式上强调，面对波谲云诡的国际形势，我们必须始终保持高度警惕，既要高度警惕“黑天鹅”事件，也要防范“灰犀牛”事件。在2019年两会答记者问中，李克强总理也提到“现在世界经济都在放缓，就在这一个多月期间，几大国际权威机构都在调低世界经济增长的预期”。毋庸讳言，当今世界处于百年未有之大变局，且全球经济进入“新平庸时代”，全球经济越来越脆弱，未来衰退的几率大幅增加。美国增长率几乎完全得益于减税和增支等大量财政刺激手段，这种趋势是否可持续很难预料。欧洲政治上的不确定性对经济影响大，导致市场信心下降。一些拉美国家，政治不确定性亦不断增加，严重影响经济发展。以美国、欧洲部分国家为中心，西方国家内部经济结构失衡、社会两极分化等诸多矛盾累积。加上新技术革命及气候危机等因素的影响，未来国际经济和全球治理面临极大不确定性。在上述背景下，各国尤其是一些发达国家，试图将风险和不确定性转移给其他国家。全球风险的分担机制变成风险的“互害”机制，使得全球风险呈几何级数放大。全球风险对我国来说，既有危，也有机。决策失误，就可能产生危机。正确应对，就能化危为机。

一、人类进入风险社会

（一）“乌云笼罩全球经济”

过去两年，全球经济活动强劲，且广泛分布于全球大部分地区。这使得OECD成员国的失业率降至1980年以来的最低水平。IMF估计2018年全球经济增长

3.7%，反映了新兴经济体的增长。然而随着几乎所有主要发达经济体的商业活动放缓，全球经济增长可能在2018年见顶，预计全球经济活动将继续放缓。2018年下半年欧洲经济增长放缓幅度超过预期，德国经济几乎没有增长，意大利进入技术性衰退，即实际GDP连续两个季度萎缩。英国由于计划退出欧盟的不确定性占了上风，2018年年底经济增长明显放缓。与此同时，中国和其他新兴经济体近期的一些指标表现不佳，经济增长势头也可能弱于预期。综上所述，上述许多进展都导致IMF下调了其最新的全球增长预期。该机构目前预计，2019年和2020年全球经济增长将放缓至3.5%左右，低于过去两年3.8%的平均年增长率。2019年美国经济增速预计将放缓至2.4%（2018年为2.9%），2020年预计为1.7%，反映出财政刺激力度的减弱。不过，2018年支撑美国经济增长的一些因素预计将延续到2019年，包括就业和工资增长，这将继续支持消费增长。

从年初开始，全球经济被乌云笼罩。接连不断有预测认为受到贸易战争等的刺激而触发的贸易规模和产业生产的减少，以及新兴国家负债风险等问题，很可能导致全球景气萎缩。全球经济萎缩的可能对“小规模开放经济”的韩国带来致命的打击，这样的警告声不绝于耳。世界银行于2019年1月8日发布了名为“前景趋暗”的《世界经济展望》报告，报告将2019年全球经济增长预测从原先的3.0%下调至2.9%。2020年和2021年的经济增长率预测也由此下调0.1个百分点，为2.8%。国际货币基金组织（IMF）预测的前景也非常黯淡。IMF在2018年年末，将2019年的全球经济增长率展望从3.7%下调0.2个百分点之后，最近再次发表进行进一步的下调调整。全球经济景气低迷等的警告声不断增加。曾任美国财政部部长和白宫国家经济委员会主任的哈佛大学教授劳伦斯·萨摩斯最近指出“两年内可能出现史无前例的停滞”。IMF第一副总裁利普顿（David Lipton）指出，“各国未对经济停滞带来的深刻危机做好准备”，呼吁各国应缔结货币互换协议等，准备好“危机缓冲材料”。

（二）预示着人类进入风险社会

“乌云笼罩全球经济”的警告语之所以频繁出现，是因为人类进入了风险社会。美国学者丹尼尔·贝尔把人类历史分为三个发展阶段：前工业社会、工业社会和后工业社会。丹尼尔·贝尔对后工业社会的特征进行了描述，并未从风险社会的角度做思考。德国社会学家乌尔里希·贝克根据观察和研究，对所生活的时代社会性质进行了全新理解和阐释，提出了风险社会的概念。后工业社会的实质就是风险社会，是不确定性放大将人类带入了风险社会。

要理解什么是风险，可以从《荒野求生》探险家贝尔的故事讲起。进入丛林之前，丛林对于贝尔来说是不确定的。虽然贝尔掌握了一定的丛林知识、拥有荒野求生的技术、制定了严格的预案和规则等制度，但贝尔进入了丛林之后还是会遭遇风险。事实也是如此，贝尔数次在荒野中历险。

有了知识、技术和制度，为什么贝尔还会遭遇风险呢？那是因为贝尔所掌握、拥有的知识、技术和制度只是根据以往的经验和经历得到的，还不足以完全应对新进入丛林面临的不确定性。也就是说，贝尔及其团队所掌握的知识、技术和制度与应对新入丛林不确定性还有很大的差距。为什么会有这样的差距呢，是因为不确定性是无法预估的，即便想得再周到，还是会有“黑天鹅”事件发生。

这样分析之后，还有一个问题值得探讨。就是贝尔虽然在丛林和荒野中数次历险，有几次差点丧命，但迄今为止为什么每次都能在险境中脱身呢？这是因为贝尔在应对不确定性、应对所面临的黑天鹅事件在处置上具有一定的创新能力。否则，如果完全依靠既有的知识、技术和制度，贝尔是无法走出险境的。除此之外，还有一个很重要的因素或者变量，那就是忧患意识或者说风险理性。忧患意识或者说风险理性也就是常说的“居安思危”，是应对不确定性的重要基础。有很好的忧患意识或风险理性，在应对不确定性时，才能够自如地运用相关的知识、技术和制度，才能够在应对不确定性时不断提高自身的创新能力。

自从有了人类以来，不确定性与风险始终与人类相伴。但在很长时间，这些风险大都局限于个体或局部范围，对人类的影响并不大。但最近几十年以来，人类面临的不确定性和风险迅速加剧，并呈现出全球化趋势，对人类经济和社会发展造成了极大的影响，预示着人类进入了“风险社会”或称“全球风险社会”。

在现代社会，风险与以往相比有着质的变化。现代风险各种各样的表现形式，例如环境和自然风险、社会风险、经济风险、政治风险等，相互交织、相互联系，形成了网状结构，具有高度不确定性和不可预测性。这些风险网络以一种震荡波的形式影响着全人类、全社会。社会中所有的成员都无法幸免，不管你是穷人还是富人，也不管你是庙堂还是在江湖。风险一旦转化为实际的危机和灾难，它的涉及面和影响程度都将大大超过传统社会的灾难，有的风险甚至是毁灭性的。更为严重的情况，风险引发的危机和灾难，以及由此所产生的社会恐慌，将会通过高度发达的现代信息技术迅速传播到全社会，并将引发更大的恐慌，造成社会动荡。我们生活在一个全球化的时代，也就是“所有那些世界各民族融合成为一个单一社会和全球社会的变化过程”。现代社会风险和“全球化”有着密不可分的联系。随着我们用与技术发展相同的速度创造出无法测算的不确定性时，我们就进入了“全球风险社会”。

乌尔里希·贝克在《世界主义的欧洲：第二次现代性的社会与政治》中有一段话这样描述：在全球化时代，世界面临的风险发生了质的变化，它已经跨越生产者和消费者、富人和穷人的界限，超越了地域、民族、国家、社会制度和意识形态的差异，成为一种新型的、全球性的危险。它带来了整个人类生存条件的严重恶化，危及地球上的所有生命，威胁到整个人类文明。20 世纪末以来爆发的灾难性事件，在空间、时间和社会层面上所带来的安全丧失感和危机感是长远的、根深蒂固的。一切边界及内与外的区分，在全球迅速扩展和相互影响的危险面前，都土崩瓦解了。原来建筑在民族观念上的安全与自信，已经让位于对灾难的无所不在性和不可控制性的恐惧。

（三）风险社会中人是不确定性来源

工业社会的社会状态犹如经典力学是巨大而机械的系统，用知识和技术应对自然界的不确定性，从不确定性中发现确定性。人们从自然看似不确定的纷繁现象中发现规律，挖掘知识，就是在不确定性的自然海洋中追求确定性，攫取自然资源，构建社会秩序从而形成技术、机器、工业产品。社会发展依赖于对自然界不确定性中寻找确定性的进程。社会不断进化出一套严丝合缝的工业体系来从自然界挖掘确定性，观察气象获取天气预报，探测矿藏计算如何获取最大数量的资源，建立最适合的反应条件获取预期的化工产品，培育作物达到最大产量，运用自然的规则找到确定性来获得需要的结果。

风险社会的不确定性发生了根本性变化，自然的不确定性屈居于次要，人的不确定性是社会不确定性的根源，其造成影响的远远超过了自然。人成为社会的中心，不再像工业时代那样为了社会生产而服务，而是为了人自己而服务，主题是人如何从自身行为的不确定性中寻求确定性。社会的不确定性不再全部是受自然影响的、外源的，人本身产生的、社会固有的不确定性占据主导。

人人都希望自己能够过得更好，但世界上许多我们不愿看到事情依然在发生，其原因是人的不确定性。极端的干旱与人类过度抽取地下水，频繁使用人工降雨；土地的沙化与砍伐森林、过度放牧；超级病毒的传播与抗生素的滥用；人民的贫困与国家政权的腐败，可以说自然的野兽关进了笼子，人自身却产生了“恶魔”。谁也不能预知一个人会对社会与自然造成多大的影响，包括他自己，况且个人所能做到的影响范围还在不断地扩大。“大多数人正面接触到的更多更好的知识，成为新风险的来源。因为我们对大脑机能的了解越来越多，我们现在知道，一个‘大脑死亡’的人在某种状态下却能活得很好（如心脏仍在跳动）。在开拓更多新的活动领域的同时，科学也同时创造了新类型的风险”。

乌尔里希·贝克从生态风险角度对风险社会进行了诠释，他将风险社会的形成归因于工业化、科学技术以及知识的生产。贝克认为，现代文明制造的危险无法从社会的角度进行阐释，只能从现代化，尤其是工业化角度来说明。现代化进程，尤其是工业化进程系统地导致了现代化风险以及风险社会的形成。风险社会的风险主要是一种“现代化风险”和“文明的风险”。现代化风险的产生、扩散、交织与全球化过程，与人类的现代生产生活和发展方式密不可分，它系统地产生于现代化进程的方方面面，从工业化、生产力的指数式增长、科学技术的创新和进步，到人类的知识生产过程和决策行为。总而言之，现代文明的创建过程、现代化和工业化的扩张进程就是现代化风险的形成过程。

在贝克看来，现代化/工业化进程释放出越来越多的“人为不确定性”，“人为不确定性”导致现代化风险，而现代化风险的系统产生和累积形成了风险社会。工业文明中系统产生的人为不确定性是风险社会的根源。贝克认为，风险社会最大的特征是外在归因的不可能性。现代化风险取决于决策，是人类活动和疏忽的反映，是生产力高度发展的表现。这意味着现代化风险的来源不再是无知而是知识，不再是因为对自然缺乏控制而是控制太完善了。

现代化风险和风险社会源于人为不确定性，还有不少其他学者有类似的观点。2013 年诺贝尔经济学奖得主彼得·汉森认为，现有金融体系的风险与其说是来自金融体系本身的不确定性，还不如说，政策制定者的复杂方案增加了这一体系的风险。乌尔里希·贝克在《风险社会》中有段话这样描述：很多解决方案之所以很复杂，很可能是我们的政策制定者假装能够预测正确的结果。越是复杂的政策，对市场带来的影响也会越复杂。这一后果就是导致市场越来越不清晰，反过来再影响到监管规则，使得监管规则越来越复杂和模糊。在这样的情况下，监管部门的决策就更多地取决于决策人对经济问题的斟酌。这导致的后果，就是决策人很可能做出一些有偏见的决策。设计的规则越是复杂而难以理解，它越可能会成为新的不确定性的来源。这对我们的经济可能造成新的伤害。

二、全球风险与逆全球化趋势

世界各国经济社会的相互依赖性空前增强，为各种风险的形成与国际传导提供了条件，经济波动和危机的国际传染性也随之增强。在全球化下，一国的公共风险有可能演变成全球公共风险。

（一）全球面临诸多不确定性挑战

首先，科技变化打破原有的社会平衡，加剧不确定性。现代社会的科学技术提升了人们改变自然和社会的能力。过去人们主要通过认识规律来利用自然。步入工业化以来，人们可以利用技术按照人类的需求改造自然。人类对自然的逼迫性索取，虽然带来了物质财富极大程度增加，但同时打破了原有的平衡，带来许多不确定性和潜在危险。传统工业化模式的弊端越来越凸显，环境、资源、生态危机和财富分配危机频发，人类生存环境严重恶化，必须另谋出路，创新发展方式，走可持续、均衡发展的道路。21 世纪以来，人工智能的发展和利用从根本上改变了工业化以来的技术变革方式。但人工智能在多大程度上改变世界，会导致什么样的后果，很多还是未知领域。未知的领域蕴含着不确定性和未知的公共风险。自动化是不断加剧的不平等的一个潜在驱动因素，成为劳动力市场中的一股破坏性力量，随着新技术在全球经济中的扩散，其影响可能会长期持续。在可预见的未来，我们可以预期自动化和数字化会导致就业水平和工资水平下降，促使金字塔顶端的收入和财富增加。世界经济论坛2019年的《全球风险报告》对重要领导人展开的一项调查发现，环境问题和人类技术高速发展而带来的数据泄露和网络攻击等问题是重要的风险来源。该报告的调查结果基于年度全球风险认知调查，论坛的商业、政府、民间社会和思想领袖会在过程中评估世界面临的风险。

其次，国际政治和国际秩序进入新的变化和动荡时期。从国际政治和国际秩序角度看，西方主导的近代历史经历了殖民主义扩张、帝国主义霸权，基本特征是丛林法则与零和博弈。冷战结束以后，国际政治与国际秩序进入一个大调整期，力量与秩序转换交织在一起，当前这个过程依然在继续。近年来由于新生力量的崛起，美国自身霸权力量衰减，世界向后霸权秩序调整，还需要相当长的时间才会形成稳定的新框架。后霸权秩序是什么结构，现在还很难回答。总的来看，调整的大方向是向新关系、新秩序行进，而不是像冷战结束后那样，向旧的方向回归。在转型过程中可能会出现进两步退一步的反复，但总的趋势还是向着新方向去调整和发展，这是大势所趋，但其中蕴含着巨大的不确定性。

再次，全球经济风险快速增长。2018年9月26日，IMF总裁拉加德表示，全球经济面临的风险开始增长，“某些风险已经实现”。2018年11月13日，IMF发布了最新的全球经济增长预测报告，预期2018年、2019年全球经济增速将达到3.7%，与2017年持平，比早先7月份的报告预期下调了0.2个百分点。各国的经济表现也大大增加了全球经济的不确定性。美国“宽财政+紧货币”政策组合的溢出效应需密切关注，税改政策与美联储货币政策收紧相结合，将对全球流动性、投资者风险偏好产生影响，进而影响全球金融市场和经济。日本、英国等其他主要发达经济体货币政策也开始正常化。一旦货币政策收紧过快，导致长期利率抬升，可能对宏观经济和资产价格产生较大影响，阻碍复苏进程并引发金融风险。全球经济增长放缓，加上美国政府停摆和中美关系持续紧张导致的政策不确定性，导致企业和消费者信心在2018年年底下降。这些因素，加上企业盈利预期下降，导致金融市场波动性加大。其结果是，随着市场开始重新为这些进展定价，全球股票估值大幅下降，政府债券收益率下降，企业信贷息差温和上升。此外，2018年一些财务指标的演变引起了人们对未来增长前景的担忧。特别是美国收益率曲线（Yield Curve）趋平，加剧了对当前经济扩张的担忧。过去，美国收益率曲线趋平与即将到来的衰退有关。2018年年底以来，全球股市表现有所改善，其他金融状况有所缓解。这包括美国股市上涨，此前美联储发出信号，在外部需求放缓和市场波动放缓的背景下，将采取更加耐心的态度，推动货币政策进一步正常化。

收入分配不平等、全球贸易失衡导致逆全球化思潮与保护主义情绪的进一步加剧，国际贸易及投资保护主义风险仍需重视。短期内，保护主义可能通过阻碍贸易、抑制外商直接投资削弱全球需求，威胁经济持续复苏。长期内，保护主义会阻碍资本和劳动力流动，影响资源的有效配置，抑制全球价值链参与者的竞争，拖累生产率提升和经济增长。此外，部分发达国家高杠杆和沉重债务负担可能使消费和投资增长承压。据IMF统计，截至2018年10月，全球公共与私人债务已经达到创纪录的182万亿美元，比2007年金融危机爆发时高出约60%。在私人部门杠杆率高企、工资上涨迟缓、贫富差距不断增大的背景下，消费对经济复苏的拉动作用可能减弱。而受生产率增长长期低迷、政治不确定性上升、人口增长放缓及企业债务高企等因素影响，全球投资前景也面临不确定性。

（二）面对挑战出现逆全球化趋势：互利机制变互害机制

当今世界处于百年未有之大变局，且全球经济进入“新平庸时代”。以美国、欧洲部分国家为中心，西方国家内部经济结构失衡、社会两极分化等诸多矛盾累积。加上新技术革命及气候危机等因素的影响，未来国际经济和全球治理面临极大不确定性。面对全球性公共风险，必须树立全球治理理念，建立全球治理体系。全球化是不以人的意志为转移的不可逆的进程和趋势。全球化过程不可避免，不确定性因素增加也是无法控制的。因此，只有提高全球化过程中的应对不确定性的公共风险理性水平，才能防范和化解全球公共风险，达到治理全球公共风险的目的。防范和化解全球公共风险的全球治理需要全世界各个国家共同参与。全球公共风险威胁整个人类的安全，公共风险的防范和化解突破了单一国家所能控制的界限和范围。面对国际事务与国内事务、内部风险与全球风险的相互交错和难以区分的现实，必须跨越有形的国界，借助国际社会共同的力量，提高人类对全球化过程中不确定性的认知能力（知识）、集体行动的能力以及制度的有效性，形成全球治理有效的制度安排。

然而，面对全球风险的冲击，一些西方国家的政客则不是想着如何防范和化解全球风险，而是想着怎么把风险转移出去。一些政客“保护主义”大行其道，大搞特搞自己国家优先。只要认为不符合自己国家优先的情况，就处处与世界为敌，对其他国家发难，甚至连老“盟友”都不放过。为了搞自己国家优先，置国际义务与责任于不顾，在国际机构和协议中大规模“退群”，如退出“巴黎气候变化协定”“联合国教科文组织”“全球移民协议”“联合国人权理事会”“维也纳外交关系公约”“万国邮政联盟”等。还威胁退出“世界贸易组织（WTO）”。这些可都是老牌国际组织或国际协议，这些组织和协议对于维护世界和平与公平秩序、防范全球风险具有十分重要的意义。特别是退出“中导条约”，将世界带入极其危险的境地。以上说明“保护主义”者的目标并非只是针对某一个国家，他的一切做法都是为了实现少数人政治目标的“保护主义”，即搞所谓“国家优先”，置全世界的安危于不顾。这些“保护义”者搞“国家优先”战略和贸易保护主义大行其道等，都是试图将风险转移给其他国家的表现。全球风险的分担机制变成风险的“互害”机制，使得全球风险呈几何级数放大。

三、各国财政经济运行和治理措施呈现新特征

在全球风险和逆全球化趋势下，各国经济和财政运行出现一些新的情况，治理措施上也有新变化。

（一）全球风险为经济增长蒙上阴影

2019 年 10 月，国际货币基金组织（IMF）发布最新的《世界经济展望》，将 2019 年世界经济增速下调至 3%，较 2019 年 7 月份预测值下调 0.2 个百分点。这也是 2008 年国际金融危机爆发以来最低水平。IMF 发布的报告再次下调全球经济增长预期，预计经济增长率将降至 10 年前金融危机以来的最低水平，这很好地解释了石油市场上弥漫的悲观情绪。中东地缘政治风险和美国页岩油产量下滑对油价的提振作用有限，全球经济放缓成为最令人担忧的一个问题。报告预计，发达经济体今明两年经济增速均放缓至 1.7%；新兴市场和发展中经济体今明两年经济增速分别放缓至 3.9% 和 4.6%。造成经济增长疲软的原因是制造业活动和全球贸易急剧恶化，关税的提高和持续的贸易政策不确定性损害了投资和对资本品的需求。部分新兴市场和发展中经济体宏观经济压力以及发达经济体结构性因素导致今年世界经济增速放缓。贸易壁垒增加和地缘政治紧张局势的加剧进一步削弱了经济增长。据 IMF 估算，美中之间的贸易紧张局势到 2020 年将导致全球 GDP 累计下降 0.8%。与制造业和贸易极度疲软形成对照，服务业几乎在全球范围内都维持了良好的表现。因此，发达经济体的劳动力市场依然活跃，工资增长和消费支出依然保持健康态势。然而，美国和欧元区的服务业初步出现了一些趋弱迹象，如表 0－1 所示。

表 0－1　　国际货币基金组织对美国经济形势的预测

	2019 年	2020 年	2021 年	2022 年	更长远来看
实际 GDP 增长率（年度平均，%）	2.6	1.9	1.8	1.7	1.7

续表

	2019 年	2020 年	2021 年	2022 年	更长远来看
失业率（期末值,%）	3.5	3.5	3.7	3.7	4.3
核心个人消费物价指数（第四季度同比）	1.8	2.1	2.1	2.0	2.0
联邦基金利率（期末值,%）	2.6	2.9	2.9	2.9	2.8
预算平衡情况（联邦政府，占 GDP 的百分比）	-4.2	-4.0	-4.0	-4.3	-4.7

资料来源：IMF，2019 ARTICLE IV CONSULTATION—PRESS RELEASE；STAFF REPORT；AND STATEMENT BY THE EXECUTIVE DIRECTOR FOR THE UNITED STATES，2019.06.

IMF 指出，全球经济风险正在不断加剧。其中贸易和地缘政治紧张局势的加剧、英国“脱欧”相关风险，可能进一步干扰经济活动，并导致新兴市场经济体和欧元区已经脆弱的复苏出现脱轨。这可能引起风险情绪的急剧变化、金融动荡以及新兴市场经济体资本流入的逆转。在发达经济体，低通胀可能变得根深蒂固，使今后更长时间内的货币政策空间受到制约，损害其有效性。这在主要经济体的表现中得到了印证。

1. 美国经济隐藏诸多隐患

近年来，美国失业率不断下降、工资水平有所上升、通胀水平较为温和，GDP 实现了 121 个月的连续增长，创造了其历史上最长的增长纪录。但在经济超预期增长的背后却存在着一系列的风险，或将拖累美国乃至全球的经济前景。贸易争端的深化或金融市场状况的突然逆转对美国经济构成了重大风险。美国经济连续增长的背后隐藏着诸多隐患。高赤字高负债的财政政策与宽松的金融环境相叠加，虽然在短期内有力地刺激了经济的发展，但从中期来看却带来了许多风险。总结来说，主要包括金融风险、外部失衡风险和财政不可持续的风险。社会保障（Social Security）是目前联邦预算中最大的开支。美国总统预算局 2020 财年预算报告显示，2019 财年联邦政府预算中的医疗保险（Medicare）支出，扣除保费为 6 450 亿美元，到 2029 年，1.36 万亿美元的医疗保险支出将远超国防支出，跃居为联邦第二大支出。在基线预测（the Baseline Projections）中，美国联邦政府 2020 年的社会保障支出将增长 5.9%，医疗保险支出将增长 8.8%。未来 10 年，社会保障支出将以 5.8% 的年复合增长率增长，医疗保险支出的年复合增速为 7.8%，而同时期年均通胀率预计为 2.3%。联邦预算中几乎所有针对 65 岁及以上老人的支出都属于法定支出项目（Mandatory Programs）——也就是说，其支出通常受法定标准控制，而不受年度拨款程序的约束。在 2018 财年，法定支出中针对老年人的支出约为 1.5 万亿美元，其中约有 85% 用于社会保障和医疗保险。自 2005 年以来，直接针对老年人的法定支出部分不论是以美元计算的绝对数还是按 GDP 占比的相对数均大幅增长，并且预计在未来10年还将继续增长。按照占GDP的比重计算，针对65岁及以上人口的法定支出从2005年的5.8%增长到了2018年的7.5%，如果根据现行法律安排，这一比例将在2029年升至GDP的9.8%。社会保障和医疗保险支出在很大程度上推动了针对老年人的法定支出的增长。美国国会预算局预计，根据现行法律，仅针对美国老年人的社会保障及医疗保险项目支出就将从2018年的1.3万亿美元增加到2029年的2.7万亿美元，占同期针对老年人支出增长总额的90%以上。推动这一增长的因素包括人口老龄化和人均医疗保健成本上升。据国会预算局预计，未来10年，联邦医疗保健项目的人均支出将比近年增长得更快。联邦医疗保险和社会保障以外的法定支出项目预计也将使联邦政府针对老年人的预算支出增加。美国国会预算局预计，2018年，除医疗保险和社会保障外其他联邦政府法定支出项目中针对老年人的支出约为2 250亿美元。按照现行法律，到2029年这一数字将增至3 400亿美元左右。除直接针对特定年龄群的支出外，联邦政府还有其他支出目标，这些目标与受益人年龄无关，但不论是根据老年人占总人口的比重，还是根据他们在市场收入中所占的份额，上述支出中大约有六分之一可划归于65岁及以上的老年人。例如，国防、基础设施和研发支出，这些支出使所有美国人受益，不分年龄。2018年，此类支出总额超过1万亿美元。针对老年人的支出金额直接影响到联邦政府的税收及借款需求。对老年人的支出将在未来几年里给美国联邦财政和纳税人的钱包带来持续的压力，正把美国联邦政府推向财政危机。相对于联邦支出主要集中在老年人的健康和养老金需求上，与年轻人相关的支出责任则属于州和地方政府。比如，州和地方政府通过提供免费的K-12教育等方式对年轻人进行了大量投资。2018年，州和地方政府在免费的K-12教育方面投入约为6 000亿美元。

2. 欧洲经济依然无法走出低增长综合征

2008年国际金融危机爆发，影响波及欧洲，使得希腊等欧洲部分国家爆发了主权债务危机。自此，欧洲的经济进入长达10年的低迷期。目前，欧洲经济虽然实现了一定程度的复苏，但并未完全复兴，低通胀、低利率和低增长已成为新常态。根据欧盟统计局公布数据，2009—2018年欧元区的通货膨胀率经历了较小幅度的波动，一直保持在较低水平。2009年通胀率几近于0，随后逐渐上升，在2011年达到顶峰2.70%。随后几年，通胀率逐渐下降，在2015年和2016年下降至最低点0.20%，几近通缩。为了达到略低于2%的通货膨胀率目标，欧洲央行实施了量化宽松的政策，这给经济带来了一定的刺激，使得通货膨胀率逐渐回升，至2017年、2018年正逐渐接近欧洲央行制定的目标。自2018年年末以来，欧元区通胀率一直远低于欧洲央行设定的略低于2%的目标。至2019年6月，通胀率为1.27%，仍保持低位。国际金融危机爆发后，2009年欧元区的GDP呈现出了负增长，增长率为-3.51%，随后两年，GDP增速反弹至将近3%，但在2012年GDP增速再次跌至0.42%，这一阶段，欧洲央行采取应对措施，使得 GDP 增速缓慢回升。2014 年后，保持低速温和的增长，维持着经济复苏的势态。2018 年 GDP 与上年同比增长 3.3%，预计 2019 年将放缓，2020 年秋季该地区还必须应对英国“脱欧”的混乱局面，情况可能会更糟，如图 0－1 所示。根据欧盟统计局公布的数据整理了 2009—2018 年欧元区和欧盟的失业人口和失业率，其中失业率按照失业人口占参与经济活动人口数的比例计算。可以看出，金融危机后 10 年欧元区和欧盟失业率一直远高于自然失业率。2009 年开始，欧元区失业率逐年上升，到 2013 年达到最高点 12%，同时失业人数也达到顶峰，达到 1 927 万人，之后失业率和失业人数逐年下降，但仍保持在较高水平，至 2018 年，下降至 8.2%。欧盟的失业率在 2013 年达到顶峰，为 10.9%，失业人数也达到顶峰，为 2 633 万人，之后失业率逐年下降，2019 年下降到 6.8%，失业人数 1 689 万人左右，低于危机前的水平。欧债危机爆发后，为了刺激经济增长，欧洲央行决定放松货币政策，实施低利率或零利率政策。欧洲央行主要通过三种利率来调节经济：主要再融资利率、边际贷款便利利率和存款便利利率。自 2009 年以来，三大利率一直维持在较低水平，2016 年，央行将主要再融资利率、边际贷款便利利率、存款便利利率分别降至 0%、0.25%、－0.4%，至今这三大利率水平维持不变。

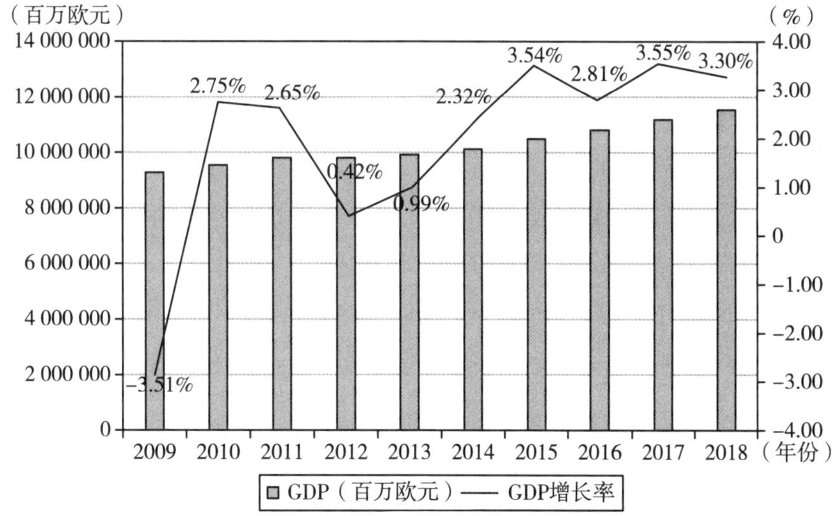

图 0－1　欧元区 GDP 及增长率

资料来源：欧盟统计局。

尽管欧洲的经济在近年来已得到一定程度的复苏，但这 10 年来从未走出低迷的状态。第一，欧洲各个国家在国际金融危机中复苏的不同步使得整体经济难以走出持续的低迷状态。虽然欧洲整体经济已经历了较长时间的恢复期，但有一些国家刚刚开始复苏。近年来，欧洲的失业情况逐渐好转，慢慢恢复到国际金融危机前的水平，但西班牙、意大利和希腊等国情况仍然糟糕。一些经济较发达的国家，如德国、荷兰，经济复苏和发展的速度远远超过南欧的某些国家。经济复苏的不平衡使得欧洲难以走出经济低迷的状态。第二，财政与货币政策的不统一阻碍了欧洲经济的一体化和复苏进程。虽然欧元区早就统一了货币，成为实行统一货币政策的货币联盟，但欧盟各国没有实现财政政策的统一，这约束了欧洲层面调控经济的政策手段和力度。近年来，欧洲经济复苏的步伐又被一些新变数阻挡，英国“脱欧”无疑是重要的变数之一。英国“脱欧”将延缓欧盟单一市场的推进，给英国和欧洲的金融业、对外贸易和国际资本流动等带来更多的不确定性。另外，作为欧盟的第二大经济体，英国的退出意味着欧盟经济实力的大大削弱，降低了欧盟在全球的经济地位，影响了其经济复苏的进程。

3. 日本增长势头已显露疲态

2018 年全年日本完成的国内生产总值（GDP）总额约为 5 484 961 亿日元，折合 4.968 万亿美元。全年 GDP 实际增速 0.7%，GDP 名义增速 0.6%，低于 IMF 和世界银行预测增速，较 2017 年 1.9% 的增速大幅下滑。人均 GDP 约 39 369 美元。虽然日本经济已连续 7 年保持增长，但增长势头已显露疲态。从外部环境看，根据国际机构对全球经济前景的预测，预计 2018 年和 2019 年全球将持续 3% 左右的缓慢增长。但对 2019 年的经济增速预测，曾经向下进行过微调，伴随宏观经济政策支撑的逐渐减弱，预计贸易问题的影响、金融环境的紧缩等不利影响将持续。在全球经济缓慢恢复的背景下，虽然全球贸易会有增长，预计增长程度仅略超过经济增长率，而风险却是多种风险同时存在而交织的，如贸易问题的动向以及发达国家的利率上调导致资金从新兴发展中国家流出等风险，这些也是日本经济面临的风险。从日本 2019 年一季度宏观经济形势看，日本内阁府 2019 年 5 月 20 日公布了 2019 年第一季度国内生产总值初步统计数据，在剔除物价变动因素后实际 GDP 比上季度增长 0.5%，换算成年增长率是 2.1%，连续两个季度增长。从宏观来看，内需对本季度的增长贡献了 0.1 个百分点，物资、服务等项目的净出口贡献达到了 0.4 个百分点。从主要项目来看，由于物价上涨和消费者节约意识的增强等因素，对 GDP 贡献较大的个人消费减少了 0.1%。而民间住宅消费则维持了从 2018 年第三季度以来的增长势头，环比增长了 1.1%。民间企业设备投资则在 2018 年第四季度增长 2.5% 后环比下降了 0.3%。同样，政府消费较上季度也减少了 0.2 个百分点。在进出口方面，受世界经济大环境下行的影响，出口减少了 2.4%，另一方面，由于原油价格下降等因素，进口规模也减少了 4.6%。此外，2018 年度实际 GDP 增长率为 0.6%，低于日本政府此前预测的 0.9%。日本经济再生大臣茂木敏充就该数据发表评论时表示，伴随出口的减少，以制造业为中心的生产活动较弱，但雇佣、收入环境的改善以及企业高水准的收益等支撑内需的基本经济条件稳定。再加上今年对公共投资的期待增加，内需扩大的趋势并没有受到不良影响。

（二）一些国家财政可持续受到挑战

在全球风险背景下，各国经济发展不景气，财政收入下滑，财政赤字上升，进而导致债务普遍上升，主要国家财政可持续受到严峻挑战。

1. 发达国家如美国，高赤字、高负债的状况恐难以得到扭转

如图 0 - 2 所示，截至 2018 财年，美国联邦债务总额为 21.5 万亿美元（占 GDP 的比重为 106.1%）。其中，公众持有债务为 15.7 万亿美元（占 GDP 的比重为 77.8%），政府间债务为 5.7 万亿美元（占 GDP 的比重为 38.2%）。公众持有的债务是美国联邦政府通过发行国债在金融市场上借贷的金额，用以支付美国联邦政府的运行活动。当联邦政府在金融市场借款时，它会与其他参与者争夺金融资源，从长期来看，会排挤私人投资，从而拖累经济产出。相比之下，信托基金和其他政府账户持有的联邦债券代表的是政府内部的交易，并不直接影响金融市场。因而在此只考虑公众持有债务的情况。在过去 10 年，公众持有的联邦债务激增，2007 年年底的 GDP 占比为 35%，但 2007—2009 年经济衰退及财政刺激政策助长了预算赤字和债务率。到 2012 年年底，债务占 GDP 的比重翻了一番，达 70%，并继续保持上升趋势。预计至 2019 财年年末，债务将占到 GDP 的 80% 左右。

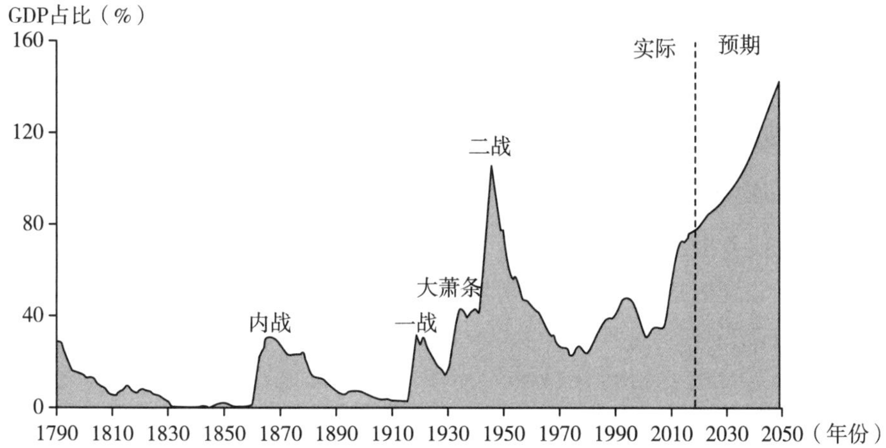

图 0 - 2 公众持有债务的 GDP 占比

资料来源：CBO，The 2019 Long - Term Budget Outlook.

长久以来，为保证政绩，美国联邦政府习惯于采取减税增支的策略来助推经济发展，从而导致赤字和负债的双高。2007—2009 年的金融危机使美国陷入了衰退，为刺激经济复苏，奥巴马政府的经济刺激计划使美国债务规模进一步扩大。特朗普上台之后更是进行了大力度的减税，同时疯狂增加军事等支出，以促进经济发展，实践其“使美国再次强大”的承诺，赢取选民的支持。但根据联邦预算委员会，

2017 年《减税与就业法案》（TCJA）预计将在 2018—2027 财年间使预算赤字增加 1.5 万亿美元。且从目前来看，短期内大范围减税等刺激政策的效果并不显著，2018 财年财政收入增长开始放缓；在中长期内，伴随着刺激政策的失效，政府收入增长进一步放缓的风险还会大大增加。但与之相对的却是持续且快速上升的国防支出、债务利息支出和社会福利支出，财政收支严重失衡，高赤字、高负债的状况恐难以得到扭转。

2. 英国的债务状况也不容乐观

2018/2019 财年，英国全国政府总债务 1.82 万亿英镑，占 GDP 的 84.0%。从历史变动情况来看，全球金融危机以来，英国政府总债务不断积累，总量上看，从 2008/2009 财年的 8 220 亿英镑持续增加到 2018/2019 财年的 1.82 万亿英镑，总债务占 GDP 比重从 2008/2009 财年的 53.6% 增加到 2014/2015 财年的 85% 左右，之后开始有所下降。也就是说，全球金融危机之后英国政府总债务不断积累，总债务占 GDP 比重开始出现下降，但是目前还没有得到明显缓解和改善。

3. 日本也难以摆脱巨大的债务负担

日本首相安倍晋三自第二次上任以来即实施所谓“安倍经济学”的各种政策，力求使日本经济摆脱长期的通缩。由于日本面临严重少子老龄化以及巨大的债务负担，政府想通过提高消费税来推动财政重建。日本消费税自 1989 年开始实施，中间有过两次上调，今年 10 月份如果能顺利上调，是第三次调整。历次上调都面临极大阻力。尤其这次，有观点担心安倍政府以消费税对策的名义过度扩大财政支出，财政支出规模不断膨胀，财政重建将越行越远。

4. 金砖国家如巴西，债务规模也在膨胀

巴西年度债务报告显示，2018 年巴西政府当局面临一系列挑战，如国际贸易形势恶化以及总统更迭等不确定因素增加，财政部不得不在非常条件下调整债券市场战略，以降低市场对浮动债券发行（LFT）的影响。2014—2016 年，巴西经济衰退，导致经济环境整体疲软，加之国境竞争形势日益不明朗，巴西广义政府债务（DBGG）占 GDP 的比重大幅攀升。如图 0－3 所示，根据巴西国库预测，广义政府债务占 GDP 比重也从 2013 年最低点 51.7%，逐步扩张到 2020—2021 的 80% 以上。根据 2019 年 5 月 10 日巴西中央银行公布的统计数据，巴西全国政府债务规模呈逐年递增趋势，债务总规模从 2014 年的 35 608.4 亿雷亚尔攀升为 2019 年 5 月的 54 805.7 亿雷亚尔，占 GDP 比重也从 61.6% 增加到了 78.7%，年均增幅达 2.1%。根据巴西国库公布的 2019 年融资计划，2019 年联邦政府总借贷规模为 10 146 亿雷亚尔，其中公共部门净借贷规模为 7 797 亿雷亚尔。

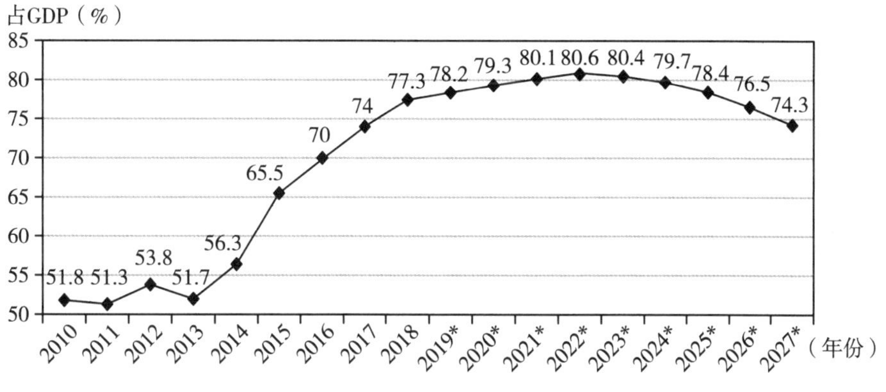

图 0 -3　2010—2027 年巴西广义政府债务占 GDP 比重变动图

（三）应对全球风险和逆全球化趋势一些国家出台了相应的治理措施

自 2007—2009 年金融危机以来，需求的萎缩和增长的低迷导致全球存量市场资源进一步收缩，各国政府在经济困难时期越来越多地寻求保护本土产业，“全球化”进入深度调整期。

近年来减税潮在全球愈加风靡。2017 年特朗普在个人所得税和企业所得税方面大刀阔斧的改革，更是将减税热潮推向了新的高度。在这样的背景下，受相关国家改革举措的影响，经合组织国家个税和社保缴款负担实现了连续 4 年的下降。经合组织（OECD）2019 年 4 月发布的《工资税负 2019（Taxing Wages 2019）》（如图 0 -4所示）报告显示，受成员国改革的影响，2018 年经合组织普通工人的所得税和社保缴款负担下降。个税和社保缴款负担是根据“税收楔子占劳动力总成本”的比率（以下简称“税收楔子”）来测算的，即员工个税和社保缴款减去家庭收到的现金福利，除以雇主的劳动力成本总额。2018 年经合组织国家平均比率为 36. 1%，同比下降了 0. 16 个百分点，实现了连续 4 年下降。究其原因，主要是受 4 个成员国改革的推动：美国（比率下降 2. 19 个百分点）和爱沙尼亚（下降 2. 54 个百分点）的所得税改革；匈牙利（下降 1. 11 个百分点）和比利时（下降 1. 09 个百分点）降低了社保缴款。但与此同时，还有 22 个成员国（约占成员国总数的 2/3）的比率出现了小幅增长。剩余 10 个成员国略有下降。报告使用的另一个指标是个人平均净所得税率（NPATR），即员工个人所得税和社保缴款减去家庭收到的现金福利，除以工资总额。2018 年，经合组织个人平均净所得税率为 25. 5%，比上一年下降了 0. 16 个百分点。近年来该比率一直保持稳定，但在各国之间有较大差异（从智利、韩国和墨西哥的 15% 以下到比利时、丹麦和德国的 35% 以上）。

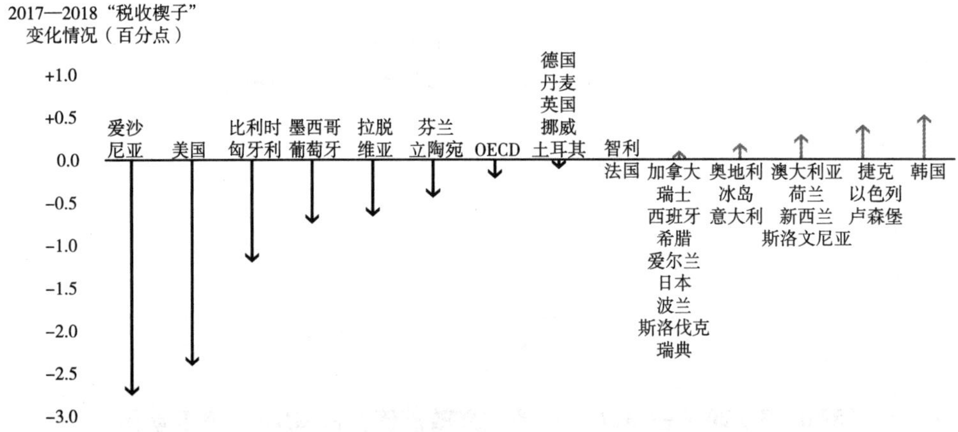

图 0－4　经合组织国家劳动力平均税收负担

资料来源：TaxingWages 2019，http：//www. oecd. org/tax/reforms－in－a－few－countries－drive－a－decline－in－average－oecd－labour－taxes. htm.

同时，各国在支出等方面的治理改革也是费尽了心机。如美国，虽然美国在全球化过程中获益良多，但是伴随着经济的发展和产业结构的调整，其国内利益结构也随之调整，进而加剧了国内的矛盾、冲突。在这样的背景下，特朗普采取了一系列政策措施来调节国内矛盾、促进经济发展和就业、维护和提升政府形象、以赢取选民的支持。本届美国总统特朗普在其第一份《总统经济报告》中就其任期内愿景有较为明确的阐述，包括促进就业；工资增长；实现能源优势；扩大基础设施建设；鼓励创新；增强市场活力；提振贫困社区发展等等。总体来说，特朗普上任之后即以经济发展和国家安全为两条主线，全方位着手国家治理体系的改革，在社会、市场、政府三个方面均采取了重大举措：社会方面，保障充分就业，支持贫困地区；政府方面，提高行政效率，保障国家安全；市场方面，释放市场活力，实现能源独立。

低迷的欧洲经济今年以来情况并未好转，反而是愈发呈现出经济放缓的趋势。当下，欧洲面临着内、外风险的共同来袭。一方面，英国“脱欧”等问题的发酵，可能引发一系列的连锁反应。另一方面，欧洲面临着全球经济大环境的冲击，全球经济增速放缓，金融条件的过快收紧，尤其是贸易摩擦的升级，使得欧洲经济的环境越发复杂，会影响欧洲经济的复苏。面对经济复苏中的复杂前景，欧洲中央银行 2019 年 8 月 22 日公布的 7 月份货币政策会议纪要显示，欧洲央行对欧元区增长和通胀前景评估较之前更为悲观，决策者认为包括调整利率指引和资产购买等在内的整体方案可能是最佳应对方式。纪要显示，欧洲央行决策者认为，欧元区经济增长放缓有可能比之前预计的更为持久，经济持续面临下行压力，衡量通胀前景的指标已经下降。纪要还显示，欧洲央行决策者讨论了可能的政策选项，包括调整利率前瞻指引和新的资产购买计划等。与会者还认为，欧洲央行要展现出采取行动的决心和能力，准备好进一步放宽货币政策，采取所有必要措施，以实现通胀目标。欧洲央行在7月份的会议后宣布维持欧元区三大关键利率不变，并释放明确降息信号。分析人士认为，由于欧元区经济增长前景走弱，欧洲央行年内出台新一轮宽松措施的可能性很大。不只欧洲央行，欧洲各国也在积极努力确保经济增长，如控制政府支出，降低国民福利等。未来，欧洲经济能否实现复苏不仅取决于面临的外部经济状况，还取决于各国政府对自身财政状况的把握，尤其是能否将本国政府债务比例降到欧盟规定的60%的安全范围内，这都将影响欧洲经济的走势。

巴西博索纳罗带领下的新政府面临的首要挑战是缩减巨额公共债务、实行社会保障改革。在财政方面，新政府公布，要将养老金制度改革作为头等大事。在经济方面，新政府计划通过增加市场信心、全面开放国内市场、鼓励竞争等措施，建立良性的经济循环。其中一项重要措施是私有化计划。巴西国有企业的建立已有百余年的历史。过去几年，巴西大型国有企业运行僵化，且频频出现腐败丑闻。为拯救经济严重衰退，提振市场投资，2016年9月巴西政府启动了一项全面私有化计划，包括拍卖油气、电力和基础设施运营许可证；2017年巴西政府启动了20年来最大规模私有化计划，旨在通过并购或出让控股权等方式，将50多个由国家控股的公司私有化，包括拉美地区最大的巴西电力公司。2019年巴西新新经济部部长保罗·盖德斯（Paulo Guedes）为国库筹集资金，极力推行国企私有化计划，他认为该项改革是新政府的“第二大支柱”，仅次于养老金改革。盖德斯倡导将联邦政府运营的巴西石油公司和国家电网等国企巨头私有化，建议采取市场驱动的燃油价格制定方式，增加市场竞争力，进而为增加对铁路网络的投资，实现机场、码头等基础设施的现代化和扩张。

为应对全球风险，韩国实行《2018—2022国家财政管理计划》，财政资源管理的重点是创造就业机会，支持“创新型增长”，提高生育率，确保国家安全以及公民安全，支持低收入家庭。财政计划在接下来的五年内将可能继续增加。政府将确保财政政策可持续性。政府将继续提高支出效率，努力增加税收以支持包容性增长。增加在环境、安全、人权等方面的公民福利投资，改革税制以提高地方政府税务收入。政府将仔细研究韩国公民对政府支出变化的切身体会，并努力反映公民的意愿。

四、主要发达经济体财政政策的主要特点

最近几年，特别是2018年以来，全球经济面临下行压力，逆全球化和保护主义抬头，一些国家经济和社会运行中出现问题。在此背景下，主要发达国家财政政策也呈现一些趋势和特点，值得我们关注。

（一）除美国外，大部分发达国家在尽力降低赤字

美国2019财年（2018年10月1日至2019年9月30日）的赤字为9 840亿美元，比上一财年多2 050亿美元，财政赤字占GDP的比重为4.6%，比2018财年的3.8%高出0.8个百分点。

但从欧洲来看，则是普遍在降低赤字。2019年6月底，德国财政支出为7 343亿欧元，比2018年同期增长6.6%；财政收入为7 452亿欧元，比2018年同期增长4.2%；预算盈余为109亿欧元。在联邦政府层面，2019年，德国联邦财政收入和财政支出均为3 564亿欧元。德国在未来4年仍将保持零赤字率的财政平衡政策。2019年年末，德国联邦债务率预计就会降低到《马斯特里赫特条约》规定的60%的水平以下，达到58.75%。2020年，德国联邦债务率将会降到56.5%。英国公共部门赤字得到大幅削减，2018/2019财年，英国公共部门净借款（赤字指标）预计228亿英镑，占GDP的1.1%，预计比上一财年减少191亿英镑，其占GDP比重下降0.9个百分点。截至2019年6月底，法国的财政赤字已达773亿欧元，高于2018同期的589亿欧元。2020年，法国政府计划将赤字率降到2.2%。具体见表0－2。

表0－2　　相关国家盈余（+）/赤字（－）状况

	单位	2018年	2019年	变动
		1	2	2－1
美国盈余/赤字	十亿美元	－779	－984	－205
占GDP比重	%	－3.8%	－4.6%	－0.8%
德国全国预算盈余/赤字（截至6月底）	亿欧元	268	109	－159
德国联邦政府盈余/赤字	亿欧元		0	
英国公共部门盈余/赤字	十亿英镑	－41.9①	－22.8②	－19.1
占GDP比重	%	－2.0①	－1.1②	0.9
法国盈余/赤字占GDP比重	%	－2.5	－3.1	－0.6

资料来源：英国数据来自Office for Budget Responsibility，Economic and fiscal outlook，March 2019，table 1.2 & table 4.37，英国预算责任办公室网站。法国数据来自https：//www.fxstreet.com/analysis/france－2020－budget－offers－more－stimulus－less－austerity－201910250910。

注：英国公共部门赤字指标来自英国公共部门净借款。①为2017/2018财年实际数，②为2018/2019财年预测数。

（二）为化解社会风险，各国都在调整社会福利支出

最近几年，发达经济体普遍重视社会性问题的解决，不断提高社会福利支出。

例如，美国改革社会福利项目，支持工薪家庭。美国政府认为，如何平衡工作和孩子的抚养虽然是每个家庭的私人问题，但是这个问题处理不好也会产生重大的社会影响，例如影响就业率和经济的增长。为帮助工薪家庭处理好孩子抚养问题，政府在福利制度等政策方面向有孩子的家庭倾斜。

法国采取了一系列措施来提高家庭购买力，尤其是通过提高人均可支配收入来支持低收入和中产阶级家庭的购买力。

日本实行免费教育，增加工资，减少保险缴费，增加保险给付。从 2019 年 10 月起，日本对 3 至 5 岁的所有儿童实施免费教育。从 2020 年 4 月起，不仅公立高中，私立高中也将实现实质性的免费教育。为真正需要帮助的孩子们提供免费高等教育，日本同时提供包括生活费在内十分充裕的给付型奖学金。从 2019 年 10 月开始，日本改善领导级员工待遇，每月工资最大升幅为 8 万日元。从 2019 年 10 月开始，日本年满 65 岁就要负担的护理保险，对于低年金收入者来说只需负担三分之二。此外，为切实保障只依赖年金收入的老人们的生活，日本将新增加福利给付金，每年最高金额为 6 万日元。

德国增加家庭福利支出。2020 年，德国在家庭政策方面的支出预计为 118 亿欧元，与 2019 年相比增幅为 11.3%。具体来看，父母补助的支出规模最大，2020 年为 2.05 亿欧元，其次是儿童补贴，约 1.09 亿欧元。此外，德国还安排了 5 亿欧元用于筹备“小学生全天教育和托管”项目。

英国提高工资和福利，国家最低工资将增加到每小时 8.21 英镑，增加工作补贴 17 亿英镑，同时，国民医疗服务（NHS）基金的支出将增加。国家最低工资将增加到每小时 8.21 英镑。从 2019 年 4 月开始，英国政府将会把国家最低工资从每小时 7.83 英镑上调到 8.21 英镑。增加工作补贴 17 亿英镑。增加工作补贴意味着，有需要抚养的子女的劳动者和有残疾的劳动者申请“普遍福利”可以得到每年 630 英镑的补贴。英国国民医疗服务（NHS）基金的支出将增加，其中包括为精神疾病的治疗提供更多资金。NHS 是英国最优先的支出项目，到 2023/2024 财年为止，政府将在考虑通货膨胀因素外，为 NHS 再增加 205 亿英镑的预算。其中包括到 2023/2024 财年为止，每年为精神疾病的治疗增加 20 亿英镑的资金。英国政府还将为社会照料再提供 6.5 亿英镑的资金。2019 年，英国中央政府将为英格兰的地方行政当局再提供 6.5 亿英镑的社会照料（Social Care）资金。

（三）各国财政高度重视维护国家经济核心利益，纷纷出台新的产业扶持政策

有一种观念认为，发达国家强调自由市场经济，政府和财政很少干预，但现实是发达国家普遍重视经济发展的财政支持。例如，2020 年，德国联邦经济与能源部

的部门预算为91亿欧元，比2019年增加11.6%。拉动投资是德国联邦政府支出重点领域之一，而人工智能将是德国联邦政府一个新的投资重点。

日本加大对制造业给予补助金，提高支持渔业发展扶持力度。对制造业给予补助金。在全国人手严重不足的情况下，日本将通过IT补助金、持续化补助金，支持提高生产率的投资。日本大力支持渔业发展，使用3 000多亿日元的预算购买新渔船、新渔具等，大力支持水产业生产效率的提高。日本财政支持土地改良。金额为前政权3倍、6 000多亿日元的土地改良预算，加快农地向积极性高又有能力的人手里集中，提高生产效率。此外，日本还对人才移居地方创业和就业给予补助，从东京移居地方创业、就业，根据情况最多可获得300万日元的补助，加快人才向地方流动的速度。

英国超过15亿英镑的资金将被用于支持商业发展，同时，从2019年1月1日到2020年12月31日，政府将年度投资补贴的金额提高到100万英镑。英国地方的繁华商业街区将得到6.75亿英镑资金用于改善交通枢纽、将空置店铺改装成家庭住房和办公用房、对老的历史性建筑进行恢复和再利用，以及下调小型零售商交纳的商业（房产）税，公厕将获得全额商业（房产）税减免。从2019年1月1日到2020年12月31日，英国政府将年度投资补贴金额上调到原有补贴的5倍，从20万英镑增加到100万英镑，目的是促进企业的投资和发展。从2018年10月开始，英国企业将享受一项企业所得税税前扣除的税收优惠，其新建的非住宅建筑的成本的2%将可以在支付企业所得税前从利润中扣除。

（四）为提高国家竞争力，各国竞相下调个人所得税和企业所得税

美国国会通过了《减税和就业法案（Tax Cuts and Jobs Act）》，并由总统签署成为法律，这是美国近几十年来最重要的减税和税收改革法案。该法案有四个目标：为中等收入家庭减税；简化申报手续；通过税收减免实现经济增长；促进海外收入汇回国内。在个人所得税方面，该法案降低了边际税率，提高了标准扣除，扩大了儿童相关的税收抵免，并简化了报税手续。此外，一些受欢迎的扣除类别得到了保留，例如按揭利息和慈善捐款扣除，某些主要使高收入家庭受益的扣除项目受到了限制或者直接被取消。在企业所得税方面，该法案允许企业完全扣除在设备和无形资产上的投资，并将最高边际税率从35%下调至21%。同时，美国将税收制度从对全球收入征税的全球税收制度转变为属地税制。总部设在美国的公司将海外利润带回国内时将不再额外征税，而对当前递延纳税的海外利润则会征收较低的一次性汇回税。

英国将提高个人所得税免税额，从2019年4月开始，个人所得税免税额将被再次提高650英镑，增加到12 500英镑。个人所得税免税额的提高比计划提前1年实

施，12 500 英镑的免税额将实施到 2020 年。提高免税额意味着，基本税率纳税人 2019/2020 财年需要交纳的个人所得税比 2010/2011 财年少 1 205 英镑。高税率纳税门槛将从 46 350 英镑提高到 5 万英镑。从 2019 年 4 月开始，英国适用 40% 税率的纳税人的最低应纳税所得额从 46 350 英镑提高到 5 万英镑。这意味着 2019/2020 财年英国适用高税率的纳税人的数量比 2015/2016 财年少了近 100 万人。

法国 2020 年起第一档税率将从目前的 14% 降到 11%，这将涉及 1 200 万纳税户，平均每户可望减税 350 欧元。同时，2020 年法国预计减税规模为 25 亿欧元。减税后，营业额超过 2. 5 亿欧元的法国大企业，其超过 50 万以上的收入，征税税率降为 31%。对于其他中小企业，企业所得税税率降到 28%，最终计划到 2022 年将法定企业所得税率降到 25%。

（五）不断出台保护性政策措施，冲击全球治理体系

例如，美国不断加征关税。按照"美国优先"的原则，特朗普政府对多国进口产品加征关税，以保护美国本土产业，缩减贸易赤字，确保美国利益。根据 201 条款和 232 条款，美国对光伏电池及其组件、家用大型洗衣机及部分配件、钢、铝实施的进口限制和关税适用于大多数国家；根据 301 条款等美国对从中国进口的多数产品加征了高额的关税。此外，特朗普政府还对进口汽车及铀发起了 232 调查，这可能导致美国对价值约 3 610 亿美元的进口汽车以及约 20 亿美元的进口铀加征关税。美国现阶段的关税政策仍存在进一步升级的可能。

英国拟对大型数字化企业（Large Digital Firms）征收税率为 2% 的数字化服务税（Digital Services Tax）。从 2020 年 4 月开始，大型社交媒体平台（Large Social Media Platforms）、搜索引擎（Search Engines）和网上商城（Online Marketplaces）来自英国用户的收入将被征收税率为 2% 的数字化服务税。

英国增加国防支出。2019 年和 2020 年这 2 年中，政府将增加国防支出 10 亿英镑。政府将增加国防部支出 10 亿英镑以保证英国应对不断变化的威胁，例如不断增加的网络攻击和死灰复燃的对英国国家的威胁。

德国安排环保支出，应对气候变化。德国联邦环保部 2020 年部门预算支出为 26 亿欧元，比 2019 年增加 14. 8%。增加的支出主要用来帮助发展中国家减少温室气体排放和适应气候变化。其中参与国际气候行动的预算为 467 万欧元，参与国家气候行动的预算安排为 5 570 万欧元。此外，根据欧盟排放交易体系的要求，2020—2022年，德国每年需要安排 1 亿欧元用于购买碳排放配额。

五、我国应对挑战的财政作用

当前全球经济面临巨大不确定性，形势复杂多变，很多矛盾和问题直指中国。

全球经济的不确定性对我国最大的威胁是可能引爆我国风险链，导致“灰犀牛”风险，冲击国家经济安全。面对当前复杂国际形势对我国经济的冲击，必须要有战略思维，采取正确的措施积极应对，才能化危为机，维护国家经济安全。

（一）当前中国经济面临前所未有的严峻国际形势挑战

1. 主要经济体越来越脆弱，西方国家矛头直指中国

当前，全球经济增长势头逐渐减弱，全球经济越来越脆弱，未来衰退的几率大幅增加。2018 年，美国增长率高于 2.9%，但这一经济表现几乎完全得益于减税和增支等大量财政刺激手段，这种趋势很难持续。欧洲政治上的不确定性对经济影响大，导致市场信心下降。这些不确定性包括英国“脱欧”，法国马克龙政府面临的挑战以及德国议会的政治危机。信贷紧缩和贸易紧张局势等经济因素更是使欧元区经济雪上加霜。在长期增长疲软的经济环境中，日本经济增长出现周期性下降。其他如巴西和墨西哥等国家，政治不确定性亦不断增加，严重影响经济发展。

在当前世界经济体系中，构成了以西方发达国家为市场、以中国等新兴经济体为生产地、以资源富集国为资源来源地的经济循环格局。在这种格局下，当西方国家遭遇经济衰退，一些西方政客便把矛头指向中国，认为过去给了中国太多的优惠条件，认为中国工人抢走了他们工作岗位，并以此为据大造舆论，采取行动联手遏制中国。西方对中国及中国企业的各种责难、调查越来越多，对中国采取的各种惩罚性措施也越来越变本加厉，可以预计未来形势会更加严峻。

2. 全球商品和金融市场危机四伏，中国首当其冲

据世界经济论坛报告预测，大宗商品价格将持续波动，石油价格存在下行风险。美联储的加息缩表进程是影响人民币汇率的最重要因素之一。尽管美联储加息缩表有减缓态势，但 2019 年仍会加息缩表，美联储的点阵图预计 2019 年加息三次。中美贸易战尽管短期有所缓和，但仍可能出现反复。因此，人民币对美元汇率需要仍高度关注。

3. 逆全球化趋势下，主要经济体之间的摩擦极容易升级并失控

影响全球经济的一个重要风险源是世界贸易增速急剧下降，由 2018 年年初的超过 5% 降至几近为 0。随着贸易冲突可能升级，世界贸易萎缩会进一步拖累全球经济。与此同时，资本和商品市场的波动均意味着全球金融环境在收紧。当前，主要经济体相互误判是全球增长的最大威胁。例如，贸易摩擦十分危险，不是因为迄今为止它是否造成了多大直接损害，而是因为它很容易升级并失控。随着全球经济增速的进一步放缓，主要经济体相互误判造成的损害风险将会在未来持续攀升。

2008 年全球金融危机之后，西方并没有完全从衰退中走出，收入差距进一步拉

大，失业率增多，导致民粹主义兴起，政治极化，社会撕裂。而与之相对应的是，中国经济依然保持较快速增长，一跃成为全球第二大经济体。在此背景下，西方针对中国的猜疑和戒备加深，对中国经济的发展误判加重。特别是一些政治势力利用扭曲的国际贸易等数据，歪曲事实，煽风点火，联合相关国家遏制中国，成为中国经济安全的最大威胁。

（二）不确定的外部环境极可能引爆我国“灰犀牛”风险链，冲击经济安全

全球经济不确定性对我国来说，既有危，也有机。决策失误，就可能产生危机。正确应对，就能化危为机。最重要的在于要防止外部环境触发我国风险链多米诺骨牌，形成“灰犀牛”，进而导致危机。

1. 我国“灰犀牛”风险处于危机的临界点状态，国际经济领域一点小的变化都可能致命

风险的最大特征是呈链状或网状结构。风险在风险链和风险网传递中会逐渐扩散放大，如控制不当或受外部冲击，就可能引爆某个风险点，导致系统性风险。当前，我国各领域风险链已经在衍生，并交叉形成风险网，为灰犀牛风险形成提供条件。尤其是经济和社会领域，资产价格交叉下跌风险链、民营企业破产与失业率上升风险链，以及金融资产缩水、实体经济困境与结构性失业交织风险网等链状“灰犀牛”已经长大，难以经受风吹草动。国际经济商品、金融和汇率等方面的不确定性因素也构成了我国风险链中的重要环节，在“灰犀牛”风险处于危机的临界点状态，一点小的变化都是致命的。

2. 各国向外转移风险使全球不确定性倍数放大，互利变互害格局下我国积累的灰犀牛风险极容易引爆

当今世界处于百年未有之大变局，且全球经济进入“新平庸时代”。以美国、欧洲部分国家为中心，是西方国家内部经济结构失衡、社会两极分化等诸多矛盾累积。加上新技术革命及气候危机等因素的影响，使未来国际经济和全球治理面临很大的不确定性。

在上述背景下，各国尤其是一些发达国家，试图将风险和不确定性转移给其他国家。例如，英国“脱欧”，法国、意大利等国的民族主义、民粹主义上升，特朗普“美国优先”战略和贸易保护主义大行其道等等，都是试图将风险转移给其他国家的表现。全球风险的分担机制变成风险的“互害”机制，使得全球风险呈几何级数放大。处在这样一种格局下，我国积累的灰犀牛风险极容易引爆。

3. 经受贸易摩擦和化解债务双重考验，极容易产生政策失误风险

自 2017 年年初，中国经济季度增长率持续下降，2018 年第三季度达到 10 年以

来的最低水平。2018 年，经济增速已从 2017 年的 6.9% 降至 6.6%，预计 2019 年进一步下降至 6.3%。针对最近的经济冲击（美国关税政策），我国发布了一系列货币和财政措施，试图保持经济增长和稳定金融市场。但是，在中长期内，信贷增长将继续受到巨额存量债务和政府承诺去杠杆化的限制。如果与美国的贸易紧张局势升级并且增长受到严重破坏，政府的刺激措施可能会变得更加激进。贸易摩擦和化解债务使中国的政策空间越来越小，在这种情况下很容易出现政策失误风险，政策不当可能导致无可挽回的损失。

4. 民粹主义传染性和危害性大，财税问题非常敏感

当下，民粹主义在各国盛行，其传染性和危害性大，美国的“美国优先”和英国的“脱欧”等都是民粹主义的表现。尤其是法国的黄马甲抗议活动，已经对法国的政治经济产生了深刻影响。而且，这些民粹主义事件或者直接与财税有关，或者影响着国家的财政运行。法国的“黄马甲”抗议活动是因政府上调燃油税引发的，并将抗议演变成了对马克龙政府以及法国统治阶级精英主义的谴责。面对愈演愈烈的抗议，马克龙政府一再妥协，宣布提高最低工资和相关税收减免措施等，但抗议浪潮并未平息。

在中国，财税问题也是各方关注的焦点。在当前形势下，在企业各项成本已经较高的情况下，税收和社保问题处置不当，可能会对企业的实际成本负担和心理预期产生重大影响。“厂租暴涨、人工也涨、社保又要来添乱”曾一度是企业间流传的说法。将在这种情况下，企业会选择停产或者减员，这将会进一步加剧我国经济下行和社会失业风险。

（三）在外部冲击中维护国家经济安全，财政大有可为

在全球经济的不确定中，要找到自身发展的确定性，防止外部冲击引爆我国灰犀牛风险链，要有战略思维和忧患意识，居安思危、未雨绸缪、有守有攻。财政是国家治理的基础和重要支柱，也是在应对外部冲击的中流砥柱，在当前复杂的国际形势中维护国家经济安全，必须注重发挥财政的作用。

第一，发挥财政的风险分散机制作用，陷外部冲击于人民对抗风险斗争的汪洋大海。在应对外部冲击过程中，防范风险最有效的方式是分散风险。习近平曾指出“中国经济是一片大海，而不是一个小池塘。狂风骤雨可以掀翻小池塘，但不能掀翻大海。”狂风骤雨之所以不能掀翻大海，是因为大海能分散风险。对于中国经济整体来说，目前的外部风险冲击是可以抵抗的。但对于局部来说，如果不合理分散风险，则可能会造成严重后果。合理分散风险是实现风险综合平衡的艺术，在应对外部冲击过程中，要综合平衡国家、企业和个人之间的风险，综合平衡实体部门与虚拟部门之间的风险，综合平衡短期与长期风险。

对抗外部冲击，仅靠政府或某一方面的力量是不够的，必须发挥多元主体的积极性，这也是我们讨论“治理”常有的题中之意。财政在调节各种关系中发挥着基础性作用，因此也是配置和分散风险的基础性制度安排。财政通过预算、税收和财政政策，可以调节政府与市场以及政府与社会的风险配置关系；通过财政体制，可以调节政府间（横向和纵向）的风险配置关系。财政通过上述风险配置关系的调节，形成应对风险冲击的治理结构，将各种力量的作用发挥最大，构筑起应对外部冲击的“人民防线”。

第二，借鉴“三线建设”战略思维，强化国家经济治理核心能力建设。“三线建设”是中共中央和毛泽东主席于20世纪60年代中期做出的一项重大战略决策，它是在当时国际局势日趋紧张的情况下，为加强战备，逐步改变我国生产力布局的一次由东向西转移的战略大调整，建设的重点在西南、西北。20世纪60年代的“三线建设”的三线是地理空间纵深意义上的“三线”。

借鉴“三线建设”战略思维，抵御外部风险冲击、维护国家经济安全应该有多道防御线。但新的“三线”并非地理空间纵深的概念，而是经济形态纵深的概念。从经济形态纵深来看，“一线”商品市场和贸易，是看得见摸得着的经济，是传统上讲的“实体经济”；“二线”是金融市场和汇率，是看得见摸不着的经济，是传统上讲的“虚拟经济”。“三线”实际上是国家经济治理核心能力，表现为经济动员能力和资源配置能力。“一线”容易受到国际贸易摩擦的影响，“二线”容易受到国际金融危机的冲击。“三线”则既是“一线”和“二线”的战略支撑，又是“一线”和“二线”的后台系统。“一线”和“二线”即便受到毁灭性打击，但只要“三线”足够强大，“一线”和“二线”可以迅速重建。就好比铁道被山洪冲毁，但只要铁道维护人员素质过硬、设备精良，被毁铁道可以迅速修复。

强化“三线”（国家经济治理核心能力）建设是一项系统工程，其中财政是枢纽和转化器。增强国家经济治理核心能力，表现为增强经济发展动员能力和经济资源优化配置能力。利用财政作为政治、经济和社会的转化器功能，可以将中国特色社会主义的政治优势和中国共产党的组织优势转化为经济优势。因此，构筑国家经济安全体系，关键是要完善基本财政制度，更好地发挥财政的上述转化器功能。

第三，在进攻中防守，利用大国财政“合纵连横”，扩大人类命运共同体“统一战线”。变局中危和机并存，世界经济发展有不确定性因素，但也有确定性因素，即绝大多数国家和人民是反对逆全球化趋势的，反对一些国家中的某些政治势力挑起贸易争端和经济冲突。即便在发达国家内部，甚至某些超级国家内部，也不是铁板一块。我们一定要在国际经济较量中，争取主动权。利用我国的经济体量和市场优势等，积极参与和引领国际经济和贸易相关规则的制定。同时，通过深入开展“一带一路”等战略，在国际上争取更多的国家和组织与我们共建、共享，把支持开放合作共赢的人“搞得多多的”，把支持逆全球化的人“搞得少少的”。

中国的构建“人类命运共同体”的构想已经赢得了世界的共识，我们要保持这一定力。要坚信在快速发展的全球化进程推动下，在日益严重的全球问题特别是生态环境问题的倒逼下，自我中心主义的发展模式正步入“死胡同”，以“命运共同体”思想为价值理念基础的共生主义的发展模式必将胜利。从财政的角度来说，命运共同体强调的是一种更高形态的利益共同体，也就是说，世界各国之所以能成为命运共同体，关键在于各国之间具有共同利益，面临共同的公共风险。致力于构建新型大国关系，大国财政要主动作为促进形成命运共同体，在国际经济和财政金融问题上寻求更广泛的共识，通过合作共赢实现利益最大化和风险最小化。

第四，深化体制机制改革，更好发挥财政应对外部冲击的基础性作用。着力提升财政的站位和定位，准确把握当前面临的风险挑战，应超越财政作为政策工具和手段的传统认识，超越“部门意识”，强化财政在应对外部冲击、维护国家经济安全中的基础性作用。在美国财政部，处理国际金融、反恐、情报、债务的机构非常庞大，这对美国推行其国际战略和秩序发挥了重大作用。反观中国，受到体制机制和机构设置等影响，我们的相应功能在部门之间严重分散，职能被肢解和弱化，难以有效协调、统筹行动和灵活出击。因此，必须尽快推动整体上应对外部冲击的“大国财政”体制机制建设，强化统筹协调，必要时从机构优化的角度对相关职责进行整合。

第五，提升风险识别和处置能力，避免“合成谬误”。在防范外部冲击中，关键在于避免政策失误。在外部不确定性面前，由于认识上的偏差、措施之间的协调性不足等问题，政策不当可能会无意识触发自身风险机关，导致政府在应对不确定性过程中制造更多、更大的不确定性。政府自身能力不足是政策失误的重要根源，因此需要提高政府的战略定力、风险识别能力，把握政策措施力度和节奏的精准性，提升政策之间的协调性。

防范化解风险，重要的是避免在防范化解金融风险的过程中无意触发风险链中的风险点，同时要对风险进行分隔，防止风险传递相互叠加。对政府或财政来说，重要的是观察而不是出手，不是将所有的风险都揽到政府或财政手中，不是去防范微观领域的风险，个体风险要尽量使其内部化。需要做的是观察监测微观领域的风险、个体的风险，各个机构的风险，市场参与者的风险等之间是怎么关联的，他们的交叉传递会不会引发系统性风险或公共风险。发现系统性风险，就要对既有的规则进行完善，通过规则切断风险在链条中的传递，避免引发多米诺骨牌效应。

在防风险的过程中，从某个部门或者从局部来看，一项措施可能是对的。但是各个部门或者各个方面从自身角度认为是对的措施整合在一起，从整体和长远来看则很可能是错的。这就是风险管理的“合成谬误”。避免风险管理“合成谬误”的关键在于推动政府治理改革，实现风险管理在更高层次上统筹，避免防风险“各守一摊”，要分工协同行动，对每个部门出台的改革和政策事项都应该进行公共风险评估，避免无意动作引爆风险，或者遮盖风险导致风险隐性聚集扩大。

（四）借鉴吸收国外经验，发挥财政在经济社会治理中的基础性作用

第一，站在国家利益的角度看待产业政策。百年未有之大变局下，多边主义受到挑战，国家的个体利益备受关注。西方一些国家质疑中国的市场经济地位，认为中国政府对市场的干预过多，对中国的产业政策纷纷予以批判，但现在西方纷纷开始重新思考产业政策的作用，各国特别重视增加国家竞争力、促进产业发展升级。为此，国家在税收方面给予很多优惠，特别是主体税种的优惠力度很大，所得税是主打的减税措施。另外，政府还通过基础设施建设，产业投资基金，产业补贴补助等多种方式，刺激和促进企业发展。

第二，要高度重视由于财政问题处置不当引发社会问题或社会危机。最近几年，由于财政改革或财政政策不当，引发社会问题或社会危机的情况在一些国家上演。例如法国的黄背心运动，就是起因于政府上调燃油税计划，由一项税收政策调整引发一场社会危机。因此，各国都十分重视社会福利开支，不断增加对社会福利支出的支持。纵观欧美几百年政治、经济失败的案例，很多是因财政问题引起。反映出西方整体社会治理能力和治理体系失灵的问题。财政制度安排作为国家治理体系的重要组成部分，必须不断发展以适应国家治理体系的演进和完善，才能避免西方国家发生的危机。

第三，及时跟踪国外政策变化趋势，发挥财政在全球治理中的作用。应在风险社会、数字化时代和逆全球化背景下考虑这些国家的财政政策走势，针对一些国家的保护性政策措施，要及时掌握，提前研究，提出有效应对方案，做到未雨绸缪，避免措手不及。在全球治理的视野下，突破国内财政界限，树立大国财政思维，从区域化、全球化的角度来思考问题，从更加宏观的视野审视大国财政在全球公共事务处理中的作用，以大国财政思维推动全球治理有效制度安排的形成。

主要参考文献

［1］傅志华，李成威：《从大国财政看中美“贸易战”》，《财政科学》，2019 年第 3 期。

［2］刘尚希，傅志华，李成威：《妥善应对复杂经济形势对经济安全的冲击》，《经济日报》，2019 年 7 月 3 日。

［3］李成威，李欣，刘翠微，于雯杰：《美日德英法当前财政政策特点与启示》，中国财政科学研究院《财政研究简报》，2019 年第 33 期。

［4］韩国经济报社论：2019 年 1 月 11 日。

［5］Reforms in a few countries drive a decline in average OECD labour taxes, http：//www. oecd. org/tax/reforms – in – a – few – countries – drive – a – decline – in – average – oecd – labour – taxes. htm.

［6］美国、日本、德国、英国、法国、韩国等财政部网站。

［7］欧盟统计局官网。

第一章 美国

美国（全称“美利坚合众国”）由 50 个州、1 个特区以及众多海外领土构成，面积约 937 万平方公里，人口约 3.3 亿（2019 年 1 月）。脱胎于英国殖民地、缺少封建传统的牵绊，美国充分借鉴了欧洲启蒙思想家的学说，建立起了总统制、联邦制、代议共和制相结合的国家制度。其宪法所确立的主权在民、三权分立等原则是其由弱变强的制度保证，为许多国家所效仿。作为世界第一强国，美国是全球化的主要缔造者，是联合国、世界银行、国际货币基金组织、北约和其他国际组织的创始成员国。现任总统共和党人唐纳德·特朗普（Donald Trump）于 2017 年 1 月 20 日就职，为美国第 45 任总统。

一、美国：放下曾经扛起的全球化大旗

“逆全球化”不仅是一种思潮和情绪，在现实世界中也有具体表现，贸易保护主义、孤立主义等等，都是具体表现形式。美国曾是经济全球化的重要推动者，并从中获得了巨大利益，而如今似乎却在无所不用其极地阻挠全球化进程，给世界政治与经济生活带来了动荡与不安。

（一）背景

进入 21 世纪，美国长期入超的经济体系的可持续性受到了挑战，参与国际事务的高昂成本及国内利益分配失衡等问题使联邦政府受到了越来越多的质疑。布什和奥巴马多项提振经济的措施收效甚微，国内矛盾加剧。

1. 世界领先地位相对下降

二战后，美国通过世界贸易体系和资本输出，使得众多欧洲、拉美以及亚洲的国家和地区在政治和经济上对其产生了深度依赖。但随着欧洲工业体系的恢复，美国工业的比较优势逐渐丧失。在亚洲区域，日本、新加坡先后迈入发达国家行列后，中国、印度也高速赶超。与美国相比，亚洲市场拥有廉价且充足的劳动力，伴随着资本和技术的不断流入，亚洲逐渐代替美国成为新的世界工厂并日益成为全球战略重点。欧洲各国为了维护各自在亚洲市场的利益，开始摆脱对美国的政治依赖，美国的霸主地位逐渐削弱。

2. 国际事务的成本增加

作为最发达的国家，美国在国际事务中承担了较多的责任，包括支持联合国教科文卫项目，主持和参与国际反恐、国际救援、温室气体减排等。在其发起的一些局部战争中，包括越南和海湾战争等，美国在获利的同时也承受了高昂的军费支出。在对朝鲜和伊朗的金融制裁当中，美国也付出了一定的代价。其国内的一部分民众和政客认为，这些付出并未换回足够的利益，是联邦政府决策的失误，因此认为联邦政府参与国际事务应当持谨慎态度。

3. 经济结构调整引致贸易逆差

在20世纪的产业调整中，联邦政府不断出台激励政策推动传统的资本密集产业向知识密集的高新产业转变，包括增加联邦科研经费支出，对电子工业、信息工业等实施税收优惠和补贴，放松反托拉斯法，推动企业与高校的联合科技研发等。这些激励政策取得了显著的效果，劳动密集和低技术含量的制造业向国外转移，高新产业高速发展并获得领先地位。出于对科技优势的保护，美国严格管制具有战略意义的科技的转移和扩散，使得高新产业市场价值的实现过程极为缓慢，同时由于对低科技含量的需求品的进口不断提升，贸易逆差持续扩大。

4. 利益分配失衡

制造业外移对美国国内原有的制造业工人来说是沉重的打击。这些工人学历低，在人力资本市场缺乏竞争力，一旦失业，再就业的概率较低，只能依靠政府救济。而20世纪90年代以后，美国国内又出现实际工资增长缓慢、资本收益率长期处于高位的情况，财富不断向资本所有者聚集，中产阶级规模日益萎缩，贫富差距进一步扩大。在这种情况下，美国的政客为了获得更多的选票，打着重振国内制造业、促进就业的旗号，采取了一系列贸易保护和激励资本回流的政策，助推民众对全球化的疏离。

5. 移民造成的社会和安全问题

人口的跨国界自由流动是全球化的重要表现之一。伴随着全球化进程，来自世界其他国家的移民大量涌入美国，技术移民推动了美国高新技术产业的发展，而大量非熟练工人却挤占了本土同水平工人的岗位，拉低了平均工资，增加了低技能工人就业的难度。同时，伺机混入其中的恐怖分子也给美国带来了安全隐患。2018 年 1 月 16 日美国司法部（Department of Justice）和国土安全部（Department of Homeland Security）联合发布的一份报告显示，2001 年 9 月 11 日至 2016 年 12 月 31 日，被联邦法院判为犯有与国际恐怖主义相关罪名的人中，约有四分之三的人出生于外国，其中一些人是通过家庭关系移民进入美国的。

在这样的背景下，特朗普以明显的保护主义纲领成功当选美国第 45 任总统，提出并奉行“美国优先”政策，尝试重构世界经济体系，以转嫁美国国内矛盾，维护其自身利益。

（二）“逆全球化”的突出表现

针对美国目前所面临的国内外困境，美国本届政府从自身利益出发，调整了其在国际社会中的定位，并在贸易和移民问题上采取了一系列极端措施，同时寄希望于凭借强大的军事威慑力来保证“美国优先”计划的顺利实施。

1. 国际定位调整：退出国际协议和组织

联邦政府当局以是否符合美国利益为标准，重新调整美国对国际事务的参与方式和程度，大规模退出无益或者制衡其行动的协议和组织，削减国际事务成本。自 2017 年 6 月至 2019 年 2 月美国先后宣布退出或威胁退出了《巴黎协定》、联合国教科文组织等，这对国际关系及全球化趋势造成了重大影响，如表 1－1 所示。

表 1－1　　美国退出或威胁退出部分国际协议和组织

组织/协议	组织/协议基本情况介绍	美国退出的情况
《巴黎协定》	第一个全面的气候协议，于 2015 年联合国气候变化大会上通过，旨在联系可持续发展和消除贫困的努力，加强对气候变化威胁的全球应对。	2017 年 6 月 1 日，宣布退出《巴黎协定》。但最早有效撤出日期为 2020 年 11 月 4 日。
联合国教科文组织	成立于 1945 年，宗旨是促进教育、科学及文化方面的国际合作，以利于各国人民之间的相互了解，维护世界和平，有 195 个成员国。	2017 年 10 月 12 日，宣布退出联合国教科文组织，2018 年正式生效。

续表

组织/协议	组织/协议基本情况介绍	美国退出的情况
《移民问题全球契约》制定进程	2016 年 9 月，联合国召开首次难民和移民问题峰会，包括美国在内的 193 个会员国正式通过《移民与难民问题纽约宣言》，并力争在 2018 年制定《移民问题全球契约》，以保护移民的基本人权。	2017 年 12 月 3 日，宣布退出由联合国主导的《移民问题全球契约》制定进程，理由是这一多边谈判“损害美国主权”。
《伊朗核协议》	2015 年，伊朗与伊核问题六国达成伊朗核问题全面协议。伊朗承诺限制核计划，六国将不追加新制裁并松绑部分现有制裁。2015 年 7 月 20 日联合国安理会通过该协议。	2018 年 5 月 8 日，宣布退出《伊朗核协议》，同时签署总统备忘录，恢复对伊朗政权实施经济制裁。
联合国人权理事会	2006 年 3 月，第 60 届联合国大会通过决议，决定设立共有 47 个席位的人权理事会，以取代人权委员会，致力于维护各国人权免于侵害。	2018 年 6 月 19 日，宣布退出联合国人权理事会。
《中导条约》	1987 年由美国总统里根和苏联领导人戈尔巴乔夫签署，禁止双方试验、生产和部署射程 500 至 5 500 公里的陆基巡航导弹和弹道导弹。在冷战期间帮助缓和了核军备竞赛，减少了欧洲发生核战争的危险。	2019 年 2 月 1 日宣布将于 2 日起暂停履行《中导条约》义务，启动退约程序。

资料来源：根据新闻报道整理。

2. 国际贸易问题：退群并加征关税

（1）退出或威胁退出国际贸易协议/组织。美国本届政府认为前任们签署的一些多边贸易协定让美国在国际贸易中蒙受了损失，却让有不公平贸易行为的国家逃脱了惩罚。因而特朗普上任伊始即开始修改贸易政策，大规模退出原有的协议和组织，并以大国身份为筹码，寻求签订新的贸易协议、重建新的区域合作组织，以确保美国利益优先，如表 1－2 所示。

表 1－2　　美国退出或威胁退出的国际贸易协议/组织汇总

组织/协议	组织/协议基本情况介绍	美国退出的情况
《跨太平洋伙伴关系协定》（TPP）	酝酿于 2002 年，被称作“经济北约”，是重要的国际多边经济谈判组织，旨在促进亚太地区的贸易自由化，拥有 15 个成员国。	2017 年 1 月 23 日宣布退出。

续表

组织/协议	组织/协议基本情况介绍	美国退出的情况
《美韩自贸协定》（KORUS）	2012 年 3 月 15 日生效，要求两国在 3 年内取消近 95% 的消费品和工业品关税，韩国取消约三分之二的美国农产品进口关税，美国取消排气量小于 3 升的韩国汽车进口关税。	为减轻贸易失衡，要求重新谈判，否则将退出。2018 年 9 月 24 日，美韩签署了新自贸协定。
《北美自由贸易协定》（NAFTA）	美国、加拿大及墨西哥签署的全面贸易协议，宗旨是消除贸易障碍，创造公平竞争环境，增加投资机会，保护知识产权，建立执行协定和解决争端的有效程序，促进三边、地区及多边合作。1994 年 1 月 1 日生效，同时宣告北美自由贸易区成立。	2018 年 12 月，三国签署《美国－墨西哥－加拿大协定》（USMCA），取代《北美自由贸易协定》。
世界贸易组织（WTO）	1995 年 1 月 1 日成立，前身是关税与贸易总协定，负责管理世界经济和贸易秩序。基本原则是通过实施市场开放、非歧视和公平贸易等原则，实现世界贸易自由化目标。拥有 164 个成员国。	批评世贸组织“对美国不公”。威胁退出。
万国邮政联盟（UPU）	前身是 1874 年 10 月 9 日成立的“邮政总联盟”，1878 年改为现名，并成为联合国国际邮政事务专门机构。宗旨是组织和改善国际邮政业务，发展邮政方面的国际合作，在力所能及范围内给予会员国所要求的邮政技术援助。	2018 年 10 月 17 日宣布启动退出程序。如未来一年内无法与该联盟达成新协议，将退出。

资料来源：作者根据新闻报道整理。

（2）对多国进口产品加征关税。除了大规模退出国际多边贸易协定外，美国还对其认为有非公平贸易行为的贸易伙伴，采取了强硬的追责行动，对多国进口产品加征关税，以保障自身利益。

按照 2017 年美国进口产品价值计算，截至 2018 年年底特朗普政府的关税政策对美国约 2 820 亿美元的进口产品产生了影响，受影响的产品包括洗衣机、光伏产品、钢铁、铝和大量从中国进口的产品等。对进口汽车及铀的 232 调查可能导致美国对价值约 3 610 亿美元的进口汽车及约 20 亿美元的进口铀加征关税。另外，随着贸易战加剧，2019 年 5 月 10 日，价值 2 000 亿美元的中国输美商品关税税率被从 10% 提高到 25%。美欧长达 14 年的航空补贴争端也有了新进展。针对欧盟对飞机制造商的补贴，美国计划对从欧盟进口的 110 亿美元商品征收关税，但该关税政策需在 2019 年夏天世贸组织做出最后决定后才能实施。

3. 移民问题：加强边境和移民管控

为减轻移民问题对美国社会和国家安全带来的威胁，美国本届政府致力于重塑美国移民政策体系。但是在此过程中，特朗普政府所采取的诸如穆斯林禁令、取消对多国难民的临时保护状态等举措引起了国际社会的反感，也在国内引发了一系列重大司法纷争。以下将简要介绍特朗普政府在移民管控方面的极端举措。

（1）修建美墨边境墙，实行零容忍政策（Zero – tolerance Policy），并终止童年入境者暂缓遣返计划（DACA）。特朗普坚持要在南部边境修建一堵高墙，并希望通过提高过境费和北美自由贸易协定的相关关税，使墨西哥支付修建费用。但墨西哥对此反应强烈。为争取国内资金支持，特朗普不惜让联邦政府停摆，并宣布南部边境出现“国家紧急状态”。除修墙外，司法部还对越过美墨边境进入美国境内的非法入境人员实施了“零容忍”政策。根据这项政策，非法入境儿童与陪同他们的父母或其他成年人将被分开，父母被送往联邦监狱审讯，儿童则被送往由卫生及公众服务部开设的避难所。对于入境时未满 16 周岁的非法移民，原本可根据童年入境者暂缓遣返计划（Deferred Action for Childhood Arrivals，简称 DACA）申请可续期的两年暂缓遣返和工作许可，但联邦政府却已于 2017 年 9 月 5 日宣布结束该计划，不再接受新的申请。[①]

（2）颁布和实施穆斯林禁令，取消对多国难民的临时保护状态（TPS）。第 13769 号行政命令（即“阻止外国恐怖分子进入美国的国家保护计划”也被称为穆斯林禁令或旅行禁令）缩减 2017 年美国接收的难民数量至 50 000 万人，暂停难民接收项目（USRAP）120 天，并无限期停止接收叙利亚难民，同时还在接下来的 90 天内停止向伊拉克、叙利亚、伊朗、苏丹、索马里、也门和利比亚 7 个伊斯兰国家的普通公民发放签证，以防止从这些“高危地区”输入恐怖主义。该行政命令从 2017 年 1 月 27 日起生效，直到两个多月后被 13780 号行政命令取代[②]。此外，美国还宣布取消对来自萨尔瓦多、海地、苏丹和尼加拉瓜等国难民的临时保护状态（TPS）。这些难民需要在规定的时间内离境，或者使他们在美国的身份合法化[③]，如表 1 – 3 所示。

---

① 童年入境者暂缓遣返计划（Deferred Action for Childhood Arrivals，简称 DACA）是美国总统奥巴马在 2012 年 6 月推出的一项政策，容许若干在入境美国时未满 16 岁的非法移民申请可续期的两年暂缓遣返，并容许他们申请工作许可。此项政策是奥巴马以行政命令方式启动的，未经国会表决。

② 根据 2018 年 4 月的最新修订，利比亚和也门公民以及委内瑞拉部分政府官员的旅游或商务签证将被拒签；除学生签证和交换访问者签证外，其他所有伊朗公民的签证将被拒签；索马里公民的移民签证，以及朝鲜和叙利亚公民的所有入境签证将被拒签。

③ 2019 年 2 月 28 日，美国国土安全部（Department of Homeland Security）根据法院的禁令，延长了对来自萨尔瓦多、尼加拉瓜、海地和苏丹的数十万移民的临时保护身份至 2020 年 1 月 2 日。

表 1-3　　取消临时保护状态所影响的难民

所属国家	美国提供 TPS 的原因	TPS 开始时间	TPS 到期日	受影响的移民数
苏丹	国内武装冲突	1997 年 11 月	2018 年 11 月 2 日	约 1 000 人
尼加拉瓜	1998 年 10 月，尼加拉瓜遭飓风破坏。	1999 年 1 月	2019 年 1 月 5 日	约 5 300 人
海地	2010 年 1 月，海地发生 7.1 级地震。	2010 年	2019 年 7 月 22 日	约 58 700 人
萨尔瓦多	2001 年 1 月，萨尔瓦多发生 7.7 级地震。	2001 年 3 月	2019 年 9 月 9 日	约 263 000 人

资料来源：Madison Park，Trump administration ended protected status for 250 000Salvadorans. These immigrants might be next，CNN，2018-1-10，https：//edition. cnn. com/2018/01/09/politics/temporary-protected-status-countries/index. html。

4. 增加军费开支

强大的军事实力是在全球范围内实现“美国优先”的重要保证。因而，本届政府将重塑军事威慑力作为其首要任务之一，不断增加军事国防支出。根据无党派的彼得·彼得森基金会（Peter G. Peterson Foundation），2018 财年美国的国防自主性支出约占联邦政府全部财政支出的 15%，占自主性支出总额的近一半。其国防开支数额位列世界第一，超过了排在其后的中国、沙特阿拉伯、印度、法国、俄罗斯、英国和德国 7 个国家的总和①。2019 财年美国国防自主性支出实际金额更是高达 716 亿美元，且 2020 财年总统预算案国防请求金额又增加了 34 亿美元，达 750 亿美元。

（三）对美国和全球的影响

特朗普政府从零和博弈的视角对全球化进行重构，并采取了新保护主义手段（例如，修建隔离墙阻止跨界移民；加收对中国产品的关税，以惩罚将生产从美国转移出去的公司），试图让时间倒流回美国的黄金时代。然而，这种逆势而为的粗暴方法不但无法真正解决美国所面临的困境，反而还会带来新的问题。

1. 对美国的影响

加征关税将对美国经济产生负面影响，降低人民福祉。美国政府机构、国际组织、智库和咨询公司等对特朗普关税政策的潜在影响进行了估计，总体结论是，加

① Peter G. Peterson Foundation，U. S. DEFENSE SPENDING COMPARED TO OTHER COUNTRIES，2019-05-03，https：//www. pgpf. org/chart-archive/0053_defense-comparison.

征关税将对美国经济产生一定的负面影响。例如，2018 年 10 月，国际货币基金组织预计，在当时所有现行关税下，美国 GDP 年增长率将下降 0. 2%；如果对进口汽车加收关税，并增加对中国产品的关税，其 GDP 年增长率下降幅度将达 1%。

加征关税还会导致进口产品及下游相关产品价格上涨，以及企业原材料成本的提高。而关税成本往往又会被转嫁到美国国内民众头上，推升其生活成本。2018 年 9 月经济合作与发展组织预测，在当时所有现行关税政策下，美国国内物价水平将被推升 0. 3%—0. 4%，如果新增汽车禁止性关税，并增加对中国产品的关税，其物价水平增长幅度将达 1%。特朗普的关税政策也会对进口产生影响。2019 年第一季度，美国创记录地出现了进口负增长，进口规模同比下降 3. 7%，这也意味着美国民众能够获取的进口消费品更少，其福祉被拉低。

加强移民管控或将削弱美国的创新能力。从殖民地时期英国殖民者带来法律和制度，到工业革命时期英国企业家移民带来先进工业技术，乃至现在各国移民为美国的创新和发展发挥了不可替代的作用。来自欧洲、亚洲和非洲的移民贡献了美国人口的三人之一，是其经济发展的关键因素；美国与澳大利亚、英国和加拿大合计吸引了全球 70% 的技术移民，极大地提升了其创新能力。但 2016 年美国总统大选中种族歧视甚嚣尘上，特朗普为迎合部分白人选民，曾针对穆斯林及墨西哥裔移民问题发表了有强烈偏见色彩的言论，并在就任之后采取了诸多限制移民的极端措施，违背了人类社会的基本原则和价值观，对美国的多元文化造成了巨大冲击，损害了其国家形象和软实力。这些或将降低美国对移民的吸引能力，进而拖累其国内的创新活力和能力。

2. 对全球的影响

全球化已使世界融为一个整体，全球供应链已经建立并高效运转，如果人为打破，将会使“看不见”的手失去本该有的效率。特朗普对全球化的理解是片面的，他的一系列政策对全球经济体系造成了冲击，加剧了未来的不确定性。

（1）全球贸易摩擦加剧。中国是美国 301 调查等重点针对的国家。但是，由于全球价值链的高度分工，中国对美国出口的产品中还包含了大量其他国家和地区所生产的中间品。根据德意志银行的统计，在工业增加值口径下，中国在美国贸易逆差中的占比仅为 16. 4%，大幅低于一般口径下的 46%；紧随中国的是日本、德国、韩国、墨西哥和中国台湾，它们分别贡献了美国商品贸易逆差的 12. 7%、10. 9%、9. 4%、8. 1% 和 6. 6%，较一般口径下的贡献占比大幅上升。一旦美国对中国出口商品征收高额关税，伴随中国对美国出口的下降，日本、德国和韩国等国家和地区的出口也将遭受负面冲击。逆全球化思潮下，美国贸易保护极易引发更多的经济体对美实施贸易报复行为，进而导致全球贸易摩擦加剧。

（2）世界经济增长放缓。一直以来国际贸易都是世界经济增长的重要引擎，而近年来愈演愈烈的贸易保护主义导致这一“引擎”开始严重放缓、停滞，甚至面临“熄火”风险。2018 年 9 月世贸组织下调了其贸易预测，预计 2019 年的贸易增长将从 2018 年的 3.9% 放缓至 3.7%，但如果贸易状况继续恶化，这些预测可能会被进一步下调。贸易局势紧张，加上持续的政治风险和金融动荡，可能预示着广泛的经济低迷。2019 年 2 月 19 日，世贸组织发布的全球贸易景气指数（WTOI）值为 96.3，低于该指数 100 的基线值，为 2010 年 3 月以来的最低水平。整体指数的疲软是由各成分指数的大幅下跌推动的，这些指数似乎都受到了贸易紧张加剧的影响。全球出口订单指数（95.3）、国际航空货运量（96.8）、汽车产销（92.5）、电子元器件（88.7）和农业原材料（94.3）与基准值（100）背离最大，接近或超过金融危机以来的历史低点。只有货柜码头吞吐量指数保持在 100.3 的相对较高水平（为减少预期中的美中关税影响而提前进口的货物，可能在一定程度上维持了集装箱运输）。

（3）全球和平发展进程遭受威胁。斯德哥尔摩国际和平研究所（Stockholm International Peace Research Institute）数据显示，2017 年全球各国军费开支超过 1.7 万亿美元，达到冷战结束以来的最高水平。其中，美国的军费开支占全球的 40% 左右。实际上，美国军费开支在奥巴马政府后期已开始缩减，但是在特朗普上任后又恢复了增长。居高不下的军费预算凸显了美国在全球的军事投放以及新装备、新武器的研发投入等。而美国军费支出的增长或将引发新一轮的军备竞赛，使区域摩擦和争端升级，国际局势的不稳定性加剧，全球和平发展的进程将因此而受到威胁。

挑战与机遇并存。当今世界，全球产业的关联度以及依存度大大提升，一国产业结构的建立、调整必须在与其他国家的互联互动中进行。各国需要在互利共赢中获取要素配置效率和全要素生产率提高所带来的全球共同发展的红利。然而，当前全球政经格局正处于前所未有的调整期，美国一系列“逆全球化”举措所引起的国际冲突与博弈正是这一变化的突出表现。在全球结构和秩序重构的过程中，那些真正符合未来发展趋势的潮流、规则以及价值主张，才是最有生命力的。这对于积极倡导全球化、主张构建“包容性”发展的中国而言，无疑是一次重大的挑战，更是一次难得的历史性机遇。在这样的背景下，中国需要推动新一轮全球化，以全球价值链重塑为契机，全面提升国家的产业结构竞争力，更好地贡献治理理念和治理规则等公共产品，创造新的全球化净收益。

（四）美国的经济表现

近年来，美国失业率不断下降、工资水平有所上升、通胀水平较为温，GDP 实现了 121 个月的连续增长，创造了其历史上最长的增长纪录。但在经济超预期增长的背后却存在着一系列的风险，或将拖累美国乃至全球的经济前景。

1. 经济持续增长，创美国史上最长扩张周期

2009年6月美国经济基本从金融危机中恢复，并显示出了较高的弹性，在国内政策收紧（2011/2015财年财政刺激累计回撤幅度占GDP的5.25%）和一系列外部冲击下，仍保持较好的势头，至2019年7月1日GDP实现了连续第121个月的增长，创造了其历史上最长的增长纪录。近10年来，其失业率呈下降趋势，目前更是处于50年来的最低水平。在美国本轮经济扩张中，年均净创造的就业岗位数达200万个，包括低收入人群在内的各群体实际工资有所上涨，生产率似乎也在复苏增长。同时，通胀仍显温和，如图1－1所示。

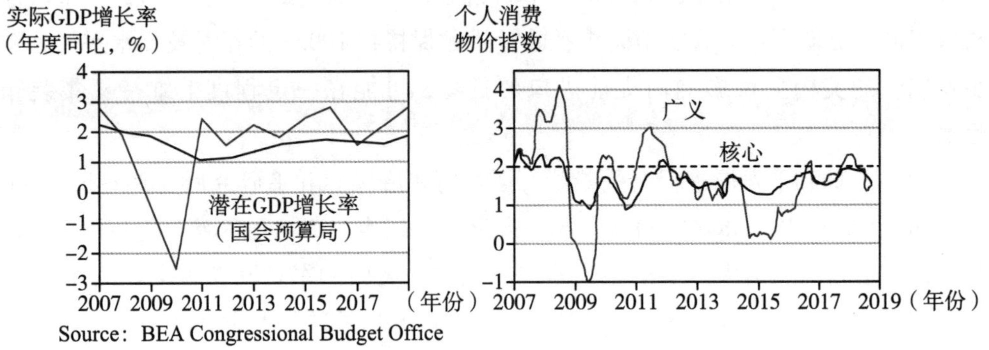

图1－1　近年来美国实际GDP增长率和个人消费物价指数

资料来源：IMF，2019 ARTICLE IV CONSULTATION—PRESS RELEASE；STAFF REPORT；AND STATEMENT BY THE EXECUTIVE DIRECTOR FOR THE UNITED STATES，2019.06.

2018/2019财年的财政扩张，将2018年GDP增长率推升至2.9%。2019年1季度库存投资和净出口增长较为强劲，GDP增长超预期，达3.1%。国际货币基金组织预计，在随后几个季度，消费和私人投资增长将增强，而库存投资情况可能会出现暂时性的逆转，但2019财年全年GDP增长情况仍预期良好，约为2.6%。然而，随着财政刺激效果的消退，预计未来几年经济增长将退回到潜在增长率水平，即1.75%左右。就业仍将保持较好势头，新增就业岗位、工资增长情况以及劳动参与率将有较好表现。对就业市场的信心以及家庭资产负债表的改善将支撑家庭消费的增长。但贸易争端的深化或金融市场状况的突然逆转对美国经济构成了重大风险，如表1－4所示。

表1－4　　　国际货币基金组织对美国经济形势的预测

	2019年	2020年	2021年	2022年	更长远来看
实际GDP增长率（年度平均,%）	2.6	1.9	1.8	1.7	1.7
失业率（期末值,%）	3.5	3.5	3.7	3.7	4.3
核心个人消费物价指数（第四季度同比）	1.8	2.1	2.1	2.0	2.0

续表

	2019 年	2020 年	2021 年	2022 年	更长远来看
联邦基金利率（期末值,%）	2.6	2.9	2.9	2.9	2.8
预算平衡情况（联邦政府，占 GDP 的百分比）	-4.2	-4.0	-4.0	-4.3	-4.7

资料来源：IMF, 2019 ARTICLE IV CONSULTATION—PRESS RELEASE; STAFF REPORT; AND STATEMENT BY THE EXECUTIVE DIRECTOR FOR THE UNITED STATES, 2019.06.

2. 风险悄然酝酿，成经济发展背后的隐患

美国经济连续增长的背后隐藏着诸多隐患。高赤字高负债的财政政策与宽松的金融环境相叠加，虽然在短期内有力地刺激了经济的发展，但从中期来看却带来了许多风险。总结来说，主要包括金融风险、外部失衡风险和财政不可持续的风险。

金融风险。从国内来看，目前美国金融环境极为宽松，资产估值较高，风险溢价、期限溢价、波动率风险市价处于较低水平。且银行资本充足，资产质量总体不错，家庭和企业均可获得信贷，借贷成本也相对较低。然而，企业杠杆率却处于历史高位，企业债的承销标准还在下降，银行不良商业贷款的比例正在攀升。广泛可获得的低成本融资有利于促进短期经济增长，但中期来看，却存在隐患。如果宽松环境突然逆转，企业杠杆率却依然保持在高位，很可能会造成企业流动性问题，甚至会引发其他连锁反应，进而对投资、就业等产生负面影响，拖累经济发展。从全球来看，美国宽松的金融环境有利于支持世界经济的增长，但如果资产价格突然逆转，则可能产生负面的外部溢出效应。这种转变可能会暴露其他国家的流动性问题和偿付能力的脆弱性，这些问题将在那些持有大量美元资产的主权国家或者依赖资本流入为经常账户赤字融资的国家表现得尤为突出。主权债务危机可能再次爆发，进而拖累包括美国在内的全球经济的发展。

外部失衡风险。在过去几年，美国经常性账户赤字总体来说相对稳定（2018 年经常性账户赤字约占 GDP 的 2.25%）。能源生产和出口的增加是其主要原因之一。同时，相较于全球股市的走强，美国债券回报率较低，这也导致资本净流入有所改善。但由于目前美国的经济增速持续超过潜在水平，通胀预期可能会上升，长期利率或将迈向上升通道，进而可能导致净资本流入的增加和贸易逆差的扩大，且加征关税等贸易保护措施并无法有效遏制贸易逆差，因而从中期来看，外部失衡[①]可能会加剧。

财政状况不可持续。自本届政府就任以来，社会保障、军费、基建以及债务利息等支出不断增长，大规模减税又导致收入锐减，财政状况持续恶化。2019 财年联

① 外部失衡是相对于外部平衡而言的。外部平衡主要是指国际收支平衡，即净出口与净资本流出的差额为零。

邦预算赤字为 9 840 亿美元，比 2018 年增加了 18%。赤字的不断扩大迫使政府进一步增加债务的发行。美国财政部公布的数据显示，截至 2019 年 2 月 11 日，联邦债务首次突破 22 万亿美元大关。其债务率（2019 财年为 107%）已超过马约规定的 60% 水平。而根据目前的政策，预计其公共债务负担将在中期继续上升。

（五）国家治理变化与趋势

本届美国总统特朗普在其第一份《总统经济报告》中就其任期内愿景有较为明确的阐述，包括促进就业；工资增长；实现能源优势；扩大基础设施建设；鼓励创新；增强市场活力；提振贫困社区发展等。总体来说，特朗普上任之后即以经济发展和国家安全为两条主线，全方位着手国家治理体系的改革，在社会、市场、政府三个方面均采取了重大举措。

1. 社会方面：保障充分就业，支持贫困地区

在社会治理方面，联邦政府从促进就业，尤其是促进低技能工人就业入手，并通过加大贫困社区基础设施建设投入，引导资金流入等措施，来解决社会突出问题，缓和国内矛盾。

加强移民管控，保障本土就业。其他国家大量非熟练工人的涌入，挤压了美国本土低技能工人的生存。

空间。为保障本土就业，政府采取了一系列措施来加强移民管控，例如通过美墨边境墙、穆斯林禁令以及终止童年入境者暂缓遣返计划（DACA）等政策和行动，直接控制移民数量并通过“买美国货、雇美国人”行政令，促使企业增加对本土低技能工人的雇佣等。

提高人口素质，提高劳动参与率。美国国内阿片类药物的滥用影响人口素质并拉低了劳动参与率。为解决该问题，联邦政府宣布阿片类药物（Opioid）危机为公共卫生紧急事件，并通过加强药物风险教育、摧毁毒品供应链、提供治疗和康复服务、支持戒毒工作等措施大力打击药物滥用、成瘾和过量使用。

改革福利项目，促进充分就业。为结束上届政府遗留下来的劳动参与率低的局面，联邦政府开展了福利项目改革，以减少失业者对救济的依赖，并积极推进工作技能培训、终身学习等相关职业教育、培训项目，特别是优先提供了更多的带薪育儿假和负担得起的、高质量的托儿服务，以提高女性的劳动参与率。此外，美国政府还致力于扭转以往迫使企业迁往其他国家的政策，例如对企业大幅减税等，以保持和创造就业机会。

引导资金投向，支持贫困地区。为促进美国贫困社区的繁荣发展，政府通过加大基础设施建设和解决阿片类药物问题等改善其投资环境，并通过税收激励政策，引导资金投向低收入社区。例如，农村繁荣工作组（Rural Prosperity Task Force）致力于解决农村贫困率过高和宽带接入不足等问题；《减税和就业法案》中的《投资机会法案》为投资低收入社区提供了税收优惠措施。

2. 政府方面：提高行政效率，保障国家安全

本届政府一方面致力于改革政府部门长期积累起来的官僚主义、各自为政、信息技术水平落后、效率低下等弊端，以提升行政效率，提高群众满意度；另一方面也更为强调国家安全问题，这不仅包括政治、军事意义上的安全，还包括国际贸易中的经济安全，即维护美国经济利益。

提升行政服务能力，建设高效政府。2018 年总统管理议程（The President Management Agenda）概述了建设高效政府的长期愿景，并提出了三个驱动因素，即技术、数据和劳动力，如图 1－2 所示。同时，还设定了涵盖网络安全、客户体验、支付准确性、信息技术、人力资源和采购等关键领域的 14 个跨部门优先目标（CAP）。这些优先目标需要行政分支机构合作完成。

图 1－2　美国政府现代化改革重点

资料来源：President Management Agenda，https：//www. whitehouse. gov/wpcontent/uploads/2018/03/The－President%E2%80%99s－Management－Agenda. pdf.

提升军事实力，保障国家安全。美国政府希望通过加大国防军事支出，增强军事威慑力，来保障其国家安全。《2018 财年国防授权法案》（National Defense Authorization Act，NDAA）授权为国家安全项目提供 6 260 亿美元的基础预算资源，为海外应急行动额外提供 660 亿美元，用于继续打击并击败 ISIS、实施南亚战略等。为顺利取得拨款，《2018 财年两党预算法案》（Bipartisan Budget Act，BBA）打破了 2011 年《预算控制法案》（Budget Control Act，BCA）的限制，将 2018 财年的国防预算限额提高了 800 亿美元（至 6 290 亿美元），2019 财年的限额提高了 850 亿美元（至 6 470 亿美元）。

加强国际贸易管控，确保美国利益。美国希望在国际贸易中保证其利益优先，以获得更多收益。特朗普总统认为前几届政府的多边贸易协定，让美国蒙受了损失，且让有不公平贸易行为的国家逃脱了惩罚，不可继续执行，因而上任伊始即开始修改美国的贸易政策，寻求达成新的、更好的贸易协定，并对有非公平贸易行为的国家，采取强硬的追责行动，以保障美国利益。

3. 市场方面：释放市场活力，实现能源独立

为释放市场活力，推动经济发展，联邦政府采取了诸多措施，例如通过放松管制、加大知识产权保护来营造良好的市场环境，通过减税降负来刺激消费和投资等。同时，考虑到能源安全对于美国经济长远发展乃至国家安全的重要意义，本届政府还在能源领域采取了系列举措。

（1）放松管制。在政府范围内开展消除高成本、过时监管规定的行动，并超额完成了“新增一条规定，就废止两条规定”的政策目标，实现了每增加 1 条新规就废止 22 条旧规的减政突破。通过减少出台新规、消除不必要旧规，美国政府向市场发出了放松管制的信号。

（2）引入竞争。在重点市场简化审批流程，引入竞争。例如在药品领域，为降低药价，美国食品药品监督管理局（FDA）着手简化审查程序并优先批准更多的仿制药，以提高效率，降低市场准入壁垒，促进价格竞争，确保更加负担得起的、安全有效的药物供应。

（3）鼓励创新。在创新、知识产权和网络安全政策方面，强调知识产权保护，努力营造重视创新的经济环境，鼓励私营部门创新，并致力于保护私营部门免受包括网络盗窃在内的各类间谍活动的侵害。

（4）降低税率。2017 年《减税和就业法案》（Tax Cuts and Jobs Act，TCJA）为中产阶级和小企业带来了税收的减免。其主要目标和原则是：使美国公司税制更具国际竞争力；使中产阶级享受更简单、公平的税制和更低的税率，以及更多的免征优惠；限制有利于特殊利益集团的高成本扣除；通过更加公平、高效的税收体系，推动企业扩张以及就业和工资的增长。

（5）能源独立。重申实现美国能源主导地位的承诺。这包括实现能源独立，以确保能源安全；建立国际能源领导地位，以巩固美国在国际能源领域的影响力。为此，本届政府将充分利用先进技术，减少管制负担，促进相关私营部门发展，释放能源潜力，为美国公民提供更清洁、有效、负担得起的能源。

二、大幅增加的联邦政府支出

根据美国国会预算局发布的联邦政府 2018 财年（2017 年 10 月 1 日—2018 年 9 月 30 日）预算审查总结报告，2018 财年联邦政府净支出为 4.1 万亿美元，比上一财年增加了1 270亿美元，增长率达3.2%。若非因为2017年10月1日是周末，某些款项提前至9月支付，这一增幅将达4.3%（增加额约为460亿美元左右）。与2017财年支出占GDP的比重（20.5%）相比，2018财年占比为20.3%，与近50年来的平均水平持平。

（一）支出情况和主要特征

1. 特朗普总统上台后，财政支出大幅增加，GDP占比显著上升

2017财年、2018财年联邦政府财政支出分别为3.98万亿和4.11万亿美元，同比增长率为3.3%和3.2%，占GDP的比重为20.7%和20.3%。预计2019财年财政支出将进一步升至4.53亿美元，同比增长10.2%，为金融危机以来的最高增速（金融危机期间，2009年财政支出的同比增速最高，为17.94%，其余年份均在10%以下）。届时财政支出占GDP的比重将超过21.0%，这是1992年之后首次升至该水平，如表1-5所示。

表1-5 近年来美国联邦政府支出规模及占GDP的比重

单位：百万美元，%

财年（Year）	2014	2015	2016	2017	2018	2019	2020
支出	3 506 284	3 691 847	3 852 612	3 981 628	4 109 042	4 529 188	4 745 573
占GDP比重	20.2%	20.4%	20.8%	20.7%	20.3%	21.3%	21.2%
同比增速	1.5%	5.3%	4.4%	3.3%	3.2%	10.2%	4.8%

注：2019财年、2020财年为估计数。

资料来源：白宫网站，2020财年总统预算案。

2. 从支出结构来看，社保福利、债务净利息、军事支出均有明显增长

2018财年联邦政府预算主要类别的支出均有所增加，但社会福利、公共债务净利息和国防支出的增长尤为明显。

社保福利支出显著增长。2018财年三大福利项目，即社会保障、医疗保险和医疗补助的支出分别增加了430亿美元（5%）、160亿美元（3%）和140亿美元（4%）。这三大项支出之和相当于2018财年联邦政府总支出的47%和GDP的9.8%，占GDP的比重略低于2016财年10.1%的峰值。

其中，社会保障（Social Security）是目前联邦政府预算中最大的开支。2020财年总统预算案显示，2019财年社会保障支出金额达1 041亿美元，且根据基线预测（the Baseline Projections），未来10年该支出将以5.8%的年复合增长率增长。而医疗保险（Medicare）支出即将成为第二大支出。2019财年医疗保险扣除

保费为 6 450 亿美元，根据基线预测（the Baseline Projections），未来 10 年该支出将以 7.8% 的年复合增长率增长，至 2029 年支出金额将达 1.36 万亿美元，远超国防支出。

债务净利息大幅增长。2018 财年公共债务的净利息支出约增加了 610 亿美元（同比增长 20%），净利息的 GDP 占比攀升至 1.8%，为 2001 财年以来的最高水平。随着联邦政府债务规模的不断增长，预计未来 10 年公共债务利息支出的增长速度将超过联邦预算中其他任何支出。

军事支出持续增长。国防部用于军事活动的支出连续两年不断增长。2018 财年该支出增加了 380 亿美元，增长率为 7%（2017 财年增长率为 1%）；军事活动支出占 GDP 的比重为 3.0%，与 2016 财年和 2017 财年持平。为提高军事支出，特朗普政府打破了 2011 年《预算控制法案（BCA）》对国防支出的限制，在《2018 财年两党预算法案》中提高了 2018 和 2019 财年的国防预算限额。2018 财年国防部收到的拨款增加了 11%，主要类别的国防开支都有所增加：操作和维护开支增加了 110 亿美元（5%），研发开支增加了 90 亿美元（13%），采购开支增加了 90 亿美元（8%），军事人员增加了 70 亿美元（5%）。

其他支出总体变化不大。2018 财年，政府从房利美（Fannie Mae）和房地美（Freddie Mac）收到的净付款减少了 190 亿美元（付款被记录为支出的抵消项，产生了净支出增加的效果）；由于救灾相关活动的增加，国土安全部的支出增长了 180 亿美元（35%）；农业部则因为贷款相关金额的调整，支出增加了 90 亿美元（或 7%）；退伍军人事务部的开支增加了 80 亿美元（5%），反映了领取伤残补偿等福利的退伍军人人数和伤残补偿等福利金额数的增长；受保费上升影响，通过平价医疗法案建立的市场购买医疗保险的补贴支出增加了大约 70 亿美元（17%）。与此形成鲜明对比的是，教育部的开支减少了 480 亿美元（43%）。这是因为财政部将前几年发放的预估的贷款和贷款担保的净补贴成本下调了 90 亿美元，而 2017 财年则进行了 390 亿美元的上调。如果排除这些修订的影响，教育部的支出将略高于 2017 财年。综合而言，其他方面的支出增减不一，相互抵消，所以总体来看变化不大，具体如表 1－6 所示。

表 1－6　2016—2018 财年联邦财政支出主要类别对比　单位：十亿美元

主要类别	2016 财年		2017 财年		2018 财年		2018 财年较 2017 财年百分比变化	
	数额	在总支出中的占比（%）	数额	在总支出中的占比（%）	数额	在总支出中的占比（%）	实际情况	调整后[a]
社会保障福利	905	23.49	934	23.46	977	23.78	4.6	4.6
医疗保险[b]	592	15.36	595	14.95	585	14.24	－1.6	2.7
医疗补助计划	368	9.55	375	9.42	389	9.47	3.9	3.9

续表

主要类别	2016 财年		2017 财年		2018 财年		2018 财年较 2017 财年百分比变化	
	数额	在总支出中的占比（%）	数额	在总支出中的占比（%）	数额	在总支出中的占比（%）	实际情况	调整后[a]
小计	1 865	48. 40	1 903	47. 80	1 951	47. 49	2. 5	3. 9
DoD—军事[c]	565	14. 66	569	14. 29	601	14. 63	5. 6	6. 6
公共债务的净利息	284	7. 37	310	7. 79	371	9. 03	19. 8	19. 8
其他	1138	29. 54	1199	30. 12	1185	28. 85	-1. 2	0. 0
合计	3 853	100. 00	3 981	100. 00	4 108	100. 00	3. 2	4. 3
占 GDP 比重	20. 8		20. 7		20. 3		n. a.	n. a.

资料来源：Congressional Budget Office；Office of Management and Budget；Department of the Treasury.

DoD = Department of Defense，即国防部；

GDP = gross domestic product，即国内生产总值；

n. a. = not applicable，即不适用。

a. 调整后的金额不包括周末转移支付的影响。

b. 医疗保险支出是抵消收入的净额。

c. 不包括国防部在民用项目上的少量开支。

（二）支出分析

1. 政治竞争和人口老龄化等导致社会福利支出显著增长

社会福利支出的不断增长有其深刻的政治原因。在美国民主政治的基础上，党派间的竞争尤为激烈。政客为了赢得更多选民的支持，不断提升社会福利支出份额。特别是在政府换届或是中期选举时，各党派领导人纷纷对民众做出不切实际的许诺以换取选票，致使福利支出不断增长。

人口老龄化和人均医疗保健成本的上升是导致社会福利支出增长的另一重要因素。在未来 10 年内，随着婴儿潮一代年龄的增长和预期寿命的延长，预计美国 65 岁及以上人口数量将继续增长约三分之一，从 2018 年占总人口的 16% 升至 2029 年的 20%。而在联邦预算中几乎所有针对 65 岁及以上老人的支出都属于法定支出项目（Mandatory Programs）——也就是说，其支出通常受法定标准控制，而不受年度拨款程序的约束。按照占 GDP 的比重计算，针对 65 岁及以上人口的法定支出已经从 2005 年的 5. 8% 增长到了 2018 年的 7. 5%，并且根据现行法律安排，这一比例将在 2029 年升至 9. 8%。另据国会预算局预计，未来 10 年，随着医疗保健成本的上升，联邦医疗保健项目的人均支出也会以更快的速度增长。针对美国老年人的社会保障及医疗保险项目支出将从 2018 年的 1. 3 万亿美元增加到 2029 年的 2. 7 万亿美元，占同期针对老年人支出增长总额的 90% 以上。

2. 赤字政策和利率上升导致公共债务净利息大幅增长且难以控制

联邦政府长期执行赤字政策，仅在2000年左右有过几次小规模盈余，长期的、高水平的赤字致使其积累了高额债务。目前联邦政府总债务规模已超过22万亿美元。而未来几年内，据国际货币基金组织预测，随着财政刺激效果的消退，美国经济增长将退回到潜在增长率水平，即1.75%左右。随着经济增速的回落，联邦政府收入增长也将受到拖累，但支出刚性难减，因而短期内几乎不可能实现赤字向盈余的转换，债务规模也将随之持续扩大。另据美国政府问责局，美国国债利率虽然近年来一直保持在较低水平，但预计将在短期和长期内上升，这将进一步推动债务利息支出的增长，致使债务利息支出上升趋势难以逆转，如图1-3所示。

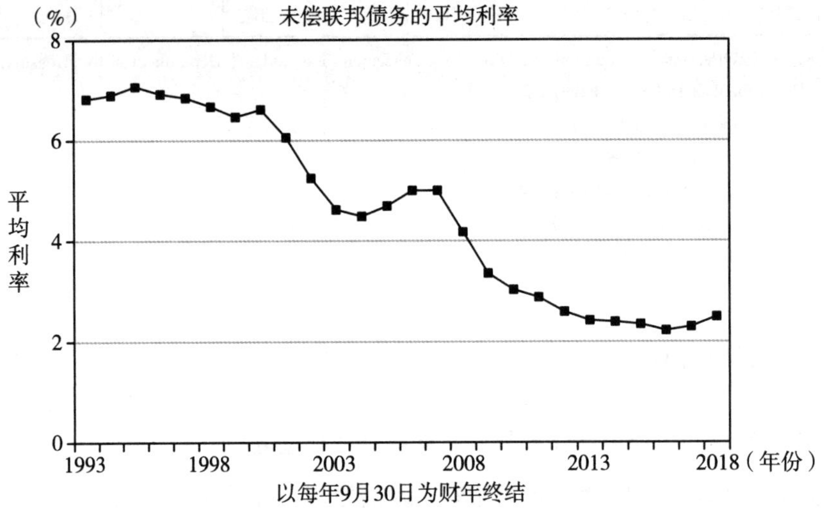

图1-3　联邦债务的平均利率

资料来源：Government Accountability Office Analysis of Bureau of the Fiscal Service information | GAO-19-113.

注：平均利率代表了在财政年度结束时，公众持有的债券和未偿付的政府内部债券（不包括通胀指数债券和浮动利率债券）的原始发行加权有效收益率。

3. "美国优先"战略下国防军事支出持续增长

近十几年来，尤其是在2008年金融危机之后，地缘政治和地缘经济实力的全球平衡发生了巨大的变化。美国虽然依旧保持着世界第一强国的地位，但其影响力却已被欧盟、中国等制衡和削弱，无法自行制定世界的游戏规则。为使美国重新强大，特朗普政府走上了以美国利益为中心，寻求重塑全球化的道路。而在这条路上，强大的军事力量无疑是其最强有力的保障。为此，本届政府不断增加军事支出，以保证盟友对其在政治和军事上的依赖，维持其逐渐减弱的影响力，同时以军事威慑力为后盾在全球争端中谋求利益的最大化。

为增强军事力量，特朗普签署了《2018财年国防授权法案》（National Defense

Authorization Act，NDAA)，授权为国防部（Department of Defense）和能源部（Department of Energy）的国家安全项目提供 6 260 亿美元的基础预算资源，并为海外应急行动额外提供 660 亿美元。该法案为美国军事力量的升级奠定了基础。为了得到数额巨大的国防拨款，本届政府打破了 2011 年《预算控制法案（BCA)》对国防支出的限制，在《2018 财年两党预算法案》中将 2018 财年的国防预算限额提高了 800 亿美元（至 6 290 亿美元），将 2019 财年的国防预算限额提高了 850 亿美元（至 6 470亿美元），如表 1 – 7 所示。与 2013 和 2015 财年《预算法案》中提升国防预算限额的条款相比，此次提高的幅度更大。另外，2020 财年总统预算案更是提出了惊人的 7 500 亿美元的国防拨款请求。

表 1 –7 2018 财年两党预算法案中的国防支出款项与以往预算法案的比较（以当前美元计算的自主性支出预算授权） 单位：十亿美元

	2013 财年两党预算法案		2015 财年两党预算法案		2018 财年两党预算法案	
	2014 财年	2015 财年	2016 财年	2017 财年	2018 财年	2019 财年
原预算控制法案（BCA）	$ 498	$ 512	$ 523	$ 536	$ 549	$ 562
调整金额	+ $ 22	+ $ 9	+ $ 25	+ $ 15	+ $ 80	+ $ 85
调整后的国防预算限额	$ 521	$ 521	$ 548	$ 551	$ 629	$ 647
海外应急行动（OCO）	$ 85	$ 64	$ 59	$ 83	$ 71	$ 69
国防预算总额	$ 606	$ 586	$ 607	$ 634	$ 700	$ 716

资料来源：Seamus P. Daniels and Todd Harrison，Making Sense of the Bipartisan Budget Act of 2018 and What It Means for Defense，2018 – 02 – 22，https：//www. csis. org/analysis/making – sense – bipartisan – budget – act – 2018 – and – what – it – means – defense。

三、联邦政府收入增速放缓

根据美国国会预算局发布的联邦政府 2018 财年预算审查总结报告，2018 财年联邦政府收入达 3. 3 万亿美元，比 2017 财年增加了 140 亿美元（同比增长不到 1%）。受 2017 年税收法案等的影响，政府收入的 GDP 占比从 2017 财年的 17. 2% 下降到 2018 财年的 16. 4%，低于过去 50 年的平均水平（17. 4%）。

（一）收入情况和主要特征

1. 特朗普总统上台后，财政收入增速放缓，占 GDP 比重有所下滑

近 5 年来，联邦政府财政收入持续增加，但其增速却自 2016 财年起开始放缓，

2018 财年的增长率更是降至期间最低水平。同时，收入占 GDP 的比重也在 2018 财年降至新低 16.5%。据估计，2019 财年收入占 GDP 的比重将会进一步下滑，如表 1－8所示。

表 1－8　近年来美国联邦政府收入规模及占 GDP 的比重

单位：百万美元,%

财年	2014	2015	2016	2017	2018	2019	2020
收入	3 021 491	3 249 887	3 267 961	3 316 182	3 329 904	3 437 656	3 644 772
占 GDP 比重（%）	17.4	18.0	17.6	17.2	16.5	16.1	16.3
同比增速（%）	8.9	7.6	0.6	1.5	0.4	3.2	6.0

注：2019 财年、2020 财年为估计数。

资料来源：白宫网站，2020 财年总统预算案。

2. 从收入来源看，个人所得税等收入有显著增长，但其他收入却增速放缓甚至大幅下滑

个人所得税收入增长显著。作为联邦政府财政收入的大头，个人所得税收入约占其全部财政收入的 50% 左右。2018 财年该收入比前一财年增加了 960 亿美元（同比增长约 6%），占 GDP 的比重也从 2017 财年的 8.2% 上升到了 2018 财年的 8.3%，持续高于过去 50 年的平均水平（8.0%）。

社会保险税收入增速放缓。社会保险税收入约占联邦政府全部财政收入的 35% 左右，是其第二大收入来源。2018 财年社会保险税增加了 90 亿美元，同比增长 0.8%，与 2015、2016 及 2017 财年 4% 以上的增速相比，增长速度大幅放缓，占 GDP 的比重也从 2016 及 2017 财年的 6.0% 下降到 2018 财年的 5.8%。

企业所得税收入大幅下降。2018 财年作为第三大收入来源的企业所得税收入与 2017 财年相比减少了 920 亿美元，降幅为 31%。这个降幅至少是 1934 年（有数据可查的第一年）以来的第二大降幅，仅次于 2008—2009 年金融危机引起的 55% 的降幅。同时，GDP 占比也从 1.5% 下降到 1.0%，仅为过去 50 年平均水平（2.0%）的一半，是 2009 财年以来的最低纪录。

关税等收入有所增长。2018 财年其他收入增加了 10 亿美元（不到 1%），但 GDP 占比却从 1.4% 下降到了 1.3%。其中，美联储汇款收入以及收费和罚款收入出现了下降。2018 财年美联储向财政部的汇款减少了 110 亿美元（13%），主要是由于更高的短期利率导致中央银行向存款机构支付了更多的准备金利息，而美联储支付的金额越大，向财政部的汇款就越少。消费税增加了 110 亿美元（或 13%），这一增长部分来自于从医疗保险供应商处获得的税收收入。关税收入比 2017 财年增加了约 70 亿美元，达 410 亿美元，部分原因是政府征收了新的关税，如表 1－9 所示。

表 1 - 9 **2016—2018 财年美国联邦政府财政收入主要来源比较** 单位：十亿美元

主要来源	2016 财年			2017 财年			2018 财年较2017 财年百分比变化（%）	2018 财年			2018 财年较2017 财年百分比变化（%）
	数额	在总支出中的占比（%）	占 GDP的比重（%）	数额	在总支出中的占比（%）	占 GDP的比重（%）		数额	在总支出中的占比（%）	占 GDP的比重（%）	
个人所得税	1 546	47.31	8.30	1 587	47.87	8.20	2.70	1 684	50.59	8.30	6.1
社保税	1 115	34.12	6.00	1 162	35.05	6.00	4.20	1 171	35.18	5.80	0.8
企业所得税	300	9.18	1.60	297	8.96	1.50	-0.80	205	6.16	1.00	-31.1
关税等收入	307	9.39	1.60	269	8.11	1.40	-12.10	270	8.11	1.40	0.4
总计	3 268	100.00	17.60	3 315	100.00	17.20	1.50	3 329	100.00	16.40	0.4

资料来源：Congressional Budget Office；Office of Management and Budget；Department of the Treasury.

n. a. = not applicable. 即不适用。

（二）收入分析

1. 个税增长得益于刺激政策下的就业回暖

在奥巴马和特朗普两位总统的财政刺激政策下，美国就业市场逐步走出2018年金融危机的阴霾，开始回暖。同时，本届政府还试图通过放松监管、减负减压、推动政府与企业合作等方式引导投资回流，助推以制造业为代表的夕阳产业复苏，并寻求解决结构性失业和劳动参与率不高等问题。短期内，其政策取得了一定的效果。根据美国白宫2019年4月份发布的信息，过去13个月美国失业率一直处于或低于4%的水平，这是近50年来如此低的失业率持续时间最长的一次。同时，部分闲置劳动力重新进入劳动市场，工资水平也有所上升。2019年3月，劳动力参与率达63%，比2016年11月特朗普当选时高出0.3个百分点；黄金年龄成年人（25—54岁）劳动力参与率为82.5%，比特朗普当选时高出1.1个百分点；名义工资同比增速连续8个月保持在3%及以上的水平。劳动参与率的提升、失业率的降低以及工资的增长扩大了税基，即使在减税法案的影响下，个人所得税也在短期内实现了增长。

2. 大范围减负导致企业所得税收入大幅下降

为增强美国企业税率在全球的竞争力，助推中小企业发展并实现投资回流，本届政府对企业所得税进行了大幅度的削减，将税率从35%下调至21%，并允许企业完全抵扣在设备和无形资产上的投资。但事实证明，至少在短期内减负政策下税基扩大对税收收入的正向影响无法弥补削减税率和提高抵扣带来的负向影响，这导致企业所得税收入大幅下降。

3. 特朗普关税政策致使关税收入大幅增长，但却拉低了人民的福祉

按照2017年美国进口产品价值计算，截至2018年年底特朗普政府的关税政策对美国每年约2 820亿美元的进口产品产生了影响，受影响的产品包括洗衣机、光伏产品、钢铁、铝和大量从中国进口的产品等。此外，美国与中国的贸易战仍在升级，与欧盟在飞机制造补贴方面的争端也极有可能导致双方间关税税率的进一步升高。关税税率的调整推动了联邦政府关税收入的增长。但考虑到关税收入在财政收入中的极小占比（2018财年联邦政府410亿美元的关税收入只占当年财政收入的1.2%），该项收入的增加对于减少财政赤字来说是杯水车薪，更不用说偿还联邦债务了。

关税更像是一种全国性的销售税，只不过它的特殊之处在于只针对外国商品征收，但是该税由美国进口商支付，然后以更高的价格转嫁给消费者。由此，加征关税可能导致美国生产者的生产成本上升，消费品的价格升高，从而影响美国人民的福祉。与此同时，其他国家的报复性措施，将进一步扩大、加深美国关税政策所带

来的不良影响，例如进口产品减少等。

四、政府赤字和债务还在攀升

2018 财年联邦政府的预算赤字和债务仍然有大幅上涨。其中预算赤字比上一财年增加 1 130 亿美元，联邦债务增加 12 730 亿美元，赤字率达 3.8%，债务率达 106%（按照公众持有债务计算的债务率为 77.8%），远超《马斯特里赫条约》所规定的 3% 的赤字率和 60% 的债务率。不断增长的赤字和债务给美国带来了政府治理风险。

（一）政府盈余/赤字和债务情况

1. 政府盈余/赤字情况

自 20 世纪 70 年代起，联邦政府长期执行赤字政策，仅在 2000 年左右有过几次小规模的盈余。2009 财年其赤字率更是升至 10% 左右。虽然随后情况有所好转，至 2015 财年降到 2.4%，但之后赤字率又开始掉头向上。根据美国国会预算局发布的联邦政府 2018 财年预算审查总结报告，截至 2018 年的 9 月 30 日，联邦预算赤字总计 7 790 亿美元，比 2017 财年增加 1 130 亿美元。赤字占美国国内生产总值（GDP）的比重从 2016 财年的 3.2% 和 2017 财年的 3.5% 上升到了 2018 财年的 3.8%①，且预计 2019 财年将进一步攀升至 5% 以上，如表 1－10 所示。

表 1－10　2013—2018 财年美国联邦政府财政收支与赤字总额 单位：十亿美元

财政年度	2013	2014	2015	2016	2017	2018
收入	2 775	3 021	3 250	3 268	3 315	3 329
支出	3 455	3 506	3 688	3 853	3 981	4 108
赤字（－）						
赤字总额	－680	－485	－438	－585	－666	－779
同比增速（%）		－28.7	－9.7	33.6	13.8	17.0
占 GDP 比重（%）	－4.1	－2.8	－2.4	－3.2	－3.5	－3.8

资料来源：Congressional Budget Office; Office of Management and Budget; Department of the Treasury. GDP = gross domestic product. 即国内生产总值。

① 由于 2017 年 10 月 1 日（2018 财年第一天）恰好是周末，所以支付时间有所调整，一些支出提前至 2017 财年完成，因而 2018 财年的支出有所减少。如果不做调整，2018 财年的赤字将达到 8 230 亿美元，相当于 GDP 的 4.1%。

2. 政府债务情况

截至2018财年，联邦债务总额为21.5万亿美元（占GDP的比重为106.1%）。其中，公众持有债务为15.7万亿（占GDP的比重为77.8%），政府间债务为5.7万亿（占GDP的比重为38.2%）。公众持有的债务是联邦政府通过发行国债在金融市场上借贷的金额，用以支付联邦政府的运行活动。当联邦政府在金融市场借款时，它会与其他参与者争夺金融资源，从长期来看，会排挤私人投资，从而拖累经济产出。相比之下，信托基金和其他政府账户持有的联邦债券代表的是政府内部的交易，并不直接影响金融市场。因而在此只考虑公众持有债务的情况。

在过去10年，公众持有的联邦债务激增，2007年年底的GDP占比为35%，但2007—2009年经济衰退及财政刺激政策助长了预算赤字和债务率。到2012年年底，债务占GDP的比重翻了一番，达70%，并继续保持上升趋势。预计至2019财年末，债务将占到GDP的80%左右，如图1－4所示。

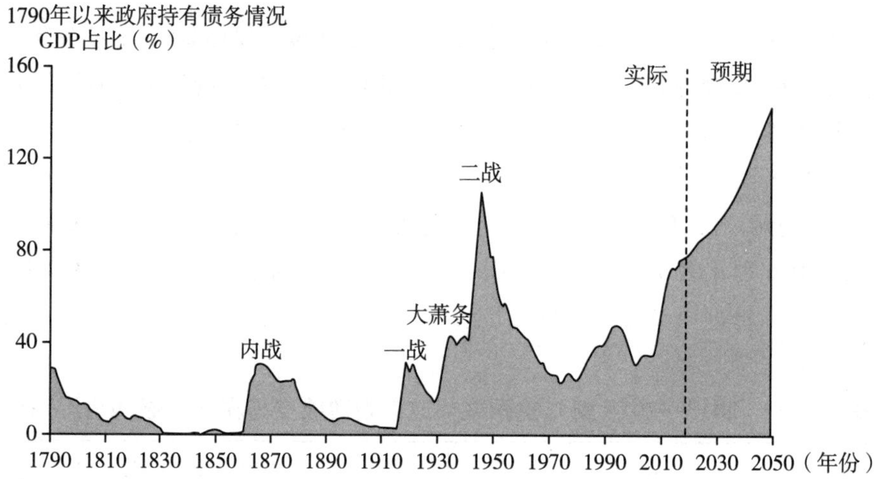

图1－4　公众持有债务的GDP占比

资料来源：CBO，The 2019 Long－Term Budget Outlook.

（二）高赤字和高负债的原因及影响

1. 财政收支失衡是高赤字和高负债的直接原因

长久以来，为保证政绩，联邦政府习惯于采取减税增支的策略来助推经济发展，从而导致赤字和负债的双高。2007—2009年的金融危机使美国陷入了衰退，为刺激经济复苏，奥巴马政府的经济刺激计划使美国债务规模进一步扩大。特朗普上台之后更是进行了大力度的减税，同时疯狂增加军事等支出，以促进经济发展，实践其“使美国再次强大”的承诺，赢取选民的支持。但根据联邦预算委员会，2017年《减税与就业法案》（TCJA）预计将在2018—2027财年间使预算赤字增加1.5万亿美元。且从目前来看，短期内大范围减税等刺激政策的效果并不显著，2018财年财政收入增长开始放缓；在中长期内，伴随着刺激政策的失效，政府收入增长进一步放缓的风险还会大大增加。但与之相对的却是持续且快速上升的国防支出、债务利息支出和社会福利支出，财政收支严重失衡，高赤字、高负债的状况恐难以得到扭转。

2. 民主政治制度对赤字和债务的控制效果有限

受民主政治制度制约，联邦政府不可能无限制提高赤字和扩大债务规模。同样的，在政治博弈和妥协下，现有的赤字和债务约束条款也不可能被始终如一地执行下去，而是会被一步步地打破、重构。以法定债务限额条款为例，作为一项事后措施，该条款可以限制财政部为国会和总统已制定的融资决定进行借款的权力。但自1997年以来，法定债务限额已经提高了18次，从59 500亿美元提高到204 560亿美元。值得注意的是，在过去的8个财政年度中，每个财年都出现了推迟提高债务限额的情况，其中2018财年债务上限的提高被推迟了10个月。其结果是当接近债务限额时，财政部通常会调整其正常的现金和债务管理操作，如暂时缩减投资（联邦雇员退休计划的证券投资等），以满足政府债务的到期偿付，但是延期一旦结束，财政部仍将弥补之前缩减的投资，从而导致联邦债务继续上升。

3. 或将激化低增长和高赤字的矛盾

联邦政府习惯于采用财政扩张政策来刺激总需求，以拉动经济增长，化解低增长和高赤字的矛盾。但这种刺激即使在短期内有效，从中长期来看，却可能会挤压储蓄和私人投资，推升通胀率，抑制经济活力，并进一步推高赤字水平和负债率，激化原有矛盾。

事实证明，2017年的减税对美国经济的刺激效果并不明显，联邦政府收入增长缓慢。根据财政部发布的2019年一季度财政报告，作为GDP主要拉动因素的消费和投资均呈现疲态，其中消费增长率为1.2%，环比下降48%，投资增长率为2.7%，下降50%。进口出现负增长，增速为－3.7%，创2015年以来的新低。虽然贸易赤字缩减至6 034亿美元，但是进口的收缩却导致原材料成本上升，这在钢铁行业和汽车制造行业表现得尤为明显。同时，美国工人平均时薪的上涨也推升了人力成本压力，企业纷纷裁员以缓解生产成本的上升。在这样的经济环境下，截至4月份，联邦政府预算内收入与预算外收入合计20 428亿美元，仅同比上涨1.8%。而政府支出却快速增长，同期联邦政府支出累积达25 737亿美元，同比上涨7.56%。财政赤字达5 309亿元，同比增长37.8%。为筹措资金，联邦政府再次增发债券3 650亿美元，致使债务总规模首次突破22万亿美元大关。

4. 加剧政府治理风险

美国的债务率早已超过国际公认的60%警戒线，政府治理风险加剧，这主要表现在财政风险、金融风险和社会风险三个方面，如图 1－5 所示。2018 年美国联邦政府财务报告、国会预算办公室（CBO）和政府问责局（GAO）的预测都显示，联邦政府如果不调整政策，预算赤字和公众持有债务的 GDP 占比将继续增长，而这种债务增速超过 GDP 增速的情况将使主要财政项目面临财务挑战，当前的财政政策不可持续。而债务过高也会使美国金融灵活性降低、对外国投资者依赖增加，从而助长美国乃至世界金融市场的风险因素。此外，政府负债的上升往往会对民众的福利水平产生负面影响，进而会引发民众的质疑和不满，而这种质疑和不满在美国民主政治制度下极易被激化，形成威胁政府治理的社会危机。

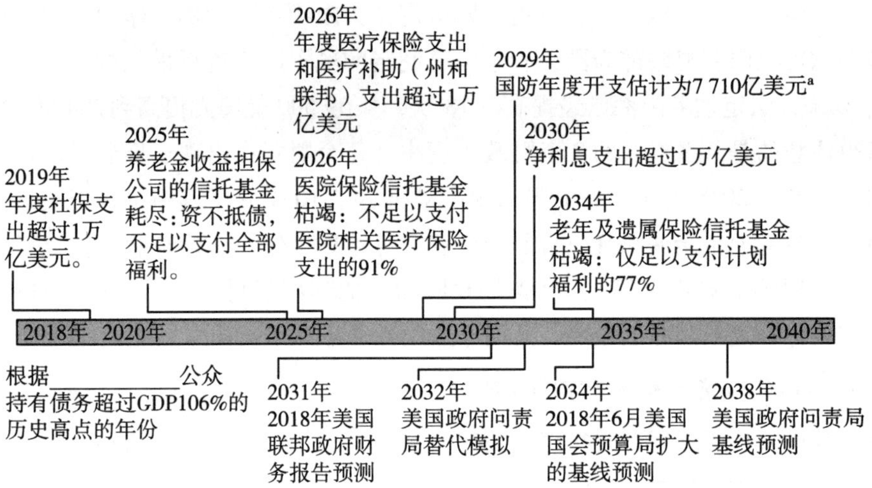

[a]国会预算办公室在2029年后的长期预测中，没有将国防支出预测与可自由支配支出总额分开。

图 1－5　主要财政项目将面临财务挑战和风险

资料来源：U. S. Accountability Office，THE NATION'S FISCAL HEALTH：Action Is Needed to Address the Federal Government's Fiscal Future，2019－04－10，https：//www. gao. gov/products/GAO－19－314SP.

五、政府间财政关系

作为一个联邦制国家，美国实行联邦政府、州政府和地方政府三级行政管理体制。财政管理体制也包括相应的三级。三级财政各自行使相对独立的财政和税收制度，编制、审批和执行本级预算。上下级财政之间的主要联系是上级对下级的财政补助。

（一）政府事权和支出责任划分

美国政府体系包括联邦、州及地方政府三级。三级政府各自按法律行使自己的职权。联邦政府和州政府之间是合作关系，而非上下级关系。州几乎是独立的“小国（汉密尔顿等建国之父称州府为‘成员国’）”，有自己的宪法、法庭、税收、警察、国会、选举制度等。州政府以下是种类繁多的地方政府，主要包括郡、市、乡镇以及具有有限职能的政府（如学区政府和特殊功能区政府）。各类型的地方政府都是州政府的下级，地方政府间是平级关系，其职权由州宪法授权。

在事权划分方面，与国家社会经济关系重大的事项主要由联邦政府负责，其专属职能是国防、外交、移民、邮政服务和航天等。区域属性强的事务主要由州和地方政府负责。州政府的主要责任包括提供教育、社会福利、基础设施等服务。而地方政府的职能是州政府职责的延伸，例如供水、供电、消防、治安、固体废弃物和污水处理等，这些事务也多是州政府所涉及的。此外，公共产品的层次性和社会化大生产要求三级政府需要共同承担一些事权，例如环境保护、社会保障、医疗健康、州际交通设施建设、警察等。

根据事权的划分，三级政府确定了各自的支出责任。国防、国际事务、邮政服务、科学和太空技术、退伍军人福利、社会保障和医疗保险、环境资源和能源、国家公园和野生动物保护、司法部门等属于联邦政府承担的支出责任；教育、失业救济、住房、水电气供应、社区发展、治安消防等属于州和地方政府的支出责任。而教育和培训、医疗卫生和社会福利、交通和基础设施等支出是联邦、州和地方政府交叉的支出责任。

美国政府间事权和支出责任的划分比较符合外部性、信息对称性和激励相容的原则。联邦政府承担提供全国性公共服务的责任，并与各州开展多种合作，通过转移支付实施宏观调控，对州和地方政府的公共服务进行协调。

（二）政府间财政收入划分

税收是美国财政收入的主要形式。在美国，在不与联邦税收立法相冲突的前提下，各州享有包括税收立法权在内的各种税收自主权。州以下政府有权在联邦和州宪法范围内，行使其税收管理权。这样的税权划分有助于保证各级政府可以自主组织和使用财源。

美国的税收体系以直接税为主，更加强调个人权利与市场机制，政府购买服务。在税种划分方面，主要是按照税源流动性，流动性愈强的愈由高一级政府征收。属于联邦政府的税种有所得税、社保税、关税、死亡税等；属于州政府的税种有销售税、资源税/费、所得税；属于地方政府的税种有财产税（房地产税）、所得税。联邦政府的主要税收收入来自所得税；州府的税收收入主要来自销售税，地方则主要是财产税（最早是州税）。

在税收权限方面，州政府不能对其出境产品征税。同时，根据1819年联邦最高法院的判决，一个政府不能对另一政府征税。而无论是通过州法令还是州宪法，州可以决定地方政府的征税权限。值得一提的是，美国各州的税收结构差异很大。例如，2004 年俄勒冈州税收收入的 70% 来自个人所得税，但另有 9 个州的个人所得税收入几乎为零。田纳西和华盛顿州税收收入的 60% 以上来自销售税，但另有 5 个州的销售税收入几乎为零，如表 1－11 所示。

表 1－11　　　　三级政府征税权力的法律框架

联邦政府	州政府	地方政府
宪法第 1 条第 8 款："赋予联邦政府课税权力：国会有权设置并开征直接税、关税、进口税和货物税。" 宪法第 1 条第 8 款："所有筹集收入的议案都应当由众议院提出"。与支出案（预算案）不同。 宪法第 1 条第 8 款："所有关税、进口税与货物税应全国统一征收"。国会在确定税率时不能对各州县区别对待。 宪法第 1 条第 8 款：联邦政府不一定都通过课税来为其全部支出筹资。若支出超过收入，政府有权"凭美国政府之信用借钱"。（有人提出平衡联邦预算的宪法修正案，但至今没通过） 宪法第 1 条第 9 款："直接税开征必须与人口普查或人口统计成比例，否则不得开征。"（19 世纪所得税被判违宪） 宪法修正案第 16 条："国会有权对任何来源的收入课征所得税，无须在各州按照比例分配，亦不必考虑人口普查或人口统计"。 宪法修正案第 5 条："未经正当法律程序，任何人不得被剥夺生命、自由或财产"。 宪法第 1 条第 9 款："对任何一州输出的货物，联邦不得征税"。	宪法修正案第 10 条："本宪法未授予合众国也未禁止各州行使的权力，皆由各州或全体人民保留。"赋予了各州政府广大的收支自主权。 宪法第 1 条第 10 款："任何一州，未经国会同意，都不得对进出口货物课征进出口税"，联邦控制国际经济政策。	地方政府课税与支出的权力是由州政府赋予的。19 世纪的一位法官："市政府的产生源自州立法，其权力也完全来自州立法。立法给予市政府生命的源泉，没有这个源泉，市政府将无以生存。市政府由州产生，也可能由州立法而消亡。立法既然可以使市政府消亡，也可剥夺和控制其权力。" 市镇有相当大的政治权力，对联邦、州的意愿也不是被动地反映。比如，由于地方官员的反对，加州政府曾经放弃了对地方征收的汽油税（2009 年）。

（三）政府间转移支付制度

在 19 世纪初，美国的转移支付制度主要是为调节三级政府之间的资金余缺，并未成为体现联邦政府意志的有效手段。但在 1929—1933 年经济危机之后，转移支付的作用得以强化，被联邦政府用以干预州和地方经济。二战之后，美国政府间转移支付总额呈现出了跳跃式增长。1950 年联邦政府转移支付总额为 23 亿美元，占联邦政府总支出的5.3%，占州地支出的10.4%；到2000年，转移支付总额达2 859亿美元，占联邦政府总支出的15.9%，占州地支出的27.2%。转移支付已经成为联邦政府支出的重要内容，也成为州地政府重要的收入来源。2018财年，联邦政府实际向州和地方政府提供了约6 965亿美元的联邦拨款，占联邦政府总支出的17%，占州地支出的24.3%，主要用于为医疗（占拨款总额的60.46%）、收入保障（占拨款总额的15.89%）、交通（占拨款总额的9.31%）、教育培训（占拨款总额的8.7%）等提供资金支持，如表1－12所示。

表1－12 1950—2020财年美国联邦政府对州和地方政府转移支付的金额与比例

单位：十亿美元，%

财年	拨款总额（十亿美元）		其中针对个人的拨款（十亿美元）			拨款的相对比例		
	名义	实际(2012财年)	名义金额	实际金额（2012财年）	占拨款总额的比重（%）	占州与地方支出的比重（%）	占联邦支出的比重（%）	占GDP的比重（%）
1950	2.3	23.4	1.3	10.0	42.7	10.4	5.3	0.8
1960	7.0	54.8	2.6	16.0	29.2	14.7	7.6	1.3
1970	24.1	151.7	9.1	44.0	29.0	19.4	12.2	2.3
1980	91.4	283.7	33.1	81.8	28.8	26.3	15.8	3.3
1990	135.3	238.9	77.4	123.4	51.7	25.2	10.8	2.3
2000	285.9	389.1	186.5	239.6	61.6	27.2	15.9	2.8
2014	577.0	556.8	412.5	400.3	71.9	23.6	16.5	3.3
2015	624.4	599.3	463.4	447.6	74.7	23.9	16.9	3.5
2016	660.8	630.3	495.7	475.3	75.4	25.5	17.2	3.6
2017	674.7	632.2	508.0	478.9	75.8	26.8	16.9	3.5
2018	696.5	635.1	525.8	483.4	76.1	24.3	17.0	3.4
2019	749.6	667.3	564.3	507.6	76.1	—	16.5	3.5
2020	750.7	652.1	557.9	490.9	75.3	—	15.8	3.3

注：2019财年、2020财年为估计值。

资料来源：U.S. Office of Management and Budget, *Budget of the United States Government*, *Fiscal Year* 2020: *Historical Tables*, Table 12.1, Summary Comparison of Total Outlays for Grants to State and Local Governments: 1940－2024 (in Current Dollars, as Percentages of Total Outlays, as Percentages of GDP, and in Constant (FY 2020) Dollars) at https://www.whitehouse.gov/omb/historical－tables/;

2015财年和2018财年拨款数额占州与地方支出的比重数据来自2020财年总统预算案预算分析部分；

2014财年、2016财年、2017财年拨款数额占州与地方支出的比重数据分别来自2016财年、2018财年和2019财年总统预算案预算分析部分；

2000年及之前数据部分来自于财政部干部教育中心，《现代政府间财政关系研究》，经济科学出版社2017年版，第73页。

从转移支付对象来看，美国的政府间转移支付主要包括联邦政府对州政府和州政府对地方政府的转移支付。

联邦政府对州政府的转移支付全部为专项转移支付，没有以下级政府财力均等化为目的的一般性转移支付，而且大部分转移支付资金直接用于支持低收入人群，以促进个人的平等。根据2020财年总统预算案，1960财年至2018财年，联邦政府针对个人的转移支付逐步从的联邦政府转移支付总额的29.2%上升至76.1%，占GDP的比重逐步从0.5%增长至2.6%。这种转移支付特征的形成有其客观性和历史原因。首先，作为市场经济国家，美国强调通过商品和要素在地区间的自由流动，促进市场的效率和地区经济的收敛，以实现社会的公平，并认为以地区均等化为目的的一般转移支付会人为地阻碍经济的自动调节过程。其次，美国宪法并未将社会均等列为联邦和州的共同目标。再次，历史上美国一开始采取的就是专项转移支付，制度的惯性促使该种形式被继续保持下来。而在专项转移支付的支持补助项目中，收入保障（例如家庭援助、住房援助、儿童营养等项目）和医疗卫生是主要项目，约占总额的2/3。这部分资金由联邦政府拨付给州政府，再由州政府支付给个人[①]，如表1－13所示。

表1－13　　美国联邦对州和地方总支出（按功能分类）　　单位：百万美元

功能分类	2014财年	2015财年	2016财年	2017财年	2018财年	2019财年	2020财年
国防	.	....	....	....	....	....	....
外交	....	....	....	....	....	....	....
能源	759	577	764	774	771	805	842
自然资源和环境	6 700	7 043	6 702	6 155	6 394	6 168	6 134
农业	701	707	806	763	815	934	888
商业和住房信贷	2 339	1 875	2 172	2 255	1 866	2 033	1 914
交通	62 271	60 835	63 876	64 795	64 836	67 211	68 600
社区和地区发展	13 232	14 357	15 298	14 797	19 089	21 917	26 442
教育、培训、就业和社会服务	60 485	60 527	60 867	61 553	60 591	67 500	63 617
医疗	320 022	368 026	396 666	406 946	421 117	453 862	452 820
收入保障	100 869	101 082	104 769	107 400	110 649	114 169	110 130

① 楼继伟：《中国政府间财政关系再思考》，中国财政经济出版社2013年版，第225页。

续表

功能分类	2014 财年	2015 财年	2016 财年	2017 财年	2018 财年	2019 财年	2020 财年
社会保障	16	15	10	10	18	14	24
退伍军人福利和服务	1 223	1 821	1 829	1 992	2 061	2 292	2 581
司法	4 262	3 664	3 536	3 973	4 195	7 303	7 033
一般政府	4 099	3 828	3 538	3 299	4 105	5 346	4 947
津贴（Allowances）	………	………	………	………	………	………	4 750
对州和地方政府拨款总支出	576 978	624 357	660 833	674 712	696 507	749 554	750 722
备忘录：							
联邦基金	517 428	567 054	599 787	613 125	634 179	685 729	685 084
信托基金	59 550	57 303	61 046	61 587	62 328	63 825	65 638

注：2019 财年、2020 财年为估计值。

资料来源：https：//www. whitehouse. gov/omb/historical – tables/.

“Table 12. 2 – TOTAL OUTLAYS FOR GRANTS TO STATE AND LOCAL GOVERNMENTS BY FUNCTION AND FUND GROUP：1940—2024” .

与联邦对州的转移支付不同，州政府对地方政府的转移支付中存在以财力均等化为目标的转移支付，但主要支持的对象为学区政府等特殊类型的政府。其间的转移支付资金大部分用于中小学教育。

六、体现“美国优先”的财政改革和治理措施

自 2007—2009 年金融危机以来，需求的萎缩和增长的低迷导致全球存量市场资源进一步收缩，各国政府在经济困难时期越来越多地寻求保护本土产业，“全球化”进入深度调整期。虽然美国在全球化过程中获益良多，但是伴随着经济的发展和产业结构的调整，其国内利益结构也随之调整，进而加剧了国内的矛盾、冲突。在这样的背景下，特朗普采取了一系列政策措施来调节国内矛盾、促进经济发展和就业、维护和提升政府形象、以赢取选民的支持。

（一）改革背景

1. 就业及收入分配等民生问题凸显

在技术进步、全球化等长期趋势性因素的影响下，低端制造业外移、外国非熟

练工人大量涌入，美国本土低技能工人的生存空间被挤压。而2007—2009年金融危机对整体经济环境的巨大破坏使得就业等民生问题更为凸显。且美国原有社会福利体系存在明显缺陷，支出大、效率不高，严重影响了财政对公共资源的配置效果，无力解决诸多民生问题。

一是低技能工人生存空间被挤压。伴随着技术的进步机器生产代替了人力劳动，而在全球化进程中，低端制造业为降低生产成本又纷纷外移，这些都对美国制造业的就业形势产生了冲击。自20世纪40年代起，与非制造业相比，美国国内制造业就业人数占比不断下降。从就业人数来看，制造业就业人数在1976年6月达到1 960万人的峰值之前一直处于增长状态，之后开始下降，在奥巴马执政期间净减少了19.2万人。

全球化不仅仅指的是资本和商品的全球化，还包括劳动力的跨国流动。在此过程中，来自世界其他国家的移民大量涌入美国，其中的非熟练工人挤占了本土同水平工人的岗位，拉低了平均工资，增加了低技能工人就业的难度。

如果说技术进步和全球化是在逐步挤压美国本土低技能工人的生存空间，那么10年前的金融危机对该类人群的影响堪称剧变。该次危机在美国一些地区造成了严重的破坏，地方产业或一蹶不振或转移到其他地方，就业市场急转直下。失业工人，特别是其中的低技能工人，如果不迁移或进入新行业，就难以找到工作，但是知识技能水平的局限性成为他们转行的阻碍。

二是劳动参与率仍然相对较低。10余年前的大衰退使美国陷入了失业问题的泥潭，在奥巴马政府扩张性财政政策的推动下，美国就业形势得到了较为明显的好转，但劳动参与率并未得到提升。根据美国劳动统计局，美国劳动力参与率峰值67.30%出现在2000年1月，之后的经济衰退使其在2004年4月下降到65.9%，即使在复苏时期也未得到改善，而2007—2009年的大衰退又使其进一步下降。尽管在奥巴马执政后期有了较多的工作机会，但是劳动力参与率仍下降了2.8个百分点。

三是国内收入分配愈加不平等。从数据上来看，1980年美国收入最高的1%的成人（20岁及以上人群）收入总额占国民收入的10%左右，2016年增长至20%；与此同时，收入排名后50%的成人收入占国民收入的比例从20%下降至13%①。根据世界银行2019年1月更新的基尼系数，美国从1979年的0.35上升到2016年的0.42。从家庭收入情况来看，高收入家庭在1970年至2000年期间大幅上升，进入2000年以后变化很小，中低收入家庭则一直处于停滞状态，总体来看，1970—2014年高收入与低收入家庭的收入差距呈扩大趋势。从各收入阶层家庭数量来看，1970—2000年中等收入家庭占比不断下降，即中产阶级空心化。家庭收入在收入中位数50%—150%之间（中产阶级的代表）的家庭占比已经从1970年的58%下降到

① World Inequality Report 2018，https：//wir2018.wid.world/files/download/wir2018 - full - report - english.pdf.

2014 年的 47%。减少的中等收入家庭中大约有一半通过收入分配实现向上增长，而另一半则进入了低收入家庭阶层。但如果将中等收入家庭占比下降的部分拆开来看，在 1970—2000 年期间，更多的中等收入家庭进入高收入行列；而 2000 年之后的中等收入家庭中只有 0.25% 进入到高收入阶层，3.25% 的家庭沦落到了低收入阶层①，如图 1-6、图 1-7、图 1-8 所示。

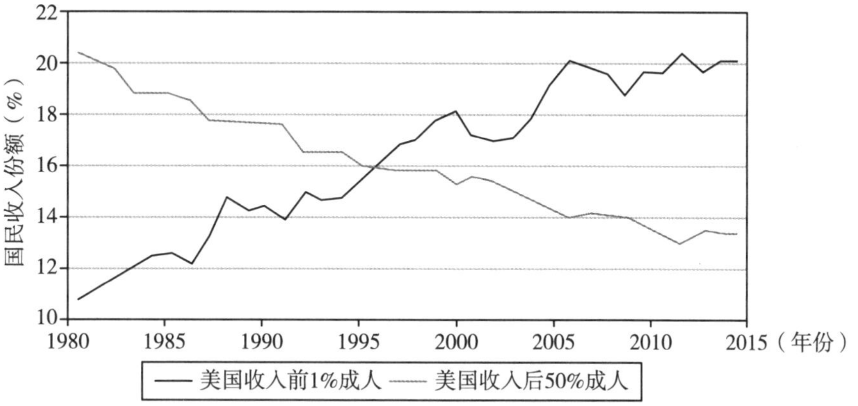

图 1-6 美国收入前 1% 成人与收入后 50% 成人的收入占国民收入份额

注：2016 年，收入前 1% 成人的收入份额在欧洲为 12%，而在美国则超过 20%。

资料来源：时间财富与收入不平均数据库（WID. world），世界不平均报告 2018（wir2018. wid. world）。

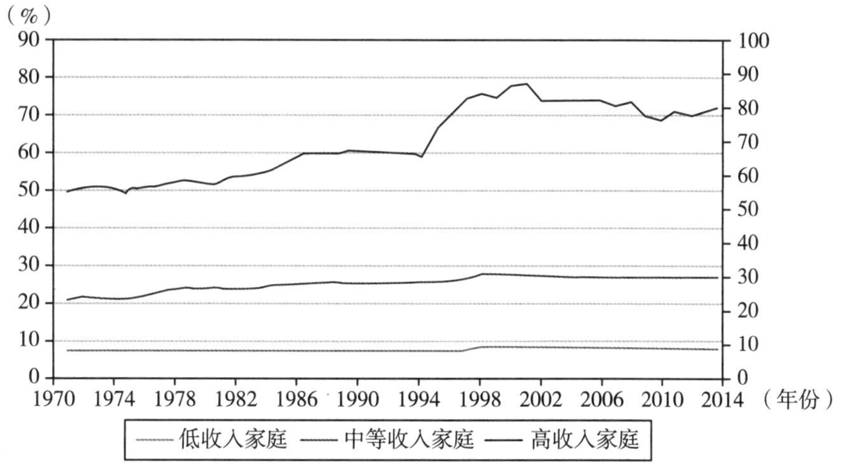

图 1-7 1970—2014 年美国家庭平均收入（2005 财年不变美元；千美元）

资料来源：2016 年 IMF 工作论文"Income Polarization in the United States"。

① Ali Alichi, Kory Kantenga and Juan Solé, Income Polarization in the United States, IMF Working Paper, June 2016, http://imf.org/external/pubs/ft/wp/2016/wp16121.pdf.

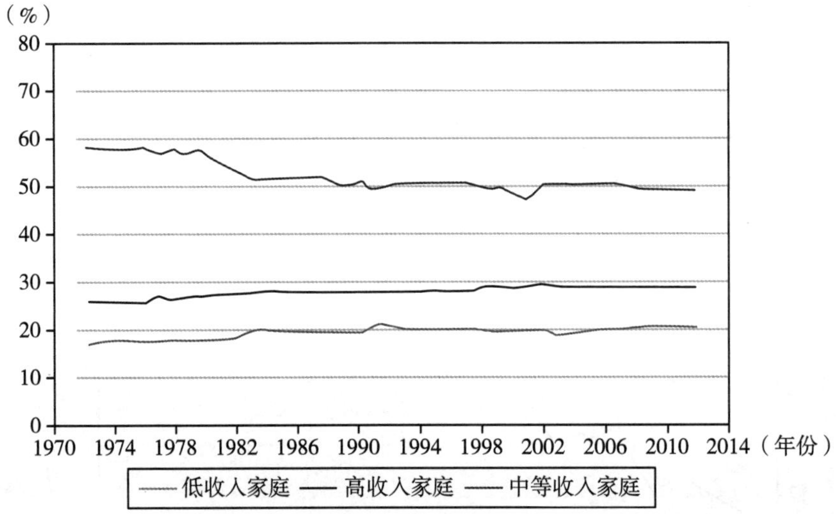

图 1-8　1970—2014 年美国各收入阶层家庭数量占家庭总数百分比

资料来源：2016 年 IMF 工作论文"Income Polarization in the United States"。

四是福利体系支出大但效率不高。美国福利体系已经成长为一个庞大的官僚系统，有多少人参加了福利项目成为了衡量该体系成功与否的标准，却不注重有多少人从贫困走向了经济独立。2017 年，联邦政府在援助低收入者方面花费了 7 000 多亿美元，但大多数非现金福利项目的受助人并不受工作要求的约束，滋生了失业者等群体对福利体系的依赖，增加了财政负担，却无利于实现政策初衷，即为真正有需要的人提供公共援助，以有效帮助人们进入劳动力市场并摆脱贫困。

2. 全球市场中的竞争压力增大

资本和商品等要素的自由流动是全球化的重要表现。在全球化背景下，任何国家和地区的产业、税收政策的调整都会对其他国家和地区产生影响。美国产业结构的调整助推了其低端制造业的外移，但国内对相关产品的刚性需求却不减，贸易逆差的出现和扩大难以避免。同理，其他发达国家为吸引投资而降低企业相关税负的举措，也会在国际市场上影响美国境内企业的表现。

一是在国际贸易中长期存在巨额逆差。美国进出口贸易在 20 世纪 70 年代由顺差转为逆差，其中商品贸易一直处于逆差状态，服务贸易则为长期的顺差。截至 2017 年第三季度，美国商品贸易逆差达 5 970 亿美元，服务贸易顺差为 1 830 亿美元，贸易逆差总计达 4 140 亿美元。另根据 2016 年双边贸易的数据，美国与中国、日本、墨西哥、德国等国家的贸易差额占到了美国贸易差额总量的 98%，其中尤以美国对中国的贸易逆差最大①，如图 1-9 所示。

① Economic Report of the President，Feburary 2018.

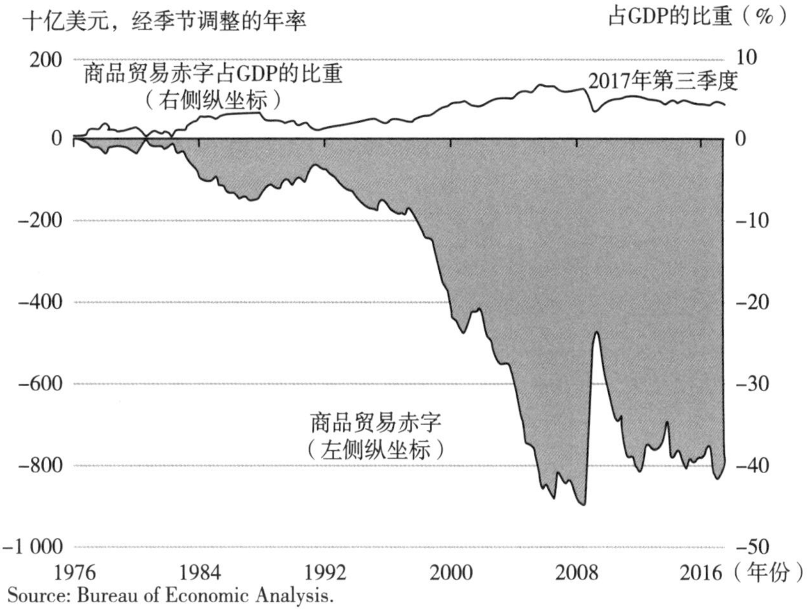

图 1-9 1976—2017 年美国商品贸易赤字及其占 GDP 的比重

资料来源：Economic Report of the President，Feburary 2018。

二是公司所得税税率过高。2018 财年总统经济报告中指出，美国国内的资本形成受到了两种经济趋势交汇的严重损害，一是资本的国际流动性上升，二是美国企业所得税的国际竞争力下降。数据显示，尽管 1993—2017 年间美国联邦法定最高企业所得税税率一直保持在 35% 不变，但经济合作与发展组织（OECD）中其他发达经济体的税率却在稳步下降。从 2000 年至 2017 年，经合组织国家企业所得税的平均税率从 32.3% 下降到了 23.8%；美国企业所得税综合税率（联邦和州的税率）却仅从 39.3% 下降到 38.9%（下降主要受州级利率下调的影响）。将该项税率从高往低排，美国从排名第 17 的发达国家变成了税率最高的发达国家。而该税率会影响投资项目在整个生命周期内的税后利润，进而会影响资本对投向地点的选择。过高的税率不利于留住国内资金和吸引外国直接投资，这使美国企业在国际竞争中处于不利地位，如图 1-10 所示。

3. 联邦政府效率不高拉低民众信任度

由于历史沿革等原因，美国联邦政府变得日益复杂化、官僚化。过多的监管、公共服务碎片化管理、信息化程度低、办事效率差等使其难以满足美国民众的现实需求。皮尤研究中心的政府信任度调查显示，2017 年年底美国民众对联邦政府的信任度已接近历史低点，如图 1-11 所示。

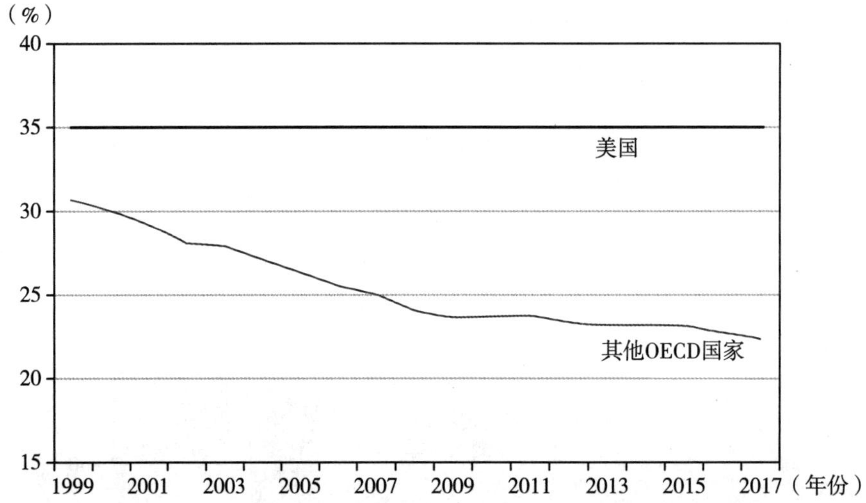

Source: Centre for Business Taxation（2017）.

图 1-10　1997—2017 年 OECD 国家公司所得税有效平均税率

注：以上材料中包括了相关国家及地区的数据。

由于有效平均税率的计算方法不同，不同来源的数据可能存在差异。

资料来源：Economic Report of the President，Feburary 2018.

（1）监管负担问题。几十年来，联邦机构对个人、企业、土地所有者、州和地方政府施加了无数的监管要求。不可否认，其中一些监管是为了达到当时重要的公共目标，但目前来看不少规定是重复的或者已经过时。这些规定的持续生效造成了沉重的监管负担。

（2）政府间协作问题。联邦机构各自独立为政可能会损害跨机构的合作，导致公共服务的碎片化管理或交付成本过高的问题。例如，以支持贫困人口为单一目的的福利项目就有 80 多个。

（3）决策问题。高效的决策必须是基于事实并且是公开透明的，但联邦政府机构并不总是运用事实数据进行决策。此外，美国公众缺乏对联邦计划和服务进行反馈的有效渠道，而得不到有效的反馈就难以持续改进联邦政府的服务。

（4）领导和文化问题。管理者需要足够的判断力来有效地提供公共服务、培养员工并解决实时问题。然而，由于联邦政府部门日益官僚化，公共服务的提供和员工的培养并不尽如人意。

（5）技术能力问题。过时的、不安全的技术可能会使公众的利益受到损害，让公众感到不安。然而，太多的联邦雇员还在依赖过时的技能。例如，国土安全部（DHS）可以通过提高标准的自动化程度，每年节省 80 万小时。

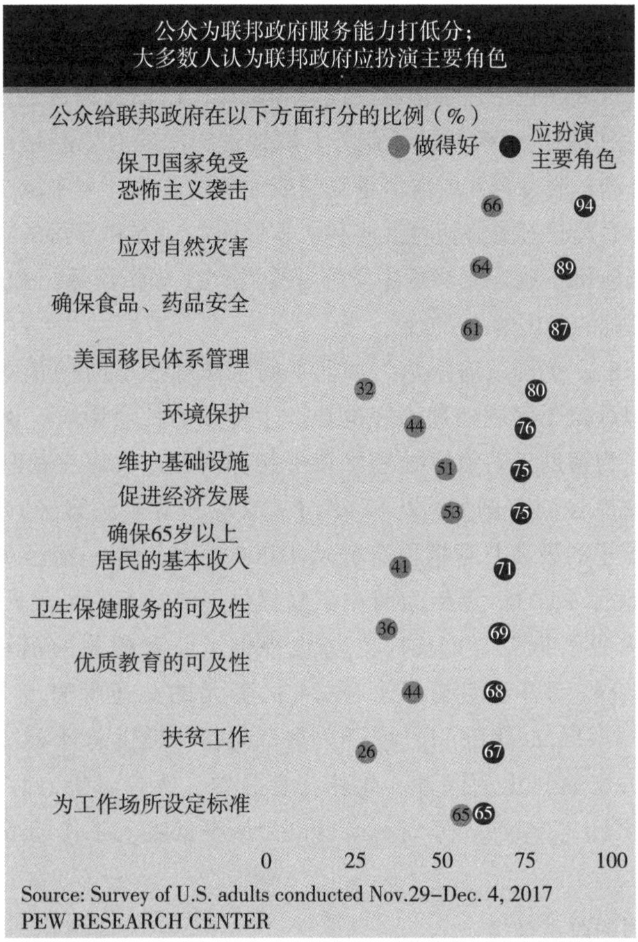

图 1－11　公众对美国联邦政府服务能力的打分情况

资料来源：PRESIDENT'S MANAGEMENT AGENDA，https：//www. whitehouse. gov/wp－content/uploads/2018/04/The Presidents Management Agenda. pdf.

（二）改革举措

1. 支出方面的改革举措

改革社会福利项目。为降低财政负担、提高劳动参与率，提升社会福利项目的效率，2018 年 4 月，特朗普总统签署了 13828 号行政命令，指示各机构改革福利项目，以鼓励工作、减少劳动人口对福利项目的依赖。本次福利制度改革的目标是：在法律规定的框架内帮助受助人实现经济独立（包括加强对福利项目受惠者的工作要求）；建立强大的社会网络，使受助人以可持续的方式摆脱贫困（包括通过工作和婚姻等）；解决单亲、曾被监禁者、无家可归者、滥用药物者、残疾人和无所事事的青年等难以找到工作并维持就业的难题；平衡灵活性和问责要求，以满足州、地方、部落政府和其他机构调整公共援助项目的独特需求，并确保福利服务和管理机构可以对结果负责（包括评估措施的设计和跟踪，以评价项目是否帮助人们摆脱贫困）；缩小官僚机构的规模并精简服务，以促进资源的有效利用；为低收入和低资产的人提供福利；通过合并或取消重复的或无效的联邦计划来减少资金浪费；建立一套系统，使联邦政府能够随时且便利地掌握州、地方和部落的项目成失败情况及信息，以使其他州和地方能够从中学习并受益；授权私营部门和地方社区制定、实施以地方为基础的贫困解决方案①。

支持工薪家庭。美国政府认为，如何平衡工作和孩子的抚养虽然是每个家庭的私人问题，但是这个问题处理不好也会产生重大的社会影响，例如影响就业率和经济的增长。为帮助工薪家庭处理好孩子抚养问题，政府在福利制度等政策方面向有孩子的家庭倾斜。例如，2017 年的《减税和就业法案（Tax Cuts and Jobs Act)》将每个孩子的最高儿童抵税金额从 1 000 美元提高一倍至 2 000 美元；劳动所得税抵扣制（EITC）每年为两孩家庭提供了高达 5 828 美元的福利；照顾儿童及被抚养人税收抵免（CDCTC）等也提供了儿童相关的福利和税收抵扣；2018 年美国总统特朗普还签署了一项 24 亿美元的儿童保育与发展基金（the Child Care and Development Fund）增资法案，向各州提供总计 81 亿美元的资金，用于资助低收入家庭的儿童保育。此外，食品券、医疗补助、住房援助和贫困家庭临时救助项目（TANF）等福利项目也为从事低收入工作的成人及其子女提供了援助。

2. 收入方面的改革举措

降低个人所得税和企业所得税负担。2017 年 12 月，国会通过了《减税和就业法案（Tax Cuts and Jobs Act)》，并由总统签署成为法律。这是美国近几十年来最重要的减税和税收改革法案，如表 1 - 14 所示。该法案有四个目标：为中等收入家庭减税；简化申报手续；通过税收减免实现经济增长；促进海外收入汇回国内。

在个人所得税方面，该法案降低了边际税率，提高了标准扣除，扩大了儿童相关的税收抵免，并简化了报税手续。此外，一些受欢迎的扣除类别得到了保留，例如按揭利息和慈善捐款扣除，某些主要使高收入家庭受益的扣除项目受到了限制或者直接被取消。

① Executive Order Reducing Poverty in America by Promoting Opportunity and Economic Mobility, Whitehouse, 2018 - 4 - 10, https://www.whitehouse.gov/presidential - actions/executive - order - reducing - poverty - america - promoting - opportunity - economic - mobility/.

表 1 - 14　《减税和就业法案》（2018 纳税年度）与之前税法在个税级数、税率等方面的比较

单位：美元

单身纳税人				已婚共缴纳税人			
之前的税法		减税和就业法案		之前的税法		减税和就业法案	
10%	$ 0 – $ 9 525	0%	$ 0 – $ 9 525	10%	$ 0 – $ 19 050	0%	$ 0 – $ 19 050
15%	$ 9 525 – $ 38 700	2%	$ 9 525 – $ 38 700	15%	$ 19 050 – $ 77 400	2%	$ 19 050 – $ 77 400
25%	$ 38 700 – $ 93 700	2%	$ 38 700 – $ 82 500	25%	$ 77 400 – $ 156 150	2%	$ 77 400 – $ 165 000
28%	$ 93 700 – $ 195 450	4%	$ 82 500 – $ 157 500	28%	$ 156150 – $ 237 950	4%	$ 165 000 – $ 315 000
33%	$ 195 450 – $ 424 950	2%	$ 157 500 – $ 200 000	33%	$ 237 950 – $ 424 950	2%	$ 315 000 – $ 400 000
35%	$ 424 950 – $ 426 700	5%	$ 200 000 – $ 500 000	35%	$ 424 950 – $ 480 050	5%	$ 400 000 – $ 600 000
39.6%	$ 426 700 +	7%	$ 500 000 +	39.6%	$ 480 050 +	7%	$ 600 000 +

资料来源：Tax Cuts and Jobs Act.

在企业所得税方面，该法案允许企业完全扣除在设备和无形资产上的投资，并将最高边际税率从35%下调至21%。同时，将税收制度从对全球收入征税的全球税收制度转变为属地税制。总部设在美国的公司将海外利润带回国内时将不再额外征税，而对当前递延纳税的海外利润则会征收较低的一次性汇回税（repatriation tax）。

加征关税。按照“美国优先”的原则，特朗普政府对多国进口产品加征关税，以保护美国本土产业，缩减贸易赤字，确保美国利益。根据201条款和232条款，美国对光伏电池及其组件、家用大型洗衣机及部分配件、钢、铝实施的进口限制和关税适用于大多数国家；根据301条款等美国对从中国进口的多数产品加征了高额的关税。此外，特朗普政府还对进口汽车及铀发起了232调查，这可能导致美国对价值约3 610亿美元的进口汽车以及约20亿美元的进口铀加征关税。现阶段的关税政策仍存在进一步升级的可能。

3. 财政管理方面的改革举措

改革财政部机构设置。改革及改组行政部门是美国政府现代化改革中的重要内容，其中不乏跨部门、跨机构的整合，其目的是提升联邦政府的服务和管理能力。所涉及的财政部机构改革为，将烟酒行业所有的监管责任从司法部烟酒枪炮及爆裂物管理局（ATF）转移到财政部酒、烟税收与贸易局（TTB）。[①]

放松监管。为减轻过度的监管的负担，充分发挥人民的创造力，促进经济增长和创新，联邦政府进行了放松政策管制的改革，具体措施包括修订管制程序、修改或取消现有规则、定期更新规则等。本次改革以成本效益分析为指导，各机构被赋予了监管成本的上限，这为各机构评估管制成本、考虑解除管制行动以及确定优先事项等提供了框架。在成本效益分析中，除了进行特定监管法规的成本效益测试之外，还要对所有监管法规组合进行分析。

（三）改革可能产生的影响

1. 失业率下降与裁员潮并存

根据美国白宫2019年4月份发布的信息，在过去的13个月里，美国失业率一直处于或低于4%的水平，这是近50年来如此低的失业率持续时间最长的一次。拉美裔、非裔和亚裔美国人的失业率都跌至历史最低水平。此外，在2018年，女性失业率也降至近65年来的最低水平。

另根据美国劳工统计局，自特朗普当选以来（2016年11月—2019年3月），28个月中有26个月的新增就业岗位超过了10万个。过去12个月平均每月新增就业岗

---

① BUDGET OF THE U. S. GOVERNMENT, OFFICE OF MANAGEMENT AND BUDGET, FISCAL YEAR 2019.

位21.1万个，而过去6个月平均每月新增就业岗位20.7万个，均高于2017年新增就业岗位的月平均情况（17.9万个/月）。

一系列“亲工人”的政策也使部分“闲置劳动力”重新进入劳动市场。2019年第一季度，71.4%的就业人口来自“闲置劳动力”。2019年3月，劳动参与率（跟踪有多少人在工作或正在寻找工作）达63%，比2016年11月特朗普当选时高出0.3个百分点。黄金年龄成年人（25—54岁）劳动参与率保持在82.5%，比2016年11月总统选举时高1.1个百分点。

劳动力市场看似欣欣向荣，但实际情况却并不乐观，自2012年开始的裁员潮似乎从未停止。根据美国白宫于2019年4月份发布的数据，名义工资同比增长率已连续8个月保持在3%或以上的水平，但实际工资的增长率还不到1%，增长并不显著。即使如此，人力成本的上升叠加关税政策导致的原材料成本上涨，已然超过一些企业的承受能力。为降低成本，企业纷纷进行裁员，其中制造业尤为严重。根据美国第三方咨询公司数据，仅2018年前11个月，美国企业就已经宣布了近50万人的裁员计划，同比上涨25%；2019年一季度的裁员计划涉及约19万人，同比上涨36%①，与新增的就业岗位持平。

2. 减负减压短期提振经济，难以改变中长期的增长乏力

财税改革之前美国企业所得税税率位于发达国家的最高水平，联邦政府一方面通过减税和就业法案削减企业所得税、加快短期资本投资的费用化，以降低资本成本，另一方面通过保护主义政策寻求为美国企业提供有利的市场环境，以促进投资回流和经济规模的扩大。2018年有5 000亿美元从海外汇入美国，且同年实际GDP的增长率也达到了2.9%，超过了国际社会的预期。这说明短期内财税改革取得了一些成效。

但这种情况在2019年一季度开始出现了变化。作为GDP主要拉动因素的消费和投资都呈现疲态，其中国内消费增长率为1.2%，比上一季度下降48%；投资增长率为2.7%，比上一季度下降50%，进口更是出现负增长，达到－3.7%，创2015年以来的新低②。虽然贸易赤字缩减至6 034亿美元，但是进口减少所带来的直接影响是原材料成本的上升，特别是在钢铁行业和汽车制造行业，这削弱了美国企业的国际竞争力。以上种种迹象表明，在财税改革的第三个财年，美国经济已经开始出现增长乏力状况。

3. 推升财政可持续风险

减税对美国经济的刺激效果有限，联邦政府收入增长缓慢。而支出却快速增

---

① 数据来自美国民间第三方咨询公司 Challenger，Gray & Christmas 第一季度统计数据。

② 数据来自联邦政府财政部公布的2019年第一季度财政报告。

长。社会保障、国防、医疗、债务利息等支出给财政带来沉重压力。2019 财年前 4 个月社会保障支出同比上涨 5.7%，国防支出上涨 5.6%，医疗支出上涨 12.7%，债务利息支出上涨 13.4%。支出刚性与收入受经济周期限制的矛盾加剧。2019 年第一季度，联邦政府增发债券 3 650 亿美元，债务总规模首次突破 22 万亿美元大关，其中国内投资人占有的债权份额为 70%，国外投资人持有的份额为 30%。而国外投资人对美国经济形势的变化更为敏感，也是美国债务风险的主要风险源。

另根据 2020 财年总统预算案，为控制赤字规模，联邦政府将大幅缩减非国防支出，但尽管如此，2020 财年美国预算赤字仍将增长至 11 010 亿美元。考虑到大幅度削减福利开支将面临的巨大阻碍，实际预算赤字只可能会更高。而高赤字又会造成债务和债务利息支出增加，这将进一步扩大赤字规模，如此循环，联邦政府的财政压力将不断攀升，财政可持续风险加剧，如表 1 – 15 所示。

表 1 – 15　　2020 财年总统预算案中预算赤字情况　　单位：十亿美元

	2018 财年	2019 财年	2020 财年
收入	3 330	3 438	3 645
支出	4 109	4 529	4 746
赤字	779	1 092	1 101

资料来源：OMB FISCAL YEAR 2020 BUDGET OF THE U. S. GOVERNMENT，https：//www. whitehouse. gov/wp – content/uploads/2019/03/budget – fy2020. pdf.

4. 财政改革难以化解阶级固化和社会分裂的风险

一是难改中产阶级空心化趋势。早在特朗普就职以前，美国就已经呈现出收入差距扩大、中产阶级空心化的趋势。中产阶级既要直接缴税，又要面对通货膨胀导致的财富缩水。中产阶级的大量财富或是以租金的形式转移至企业家手中，或是以福利安排的形式由政府转移给穷人。特朗普政府的“新政”并未改变这种现状。2017 年的税改使联邦政府的税收结构出现了变化，以中产阶级为主要负担群体的个人所得税收入占比进一步上升，企业所得税收入比重下降，如表 1 – 16 所示。这种变化意味着中产阶级税收负担的加重。同时，联邦政府为了刺激经济而实施的对企业的税收优惠和补贴等政策，并未从根本上提升这些企业的国际竞争力。因而，政府的付出难以通过企业的发展来弥补，这部分成本最终又会被转嫁到普通民众之上。此外，虽然目前美国名义工资增长率已达 3% 的水平，但实际工资却增长缓慢，且资本利得税的广泛优惠又使得高收入群体获益，中产阶级的相对收入仍在缩水。

表 1-16　　个税和企业所得税在联邦财政收入中的占比　　单位：十亿美元

主要来源	2016 年		2017 年		2018 年	
	金额	在总收入中的占比（%）	金额	在总收入中的占比（%）	金额	在总收入中的占比（%）
个人所得税	1 546	47.31	1 587	47.87	1 684	50.59
企业所得税	300	9.18	297	8.96	205	6.16

资料来源：Congressional Budget Office；Office of Management and Budget；Department of the Treasury.

二是预算压力或将加剧社会分化。迫于预算赤字和债务压力，2020 财年总统预算案在进一步增加国防支出的同时，将社会保障、医疗教育等非国防项目支出削减了 9%，如图 1-12 所示。根据该预算案，联邦政府要在未来 10 年削减 1.5 万亿美元的医疗补助，取消《平价医疗法案》（Affordable Care Act）下的医疗补助扩张计划；削减 8 450 亿美元的联邦医疗保险计划（Medicare）支出，削减幅度约为 10%；削减 250 亿美元的社会保障支出；削减 2 200 亿美元的补充营养援助计划（SNAP）支出；向贫困家庭提供的临时援助将减少 210 亿美元；削减 2 070 亿美元的学生贷款项目，取消公共服务贷款减免项目（the Public Service Loan Forgiveness program），削减学生资助贷款等。在福利项目支出的大幅削减下，受损方将主要集中在中低收入群体，美国社会的贫富分化可能将因此而加剧。

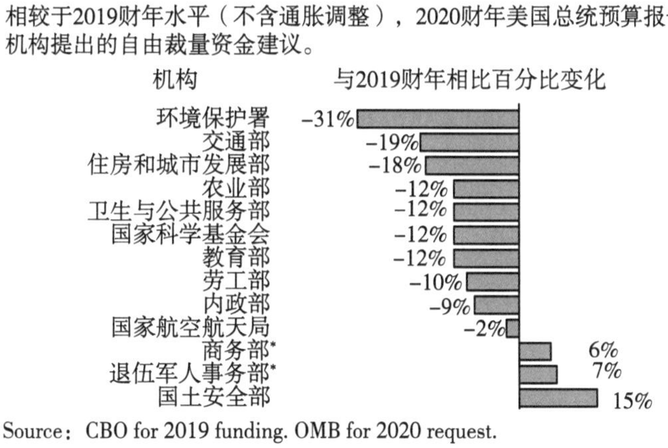

图 1-12　2020 财年总统预算将削减大量的公共服务

注：商务部资金的增加来自于为 2020 年进行的人口普查提供的资金。退伍军人事务基金的增加在很大程度上是由于医疗保健成本的上升和 2018 年使命法案的实施，该法案使退伍军人可以在退伍军人事务部设施之外获得医疗保健。

资料来源：Tara Golshan，Trump's 2020 budget proposal seriously cuts the nation's safety net，Vox，2019-3-11，https：//www.vox.com/policy-and-politics/2019/3/11/18259789/trumps-2020-budget-proposal-cuts.

七、小结：美国财政运行特征

（一）支出方面，扩张政策成为惯性，失衡趋势难以逆转

由于缺少新的增长点，美国经济至今未完全走出金融危机以来的低迷期。为刺激经济回暖，联邦政府习惯于依靠扩张性财政政策提振总需求，但其副作用是财政支出的持续上升。而且刺激政策仅在短期内有效，中长期经济增速回落是必然趋势。受此影响，政府财政收入在中长期存在刚性，难以满足持续上升的支出需求。快速上升的财政支出与日趋固化的财政收入间的失衡趋势难以通过财政手段逆转。

在支出结构方面，国防支出、债务利息支出和社会福利医疗保健支出是主要部分，三项支出合计占联邦政府总支出的70%以上，同时这三项支出也是增长最快的部分。在“逆全球化”战略下，特朗普政府持续加大军事投入，并不顾国会反对坚持修建边境墙、颁布和实施穆斯林禁令、对非法入境者实行零容忍政策等，这些举措都增加了联邦政府的相关开支；持续上升的社会福利支出是现代福利国家的主要特点，也是调节利益分配的主要形式，但联邦政府现行的福利体系并不完善，贫富分化和社会分裂仍然存在，而且由于特朗普政府过于强调军事支出的增长，社会福利支出面临着被挤压的风险，这会进一步加剧美国的社会分裂和矛盾；债务利息支出的快速上升是财政失衡的直接表现，也是财政支出增速难以控制的主要原因，伴随着特朗普政府支出的持续增长，利息支出和预算赤字将陷入相互推升的恶性局面。

（二）收入方面，减税政策收效甚微，财政及社会困境日益凸显

为增强美国本土对资金的吸引力、提升美国企业的国际竞争力，特朗普政府推出了“美国历史上最大规模的减税”，并将全球减税竞争推向高潮。虽然美国当局认为此次减税将刺激经济增长、增加财政收入，但是2018财年的情况并不尽如人意，总财政收入规模略有上升，但占GDP的比重却有所下降，财政收支缺口扩大，低增长高赤字的财政困境进一步凸显。

同时，2017年的减税政策使税收结构有所改变，作为财政收入最主要来源的个人所得税收入占总税收收入的比重进一步上升，但其重点征收人群仍为中产阶级。而资本利得税的优惠政策和企业所得税的抵扣政策，使高收入群体在税改中获得了更多的利益。因而，在新一轮税改中，中产阶级被进一步挤压，高收入群体成为最大受益者，社会分化加剧。

此外，受联邦政府“逆全球化”战略的影响，关税收入的增加也是一个显著的变化。加收关税，虽然在短期内能为在国际竞争中处于劣势的部分美国企业提供一

定的保护，但这种保护成本却广泛地推涨了生产原料的价格，并最终被转嫁给下游消费者，同时贸易摩擦也使美国的进口额显著下降，人民的福祉被拉低。

（三）增支减收，财政改革难以提振国内经济，结构风险威胁政府治理

联邦政府的财政改革可概括为“增支减收”。若在经济繁荣期，经济增长的红利有利于缩小政府收支缺口，此时增支减收，通过新增债务来偿付到期债务和利息，财政仍然可持续。但在经济低迷期，政府财政本就捉襟见肘，此时增支减收，只会加剧财政失衡和结构风险。

近半个世纪的赤字政策使联邦政府积累了大量债务，而且美国尚未彻底走出次贷危机后的经济低迷期，此时依靠扩张的财政政策刺激经济回暖，显示出了联邦政府孤注一掷的决心，但其结果显然并不乐观。短期内经济提振的效果有限，本应在中长期才出现的经济疲软提前显现，结构性矛盾被放大，财政风险、金融风险和社会风险将成为威胁联邦政府治理的主要风险。

主要参考文献

[1] Growing the American Economy: The Economic Report of the President, Council of Economic Advisers, February 21, 2018, https://www.whitehouse.gov/briefings-statements/growing-american-economy-economic-report-president.

[2] BUDGET OF THE U.S. GOVERNMENT, OFFICE OF MANAGEMENT AND BUDGET, FISCAL YEAR 2019, https://www.whitehouse.gov/wp-content/uploads/2018/02/budget-fy2019.pdf.

[3] Lucy Rodgers and Dominic Bailey, Trump wall - all you need to know about US border in seven charts, BBC News, 2019-03-06, https://www.bbc.com/news/world-us-canada-46824649.

[4] Madison Park, Trump administration ended protected status for 250 000 Salvadorans. These immigrants might be next, CNN, 2018-1-10, https://edition.cnn.com/2018/01/09/politics/temporary-protected-status-countries/index.html.

[5] Congressional Budget Office, the Budget and Economic Outlook: 2019 to 2029, January 2019, pp25-29.

[6] Brock R. Williams et al., Trump Administration Tariff Actions: Frequently Asked Questions. Congressional Research Service. February 22, 2019. https://crsreports.congress.gov/product/pdf/R/R45529.

[7] Stephen Kirchner, Defending Australia's open door: Don't blame globalisation for populism, Financial Review, 2018-11-03, https://www.afr.com/news/politics/world/political-populism-due-to-lost-economic-dynamism-not-globalisation-20181113-h17txx.

[8] 长江宏观赵伟团队，重磅深度 | 从大历史观，看逆全球化，格隆汇，2018-04-08，https://www.sohu.com/a/227530254_313170.

[9] WTO trade indicator points to slower trade growth into first quarter of 2019, World Trade Organization, 2019 - 2 - 19, https://www.wto.org/english/news_e/news19_e/wtoi_19feb19_e.htm.

[10] Bureau of Economic Analysis, Gross Domestic Product Quarter and Annual 2018 (Initial Estimate), http://www.bea.gov/systems/files/2019 - 03/gdp4q18_ini2.pdf.

[11] Economic Report of the President, March 2019, https://www.whitehouse.gov/wp - content/uploads/2019/03/ERP - 2019.pdf.

[12] Consumer prices up 1.6 percent over 12 months ending January 2019, Bureau of Labor Statistics, Feb. 19, 2019, http://www.bls.gov/opub/ted/2019/Consumer - prices - up - 1 - point - 6 - percent - over - 12 - months - ended - january - 2019.htm.

[13] Monetary Policy Report submitted to the Congress on February 22, 2019, pursuant to section 2B of the Federal Reserve Act, Board of Governors of the Federal Reserve System. https://www.federalreserve.gov/monetarypolicy/2019 - 02 - mpr - part1.htm.

[14] Monthly Budget Review: Summary for Fiscal Year 2018, Congressional Budget Office, 2018 - 11 - 07, www.cbo.gov/publication/54647.

[15] Bureau of the Fiscal Service's Fiscal Years 2018 and 2017 Schedules of Federal Debt FINANCIAL AUDIT, November 2018, https://www.treasurydirect.gov/govt/reports/pd/feddebt/feddebt_ann2018.pdf.

[16] President Donald J. Trump will Make the American Military Great Again, Whitehouse, 2017 - 12 - 12, https://www.whitehouse.gov/briefings - statements/president - donald - j - trump - will - make - american - military - great.

[17] Tara Golshan, Trump's 2020 budget proposal seriously cuts the nation's safety net, Vox, 2019 - 3 - 11, https://www.vox.com/policy - and - politics/2019/3/11/18259789/trumps - 2020 - budget - proposal - cuts.

[18] Global military spending remains high at $1.7 trillion, Stockholm International Peace Research Institute, 2018 - 5 - 2, https://www.sipri.org/media/press - release/2018/global - military - spending - remains - high - 17 - trillion.

[19] John W. Schoen, Trump claims 'billions of dollars are pouring into the coffers of the USA' because of his tariffs, but that's just a drop in the bucket, 2018 - 11 - 29, https://www.cnbc.com/2018/11/29/trump - claims - money - pours - in - because - of - tariffs - but - they - are - not - much.html.

[20] President Donald J. Trump's Historic Tax Cuts Are Delivering Real Savings And Creating More Opportunity For All Americans, Whitehouse, 2019 - 04 - 15, https://www.whitehouse.gov/briefings - statements/president - donald - j - trumps - historic - tax - cuts - delivering - real - savings - creating - opportunity - americans.

[21] U.S. Job Growth Remains Strong, Adding 196 000 Jobs in March and Surpassing Market Expectations, Whitehouse, 2019 - 04 - 05, https://www.whitehouse.gov/articles/u - s - job - growth - remains - strong - adding - 196000 - jobs - march - surpassing - market - expectations.

[22] 2016 年 IMF 工作论文“Income Polarization in the United States”。

[23] Wolfgang Keller, William W. Olney, GLOBALIZATION AND EXECUTIVE COMPENSA-

TION, NATIONAL BUREAU OF ECONOMIC RESEARCH, May 2017, Revised June 2018, https://www.nber.org/papers/w23384.

[24] "Jobs Supported by Exports 2015: An Update," Office of Trade and Economic Analysis, International Trade Administration, Department of Commerce, April 8, 2016, http://www.trade.gov/mas/ian/build/groups/public/@tg_ian/documents/webcontent/tg_ian_005500.pdf.

[25] Deregulation that Frees the Economy, White House, 2018 – 2 – 21, https://www.whitehouse.gov/articles/deregulation – that – frees – the – economy.

[26] RESIDENT'S MANAGEMENT AGENDA, https://www.whitehouse.gov/wp – content/uploads/2018/04/ThePresidentsManagementAgenda.pdf.

[27] Executive Order Reducing Poverty in America by Promoting Opportunity and Economic Mobility, Whitehouse, 2018 – 4 – 10, https://www.whitehouse.gov/presidential – actions/executive – order – reducing – poverty – america – promoting – opportunity – economic – mobility.

[28] Preliminary Details and Analysis of the Tax Cuts and Jobs Act, Tax Foundation, 2017 – 12 – 18, https://taxfoundation.org/final – tax – cuts – and – jobs – act – details – analysis.

第二章
加拿大

加拿大面积998万平方公里，居世界第二位，其中陆地面积909万平方公里，淡水覆盖面积89万平方公里，人口3741万（2019年6月）。主要为英、法等欧洲后裔，土著居民约占3%，其余为亚洲、拉美、非洲裔等。英语和法语同为官方语言。由英国女王伊丽莎白二世任命的加拿大总督代行职权，总督由加拿大总理提名，女王任命。现任总督朱莉·帕耶特，2017年10月就任。2015年10月，自由党赢得加第42届大选，该党领袖贾斯廷·特鲁多出任总理，新一届大选于2019年9月11日展开，10月21日揭晓。

一、加拿大：在“逆全球化”的冲击中逆势增长

2019年年初以来，全球增长前景变得更加不确定，金融市场波动加剧。从全球角度看，经济活动预计已于2018年早些时候见顶，此后增长势头放缓的幅度略大于预期。在加拿大国内，全球经济环境更加不确定、油价下跌和利率上升也导致了2018年年底经济增长放缓。在充满挑战的全球经济环境下，加拿大经济依然健康。对中产阶级的精准投资和强劲的经济基本面，推动了就业的强劲增长，使失业率保持在40多年来的最低水平。2015年11月以来，新增了90多万个就业岗位，女性就业的增长强劲，增长速度与之前三年相比，翻了一番以上。2018年，就业人数占劳动年龄人口的比例超过了历史水平。

（一）“逆全球化”对加拿大的影响：油价下跌抑制经济增长

2018年10月初，世界主要石油基准价格在触及近4年来的最高水平后开始下

跌。油价下跌主要由于美国石油产量的飙升，美国对伊朗实施制裁的力度弱于预期，全球经济增长预计也将放缓。2019 年年初，西德克萨斯中质原油的价格（WTI）升至每桶 55 美元左右，但仍比 2018 年 10 月初的峰值低 25% 左右，远低于 2018 年秋季经济报告中的预期。世界石油价格的前景仍然非常不确定。一方面，原油供应，尤其是美国以外的，可能会继续超出预期，将给世界油价带来进一步下行压力；另一方面，石油输出国组织（OPEC）成员国及其盟友的供应和出口模式仍存在不确定性，以及当前世界石油市场要在主要原油进口国和出口国关系紧张的背景下寻求平衡。

加拿大能源生产商还面临着额外的油价波动，反映在运输能力受限的情况下，石油产量仍在增长。2017 年以来，加拿大西部的原油供应不断增加，已超过现有的出口管道基础设施和该地区的炼油能力。其结果是，创纪录水平的原油通过铁路运输，增加了平均运输成本，加大了该地区外铁路网的压力。尽管加拿大政府和行业都在努力提高产能，但仍跟不上原油供应增长的步伐，对 2018 年加拿大西部的原油基准价格构成下行压力。这种情况在 2018 年秋季进一步恶化，当时美国中西部的炼油厂暂时关闭，扰乱了加拿大西部最大的原油市场，并将加拿大几个原油基准价格推至历史低位。

最近，美国中西部炼油厂恢复正常运营，阿尔伯塔省政府 2018 年 12 月宣布将在 2019 年年初开始临时削减石油产量，加拿大基准油价才大幅提高。不过，加拿大原油价格预计仍将容易受到干扰，例如压力重重的出口运输网络中断，以及供应或需求的不利态势，这种情况预计将持续到一个或多个新主要运油管道投产。

（二）加拿大的经济表现

加拿大在 2019 年伊始创造了自 2012 年以来最强劲的两个月就业增长。2019 年下半年加拿大经济有望走强，2019 年和 2020 年仍将是七国集团（G7）中经济增长最快的国家之一。加拿大的贸易优势也有望在未来几年得到回报。随着新的《加拿大－美国－墨西哥协议》（NAFTA），以及《加拿大－欧盟全面经济贸易协定》（CETA）和《全面与进步跨太平洋伙伴关系协定》（CPTPP）的成功签署，加拿大现在是七国集团中唯一一个与所有其他七国集团国家都签订了自由贸易协定的国家，加拿大已与占全球 GDP 近三分之二的国家签署了全面的自由贸易协定。这种贸易优势，加上鼓励企业加速资本品投资的新税收优惠措施，将支持加拿大企业未来加强投资。同时，政府将继续致力于投资中产阶级，以确保大多数人能够分享经济成功。

1. 加拿大经济依然强劲，关注中产阶级增长仍然至关重要

面临全球不确定性和经济增长放缓的大环境，从实力上看，2017 年加拿大经

济增长在G7国家排名第一，2018年仅次于美国。IMF预计，2019年和2020年，加拿大的经济增长将保持在G7国家的前列。劳动力市场状况处于数十年来的最高水平，2018年，就业继续稳步增长，失业率降至40多年来的最低水平。2015年11月以来，加拿大人的辛勤劳动创造了90多万个就业岗位，其中约四分之三是全职工作；而2018年的所有新增就业岗位都是全职岗位。加拿大就业增长强劲的根本原因是女性就业增长强劲，自2015年11月以来，女性就业增长速度比前三年翻了一番以上。这使2018年加拿大工作年龄人口就业比例提高到创纪录的高点，还有助于抵消人口老龄化对整体就业人口比构成的压力。新移民、单身母亲、生活在保护区外的土著人民、青年和教育程度较低个人等不具代表性群体的就业状况也得到改善，这些群体中大多数工作年龄人口的就业比例接近或高于衰退前的水平。

在强劲的劳动力市场条件下，加拿大央行最新的《商业前景调查》中，相对较多的雇主继续报告劳动力短缺，这表明他们仍在努力寻找所需人才，以发展业务，满足不断增长的需求。这些紧缩的条件促成了2017年工资增长的回升，并支撑了2018年的工资再次稳定增长，是过去8年见证的最快增长速度之一。不仅就业岗位增加，工资也有所增长，2018年工资的增长速度是过去8年最快的之一。

在阿尔伯塔省、萨斯喀彻温省、纽芬兰与拉布拉多省这些石油生产省，2018年下半年，工资增长明显放缓，拉低了全国平均水平。总的来说，这些省份的就业和工资增长继续受到世界石油价格下降的持久影响。令人鼓舞的是，阿尔伯塔省和萨斯喀彻温省多个行业的就业人数在2018年都有所增加，包括与石油和天然气开采相关的子行业。然而，这些省份的失业率仍远高于油价自2014年年中开始大幅下跌之前的水平。

2018年加拿大人口增长1.4%，为近30年来的最高水平。欢迎越来越多移民在推动加拿大强劲的人口增长方面发挥了重要作用，历史上外来人口就是加拿大人口和经济增长的主要来源。过去20年，以净值计算，国际移民占加拿大人口增长的70%左右，2018年占加拿大总人口增长的近80%。随着加拿大人口老龄化，预测显示，未来几年移民对加拿大人口增长的贡献将迅速增加。如果没有移民，加拿大人口将在10年多一点的时间里开始下降，实际GDP增速将放缓至每年1%左右。吸引世界各地有才能的人对促进加拿大经济增长和提高生活水平至关重要。移民的经济效益取决于新移民融入劳动力市场的程度，加拿大在这方面做得很好，准备好并能够工作的移民人数在OECD国家中最多。过去3年里，加拿大新移民还稳步提高了与劳动力市场的融合程度。加拿大逐步提高移民水平的做法，既支持加拿大的劳动力市场需求，又向难民提供援助，支持家庭团聚，帮助新加拿大人顺利融入劳动力市场，支持全国各地的企业和社区。

2. 家庭支出已经降温，住房市场更加平衡

2018 年，加拿大经济增长约 2%，符合该国经济的长期潜在增长速度，也符合经济和劳动力市场接近产能运转的状况。在全国范围内，家庭正在适应一些地区房地产市场过热、利率上升和抵押贷款监管变化，家庭信贷增长已放缓至更可持续的水平。继 2016 年、2017 年多伦多和温哥华房地产市场出现过热之后，销售放缓，价格增长放缓。

3. 基本面仍然支持企业投资

在 2016 年年底以来增长势头的基础上，2018 年企业投资连续第二年增长，反映出油气行业以外的增长。近几个季度，随着全球经济活动和贸易放缓，以及全球增长前景的不确定性加剧，企业投资有所放缓。在国内外需求持续增长的支持下，加拿大的商业投资未来有望改善。

新的和现代化的贸易协定的签署，包括新《北美自由贸易协定》（NAFTA），即《加拿大－美国－墨西哥协定》，以及 2018 年《秋季经济报告》中提出的新的税收激励措施也支持这一前景，包括加快投资激励措施，旨在鼓励企业加快资本品投资。与此同时，2018 年加拿大吸引的外商直接投资也证明了加拿大作为营商目的地的吸引力。在此期间，加拿大是七国集团中唯一在外国直接投资方面出现实质性改善的国家。同期，全球外国直接投资流入下降了约 25%。

4. 能源和服务业继续引领出口增长

近年来，加拿大实际出口总额的温和增长在很大程度上是由能源、大宗商品和服务的出口推动的。同时，尽管最近有所回升，但非能源出口在过去两年几乎没有增长。未来，出口将继续受到不断增长的外国需求和疲软的加元的支撑。然而，持续的贸易政策不确定性将继续对加拿大的出口表现构成不利因素。令人鼓舞的是，最近的数据显示，加拿大对非美国市场出口出现增长，尤其是那些直接面向欧洲国家的市场，已经超过了对美国的出口增长。这一态势得到加拿大—欧盟全面经济和贸易协定生效的支持。2018 年 11 月 30 日生效的《全面与进步跨太平洋伙伴关系协定》（CPTPP）将为进一步的多元化提供支持。

5. 2019 年经济和财政展望乐观

自《2018 年秋季经济报告》以来，经济展望被温和下调。1994 年以来，私营部门预测的平均数一直被用来作为财政规划的基础，并在政府的经济和财政预测中引入了独立元素。加拿大 2019 年预算的经济预测基于 2019 年 2 月进行的调查。反映出 2018 年年末和 2019 年年初经济增长将略微放缓的预期，私营部门经济学家已将 2019 年实际 GDP 增长预期下调至 1.8%，比 2018 年 10 月的预测低 0.1 个百分点。在五年预测期内，实际 GDP 增长预计平均为 1.8%，与上次预测相同。GDP 通胀展望是衡量整个经济通货膨胀的最广泛的指标，2019年下调至1.6%，上次预测为2.0%，主要反映贸易条件对原油价格预测较低的影响。名义GDP水平是最广泛税基的衡量标准，与上次预测相比，五年预测期内年均调低了约120亿加元，如表2－1所示。

表2－1　　私营部门对经济的预测　　单位:%

年份	2018	2019	2020	2021	2022	2023	2018—2023平均
实际GDP增长	1.9	1.8	1.6	1.7	1.9	1.9	1.8
GDP通胀	1.9	1.6	1.9	2.0	2.0	2.0	1.9
名义GDP增长	3.8	3.4	3.5	3.7	3.9	4.0	3.7
名义GDP（10亿加元）	2 223	2 298	2 379	2 467	2 564	2 667	
3个月期国债利率	1.4	1.9	2.2	2.3	2.4	2.5	2.1
10年期政府债券利率	2.3	2.4	2.7	2.8	3.1	3.3	2.8
汇率（美分/加元）	77.2	76.3	77.2	77.7	78.2	79.9	77.8
失业率	5.8	5.7	5.9	6.0	6.0	5.9	5.9
消费物价指数通胀	2.3	1.9	2.0	1.9	2.0	2.0	2.0
美国实际GDP增长	2.9	2.4	1.7	1.7	1.9	1.9	2.1
西德克萨斯中质油（WTI）原油价格（美元/每桶）	66	59	60	61	63	65	62

政府继续谨慎管理赤字，同时为经济增长、创造就业机会、改善中产阶级及努力工作者的生活质量带来实实在在的成果。2019年预算中，加拿大政府推出新投资来支持员工，加强老年人收入保障，提高加拿大人健康水平，提高住房负担能力，同时保持债务与GDP比率的向下轨迹，并保护加拿大经济的长期财政可持续性。

实施了2018年秋季经济报告和2019年预算中提议的措施后，预计赤字将从2019/2020财年的198亿加元下降到2023/2024财年的98亿加元，预计联邦债务与GDP之比持续下降，到2023/2024财年降至28.6%。预测期内预算收入预计年均增长4.1%，与此期间的名义经济增长相符，但支出预计年均增长约3.3%。值得注意的是，2019/2020财年收入增长下降与旨在鼓励企业加速资本投资的新税收激励措施有关，如表2－2所示。

表 2 –2　　财政收支汇总表　　单位：10 亿加元

财年		预测					
	2017/2018	2018/2019	2019/2020	2020/2021	2021/2022	2022/2023	2023/2024
预算收入	311. 2	332. 2	338. 8	351. 4	366. 7	380. 7	395. 5
项目支出	308. 3	323. 5	329. 4	339. 7	348. 3	358. 4	369. 1
公共债务支出	21. 9	23. 6	26. 2	28. 5	30. 2	31. 4	33. 2
总支出	330. 2	347. 1	355. 6	368. 2	378. 4	389. 8	402. 2
风险调整			–3. 0	–3. 0	–3. 0	–3. 0	–3. 0
最终预算余额	–19. 0	–14. 9	–19. 8	–19. 7	–14. 8	–12. 1	–9. 8
财务状况							
总负债	1 151. 3	1 186. 3	1 219. 3	1 257. 5	1 293. 6	1 325. 5	1 353. 7
金融资产	398. 4	415. 1	425. 6	441. 5	460. 0	477. 7	494. 6
净债务	752. 9	771. 2	793. 7	816. 0	833. 6	847. 8	859. 1
非金融资产	81. 6	85. 6	88. 3	90. 9	93. 7	95. 9	97. 4
联邦债务	671. 3	685. 6	705. 4	725. 1	739. 8	751. 9	761. 7
占 GDP 百分比							
预算收入	14. 5	14. 9	14. 7	14. 8	14. 9	14. 8	14. 8
项目支出	14. 4	14. 6	14. 3	14. 3	14. 1	14. 0	13. 8
公共债务支出	1. 0	1. 1	1. 1	1. 2	1. 2	1. 2	1. 2
预算赤字	–0. 9	–0. 7	–0. 9	–0. 8	–0. 6	–0. 5	–0. 4
联邦债务	31. 3	30. 8	30. 7	30. 5	30. 0	29. 3	28. 6

（三）国家治理变化与趋势

1. 2019 年预算中有四条基本的国家和财政治理原则

投资于中产阶级。为了帮助更多家庭找到好的居所，2019 年预算推出了新的首次购房者奖励计划和其他措施，使全国各地的住房更加可负担。新的加拿大培训福利，对加拿大人就业将有额外帮助，使他们目前和将来都能保持或找到需要的好工作。而国家药房措施的推进，使所有加拿大人变得更加健康和富裕。

建设更美好的加拿大。为了保持经济的强劲和增长，2019 年预算投资于加拿大人和加拿大社区所需的基础设施。对市级政府转移支付的加倍将有助于更多项目的实施，创造更多好的、高薪的工作，使城镇成为更好的居住地。更可负担的电费，对零排放车辆的新支持，以及为每个家庭和企业带来高速互联网的新承诺，都是建设更美好国家的一部分。

推进和解。在迄今取得的进展的基础上，2019 年预算中差别导向的投资将有助于向土著社区提供清洁水和更好的医疗保健服务。推进自决和自治，提高原住民、因纽特人和混血民族的生活质量。

带来真正的改变。加拿大的价值观是，当每个人都有真正的公平的成功机会时，才是最好的国家。2019 年预算的投资将支持艺术家和退伍军人；改善加拿大人的健康、公共安全和司法的可获得性；加强加拿大在世界上的作用；建立更好的政府；确保税收制度对每个人都公平。

2. 壮大中产阶级，取得了显著的效果

超过 900 万加拿大人享受了中产阶级减税。政府对最富有的 1% 的人士加税，对中产阶级减税，因此，受益的单身人士平均每年节省 330 加元，受益的夫妇平均每年节省 540 加元。

免税的儿童福利，加拿大儿童福利计划使 90% 的家庭受益，受益家庭年平均获得约 6 800 加元，帮助解决抚养孩子的高成本问题，福利会随着生活成本进行提高。

更可负担的高等教育。通过加拿大学生贷款计划提供更慷慨的支持，2017—2018 学年，超过 49 万高校学生从各类加拿大学生资助计划中获得 14 亿加元。这意味着自 2014—2015 学年以来，加拿大学生助学金获得者增加了 34%，加拿大学生助学金总额增加了 90%，高校学生可借此为未来的成功投资。

更好地支持加拿大劳动者。加拿大员工福利计划将帮助低收入工人拿回更多的钱，2019 年年薪为 1.5 万加元的员工，收入将增加近 500 加元，鼓励更多的人加入并留在劳动力市场，并为 200 多万努力加入中产阶级的加拿大人提供切实的帮助。为弱势老年人提供更多资金。提高保证收入补贴（GIS），对于单身老年人，每年最高支付 947 加元，改善了近 90 万低收入老年人的福利，同时将领取老年保险金和 GIS 福利的资格年龄恢复到 65 岁。

更强大、更有韧性的社区。投资社区可以提供良好的中产阶级工作，同时为未来几年的经济、社会和环境回报打下基础。政府已经批准了全国范围内超过 3.3 万个社区的基础设施项目，其中绝大多数已开工。承诺投资的 199 亿加元中，70 多亿加元已全部投资于新公路、桥梁、公共汽车、水处理厂和社区中心等项目。

更可负担的住房。国家住房战略的新长期投资将新建 10 万套保障性住房，可将长期无家可归者减少一半。2016 年预算以来，近 20 亿加元的新联邦资金已投入到加拿大各地的住房建设中，超过30.35万套住房建成或修复，使加拿大人更容易获得负担得起的住房。增加的投资已经为9 000名无家可归者提供了更稳定的住房。

减贫。加拿大儿童福利提高收入的效果，以及增加对单身老年人的保证收入补贴，使政府提前完成了三年减贫20%的目标。与2015年相比，2017年使82.5万加拿大人脱贫，其中包括27.8万的儿童。

与土著人民和解的道路。历史性的投资正在帮助土著人民获得更好的生活质量，解除80多项长期饮用水安全警示，支持建造或修缮保护区的1.4万幢房屋，支持代表400多个社区的超过75个积极承认权利和自决的表格，同时在承认权利、尊重、合作和伙伴关系的基础上，为与原住民、因纽特人和梅蒂斯族重新建立关系奠定基础。

二、联邦政府支出：聚焦福利

（一）联邦政府2017/2018财年支出

与2016/2017财年相比，加拿大联邦政府2017/2018财年支出总额为3326万亿加元，增支了201亿加元，增幅为6.4%。支出分为三大类：转移支付，约占联邦支出的三分之二；其他直接项目支出；公共债务支出。

2017/2018财年，其他直接项目支出，代表政府旗下128个部门、机构、非经营性国有企业、其他实体的营运开支，占联邦支出总额的29.8%。

2017/2018财年，向个人的主要转移支付占总支出的28.2%，包括老人、儿童和就业保险福利。向其他层级政府的主要转移支付包括加拿大医疗转移支付、加拿大社会转移支付、家庭护理和心理健康转移支付、财政安排（均等化、对地区的转移支付、一些较小的转移支付项目、魁北克减排）、燃油税基金，占总支出的21.2%。向个人的主要转移支付和向其他层级政府的主要转移支付合计约占总支出的一半。其他转移支付包括对土著人民的转移支付，向农民、学生、企业提供援助，支持研究和发展，提供国际援助，占总支出的14.2%。

2017/2018财年，公共债务支出占总支出的6.6%，如图2-1所示。20世纪90年代中期公共债务支出是总支出的最大组成部分，占比峰值曾达到近30%。

2017/2018财年，项目支出金额为3107亿加元，比上一财年增支195亿加元，增长6.7%。其中，向个人的主要转移支付增加了29亿加元，增长3.1%，包括：（1）老年福利包括老年保障、保证收入补贴、津贴支付。老年福利比上一财年增加25亿加元，增长5.2%，反映了老年人口的增长和消费价格的变化，福利与之完全挂钩。（2）就业福利包括常规福利，特殊福利（疾病、生育、父母、收养、渔业），

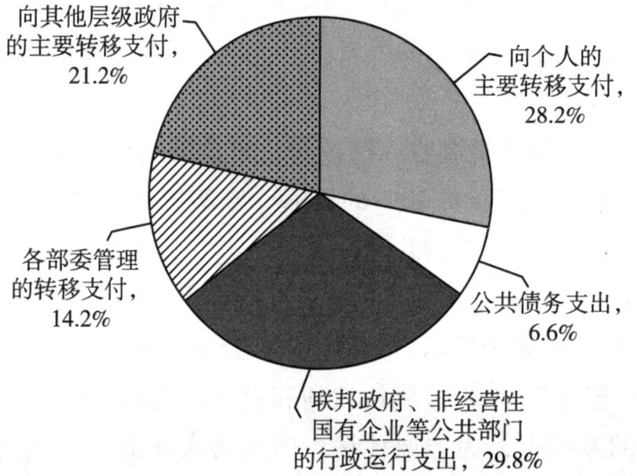

图 2－1　加拿大联邦政府 2017/2018 财年支出结构

来源：加拿大公共账户，因四舍五入，加总可能不等于 100%。

工作共享协议。总就业福利比上一财年下降了 10 亿加元，降幅 4.8%，反映了劳动力市场状况的好转。（3）儿童福利比上一财年增加了 14 亿加元，增长 6.2%，反映了自 2016 年 7 月以来实施的新加拿大儿童福利。

向其他层级政府的主要转移支付比上一财年增加了 19 亿加元，增长 2.7%。（1）加拿大医疗转移支付和加拿大社会转移支付资金量很大，用于支持医疗保健、高等教育、社会援助和社会服务，包括早教开发，以现金和税收转移支付的形式向各省和地区提供支持。2017/2018 财年支持医疗和其他社会项目的转移支付比上一财年增加了 15 亿加元，反映出法定增长。（2）2017/2018 财年，财政安排和其他转移支付下的授权总额比上一财年增加了 4 亿加元，主要是由于均等化、地区公式财务支付、新家庭护理和精神健康转移支付的法定增长。

直接项目支出是指排除在向个人主要转移支付和向其他层级政府主要转移支付之外的，对个人和其他组织的转移支付和其他直接项目支出，包括国防、其他部门和机构的运行支出，以及非经营性国有企业的支出。2017/2018 财年直接项目支出比上一财年增加了 147 亿加元，增长 11.2%。（1）2017/2018 财年，其他转移支付比上一财年增加了 56 亿加元，增长 13.4%，反映了多个部门和机构的增长，包括增加对学生的援助、新早教和儿童护理项目下的转移支付、向原住民的转移支付、基础设施转移。（2）2017/2018 财年，其他直接项目支出比上一财年增加了 92 亿加元，增长 10.2%，主要由于增加索赔和诉讼准备金、更高的国防开支，以及 2017/2018 财年退伍军人未来福利修正案产生的一次性费用。

2017/2018 财年，公共债务支出比上一财年增加了 7 亿加元，增长 3.1%，反映有息债务存量的平均有效利率略微提高，如表 2－3 所示。

表 2－3　　加拿大联邦政府 2016/2017、2017/2018 财年支出表　　单位：百万加元

财年	2016/2017	2017/2018	净变化	
向个人的主要转移支付				（%）
老年福利	48 162	50 644	24 82	5.2
就业保险福利	20 711	19 715	(996)	(4.8)
儿童福利	22 065	23 432	1 367	6.2
合计	90 938	93 791	2 853	3.1
向其他层级政府的主要转移支付				
联邦政府对医疗和其他社会项目的转移支付	49 405	50 872	1 467	3.0
财政安排和其他转移支付	19 247	19 647	400	2.1
合计	68 652	70 519	1 867	2.7
直接项目支出				
其他转移支付	41 580	47 138	5 558	13.4
其他直接项目支出	90 050	99 230	9 180	10.2
直接项目支出合计	131 630	146 368	14 738	11.2
项目支出总计	291 220	310 678	19 458	6.7
公共债务支出	21 232	21 889	657	3.1
总支出	312 452	332 567	20 115	6.4

图 2－2 显示了 1993/1994 财年以来的利息支出率，即公共债务支出占收入的百分比，这一比率近年来一直在下降，从 1990/1991 财年的峰值 37.6%，降至 2017/2018 财年的 7.0%。

（二）支出展望

表 2－4 以权责发生制，按主要组成部分列示了项目支出预测。项目支出包括三大部分：对个人的主要转移支付；对政府其他层级的主要转移支付；直接项目支出。对个人的主要转移支付包括老人福利、就业保险福利、儿童福利，预测从 2018/2019 财年的 960 亿加元增加到 2023/2024 财年的 1 215 亿加元。老人福利预测从 2018/2019 财年的 533 亿加元增加至 2023/2024 财年的 706 亿加元，年均增长约 5.8%。就业保险福利预计 2018/2019 财年下降 4.7%，降至 188 亿加元。预测期剩余年份，就业保险福利预测年均增长 5.7%，2019 年后失业率预计稳定在 6.0% 左

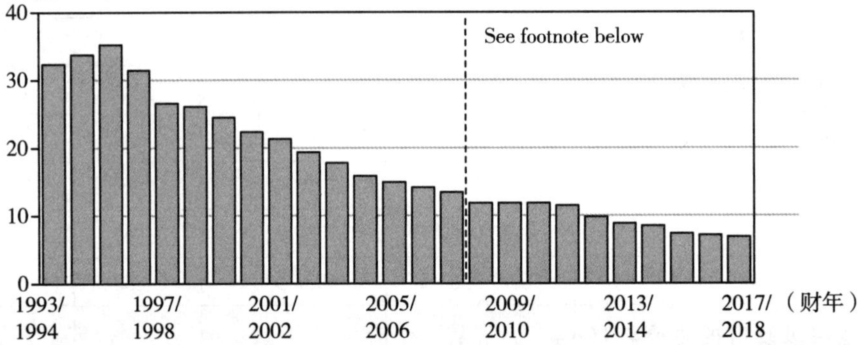

Note: The percentages of GDP from 2008/2009 to 2016/2017 have been restated to reflect the impact of a retroactive change in methodology for the determination of the discount rate for unfunded pension obligations. Information regarding this restatement can be found in Note 3 of the condensed consolidated financial statements. The total retroactive adjustment and the amount specifically allocated to 2016–2017 are audited. The allocation of the residual difference to specific hist orical periods is unaudifed.
Source: *Public Accounts of Canada.*

图 2－2　加拿大联邦政府 1993/1994 财年至 2017/2018 财年的利息支出率

注：公共债务支出占收入的百分比。

来源：加拿大公共账户。

右。加拿大儿童福利（CCB）预测从 2018/2019 财年的 239 亿加元增加至 2023/2024 财年的 261 亿加元，年均增长约 1.7%。

表 2－4　　支出展望　　单位：10 亿加元

财年	2017/2018	预测 2018/2019	2019/2020	2020/2021	2021/2022	2022/2023	2023/2024
对个人的主要转移支付							
老年人福利	50.6	53.3	56.2	59.7	63.3	66.9	70.6
就业保险福利	19.7	18.8	19.9	21.5	23.0	24.0	24.8
儿童福利	23.4	23.9	24.3	24.6	25.1	25.6	26.1
合计	93.8	96.0	100.4	105.8	111.4	116.4	121.5
对其他政府层级的主要转移支付							
加拿大医疗转移支付	37.1	38.6	40.4	41.8	43.3	44.9	46.6
加拿大社会转移支付	13.7	14.2	14.6	15.0	15.5	15.9	16.4
均等化转移支付	18.3	19.0	19.8	20.5	21.3	22.1	22.9

续表

财年	2017/2018	预测 2018/2019	2019/2020	2020/2021	2021/2022	2022/2023	2023/2024
地区财政补贴	3.7	3.8	3.9	4.2	4.3	4.4	4.6
燃气税基金	2.1	4.3	2.2	2.2	2.3	2.3	2.4
家庭护理和心理健康	0.3	0.9	1.1	1.3	1.5	1.2	1.2
其他财政安排	-4.7	-4.7	-5.1	-5.3	-5.5	-5.8	-6.0
合计	70.5	76.0	76.9	79.6	82.6	85.0	88.1
直接项目支出							
燃料费用收益返还	0.0	0.6	2.6	3.8	4.9	5.7	5.7
各部委管理的转移支付	47.1	54.1	52.8	55.0	54.5	55.1	56.4
经常性支出	96.8	96.7	96.7	95.4	95.0	96.2	97.3
合计	144.0	151.5	152.1	154.2	154.3	156.9	159.4
总项目支出	308.3	323.5	329.4	339.7	348.3	358.4	369.1
占 GDP 百分比							
对个人的主要转移支付	4.4	4.3	4.4	4.4	4.5	4.5	4.6
对其他政府层级的主要转移支付	3.3	3.4	3.3	3.3	3.3	3.3	3.3
直接项目支出	6.7	6.8	6.6	6.5	6.3	6.1	6.0
总项目支出	14.4	14.6	14.3	14.3	14.1	14.0	13.8

对政府其他层级的主要转移支付包括加拿大医疗转移支付（CHT）、加拿大社会转移支付（CST）、均等化转移支付、地区公式财务支付、燃气税基金等，预计在预测期内增加，从 2018/2019 财年的 760 亿加元增加至 2023/2024 财年的 881 亿加元。CHT 预测从 2018/2019 财年的 386 亿加元增加至 2023/2024 财年的 466 亿加元。CST 立法规定每年增长 3.0%。燃气税基金承诺预计 2018/2019 财年增至 43 亿加元，是由于 2019 年预算提议一次性转移支付 22 亿加元。2019/2020 财年及以后，基本燃气税基金承付款按每年增长 2.0% 的指数编制，增加额为 1 亿加元。2017 年预算宣布的家庭护理和心理健康转移支付将从 2018/2019 财年的 9 亿加元增至 2023/2024 财年的 12 亿加元。

直接项目支出包括由各部委管理的转移支付和政府运行支出，预测在 2018/2019 财年上升至 1 515 亿加元，2023/2024 财年进一步上升至 1 594 亿加元。上升的主要原因是联邦碳污染定价系统的引入和直接燃料费用收益的相关回报，预计从

2018/2019 财年的 6 亿加元上升至 2023/2024 财年的 57 亿加元。预计各部门在预测期内管理的其他转移支付也将增加，包括转移到省、市和土著政府以及高等院校，用于基础设施投资。其他转移支付预测从 2018/2019 财年的 541 亿加元增长至 2023/2024 财年的 564 亿加元。政府运行支出反映 100 多个政府部门、机构和皇冠公司的运行成本，2018/2019 财年预测达到 967 亿加元，2021/2022 财年降至 950 亿加元，2023/2024 财年增长至 973 亿加元。

三、联邦政府收入：个税几乎占一半

（一）联邦政府 2017/2018 财年收入

2017/2018 财年总收入为 3 136 亿加元，比 2016/2017 财年增加 201 亿加元，增长 6.9%。联邦政府收入的最大来源是个人所得税，占总收入的 49.0%；第二大来源是的企业所得税，占 15.2%，商品和服务税（GST）收入占 11.7%，其他税费占 5.4%，就业保险保费收入占 6.7%，非居民所得税占 2.5%，其他收入占 9.4%（包括来自经营性国有企业和其他政府企业的净收入、商品和劳务销售收入、投资收益、外汇净收入和杂项收入），如图 2－3 所示。

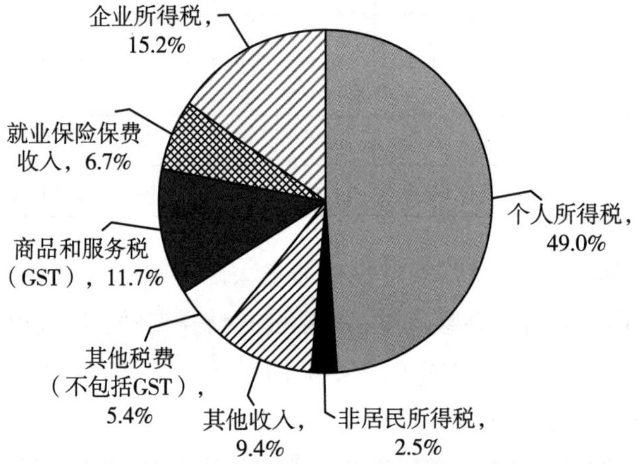

图 2－3　加拿大联邦政府 2017/2018 财年收入结构

来源：加拿大公共账户，因四舍五入，加总可能不等于 100%。

与上一财年相比，2017/2018 财年个人所得税增收 99 亿加元，增长 6.9%。企业所得税增收 56 亿加元，增长 13.2%，反映企业盈利强劲，应税收入相应增长，金融、制造业和批发行业的盈利尤其强劲。非居民所得税增收 8 亿加元，增长 10.9%。其他税费增收 25 亿加元，增长 4.8%。商品和服务税（GST）增收 24 亿加元，增长 6.9%，反映了零售增长。能源税增收 1 亿加元，增长 1.9%，由于汽油消费略有增加。进口关税减收了1亿加元，降幅1.1%。其他消费税费增收了4 500万加元，增长0.8%。就业保险保费收入减收了10亿加元，降幅4.5%，这是由于2017年和2018年保费费率较前几年大幅下降，抵消了就业和工资增长。其他收入增收23亿加元，增长8.6%，主要反映了经营性国有企业的净收入增长，如表2－5所示。

表2－5　加拿大联邦政府2016/2017、2017/2018财年收入表 单位：百万加元

财年	2016/2017	2017/2018	净变化	
				(%)
税收收入				
所得税				
个人	143 680	153 619	9 939	6.9
企业	42 216	47 805	5 589	13.2
非居民	7 071	7 845	774	10.9
合计	192 967	209 269	16 302	8.4
其他税费				
商品和服务税	34 368	36 751	2 383	6.9
能源税	5 634	5 739	105	1.9
进口关税	5 478	5 416	(62)	(1.1)
其他消费税费	5 868	5 913	45	0.8
合计	51 348	53 819	2 471	4.8
税收收入总计	244 315	263 088	18 773	7.7
就业保险保费收入	22 125	21 140	(985)	(4.5)
其他收入	27 055	29 378	2 323	8.6
收入总计	293 495	313 606	20 111	6.9

注：带括号的表示负数。

收入率指收入占GDP的百分比，反映联邦收入总额与经济规模的比例，受到法定税率和经济发展的影响。2017/2018财年收入率为14.6%，高于2016/2017财年的14.4%，主要是由于个人所得税收入、企业所得税收入和经营性国有企业收益的增长。总的来说，收入率自2001/2002财年以来开始下降，主要是由于个人所得税、企业所得税、商品和服务税的减税措施，如图2－4所示。

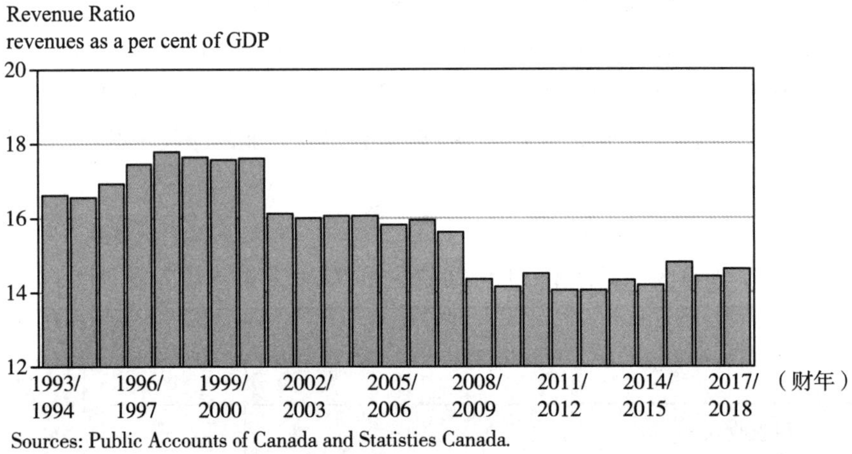

图 2-4　加拿大联邦政府 1993/1994 财年至 2017/2018 财年收入率

注：收入占 GDP 百分比。

来源：加拿大公共账户。

（二）预算收入展望

表 2-6 列出了政府对预算收入的预测。总的来说，2018/2019 财年的预算收入预计增长 6.7%，反映出强劲的年度业绩和经济增长。预测期的剩余年份，预计收入年均增长率为 3.5%，与预计名义 GDP 增长相符。

表 2-6　收入展望　　单位：10 亿加元

财年	2017/2018	预测 2018/2019	2019/2020	2020/2021	2021/2022	2022/2023	2023/2024
所得税							
个人所得税	153.6	162.8	170.4	177.8	185.0	192.7	201.3
企业所得税	47.8	52.0	46.3	47.0	49.7	50.7	52.8
非居民所得税	7.8	9.6	9.7	9.7	9.7	9.8	9.9
合计	209.3	224.3	226.5	234.5	244.4	253.2	264.0
消费税/关税							
商品和服务税	36.8	39.6	40.8	42.1	43.6	45.2	47.0
海关进口关税	5.4	6.9	6.3	5.9	6.1	6.4	6.3
其他消费税/关税	11.7	12.0	12.3	12.4	12.6	12.7	12.7

续表

财年		预测					
	2017/2018	2018/2019	2019/2020	2020/2021	2021/2022	2022/2023	2023/2024
合计	53.8	58.5	59.3	60.4	62.3	64.3	66.0
总税收收入	263.1	282.9	285.8	294.9	306.6	317.5	330.0
燃料费用收益	0.0	0.0	2.3	3.5	4.6	5.7	5.7
就业保险费收入	21.1	21.4	22.0	22.7	23.5	24.4	25.3
其他收入							
企业皇冠公司	7.7	7.4	7.3	7.9	8.7	9.3	10.0
其他项目收入	17.8	19.5	19.4	20.1	20.9	21.3	21.8
净外汇	1.5	1.1	1.9	2.3	2.3	2.6	2.7
合计	27.0	27.9	28.7	30.3	31.9	33.2	34.5
总预算收入	311.2	332.2	338.8	351.4	366.7	380.7	395.5
占 GDP 百分比							
总税收收入	12.3	12.7	12.4	12.4	12.4	12.4	12.4
燃料费用收益	0.0	0.0	0.1	0.1	0.2	0.2	0.2
就业保险费收入	1.0	1.0	1.0	1.0	1.0	1.0	0.9
其他收入	1.3	1.3	1.2	1.3	1.3	1.3	1.3
总预算收入	14.5	14.9	14.7	14.8	14.9	14.8	14.8

个人所得税收入是预算收入的最大组成部分，2018/2019 财年预测增加 92 亿加元，增长 6.0%，达到 1 628 亿加元。2018/2019 财年的强劲增长受到高就业率的推动，反映了强劲的劳动力市场。预测期的剩余年份，预计个人所得税收入的增长略快于名义 GDP 的增长，平均每年增长 4.3%。

2018/2019 财年，企业所得税收入预测增加 42 亿加元，增长 8.7%，达到 520 亿加元。增长反映了金融、制造业和批发业等多个行业的年度收入增长，以及审计导致的几次大规模重估。2019/2020 财年的企业所得税收入预计下降 10.9%。主要由于《2018 年秋季经济报告》中宣布的促进企业投资的新税收措施的临时成本，以及预计企业利润放缓。预测期的剩余年份，企业所得税收入预计年均增长 3.3%。

非居民所得税收入是非居民对来自加拿大的收入（特别是股息和利息收入）所缴纳的税。2018/2019 财年，非居民所得税预测增加 17 亿加元，增长 21.9%，预测期的剩余年份预测年均增长 0.7%。

2018/2019 财年的商品和服务税（GST）收入预测增长 7.8%。根据应纳税消费的展望，预测期的剩余年份预测年均增长 3.5%。

2018/2019 财年的海关进口关税预测增长 27.0%，主要是由于钢铝报复性关税的暂时应用。预测期的剩余年份，预测年均下降 1.8%，主要是假定取消了钢铝关税，以及在各种贸易协议下逐步取消关税，包括《跨太平洋伙伴关系的全面和渐进的协定》和《加拿大－美国－墨西哥协定》。

2018/2019 财年的其他消费税和关税（OETD）收入预测增长 4 亿加元，增长 3.2%，达到 120 亿加元，主要由于 2018 年预算中公布的提高烟草产品消费税。预测期的剩余年份，OETD 收入预计年均增长 1.1%，基于历史消费趋势和大麻收入预测。

2019/2020 财年，收入前景开始包括由联邦碳污染定价系统产生的燃料费用收益的估计。政府将燃料费用的所有直接收益返还来源地。对于不符合全加拿大减少碳污染联邦标准的省——安大略省、新不伦瑞克省、马尼托巴省和萨斯喀彻温省，这些收益的大部分将通过气候行动奖励支付给个人和家庭。对于自愿采用联邦制度的地区——育空和努纳武特，所有直接收益将退还给这些省区的政府。

2018/2019 财年，就业保费收入预测增长 1.3%，是由于可保收入略有增长，加之 2018 年就业保险费率升至 1.66%。2019/2020 财年，就业保费收入预计增长 2.6%，因预期收益增长强劲，超额抵消了 2019 年就业保险费率降至 1.62%。预测期的剩余年份，就业保费收入预计继续保持上行趋势，基于可保收入预测增长，以及 2020 年预测就业保险费率为 1.61%。

其他收入由三大组成部分：企业皇冠公司（经营性国有企业）的净收入；其他项目收入，特别是综合皇冠公司（非经营性国有企业）收入、投资回报、商品和服务销售收益；外汇基金账户收入。2018/2019 财年和 2019/2020 财年的企业皇冠公司收入预测略有下降，由加拿大出口开发公司和加拿大抵押和住房公司报告的净收入预期下降推动。预测期的剩余年份，企业皇冠公司收入预计年均增长 8.1%。其他项目收入受综合皇冠公司收入、利息和汇率变动的影响，2018/2019 财年预测增长 9.4%，反映了由利率上升和大公司重估导致的利息和罚款收入的增加。预测期的剩余年份，其他项目收入预测年均增长 2.3%，主要是商品和服务销售收入的增长，以及利息和罚款收入的增长。

净外汇收入不稳定，主要是外汇资金账户的投资回报，对外汇汇率和外国利率的波动很敏感。2018/2019 财年该收入预计下降，主要原因是外汇基金账户预期净收入减少。预测期的剩余年份，净外汇收入预测增加，因为预计利率上升。就业保险经营账户在综合收入基金内运作。因此，就业保险相关收入和支出根据“就业保险法”，贷记账户和记入账户的款项分别与政府账户合并，并影响预算余额。2018 年就业保险经营账户预计年盈余 14 亿加元，2019 年盈余 10 亿加元，2020 年大致不盈不亏。该账户预计将在预测期剩余年份中出现赤字，到 2026 年实现累计平衡。

四、在尽力控制的联邦债务和赤字

（一）联邦债务

联邦债务（累计赤字）是政府的总负债和总资产之间的差额，截至 2018 年 3 月 31 日，加拿大联邦政府总负债 1.2 万亿加元，金融资产 3 986 亿加元，非金融资产 875 亿加元，联邦债务为 6 713 亿加元，比上年同期增加了 197 亿加元。增加的 197 亿加元包括 2017/2018 财年的预算赤字 190 亿加元，还有其他综合损失 8 亿加元，其中 7 亿加元是可供出售金融工具的未实现净损失。2017/2018 财年联邦债务与 GDP 比率为 31.3%，比上一财年的 32.0% 有所下降，如表 2－7、表 2－8 所示。

表 2－7　　加拿大联邦政府 2016/2017、2017/2018 财年债务（累计赤字）

单位：百万加元

财年	2016/2017	2017/2018	净变化
年初的联邦债务	(634 440)	(651 540)	(17 100)
年度赤字	(18 957)	(18 961)	(4)
其他综合收益（亏损）	1 857	(753)	(2 610)
年底的联邦债务	(651 540)	(671 254)	(19 714)

注：括号表示负数。

表 2－8　　加拿大联邦政府 2016/2017、2017/2018 财年末未偿债务

单位：10 亿加元

	2016/2017	2017/2018
负债		
应付账款及应计负债	132.5	154.8
附息债务		
未到期债务	713.6	721.2
养老金和其他员工未来福利	265.0	275.7
其他负债	5.7	5.7
有息债务总额	984.3	1 002.6
总负债	1 116.9	1 157.4

续表

	2016/2017	2017/2018
金融资产		
现金及应收账款	47.5	50.2
应征税款	110.5	123.0
外汇账户	98.8	96.9
贷款、投资和预付款	124.0	126.4
公营部门退休金资产	1.9	2.1
金融资产总额	382.8	398.6
净债务	（734.1）	（758.8）
非金融资产		
有形资本资产	69.7	73.8
库存资产	6.8	6.7
预付费用及其他	6.0	7.0
非金融资产总额	82.6	87.5
联邦债务（累计赤字）	（651.5）	（671.3）

注：括号表示负数。

（二）联邦资产

加拿大联邦政府的资产由金融资产和非金融资产组成，金融资产包括现金、其他应收账款、应收税款、外汇账户、贷款、投资及垫款、公共部门退休金资产，非金融资产包括有形资产、存货和待摊费用等。

截至2018年3月31日，金融资产总额为3 986亿加元，比上年同期增加159亿加元。与上年同期相比，现金和其他应收账款合计增加了26亿加元，应收税款增加了125亿加元达到1 230亿加元。外汇账户下降了19亿加元总额为969亿加元，主要由于外汇基金账户外汇储备下降。政府贷款、投资和垫款总额为1 264亿加元，比上年同期增加24亿加元。其中经营性国有企业和其他政府企业的贷款、投资和垫款增加了13亿加元，净贷款和垫款增加了31亿加元，主要是综合贷款框架下经营性国有企业的贷款。对经营性国有企业和其他政府企业的投资下降了18亿加元，这些实体2017/2018年的净利润为70亿加元，抵消了8亿加元的其他综合损失，支付给政府的分红为80亿加元。其他贷款、投资和垫款增加了10亿加元，主要反映了加拿大学生贷款组合的增长，2016年预算中引入的该措施增加了有资格学生的人数，以及有资格获得最高贷款金额学生人的数。公共部门养老金资产增加了2亿加元。

截至2018年3月31日，政府净债务（总负债减去金融资产）为7 588亿加元，比上年同期增加247亿加元。非金融资产金额为875亿加元，比上年同期增加50亿加元。有形资本资产增加了42亿加元，预付费用和其他非金融资产增加了10亿加元。

（三）联邦负债

联邦政府负债包括应付账款、应计负债和计息债务。截至2018年3月31日，应付账款和应计负债合计为1 548亿加元，比上年同期增加223亿加元。这一增长反映了与税收有关的应付款项、或有负债准备金、其他应付和应计负债、利息和到期债务的负债的增长，部分被递延收入的减少、环境负债和资产退休债务的减少所抵消。（1）与税收有关的应付款项增加了68亿加元，从2016/2017财年的551亿加元升至2017/2018财年的619亿加元。（2）或有负债准备金增加了65亿加元，主要反映与各种具体索赔、未决及威胁诉讼有关的政府估计损失的增加。（3）其他应付及应计负债增加了101亿加元。其中省、地区和土著税收协定之下的负债增加了50亿加元，因为给各省、各地区和土著人政府支付款项的时间有差异。应付款项增加了53亿加元，其中非经营性国有企业和其他实体的应付款项增加了15亿加元，主要是加拿大商业公司的贸易应付款的增长。（4）2017/2018财年，递延收入减少了9亿加元。（5）2017/2018财年环境负债和资产报废债务减少3亿加元。（6）利息和到期债务负债比上一年增加2 700万加元。

附息债务包括未到期债务、养老金和其他员工未来福利负债、其他负债。截至2018年3月31日，附息债务额达10 026亿加元，比上年增加182亿加元。其中，未到期债务增加76亿加元，养老金和其他员工未来福利负债增加107亿加元，其他负债（存款及信托账户及其他指定用途账户）下降1 900万加元。

各国对政府项目的管辖责任（中央、省和市级政府之间）各不相同。因此，对政府财政状况的国际比较是以全国政府、国家账户为基础的。加拿大的全国政府净债务总额包括联邦、省/地区和市级政府的资产，以及加拿大养老金计划和魁北克养老金计划中的净资产，2017年加拿大全国政府净债务占GDP的比率为27.8%，这是G7国家中的最低水平，同年G7国家的平均水平是87.5%。

（四）赤字与融资来源/需求

预算余额是衡量联邦政府财政成果的最全面指标，加拿大计算赤字使用权责发生制，按政府支出和税收收入的发生时间记录，而不考虑何时收到或支付现金。相反，融资来源/需求衡量流入政府的现金与流出现金之间的差导时，不同于预算余额，因为它包括贷款、投资和预支、公共部门养老金、其他指定用途账户、外汇活动和其他金融资产、负债和非金融资产的变动等方面的现金交易。这些活动被列入预算外事务，预算外事务还包括调整预算余额中非现金项目的影响，以及过去或将来现金收入或付款的任何应计项目。非现金项目的例子包括有形资本资产摊销、在该期间未获资助的退休金开支、确认以前的递延收入。

2017/2018 财年预算外事务导致资金来源净额为 95 亿加元，而 2016/2017 财年的融资需求是 85 亿加元。2017/2018 财年预算赤字为 190 亿加元，预算外事务产生的资金来源为 95 亿加元，总融资需求是 94 亿加元，2016/2017 财年的融资需求为 275 亿加元（见表 2－9）。政府通过减少 19 亿加元的现金余额和增加 76 亿加元的未到期债务为 94 亿加元的财政需求提供了资金。

2018 年 3 月底的现金余额为 346 亿加元，比上年同期减少 19 亿加元，如表2－9 所示。现金和现金等价物余额包括一笔在加拿大银行的，与审慎流动性管理有关的 200 亿加元指定存款。政府的整体流动性维持在足以支付至少一个月预计现金流净额的水平，包括息票支付和债务再融资需求。

表 2－9　　预算余额、融资来源/需求和净融资活动　　单位：10 亿加元

财年	2016/2017	2017/2018
本财年赤字	(19.0)	(19.0)
预算外事务		
1. 养老金及其他账户		
公营部门养老金负债	0.8	(0.5)
其他员工及退伍军人未来应付福利	7.9	11.2
其他负债	0.1	0.0
公营部门养老金资产	(0.3)	(0.2)
合计	8.5	10.4
2. 非金融资产	(4.8)	(5.0)
3. 贷款、投资和预付款	(6.2)	(3.1)
4. 其他事务		
应付账款、应收账款、应付款项及免税额	(0.8)	5.3
外汇活动	(5.3)	1.9
合计	(6.0)	7.2
预算外事务合计	(8.5)	9.5
融资需求	(27.5)	(9.4)

续表

财年	2016/2017	2017/2018
融资活动的净变化		
畅销公债（以加元计）	32.2	38.7
短期国债	(1.4)	(26.0)
零售债务	(0.5)	(1.9)
其他	(4.8)	(3.2)
合计	25.4	7.6
现金结余变动	(2.1)	(1.9)
年终现金（指财年末）	36.5	34.6

注：括号表示负数。

加拿大预算余额按权责发生制列报，而融资来源/需求衡量政府现金流入和流出之间的差额，不仅受到预算余额的影响，而且受政府非预算往来的影响，包括联邦员工养老金负债的变化；非金融资产的变化；通过贷款、投资和预付款的投资活动；以及其他金融资产和负债的变化，包括外汇活动。2019 年预算预测 2018/2019 财年赤字为 149 亿加元，2019/2020 财年 198 亿加元，2020/2021 财年 197 亿加元，2021/2022 财年 148 亿加元，2022/2023 财年 121 亿加元，2023/2024 财年 98 亿加元，如表 2－10 所示。

表 2－10　预算余额，非预算往来和融资来源/需求预测　单位：10 亿加元

		预测					
	2017/2018	2018/2019	2019/2020	2020/2021	2021/2022	2022/2023	2023/2024
预算余额	－19.0	－14.9	－19.8	－19.7	－14.8	－12.1	－9.8
非预算往来							
养老金和其他账户	10.4	7.5	6.3	2.9	0.6	－1.2	－1.6
非金融资产	－3.9	－4.0	－2.6	－2.6	－2.8	－2.1	－1.5
贷款、投资和预付款							
企业皇冠公司	－2.1	－5.0	－7.0	－6.0	－7.7	－7.2	－5.8
其他	－1.0	－5.4	－0.6	－2.3	－2.2	－2.2	－2.0
合计	－3.1	－10.4	－7.6	－8.3	－9.9	－9.4	－7.8
其他往来							

续表

		预测					
	2017/2018	2018/2019	2019/2020	2020/2021	2021/2022	2022/2023	2023/2024
应付账款、应收账款、应计项目和备抵	4.3	7.6	-7.1	-6.0	-5.8	-3.8	-4.6
外汇活动	1.9	1.5	-1.0	-3.6	-3.9	-4.0	-3.9
合计	6.1	9.1	-8.1	-9.6	-9.7	-7.8	-8.6
总计	9.5	2.3	-12.1	-17.7	-21.8	-20.5	-19.5
融资来源/需求	-9.4	-12.6	-31.9	-37.3	-36.6	-32.5	-29.3

如表2-10所示，融资需求在整个预测期都有预测，主要反映了与预算余额、企业皇冠公司留存收益的增加，以及其他资产的增长，包括外汇基金账户的融资有关的需求。

五、政府间财政关系

2019/2020财年，各省和地区将通过主要转移支付获得787亿加元。市级政府的转移支付主要来自省级，联邦政府会通过燃油税基金向市级进行转移支付，也会直接向社区进行转移支付。向其他层级政府的法定主要转移支付2017/2018财年预计为734.5亿加元，比上一财年增加34.4亿加元。

（一）对省级政府的转移支付

加拿大医疗转移支付（CHT）是联邦政府为支持医疗保健而向各省和地区提供的一项转移支付。CHT的支助须符合《加拿大健康法》的五项条件：普遍、全面、可携带、可获得、公共管理，禁止额外收费和用户收费。2017/2018财年开始，CHT的增长基于3年名义GDP增长的移动平均，资金保证每年至少增长3%。2018/2019财年，CHT比2017/2018财年增加14亿加元，总额达到近386亿加元。14亿加元的增加额代表立法规定的年度计划增长，是在2017/2018财年371亿加元的水平上，乘以利用相关GDP数据自动派生出的3.86%计算得出的，自2014/2015财年以来，CHT按人均现金平均分配。

财政均等化指的是无条件转移支付，使不那么富裕的省份政府能够以合理可比的税收水平，为其居民提供与其他省份相当的公共服务。2018/2019财年，财政均等化总额将接近 190 亿加元，比 2017/2018 财年的 183 亿加元增加了 7.046 亿加元。财政均等化的增长路径也是基于三年名义 GDP 增长的移动平均，增长额也是 2017/2018 财年的 183 亿加元乘以 3.86% 得出的。

加拿大社会转移支付是联邦政府向各省和地区的转移支付，用于支持社会援助和社会服务、高等教育和儿童项目。其法定年增长率为 3%，因此 2018/2019 财年增加了 4.125 亿加元，达到近 142 亿加元。

地区公式财务支付计划提供了无条件的联邦转移支付，使得地区政府能够以合理可比的税收水平，为其居民提供与各省相当的公共服务。该转移支付的计算公式填补了地区支出需求和地区增收能力之间的差距，2018/2019 财年金额达到近 38 亿加元，比 2017/2018 财年增加了 1.035 亿加元，如表 2-11 所示。

燃油税基金为加拿大市级政府提供可预测的、长期的、稳定的资金，帮助它们建设和振兴当地公共基础设施，同时创造就业和长期繁荣。2014/2015 财年开始，该基金挂钩 2% 的年增长率，从 2014/2015 财年到 2023/2024 财年总量增加 1 亿加元。

2017 年预算承诺 10 年内为省和地区提供 110 亿加元，用于改善获得精神卫生和成瘾服务以及家庭和社区保健服务的机会。在家庭护理和精神卫生方面，2017/2018 财年提供了 3 亿加元，2018/2019 财年提供了 8.5 亿加元，其中 4 亿加元用于家庭护理，2.5 亿加元用于心理健康，2 亿加元用于家庭护理基础设施，如表 2-12 所示。

表 2-11　　加拿大联邦政府对省和地区的转移支付　　单位：百万加元

	2015/2016	2016/2017	2017/2018	2018/2019	2019/2020
主要转移支付					
加拿大医疗转移支付	34 026	36 068	37 150	38 584	40 373
加拿大社会转移支付	12 959	13 348	13 748	14 161	14 586
均等化转移支付	17 341	17 880	18 254	18 958	19 837
离岸抵消	125	44	36	-72	-64
地区公式财务支付	3 561	3 603	3 682	3 785	3 948
联邦支持总额	68 013	70 943	72 870	75 416	78 680
人均拨款（加元）	1 900	1 959	1 997	2 038	2 097

表 2－12　2019/2020 财年加拿大各省转移支付总额和人均额

省和地区	总额排序	总额（百万加元）	省和地区	人均排序	人均（加元）
魁北克	1	25 536	努纳武特自治区	1	43 790
安大略	2	21 307	西北领地自治区	2	30 704
不列颠哥伦比亚	3	7 397	育空自治区	3	25 650
艾尔伯塔	4	6 390	爱德华王子岛	4	4 160
曼尼托巴	5	4 262	新布伦瑞克	5	4 078
新斯科舍	6	3 366	新斯科舍	6	3 484
新布伦瑞克	7	3 157	曼尼托巴	7	3 111
萨斯喀彻温	8	1 720	魁北克	8	3 013
努纳武特自治区	9	1 699	安大略	9	1 465
西北领地自治区	10	1 375	不列颠哥伦比亚	9	1 465
育空自治区	11	1 058	艾尔伯塔	9	1 465
纽芬兰岛和拉布拉多	12	767	纽芬兰岛和拉布拉多	9	1 465
爱德华王子岛	13	647	萨斯喀彻温	9	1 465

来源：加拿大财政部网站。

（二）对市级政府的转移支付

通过对市级政府增资为地方社区提供新的基础设施资金，政府 2015 年做出的确保社区基础设施投资的承诺将继续保持。此前，用于社区投资的预算资金往往没有花出去，或者没有拨付到位，对需要这些资金用于道路养护、水利基础设施、公共交通和娱乐基础设施等重要项目的城镇有欠账。

2015 年以来，加拿大联邦政府与各省和地区政府合作保护这些基础设施资金，确保它们不会失效，并且在项目准备就绪时可以流向社区。政府通过联邦燃油税基金将剩余的未动用资金从较早的联邦基础设施项目转移到市政当局，并确保 2017 年预算中宣布的 812 亿加元的长期基础设施资金在各管辖区有需要的时候是可用的。

因为加拿大的许多城市仍然面临着严重的基础设施赤字，2019 年预算提议了一次性的转移支付，金额达 22 亿加元，通过联邦燃油税基金处理市政当局和原住民社区的短期优先事项，如表 2－13 所示。这是 2018/2019 财年政府对市政当局承诺的两倍，将为全国各地、各种规模的社区提供急需的基础设施基金。

表 2-13　　对市级政府增资以支持地方优先事项

	生产力和经济增长	清洁的环境	强大的城市和社区
符合条件的类别	本地道路和桥梁 高速公路 近海航运 短线铁路 区域及本地机场 宽带连接 公共交通	饮用水 污水 固体废物 社区能源系统 棕色地带再开发	体育和娱乐 文化和旅游 减灾 能力建设
	萨斯喀彻温省的社区	育空地区的社区	安大略省的社区
项目举例 （2014—2016 年）	344 个地方公路和桥梁项目增加了运输能力	28 个社区能源项目，如香槟艾什希克原住民居住区的太阳能发电系统	36 项改进康乐设施的工程，鼓励超过1 200 人更多地使用这些设施

（三）对个人的转移支付

老年福利包括老年保障、保证收入补贴和津贴支付，2018/2019 财年的老年福利支付预计为 537 亿加元，比 2017/2018 财年增加了 25 亿加元，比 2016/2017 财年增加了 55 亿加元。这是由于预期受益人人数的增加，以及每月平均津贴额的增加。

加拿大儿童年福利 2016 年 7 月 1 日开始生效，取代包括全民儿童保健福利、加拿大儿童税收福利和国家儿童福利补充的旧的联邦儿童福利制度。2017 年《秋季经济报告》中，政府提议截至 2018 年 7 月 1 日将加拿大儿童福利指数化。指数化的结果是，2018/2019 福利年度，每名 6 岁以下儿童的最高年度福利金额从 6 400 加元增至 6 496 加元，每名 6—17 岁儿童从 5 400 加元增至 5 481 加元，儿童残疾福利也将与通货膨胀挂钩。2018/2019 财年的儿童福利支付总额预测为 237 亿加元，包括加拿大儿童福利和儿童残疾津贴，还包括旧的儿童福利制度下的逾期支付。

就业保险为失业的加拿大人提供临时经济援助，这些人可能在寻找工作或提高技能的过程中，就业保险通过就业保险业务账户单独编制报告。

六、财政改革和治理措施：投资未来

面对不确定的未来，太多的加拿大人担心入不敷出。高昂的住房成本，不断增加的家庭债务，迅速变化的就业市场，以及曾经给人安全感的东西正在被不断侵蚀。加拿大人觉得比以往任何时候都更加努力工作，但没有取得任何进展，人们因为不同的原因对未来感到不确定。年轻人担心自己能否找到并保住好工作，甚至对拥有大学学位却没有雇主所需的技能感到沮丧。一些年轻人想在其成长的农村地区建立未来，但又担忧没有适合自己技能的领域。对中年人来说，生活成本的上涨、为孩子的教育和自己的退休存钱以及照顾年迈的父母可能是最沉重的负担。各年龄段的员工都想知道工作是否稳定，或者担心如何获得所需技能，以便在未来找到新的更好的机会。老年人则担心工作了一辈子之后，是否有足够的储蓄支撑安全而有尊严的退休生活。

各种背景的加拿大人都希望，政府努力确保持久的进步，创造新的就业机会，住房更多，气候变化得到认真对待，新加拿大人受到欢迎和支持，与土著人民的和解继续向前推进。政府为建设包容性经济所做的努力已经取得了令人鼓舞的成果。

2019 年预算案推出了旨在提高首次购房者住房负担能力的新项目，改善员工的技能培训，提高高等教育的可获得性和可负担性，降低处方药的成本，促进更清洁和更有效的能源消耗，使所有加拿大人高速接入互联网。和 2018 年一样，2019 年的预算未对美国税收改革做任何特别反应，而且在帮助商界方面做得相对较少，企业所得税税率保持不变。

（一）投资创新经济

加拿大联邦政府在之前的预算案中已对创新经济进行了大量投资。2017 年联邦政府承诺投资“超级集群”9.5 亿加元，制定国家 AI 战略和推出“风险投资催化计划”，承诺到 2025 年使加拿大高增长公司的数量翻番，从 1.4 万家增加到 2.8 万家。2019 年预算案中对科技和创新的投资不像之前那么多，只是扩大了之前宣布的项目的规模。“全球人才流”试点项目变成长期项目，未来 5 年（始于 2019/2020 财年）为该项目拨款 3 520 万加元。未来 5 年为“未来企业家加拿大”拨款 3 800 万加元，每年大约支持 1 000 名企业家，该组织是为 18—39 岁年轻企业家提供资金、辅导和支持的全国性非营利组织。未来 4 年为“战略创新基金”拨款 1 亿加元，利用私营部门的共同投资，支持清洁科技的发展。成立“战略科学基金”，从 2022/2023 财年开始运营。对历史悠久的大型成熟企业的员工股票期权授予设定年度上限为 20 万加元，以让加拿大的员工股票期权税收待遇与美国保持一致。拨款 17 亿加元支持建设农村、偏远地区和北方地区的通用高速互联网，其中包括新的国家级高速互联网项目“通用宽带基金”。未来两年拨款 6 000 万加元支持 CanCode 的工作，帮助 100 多万年轻加拿大人获得新的数字技能。

（二）将全球人才项目变为长期项目

作为 2019 年联邦预算案的一部分，加拿大政府提议将“全球人才流”试点项目变为长期项目。该项目将在未来 5 年获得 3 520 万加元投资，每年 740 万加元。政府在 2016 年宣布了“全球技能战略”。在该战略之下，2017 年推出了为期两年的“全球人才流”试点项目。该项目提供一个快速签证，处理时间只需要 10 天到两个星期，帮助加拿大公司获得全球的“低风险、高技能人才”。该项目的目标包括：为加拿大永久居民创造 4 万多份新工作，建立 1 万个 co－op（联邦政府和企业合作的带薪实习项目），投资 9 000 多万加元培训现有员工、培养他们的技能。联邦政府在 2019 年预算案中表示：当本土员工不可得时，永久性的“全球人才流”项目将给加拿大企业提供快速、可预测的通道来获取全球顶尖人才。

（三）支持年轻企业家和原住民企业家

加拿大联邦政府在 2019 年预算案中承诺在未来 5 年投资“未来企业家”3 800 万加元，将用来自其他政府层级和私营部门合作伙伴的资金来匹配这些投资。“未来企业家”总部位于多伦多，是全国性非营利组织，为 18 至 39 岁的青少年提供商业资源、创业资金和指导，帮助他们成功创办和发展公司。该组织成立于 1996 年，获得加拿大各级政府以及私营部门的投资。2015 年该项目获得哈珀政府 1 400 万加元投资。2019 年的 3 800 万加元新投资预计每年将支持约 1 000 名年轻企业家的工作。其中 300 万加元将专门用于支持年轻的原住民（印第安人、因纽特人以及梅蒂斯人）企业家。

各种原住民创业项目一共获得 2.459 亿多加元投资，包括社区机会准备项目、原住民创业项目、梅蒂斯资本公司、原住民增长基金。2019 年预算案通过“社会金融基金”和加拿大商业发展银行为“原住民增长基金”拨款 1 亿加元。该基金使用政府投资从机构投资者那里获得额外投资，然后向加拿大 59 个土著金融机构提供资金，再由这些机构为土著企业家提供资金。

2019 年预算还承诺在未来 5 年（始于 2019/2020 财年）为“社区机会准备项目”拨款 7 890 万加元，每年 1 580 万加元，以帮助原住民和因纽特人制定商业计划，为他们提供资金，成立由原住民领导的创业公司。梅蒂斯资本公司支持梅蒂斯人成立和发展中小型企业，在未来 5 年（始于 2019/2020 财年）将获得 5 000 万加元投资。“原住民创业项目”在未来 3 年（始于 2020/2021 财年）将获得 1 700 万加元投资。

（四）到 2030 年为所有家庭提供高速互联网

联邦政府还承诺在 13 年内投资 17 亿加元，为所有加拿大人提供高速互联网接入。其目标是到 2030 年为所有加拿大家庭提供至少 50Mbps 的下载速度和 10Mbps 的上传速度。联邦政府还将与加拿大基础设施银行合作，在未来 10 年内投资 10 亿加元，与此同时私营部门至少将拿出20亿加元，来增加宽带接入。

（五）小企业税率调低

与加拿大税务居民密切相关的还有加拿大的个人所得税免税额情况及小企业的税率情况。对于加拿大税务居民来说，进入新的一年后，每位加拿大人所享有的免税额也会增加，其中个人所得税免税额将被提高到12 069加元，而免税存款账户年供款额度也从5 500加元增加到6 000加元。

为了兑现2015年联邦大选承诺，2019年联邦政府将对国内小企业税率调低一个百分点，即从10%下调到9%，而这一规定也是为了敦促小企业经营者把收入投入到扩大投资和增加雇员上来。这两个改变对于加拿大税务居民来说，都是非常有利的。

年收入在50万加元以下的小企业，联邦税率将从10%下调到9%。但，如果小公司不把自己的“被动收入”用于再投资或支付经营费用，且被动收入超过5万加元，公司则将失去享受9%低税率的优惠待遇，且必须按高税率纳税。至于高税率是多少，则取决于公司有多少超额收益。联邦政府此举的目的是，敦促小企业主把被动收入用来投资扩大自己的企业或增雇员工。被动收入是指，在公司内闲置的资金所产生的利息，而不是再投资或用于支付经营费用。据加拿大财政部估算，加拿大小企业的平均年收入为10.7万加元。

（六）增加碳排放税补贴

2019年最具政治色彩的税改应该就是新的碳排放税。对于还没有实行碳排放税的省区，政府将从1月开始，对消耗大量化石燃料的公司或企业，征收每吨温室气体20加元的碳排放税。到2022年，该税将以每年10加元的速度增长至每吨50加元。对消费者来说，征收的化石燃料碳排放税将从2019年4月份开始。联邦政府预计，实行碳排放税的省份，汽油、天然气、液化天然气价格将分别上涨4.42分/立升、3.91分/立方米和3.1分/立升。联邦政府承诺为受到碳排放税影响的省份提供家庭补助。具体碳排放税补贴金额将根据省份和家庭人数而有所不同，按照家庭人口平均2.6人计算，安大略省的家庭每年退税约300加元，新不伦瑞克约248加元，马尼托巴省约为336加元，萨斯喀彻温省约598加元。

（七）税收改革措施

企业税措施除继续关注金融机构外，还有旨在支持加拿大新闻业的措施。在2019年预算案中，联邦政府还提议取消研发税收激励项目的收入门槛，以“更好地支持处于发展阶段的创新型企业”。研发激励向符合条件的中小企业提供35%的可返还税收抵免，以及为参加该项目的所有企业提供15%的税收抵免。能否享受35%档的税收减免由企业的收入和资本水平决定。联邦政府表示，之所以决定取消收入门槛是为了“确保继续加强对收入快速增长或者收入每年变化很大的中小型创新企业的支持。”资本门槛将继续适用，以确保35%的税收抵免仍然针对中小型企业。国际税收的措施包括延伸外国附属机构倾销规则、转让定价措施、打击国际避税行为。

个人所得税措施一是提高住房负担能力。推出首次购房者的激励措施，2019年预算提议推出首次购房者激励措施，这项优惠按揭允许家庭收入低于12万加元的合格首次置业人士从CMHC借入购房价的5%至10%。推出首次购房者计划，目前的“家庭购房者计划”（HBP）允许首次购房者从他们的“注册退休储蓄计划”中取出2.5万加元用于购买房屋，支取额是免税的。2019年预算提出将单个购买房者的这一金额提高到3.5万加元，夫妇购房者提高到7万加元。2019年预算还计划提供40亿加元的“加拿大住房补贴”。增加住房供应，2019年预算扩大了现有的租赁建筑融资计划，通过在9年内额外拨款100亿加元，为建造出租住房提供低成本贷款。2019年预算还概述了两个旨在增加住房供应的项目，（1）新的3亿加元住房供应，允许利益相关方提出减少新住房壁垒的措施。（2）投资400万加元，用于住房供应和负担能力未来问题专家小组的工作，该小组负责增加不列颠哥伦比亚省的住房供应。

二是技能培训。2019年预算提出建设双管齐下的加拿大培训福利，即免税的每年250加元的“加拿大培训抵免”（CTC）和“就业保险培训支持福利”（EITSB）。CTC每年自动累计直至上限5 000加元，设计用于抵消学院、大学和其他合格机构的培训费用，获得CTC需要下条件：（1）填写纳税申报表；（2）年底前年龄在25—65岁之间；（3）全年居住在加拿大；（4）年收入在1万加元或以上；（5）该年度个人净收入不超过当年第三税级的最高额（2019年为147 667加元）。EITSB是当个人为培训目的而离开工作时，每四年提供至多四个星期的收入支助。

三是员工优先认股权扣除。员工优先股是公司允许员工以预定价格购买公司股票。2019年预算提议限制在“大型、长期建立的、成熟的公司”雇用的高收入个人可获得的员工优先认股权扣减额，对员工优先认股权赠款实行每年20万加元的上限，对于“初创企业和快速发展的加拿大企业”授予的员工股票期权，无年度限制。

税收管理措施方面，增加资金以改善税收遵从和客户服务。2019年预算提议，从2019/2020财年开始，在5年内多支出2.17亿加元，以打击逃税和避税行为，预计此类努力的收入为3.69亿加元。加拿大收入总局建议聘用更多的审计师，建立其在数字经济和加密货币交易方面的专门知识，提高其审查有关非居民预缴税数据的能力，并替换信息技术系统。2019年预算还提议从2019/2020财年开始，5年内投入5 000万加元，在不列颠哥伦比亚省和安大略省设立四个专门的房地产审计小组，重点报告主要住宅销售情况、出售其他房地产的资本收益、房地产倒卖所得、新住宅物业的收入佣金以及GST/HST的适当减免，预计这类努力的收入为6 800万加元。

2019年预算提议从2019/2020财年开始，5年内再投资5 000万加元，雇佣更多工作人员以改善客户服务，更有效地处理纳税人要求的纳税申报表填报后的调整，以及扩展用于税务服务提供商的专用电话支持线路，允许加拿大收入总局以电子方式发送信息要求。

七、小结：加拿大财政运行特征

如前文所述，加拿大财政运行稳健，并且体现出值得注意的特点。

（一）财政运行保持稳健，面对美国税改未作特别反应

2017年加拿大全国政府净债务占GDP的比率为27.8%，这是G7国家中的最低水平，同年G7国家的平均水平是87.5%。加拿大2017/2018财年的预算赤字率为0.9%，据加拿大财政部预测，2018/2019财年至2023/2024财年的预算赤字率将保持在0.4%—0.9%之间（见表2-2）。2017年加拿大经济增长在G7国家排名第一，2018年仅次于美国。IMF预计，2019年和2020年，加拿大的经济增长将保持在G7国家的前列。综上所述，加拿大财政运行与G7国家或G20国家相比，都是相对平稳健康的。

加拿大联邦政府2018年预算和2019年预算均未美国税收改革做任何特别反应，企业所得税税率保持不变。加拿大联邦企业所得税的基本税率是38%，为了给各省和地区留出征收空间，减去了10%的联邦税收减免后是28%，再减去一般减税后，净税率是15%。加拿大居民控制的小型微利私营企业申请小企业减税后税率2018年之前为10.5%，2018年1月1日开始为10%，2019年1月1日开始为9%。

加拿大省和地区一级也征收企业所得税，税率分为低税率和高税率两档，低税率应用于符合联邦小企业扣除额的收入，高税率适用于适用于所有其他收入。大多数省和地区的小企业标准与联邦保持一致，即年收入50万加元以下，有些省单独设立了标准。各省的低税率在2%—4.5%之间，高税率在11.5%—16%之间。联邦和省级企业所得税相加，有专家测算一般加拿大国内企业的企业所得税实际税率中位数为26.5%，这个税率高于美国联邦的现行企业所得税税率21%，但加上美国各州的企业所得税后则持平或有高有低。推测加拿大未降企业所得税基本税率的原因一是整体企业所得税率其实与美国差不多；二是为保持税制稳定和保证联邦、省两级

的财政收入，节省政府间谈判的成本；三是对小企业实施了减税，从 10.5% 降至 9%，并在企业税制总体不变的情况下，实施了其他许多减税措施，达到了长期推动商业和经济增长目的。

（二）积极保持贸易优势，应对贸易协定的影响

加拿大2019 年预算提议为加拿大全球事务提供资金，以执行《跨太平洋伙伴关系全面进步协定》（CPTPP）和《加美墨贸易协定》（CUSMA）之下的新的贸易开放和管制措施。这些贸易协定将使加拿大企业受益，在亚太地区提供新的贸易机会，并加强和现代化整个北美的贸易关系。还提议为加拿大全球事务提供资金，用于管理对某些钢铁产品可能采取的进口保障措施。

新贸易协定批准之后，在供应管理部门对农民实施了支持措施。加拿大地理位置独特，南邻世界最大的经济体美国，东边与欧洲有着密切的历史和经济纽带，西边与快速增长的亚太国家有着深厚的联系。随着《加美墨贸易协定》，以及加拿大与欧盟的全面经济贸易协定（CETA）和《跨太平洋伙伴关系全面进步协定》（CPTPP）的成功签署，加拿大是七国集团中唯一一个，与其他七国集团成员国都有自由贸易协定的国家。

现在与加拿大有全面自由贸易协定（FTAs）的国家占世界 GDP 总量的三分之二。加拿大政府一直致力于与世界各地的经济体，包括新兴市场的经济体进行自由贸易，这有助于进一步加强和壮大加拿大的中产阶级，并实现惠及所有加拿大人的长期经济增长。在最近批准了 CETA 和 CPTPP 之后，2019 年预算提出高达 39 亿加元，用于支持供应管理部门的农民。

将提供高达 24 亿加元的支持，以维持符合条件的奶农、家禽农和蛋农的收入。其中 2.5 亿加元已经因 CETA 而提供用于支持奶农，因此还剩下 21.5 亿加元的净额在 2020 年可用于处理与上述协定有关的收入损失。还将提供援助，以保护农民在供应管理部门的投资价值，通过“配额价值担保计划”，防止配额出售时配额价值减少，已经为该需求驱动的计划预留了 15 亿加元。2019 年，加拿大政府将继续与供应管理利益相关方合作，解决加美墨协定对加工的影响，以及潜在的未来影响。

（三）积极投资创新和人才，回报丰厚

如前文所述，加拿大联邦政府在之前的预算案中已对创新经济进行了大量投资，2017 年预算推出了《加拿大创新和技能计划》，技能方面的措施包括终身学习，鼓励各种形式的成人培训，教孩子数字技能和编码等。创新方面的措施包括通过超级集群加速创新，利用风险投资支持创新，支持关键成长型产业的创新等。之后每年预算都会继续推动这一计划，并跟踪计划的实施效果。2019 年预算案中对科技和创

新的投资不像之前那么多，但扩大了之前宣布的项目的规模。

主要参考文献

［1］加拿大财政部官网：https：//www. fin. gc. ca/fin – eng. asp.

［2］加拿大 2019 年预算，Investing ine Middle Class，BUDGET 2019，Tabled in the House of Commons by the Honourable William Francis Morneau，P. C.，M. P. Minister of Finance March 19，2019.

［3］加拿大国库署秘书处网站，Treasury Board of Canada Secretariat，https：//www. canada. ca/en/treasury – board – secretariat. html.

［4］Annual Financial Report of the Government of Canada Fiscal Year 2017 – 2018.

［5］2019 – 20 Estimates，Parts I and II The Government Expenditure Plan and Main Estimates.

［6］2018 – 19 Estimates，Parts I and II The Government Expenditure Plan and Main Estimates.

［7］加拿大公共账户，Public Accounts of Canada 2017 – 2018，Volume I—Summary Report and Consolidated Financial Statements，Volume II—Details of Expenses and Revenues，VolumeIII—Additional information and analyses.

［8］加拿大国家税务总局网站：https：//www. canada. ca/en/revenue – agency. html.

第三章 巴西

巴西联邦共和国（The Federative Republic of Brazil，República Federativa do Brasil），简称巴西，位于南美洲东部，下辖26个州和巴西利亚联邦区，州下设市，共有5 564个市（2018年3月），总面积851.58万平方公里，总人口2 108.7万人（2019年），首都巴西利亚拥有280万人口。1500年4月22日，葡萄牙航海家佩德罗·卡布拉尔抵达巴西，开启了巴西殖民地的生涯。1822年9月7日，巴西宣布完全独立，建立巴西帝国。同年，巴西第一部帝国宪法颁布。1889年11月15日，丰塞卡将军发动政变，推翻帝制，成立巴西合众国。1967年，改国名为巴西联邦共和国。1988年10月5日，第八部宪法颁布，规定总统由直接选举产生，还明确规定了各级财政的财权和事权。2016年巴西政府相继颁布了《宪法修正案》（第93号修正案）和《宪法修正案》（第95号修正案），其中93号修正案规定消减30%的工会收入至2023年；95号修正案则创立了新财政制度，为联邦主要预算项目建立了支出上限，抑制了相关支出的持续上涨。同时，为恢复巴西经济的短期和中期信心，增加中长期增长潜力，提高国家公共政策的效率，巴西新政府还推出了一系列改革措施，具体包括养老金体系改革；强制遏制联邦政府财政支出；用市场收敛的利率（TLP）代替长期利率（TJLP）；劳动法改革；税制改革和商业友好措施等。

一、全球贸易保护主义抬头，巴西深受其害

自2008年国际金融危机爆发后，西方国家出现了明显的逆全球化[1]倾向，特别

① 逆全球化，是指与经济全球化相背、国际合作和相互依赖逐渐消减的全球性发展趋势。

是2016年英国“脱欧”公投和特朗普当选美国总统以来，随着民粹主义和民族主义的泛起，世界主要大国回归国家主义立场，参与国际发展合作的意愿减退，美国和部分欧盟国家利用国家权力强行干预市场和经济管制极端化。[①] 逆全球化的发展，发达国家和发展中国家都受到了巨大的冲击，在这种情况下，巴西也难以独善其身。但是，巴西国际贸易量占GDP平均为25%，是全球最不开放国家之一，是一个“全球化落伍者”，一直对全球化采取抵制态度，受逆全球化的冲击相对较小，受本国各种动荡影响更大。2015年以来，巴西国内爆发了政治、经济、社会多重危机，特别是进入2018年后，国际经济环境恶化、新兴经济体金融市场动荡等造成的影响，“双赤字”状况未得到有效缓解，巴西政府采取了一系列平衡财政、扩大出口和投资等经济调整举措。根据巴西中央银行统计，2013—2018年间，巴西全国政府债务总额占GDP比重从51.7%上升到77.0%，5年同比增长了25.3%。[②] 仅2018年，巴西公共部门净债务额高达36 958.37亿雷亚尔，占GDP的53.8%，其中内债44 445.87亿雷亚尔，占GDP的64.7%。[③]

（一）“逆全球化”的表现与影响

1. 巴西是全球化的落伍者，对外贸易受“逆全球化”的影响有限

巴西是世界上经济最封闭的国家之一，且对全球化一直持有抵制态度，至今尚未完成加入全球化的进程，仍孤立于全球价值链之外。巴西的开放进程在1994年后基本停滞，工业品平均进口关税仍停留在14%左右，行政和税收负担沉重。除了高关税外，巴西的反倾销税、地方生产目录清单等非关税壁垒也十分猖獗。2003—2012年期间，巴西政府颁布了约1 300项法力法令，用于保护本国产业和供应商。巴西全球化水平在主要经济体中属中间偏下档次。根据瑞士经济学会编制的KOF全球化指数（2016版）排名，在187个国家和地区中，巴西全球化综合排名第75位，其中经济全球化排在123位。[④] 根据2018年全球竞争力排名，在140个国家中，巴西从2017年的69位降至72位，在金砖国家中排名垫底。[⑤] 巴西现行对外贸易额占国内生产总值的不重不足25%。综上，巴西经济及其大部分企业未能享受到全球化带来的好处，对逆全球化趋势变动也不甚敏感。

---

① 吴志成，吴宇：《逆全球化的演进及其应对》，《红旗文献》，2018年第3期，第32－34页。

② Joanilson C. Santos, General Government Gross Debt in Brazil: Methodological Issues Regarding Government Securities Held by the Central Bank: https://www.bcb.gov.br/ingles/economic.

③ 巴西中央银行官网：https://www.bcb.gov.br/pec/Indeco/Ingl/indecoi.asp。

④ KOF Swiss Economic Institute: https://kof.ethz.ch/en/news-and-events/media/press-releases/2018/12/kof-globalisation-index-globalisation-lull-continues.html.

⑤ The Global Competitiveness Report 2018: http://www3.weforum.org/docs/GCR2018/05FullReport/TheGlobalCompetitivenessReport2018.pdf.

2. 外资对巴西的投资热度有所下降

2017 年，随着巴西经济的逐步复苏，外国资本在巴西的投资额止跌回落。2017 年巴西共接收了 627.13 亿美元的投资，同比增长 8%，“吸金”能力从 2016 年的第 7 位上升到第 4 位。截至 2017 年年底，巴西外资存量累计为 7 782.87 亿美元。[①] 进入 2018 年后，受巴西的政局动荡、总统选举等不确定因素的影响，外资在巴西的投资热度有所回落。联合国贸发会发布的《2019 年世界投资报告》显示，2018 年全球外国直接投资（FDI）同比下降 13% 至 1.3 万亿美元，其中外国资本在巴西的直接投资总额也同比下降了 12%，外商直接投资流入规模降至 590 亿美元，是 2006 年以来最低水平。[②] 从投资结构来看，2003 年 3 月至 2019 年 3 月，中国、美国、日本、法国和意大利是巴西的 5 大投资国，其投资额分别占巴西外国资本总额的 38%、31%、16%、9% 和 6%。2018 美国企业税制改革后，美国企业在海外投资的热情大打折扣，在巴西的投资也迅速降温。此外，日本、希腊、比利时、英国等国也相继宣布对改革企业税，相较巴西的高企业税率也让外国企业资本望而却步。

3. 博尔索纳罗当选颠覆了巴西的传统政治格局，显示出逆全球化的强大趋势

从政治出身看，雅伊尔·博尔索纳罗（Jair Bolsonaro）是军人出身，从政后担任联邦国会议员近 30 年，却非主导巴西政治多年的劳工党和社会民主党的一分子，被媒体形容为美国总统唐纳德·特朗普和菲律宾总统杜特尔特的结合体。从大选得票率变化看，2006 年博尔索纳罗所属的社会自由党参选总统的得票率仅为 0.06%，2014 年劳工党和社会民主党总得票率为 75%，2018 年大选两党总得票率只有 35%，而社会自由党得票率就高达 55.13%，开启了巴西政治的新时代。从治国理政思想看，博尔索纳罗对外公开推崇特朗普，并效仿其排外的立场；对内主张竭力打击腐败、推行私有化、改革社会保障制度等社会顽疾，尤其是其强化军事干预、性别和种族歧视等非传统价值观。这种政治边缘强人与民粹主义的结合体，本质上是一股保护国民利益反对全球化的政治风潮。[③]

4. 受汇率影响，巴西雷亚尔大幅波动

自美联储在 2015 年年底启动加息模式，且经济界担心美国加息的频率和幅度可能会超过预期，这种前景对原本就很脆弱的全球经济增长，对新兴经济体和发展中国家波动的金融形势，无异于雪上加霜。进入 2018 年后，美国国债收益率及美元飙升，阿根廷、土耳其、意大利、印度、巴西及俄罗斯等新兴市场国家受外债和通货膨胀之苦，陆续陷入危险境地；同年 8 月 21 日巴西雷亚尔兑美元跌破 4（即 1 美元

---

① 《2018 年世界投资报告》：https：//unctad.org/en/PublicationsLibrary/wir2018_overview_ch.pdf。

② 《2019 年世界投资报告》：http：//k1.caict.ac.cn/yjts/qqzkgz/zksl/201906/P020190618804515954339.pdf。

③ 巴西选举再现逆全球化趋势，联合早报，2018 年 11 月 5 日：https：//www.zaobao.com.sg/zopinions/editorial/story20181105-904889。

兑3.9706雷亚尔）这一警戒线，刷新2016年3月以来的最低水平，到9月份雷亚尔跌幅逾24%。[①] 从公开数据看，巴西未显现出国际收支危机的迹象，但迫于美元强劲走势及资本外逃的压力，巴西货币当局将继续采取非常规的货币政策，以保障外汇和利率市场充足的流动性。另一方面，全球贸易保护主义升级加码，加之意大利税改和英国“脱欧”等未解问题，未来巴西经济增长的不确定性依然很大。

5. 全球贸易保护主义抬头，巴西经济复苏深受贻害

2018年以来，美国政府打着“美国优先”的旗号，逆全球化潮流而行，国际贸易一直阴霾笼罩。2018年3月1日，美国宣布对进口钢铁和铝产品分别征收25%和10%的高关税，巴西是最受影响的国家之一。[②] 据美国贸易管理部数据显示，巴西是美国钢材的第二大进口国，巴西钢材在美国进口中占比为13%，仅次于加拿大的16%，高于韩国的10%。2015年以来，巴西销往美国的钢材占比超过了30%，其中2015年和2016年分别为40%和34%。[③] 之后，巴西钢铁企业的股票出现了大幅下跌，尽管2018年3月下旬美国暂时取消了欧洲、澳大利亚、阿根廷和巴西在内的盟友的钢铁和铝关税[④]，但是进入5月份后，美国针对巴西钢铁采取了进口配额制，这一措施将直接导致巴西钢铁出口行业损失30亿美元，铝出口损失了1.44亿美元。从间接影响来看，美国挑起的国家之间的贸易保护主义给巴西带来的间接影响更深远，预计通过间接的金融渠道削弱年度巴西经济增长的1%，而通过贸易渠道的直接影响仅削弱0.1%。

6. 中美贸易摩擦升级，短期有利于巴西大豆出口增长

中美贸易摩擦对豆粕期货品种影响最大。[⑤] 自二战以来，美元成为全球大宗商品定价的主要货币，美元大涨，直接导致一些商品的成本下降，而生产商和贸易商赚取的利润增加。美国又是全球最重要价格的反方向运动，投资者一般也会根据对美元价格的预期做出对大宗商品的反向操作。就豆粕贸易而言，中国是世界最大的豆粕进口国，阿根廷、巴西和美国是全球三大豆粕出口国，其中2017年中国从美国进口豆粕120亿美元，而巴西80%的大豆出口到中国。2017年6月，美国宣布对来自中国的

---

① The Currency Crisis of 2018？https：//www. realclearworld. com/articles/2018/08/16/the_currency_crisis_of_2018_112863. html.

② Donald Trump to slap 25% tariff on steel imports：https：//www. ft. com/content/7b354ff8 – 1d73 – 11e8 – aaca – 4574d7dabfb6.

③ 美国对进口钢材征收高额关税 巴西是最受影响国家之一：http：//www. br – cn. com/news/br_news/20180303/103911. html。

④ 美国豁免对欧洲、澳大利亚和巴西等国的刚铝关税：https：//www. baidu. com/link？url = XpSuhPKjx8 – qOvI78LXLBvf0lTZLDTQFY8UfT _ 4yC1NktFhJL – jl4cFqnXzJPZhb2x8pTYpwsFBspIVY1KnpLP0p8TcMwFPqlUbzHA – UXfQhsMD6a – OK29i60OJnbGqk&wd = &eqid = fea62d9b00018bd6000000035c8580e7。

⑤ Challenges of US's De – globalization Trend for International Commodity Markets：https：//max. book118. com/html/2017/0522/108381488. shtm.

500 亿美元商品加征 25%，7 月中国对原产于美国的 659 项约 500 亿美元进口商品加征 25% 的关税。在短期内，中国对巴西大豆需求暴涨，巴西国内大豆种植面积和市场价格相应增加。但是从长期来看，逆全球化趋势对巴西经济的发展并没有好处。

7. 入不敷出，巴西养老金制度改革复杂性和紧迫性并存

1988 年巴西宪法将退休福利纳入到宪法，养老金制度改革涉及宪法修改，需要国会两院批准。2019 年巴西新政府面临的最大挑战之一是复杂性与紧迫性并存的养老金制度改革。一方面，巴西养老支出规模巨大，年度养老支出占政府预算总支出的 40% 以上。另一方面，随着人口老龄化扩大及人口结构的巨大变化，巴西社会保障制度体系将濒临破产，尤其是养老金赤字规模还将持续增加，长期下去将难以为继。据巴西地理统计局数据预测，到 2060 年 60 岁以上人口的比例将增加至 1 倍以上，养老金支出如保持不变，同年养老支出占 GDP 比重将超过 20%。① 同时，巴西养老金制度改革的一大难点在于消除公共部门的特权，目前 20% 的富裕阶层享受 35% 的养老金福利，而 40% 的贫困人口只享受 18% 的养老金福利。为此，2019 年 2 月 20 日巴西新政府提出了养老金改革方案，拟设定法定最低退休年龄男性为 65 岁，女性为 62 岁，过渡期 12 年；7 月 11 日，巴西众议院首轮投票通过，预计在未来 12—14 年内新社保制度可节约资金 2370 亿美元。②

（二）巴西的经济表现

经历了两年衰退之后，巴西经济 2017 年重返增长轨道。根据 2019 年 5 月国际货币基金组织（IMF）发布的《世界经济展望（升级版）》报告，2018 年巴西经济预计增长 1.2%，比年初预测值下调了 0.6 个百分点。2019 年 2 月 28 日巴西地理统计局（IBGE）公布的数据显示，2018 年巴西国内生产总值（GDP）为 68 736.88 亿雷亚尔，年度涨幅为 1.1%，人均 GDP 为 32 747 雷亚尔，比 2017 年增长 0.3%。这是巴西经济实现恢复增长之后连续第二年增长（见表 3－1）。整体而言，2018 年巴西国内需求旺盛，民众家庭购买力觉醒，固定资产投资稳定上升，服务业发展迅速，工业和农业表现良好，外商直接投资呈波动性增长（见表 3－2）。根据世界银行 6 月发布的《全球经济展望》报告预测，巴西经济复苏缓慢，2019 年巴西经济将增长 1.5%。巴西经济部表示，巴西未来几年的增长和通胀前景将取决于缩小慷慨的养老金体系造成的巨大预算缺口。③

① Population Projections of Brazil and Federation Units by sex and age: 2010 - 2060, https://www.ibge.gov.br/en/statistics/social/population/18176-population-projection.html? =&t=resultados.

② Brazil pension reform passes first hurdle in Congress: https://aderonkebamidele.com/brazil-pension-reform-passes-first-hurdle-in-congress.

③ 养老金支出已成巴西难以承受之重!, https://m.21jingji.com/article/20190711/herald/8e9e5ce493c4921e28b92e634a9a3cd9.html。

表 3－1　　　　2016—2020 年巴西主要经济指标及预测

	2016 年	2016 年	2017 年	2018 年	2019 年（预测）	2020 年（预测）
	现价，10 亿雷亚尔	以 2000 年价格为基准，年均变动率%				
名义 GDP	5 995. 8	－3. 3	1. 1	1. 2	2. 2	2. 3
内需总额	6 064. 9	－4. 8	1. 0	1. 5	0. 4	2. 3
私人消费	3 835. 2	－3. 9	1. 3	1. 9	1. 9	2. 4
政府消费	1 185. 8	0. 2	－0. 9	0	0. 5	0. 9
固定资产投资	1 069. 4	－12. 2	－2. 6	4. 1	0. 7	3. 5
对真实 GDP 的贡献	－25. 4	－0. 2	0. 7	－0. 4	－1. 0	0
出口	773. 5	0. 7	5. 7	3. 4	7. 5	4. 2
进口	842. 6	－10. 4	5. 5	7. 6	1. 6	4. 6
净出口	－69. 1	1. 5	0. 1	－0. 5	0. 9	0
GDP 平减指数	—	8. 1	3. 5	3. 0	3. 7	4. 0
CPI，期末值	—	8. 7	3. 4	3. 7	3. 9	4. 0
私人消费平减指数	—	9. 2	2. 8	2. 8	3. 8	4. 0
全国政府财政余额（% GDP）	—	－9. 0	－7. 8	－7. 1	－6. 2	－5. 9
经常账户余额（% GDP）	—	－1. 3	－0. 4	－0. 8	－0. 2	－0. 3

资料来源：OECD Economic Outlook Volume 2019，https：//read. oecd－ilibrary. org/economics/oecd－economic－outlook－volume－2019－issue－1_b2e897b0－en#。

具体来看，2018 年全年服务业增长额 4. 3 万亿雷亚尔，占 GDP 总量的 75. 8%，年度增幅为 1. 3%，其中房地产业增长 3. 1%，贸易增长 2. 3%，交通、仓储和矿业增长 2. 2%，其他服务业增长 1%；就内需方面，家庭户消费支出增长 1. 9%，固定资产投资总额增长 4. 1%；全年工业增长 1. 3 万亿雷亚尔，农业增长 2 978 亿雷亚尔，分别比上年增长 2. 3% 和 0. 1%；在国际贸易方面，强劲的私人消费带动了消费品进口增长，年度产品及服务净进口 4. 4%，其中进口增长 8. 5%。[①] 据统计，2019 年第一季度巴西 GDP 为 17 136 亿雷亚尔，其中农牧业 903 亿雷亚尔、工业 2 970 亿雷亚尔、服务业 1 074. 8 亿雷亚尔。[②] 与此同时，劳动力市场略呈现复苏迹象，就业

① IBGE，GDP increases 1. 1% in 2018，closes year at R $6. 8 billion：https：//agenciadenoticias. ibge. gov. br/en/agencia－press－room/2185－news－agency/releases－en/23889－gdp－increases－1－1－in－2018－closes－year－at－r－6－8－billion.

② Contas Nacionais Trimestrais Indicadores de Volume e Valores Correntes Jan. － Mar. 2019：https：//www. ibge. gov. br/estatisticas/downloads－estatisticas. html.

人数净增长 52.95 万人，但是正规就业市场复苏缓慢，1 年以上的长期失业人员占劳动力的比重为 4.8%，结构性失业风险加大，就业市场整体质量无明显改善。

表 3-2　巴西国内生产总值产业构成及其变动分析　单位：%

	2016 年	2017 年	2018 年	2019 年 Q1
农业	-6.6	12.1	0.1	-1.1
工业	-3.8	0.1	-0.6	-0.8
采矿业	-2.9	0.5	3.9	-15.8
制造业	-5.2	0.6	-1.5	-0.7
建筑业	-5.2	-2.7	-2.2	-2.6
公共设施	4.7	2.0	4.6	2.6
服务业	-2.7	0.2	-1.1	0.3
商业	-6.3	0.7	2.3	-0.1
交通运输与储藏业	-7.1	-1.4	2.2	-1
通讯业	-3.0	-1.4	2.5	0.9
金融服务业	-2.8	0.5	-0.7	0.8
其他服务业	-3.1	-0.1	1.5	0.7
房地产业	0.2	0.3	3.4	0.4
公共管理、健康及教育业	-0.1	0.1	0.1	0.5
附加值	-3.1	0.4	1.2	-0.3
产品税	-6.4	0.6	0.5	0.6
GDP（市场价）	-3.6	1.0	1.1	-0.3
私人部门消费	-4.2	1.0	1.5	0.5
政府部门消费	-0.6	-0.6	-0.7	0.6
固定资产投资	-10.2	-1.8	3	-2.4
商品和服务出口	1.9	5.3	12	-6.3
商品和服务进口	-10.3	5.1	6	1.2

资料来源：巴西国家地理统计局，https://sidra.ibge.gov.br/tabela/1621。

二、政府支出：增速在波动中下降

（一）巴西政府总支出

1. 巴西中央政府支出总规模

2018 财年度巴西中央政府总支出[①]规模达 16 084. 8 亿雷亚尔，占 GDP 的比重为 22. 3%，支出占比超出 20% 的适度规模。从支出规模看，中央政府总支出绝对值呈现逐年递增趋势，年均增长率为 6. 2%，如表 3 – 3 所示。从支出增速来看，巴西中央政府支出年度增速波动较大，年度增长率从 2015 年的 10% 下降为 2017 年的 2. 1%，又增加到 2018 年的 6. 7%。据预测，2019 财年巴西中央政府总支出规模为 16 841. 2 亿雷亚尔，约占 GDP 的 23. 6%。

表 3 – 3　　巴西中央政府总支出规模及构成
（2015/2016—2019/2020 财年）　　单位：10 亿雷亚尔

		2015/2016	2016/2017	2017/2018	2018/2019	2019/2020（预测）
中央政府总支出	绝对值	1 369. 1	1 476. 2	1 507. 3	1 608. 5	1 684. 1
	增长率	10. 0	7. 8	2. 1	6. 7	4. 7
联邦政府支出	绝对值	1 164. 5	1 249. 4	1 279. 0	1 351. 8	1 412. 5
	增长率	11. 3	7. 3	2. 4	5. 7	4. 5
中央政府转移支付	绝对值	204. 7	226. 8	228. 3	256. 7	271. 6
	增长率	3. 1	10. 8	0. 7	12. 4	4. 5
GDP	绝对值	7 163. 4	6 909. 4	6 681. 0	6 752. 1	6 827. 6
	增长率	0. 5	–3. 5	–3. 3	1. 1	1. 1
占 GDP 比重,%	中央政府总支出	17. 4	19. 8	22. 1	22. 3	23. 6
	联邦政府支出	14. 6	16. 9	18. 7	18. 9	19. 8
	附：联邦转移支付	2. 8	3. 0	3. 4	3. 4	3. 8

资料来源：巴西经济部：http：//www. planejamento. gov. br/assuntos/orcamento – 1/informacoes – orcamentarias/arquivos/estatisticas – fiscais/subsidios – e – subvencoes – economicas；

巴西中央银行：http：//www. bcb. gov. br。

① 根据巴西公共财政指南，巴西中央政府支出包括联邦政府支出、转移支付支出。

2. 巴西中央政府专项支出结构

从支出结构来看，巴西中央政府基本预算中的专项支出规模和年度增幅均呈逐年递增趋势，其中对家庭户、向州市级政府和政府部门消费等部门的支出规模稳居前三位，年均合计支出占专项总支出的92%左右。依据巴西计划预算管理部统计，2018年巴西中央政府基本预算中的专项支出为16 908.2亿雷亚尔，其中向家庭户的再分配支出为769.1亿雷亚尔、向州市级政府的转移支付为3 716.9亿雷亚尔、政府部门消费支出为3 085.6亿雷亚尔，分别占专项总支出的52.4%、21.6%和17.9%（详见表3－4）。

表3－4　　巴西中央政府基本预算——按专项支出分类

（2015/2016—2019/2020财年）　　单位：10亿雷亚尔

	2015/2016	2016/2017	2017/2018	2018/2019（预测）	2019/2020（预测）	占比（%）
向州市级政府的转移支付	302.1	332.0	336.4	371.7	410.7	21.6
税收返还	197.5	221.0	221.9	245.4	271.3	14.2
向家庭户的收入转移	631.3	747.9	787.9	886.9	998.3	52.4
社会保障金	440.1	510.1	561.4	636.3	721.1	37.8
社会援助	42.7	49.0	54.2	63.4	74.1	3.9
失业保险	48.2	55.7	54.2	62.3	71.7	3.8
残障服务	99.4	104.9	117.4	12.8	13.9	0.7
向私营部门转移支付	38.4	31.9	21.1	25.0	29.6	1.6
经济补偿	34.1	29.1	18.4	23.3	29.4	1.5
利润返还	4.3	2.8	2.6	2.8	3.1	0.2
政府部门消费	265.3	241.9	278.8	308.6	341.5	17.9
公务活动	125.9	132.7	145.5	159.7	175.3	9.2
其他行政费用	129.0	98.8	122.6	137.7	154.7	8.1
金融投资	48.2	53.0	53.5	62.1	72.0	3.8
其他	54.4	43.5	37.2	44.5	53.2	2.8
合计	1 339.7	1 450.3	1 514.9	1 698.8	1 905.3	100.0

资料来源：巴西经济部：http：//www.planejamento.gov.br/assuntos/orcamento－1/informacoes－orcamentarias/arquivos/estatisticas－fiscais/subsidios－e－subvencoes－economicas。

（二）联邦政府支出规模

1. 联邦政府支出的总体情况

2010—2019 年间巴西联邦政府支出规模平稳上升，占 GDP 比重也呈现逐步上升趋势，但是随着巴西经济的周期性波动，联邦政府支出增速在波动中整体下降。其中，2018 年度联邦政府支出为 13 517.6 亿雷亚尔，年度增幅 5.7%。据预测，2019 年巴西联邦政府支出规模将上升至 14 125.2 亿雷亚尔，占 GDP 的 20.2%，年均增速降为 4.5%，如图 3－1 所示。

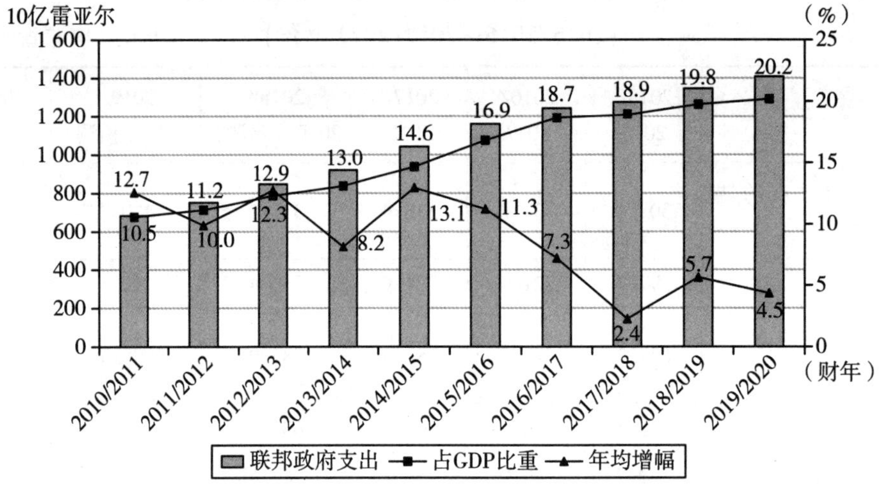

图 3－1　巴西联邦政府支出趋势图

资料来源：巴西中央银行，http：//www. bcb. gov. br/? INDICATORS。

2. 联邦政府支出在中央政府总支出中的比重

2014—2019 年间巴西联邦政府支出在中央政府总支出中的占比稳中有降，占比维持在 84%左右，其中宪法规定的支出占比约为 80%。2016 年，巴西宪法修正案明确规定了联邦政府在教育、卫生医疗等公共服务领域的支出限额，并规定未来 20 年联邦政府支出增幅不得超过上一年通胀率，否则违宪。① 2018 年，联邦政府支出占中央政府总支出的 84%，但若扣除宪法规定的转移支付，联邦政府支出占中央政府总支出的比重为 7.4%。同年，联邦政府支出中的社保支出为 5 863.8 亿雷亚尔，国库和中央银行支出 7 653.8 亿雷亚尔，如图 3－2 所示。

① Brazil：Constitutional amendment on public spending to reduce sovereign risks at federal level：https：//www. controlrisks. com/our－thinking/insights/brazil－constitutional－amendment.

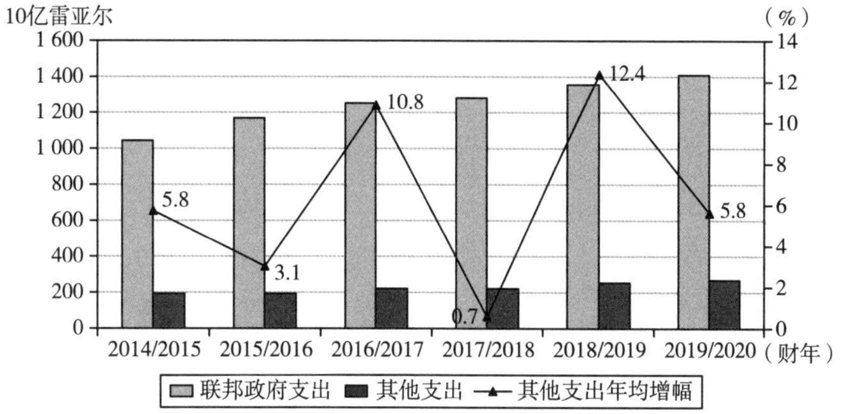

图 3 - 2 巴西中央政府总支出结构图

资料来源：巴西中央银行，http：//www. bcb. gov. br/? INDICATORS。

（三）联邦政府支出结构

1. 按支出功能分类

根据巴西年度预算法案，2018 年巴西联邦预算支出包括公务员工资福利、医疗、社会救助、社会保障、交通运输、城市和住房、教育和文化、劳工、规划和管理、农业和其他等 12 项，其中社会保障、医疗、教育和文化和社会救助支出合计占联邦总支出的 60. 7%。目前，巴西拥有全球最庞大的社会保障体系之一，其中养老金年均支出约占 GDP 的 7%，且以每年 10% 的速度扩张；尽管宪法规定教育和医疗主要由州、市两级政府承担，但联邦政府用于教育和文化的开支也从 2014 年的 938. 6 亿雷亚尔提升到 2018 年的 1 236. 4 亿雷亚尔。支出科目改革后，其他支出约占联邦政府总支出的 25% 左右（详见表 3 - 5）。

表 3 - 5 巴西联邦政府支出预算执行情况——按支出功能分类

（2014/2015—2019/2020 财年） 单位：10 亿雷亚尔

财年		2014/2015	2015/2016	2016/2017	2017/2018	2018/2019	2019/2020	平均占比（%）
1	公务员工资福利	11. 6	12. 6	14. 7	16. 2	18. 3	20. 8	1. 0
2	医疗	93. 2	101. 2	107. 2	116. 6	129. 5	143. 7	7. 1
3	社会救助	71. 2	74. 0	80. 7	85. 7	103. 2	126. 9	5. 5
4	社会保障	505. 8	552. 5	628. 8	693. 4	779. 5	875. 9	41. 2
5	交通运输	21. 0	16. 7	14. 1	15. 2	17. 2	19. 6	1. 1

续表

财年		2014/2015	2015/2016	2016/2017	2017/2018	2018/2019	2019/2020	平均占比（%）
6	城市和住房	4.1	4.4	3.8	6.3	20.5	68.6	1.1
7	教育和文化	93.9	103.6	105.9	110.5	123.6	137.6	6.9
8	劳工	71.6	67.3	72.4	71.5	81.5	94.5	4.7
9	规划和管理	20.5	21.1	23.4	26.4	28.8	31.5	1.5
10	农业	22.8	24.3	28.5	25.5	27.6	30.3	1.6
11	国防和公共安全	45.2	46.0	47.0	51.8	57.0	62.2	3.2
12	其他	368.4	396.1	404.6	378.5	428.9	482.4	25.1
合计		1 329.3	1 419.8	1 531.1	1 597.6	1 815.6	2 094.0	100.0

资料来源：巴西经济部，http：//www.planejamento.gov.br/assuntos/orcamento－1/informacoes－orcamentarias/arquivos/estatisticas－fiscais/subsidios－e－subvencoes－economicas。

2. 按经济性质分类

按照支出的经济性质分类，巴西联邦支出分为社会保障福利支出、工资补贴和馈赠、可支配支出等科目，如表3－6所示。2014—2019年，巴西联邦预算支出中，社保、工资和可支配支出等合计占联邦总支出的85.1%，年均涨幅依次为6.2%、5.1%和负10.1%。2018年巴西联邦政府法定支出和可支配支出分别为10880.3亿雷亚尔和2591亿雷亚尔，其中法定支出中的社会保障支出和工资福利支出占比分别为44.2%和22.8%。

表3－6　　巴西联邦政府支出情况——按经济性质分类（2014/2015—2019/2020财年）

单位：10亿雷亚尔

财年		2014/2015	2015/2016	2016/2017	2017/2018	2018/2019	2019/2020（预测）
法定支出	社会保障福利	394.2	436.1	507.9	585.88	594.67	637.9
	城市社保福利	305.5	338	396.6	459.66	469.18	
	农村社保福利	88.7	98	111.3	126.23	125.49	
	工资	222.4	238.5	257.9	298.72	302.35	328.9
	其他法定支出	160.4	236.6	199.9	194.98	191.01	63.2
	失业保险和津贴	52.9	85.8	56	57.38	54.41	64.9
	社会补助（LOAS/RMV）	56.53	56	49	56.54	56.99	11.5
	补贴和馈赠	4.3	53.5	23.3	19.73	15.61	79.3
	小计	777	911.2	965.7	1 079.58	1 088.03	1 030

续表

财年		2014/2015	2015/2016	2016/2017	2017/2018	2018/2019	2019/2020（预测）
可支配支出	行政部门可支配支出	259.1	241.5	270.7	265.26	269.49	145.8
	加速增长计划 - PAC 计划	57.7	47.3	42	252.59	27.88	113.3
	美丽生活计划 - MCMV 计划	17.4	20.7	8	31	4.6	
	教育和社会发展	200.9	194.1	228.4	3.79	15.61	
	卫生部	84.6	85.7	99.8	96.5	2.88	
	社会发展部	31.2	30.4	32.1	34.5	6.47	
	教育部	36.4	32.6	34.5	33		
	司法和立法部可支配支出	10.4	11.8	13	12.1		
	小计	269.6	253.3	283.7	265.26	283.03	259.1
合计		1 046.60	1 164.50	1 249.40	1 344.84	1 371.06	1 444.8

资料来源：Resultado do Tesouro Nacional，http：//www.tesouro.fazenda.gov.br/web/stn/apresentacoes.

3. 公共部门服务支出结构：功能分类

2015 年 10 月巴西政府改革，将原有的 39 个政府部委裁减为 31 个，同时新增了国家改革常设委员会，重组形成了妇女种族平等和社会保障部、劳工和社会保障部和农业部等。就支出领域而言，巴西联邦财政主要用于基础设施、社会政策、国家治理和生产制造等方面的公共支出。按部门预算管理职能，卫生部、社会发展部、教育部、劳工和社会保障部、体育部和文化部等 31 部委相应承担了相关的公共服务工作。2018 年，巴西全国政府预算支出 260 532.8 亿雷亚尔，其中基础设施建设支出 36 882.7 亿雷亚尔、社会政策支出 182 699.3 亿雷亚尔、国家治理支出 40 950.8 亿雷亚尔、生产制造支出 4 513.8 亿雷亚尔，同比增长了 5.8%、3.6%、2.8%、6.2%，如表 3 - 7 所示。

表 3－7　　巴西全国政府预算支出——按支出领域/部门分类

（2014/2015—2018/2019 财年）　　单位：10 亿雷亚尔

财年	2014/2015	2015/2016	2016/2017	2017/2018	2018/2019
基础设施	5 120. 4	4 284. 3	3 382. 4	3 486. 1	3 688. 3
交通运输部	1 381. 7	956. 9	859. 7	1 415. 1	1 582. 4
科技通信部	633. 8	544. 0	431. 3	474. 7	522. 4
城镇发展部	2 160. 1	2 118. 5	1 030. 5	811. 9	639. 7
国家融合部	705. 5	435. 7	524. 6	646. 4	736. 6
矿产和能源部	72. 9	72. 2	359. 0	59. 4	139. 8
环保部	94. 8	83. 1	79. 9	78. 5	67. 3
信息化部	71. 7	74. 0	97. 5		
社会政策	16 433. 0	16 786. 2	17 119. 7	17 630. 1	18 269. 9
卫生部	8 481. 2	9 256. 9	9 860. 9	10 755. 6	11 531. 5
社会发展部	3 224. 9	3 134. 5	3 170. 4	3 366. 3	3 474. 3
教育部	4 085. 8	3 817. 4	3 500. 2	3 231. 5	2 983. 5
社会保障部	215. 8	219. 1			
劳工部	83. 4	72. 2			
劳工和社会保障部			346. 0	76. 6	68. 0
体育部	238. 8	201. 6	134. 8	125. 4	116. 7
文化部	103. 2	84. 4	80. 5	74. 6	69. 2
妇女、种族平等和人权部			26. 8	26. 8	26. 8
生产制造	768. 2	586. 3	637. 3	425. 2	451. 4
农业部	233. 1	214. 7	236. 8	251. 7	267. 4
产业发展和外贸部	111. 6	95. 5	108. 1	92. 1	78. 4
农业发展部	326. 9	206. 1	214. 7		
旅游部	76. 1	57. 9	77. 6	81. 5	105. 5
渔业和水产养殖部	20. 5	12. 2			
国家治理	3 607. 6	3 386. 0	4 298. 3	3 982. 9	4 095. 1
共和国总统	515. 2	473. 2	449. 9	328. 8	286. 2
财政部	400. 1	379. 8	417. 2	418. 0	458. 8
司法部	362. 4	298. 7	479. 2	413. 3	356. 5
外交部	131. 0	165. 7	185. 5	184. 3	233. 1
规划、预算和管理部	118. 8	73. 5	92. 8	148. 4	237. 3

续表

财年	2014/2015	2015/2016	2016/2017	2017/2018	2018/2019
国防部	1 951. 2	1 815. 8	1 846. 5	2 069. 8	2 320. 2
联盟财政支出/信贷操作/向州、市转移支付	128. 8	179. 3	827. 2	409. 8	203. 0
合计	25 929. 2	25 042. 9	25 437. 7	25 524. 4	26 053. 3

资料来源：巴西经济部官网，http：//www. orcamentofederal. gov. br/clientes/portalsof/portalsof/informacoes – orcamentarias。

4. 联邦政府行政费用支出结构

根据巴西预算规划管理部第 156 号行政规则，2016 年 5 月起联邦预算秘书处（SOF）要按月发布“行政费用支出公报”，旨在提高联邦公共管理费用构成的透明度和传播效应。该公报涵盖联邦政府公共服务开展所耗费的基础费用，具体包括办公设备运行维护费、车辆租赁费、数据处理服务费等。截至 2018 年 5 月，联邦政府行政费用合计支出 357. 2 亿雷亚尔，其中部门营运管理费 95. 88 亿雷亚尔、消耗品支出 44. 5 亿雷亚尔、保洁费 25. 0 亿雷亚尔排前三位，分别占行政总费用额的 26. 8%、12. 5% 和 7%，如表 3 – 8 所示。

表 3 – 8　　巴西联邦政府行政管理费用构成
（2014/2015—2018/2019 财年）

单位：百万雷亚尔

财年	2014/2015	2015/2016	2016/2017	2017/2018	2018/2019	
					绝对值	占比（%）
餐饮费	1 019. 7	805. 2	807. 5	723. 0	787. 7	2. 2
招录费	248. 6	209. 6	219. 5	446. 1	630. 7	1. 8
远程处理费	446. 4	453. 3	562. 4	541. 0	551. 5	1. 5
办公用房租赁费	1 121. 7	1 218. 0	1 164. 5	1 140. 0	1 131. 5	3. 2
机械设备租赁费	192. 9	177. 8	163. 4	187. 5	190. 9	0. 5
办公用房运维费	1 769. 8	1 581. 6	1 665. 8	1 725. 7	1 745. 0	4. 9
设备运维费	1 000. 7	1 153. 5	1 296. 8	1 253. 8	1 265. 2	3. 5
外包服务费	561. 7	642. 4	613. 5	755. 6	709. 6	2. 0
银行服务费	469. 8	1 112. 3	1 739. 0	1 536. 5	1 532. 2	4. 3
水和污水处理费	423. 8	394. 7	470. 2	475. 4	478. 9	1. 3
一般通讯服务费	345. 8	418. 9	452. 6	385. 0	388. 9	1. 1

续表

财年	2014/2015	2015/2016	2016/2017	2017/2018	2018/19	
					绝对值	占比（%）
打印费	138.4	139.6	140.7	159.5	150.1	0.4
电费	1 265.0	1 916.7	2 168.0	2 096.2	2 154.2	6.0
保洁费	1 980.9	2 220.2	2 338.4	2 487.9	2 502.2	7.0
数据处理费	2 386.7	2 459.6	2 550.2	2 550.1	2 209.0	6.2
通讯费	617.8	436.6	397.1	362.4	344.6	1.0
检测费	2 206.9	2 440.5	2 489.6	2 484.1	2 479.1	6.9
咨询服务费	367.8	333.1	305.7	324.2	334.2	0.9
部门营运管理费	8 982.4	8 970.4	9 075.8	9 542.4	9 588.1	26.8
消耗品支出	4 126.9	4 034.5	4 028.6	4 347.7	4 452.1	12.5
车辆租赁	580.9	532.7	527.3	540.3	555.6	1.6
日常支出	1 240.2	892.9	1 136.5	917.2	961.9	2.7
车辆通行费	828.2	652.5	560.1	589.1	577.0	1.6
合计	32 323.0	33 196.9	34 873.3	35 570.6	35 720.3	100

资料来源：巴西经济部，http：//www.planejamento.gov.br/apresentacoes/2018/apresentacao－ploa－2019－cmo.pdf。

（四）税式支出结构

1. 按地理区位划分

巴西区域之间经济发展差距巨大，联邦政府对各地的公共援助政策也略有区别。根据2019年年度预算法案，巴西区域间公共服务支出差异明显，其中东南部地区公共服务支出占比最高，占税收总支出的49.2%左右；中西部地区公共服务支出占比最低，占比为11.2%。就公共服务支出而言，各地区依托地区资源禀赋，集中发展优势产业。其中，农业投入集中在中心部地区，服务贸易投入集中在东南部、北部和南部地区，工业产业集中在东南部、东北部、北部地区，劳工服务集中在东南部、南部等。2018年巴西年度税式支出额为305 892亿雷亚尔，其中服务贸易、劳工、健康医疗、工业、农业等公共支出分别为86 926亿雷亚尔、42 281亿雷亚尔、41 318亿雷亚尔、工业37 740亿雷亚尔和33 190亿雷亚尔，如表3－9所示。

表 3-9　巴西按区域划分的税式支出结构
——PLOA2019

单位：10 亿雷亚尔

	北部	东北部	中西部	东南部	南部	总计
行政管理	0.2	0.7	8.5	19.8	1.7	30.8
农业	248.1	627.5	1 512.5	464.4	466.5	3 319.0
社会救助	36.3	186.0	126.9	927.8	247.2	1 524.2
科学技术	16.2	30.4	7.4	904.4	185.0	1 143.4
服务贸易	1 882.2	973.0	603.5	3 758.5	1 475.4	8 692.6
通讯	0.3	0.0	0.2	0.2	0.1	0.8
文化	9.6	7.0	8.8	163.2	21.4	210.0
国防	0.0	0.0	0.0	1.7	0.0	1.7
体育休闲	1.0	1.9	0.8	36.5	7.2	47.3
公民权利	1.8	4.9	3.9	68.7	13.8	93.1
教育	65.4	228.0	134.3	902.5	269.0	1 599.3
能源	112.4	31.7	36.9	83.5	12.3	276.8
住房	14.7	86.6	63.5	651.1	182.0	997.8
工业	834.1	1 058.0	215.8	1 212.9	453.1	3 774.0
农业组织	0.2	2.2	0.1	0.7	1.2	4.5
卫生设施	2.2	0.0	0.3	0.1	0.0	2.6
健康医疗	107.5	407.8	337.9	2 811.0	467.6	4 131.8
劳工	86.4	476.3	340.2	2 689.3	636.0	4 228.1
交通工具	45.3	60.6	32.6	367.2	5.6	511.3
合计	3 464.0	4 182.7	3 434.0	15 063.5	4 444.9	30 589.2
占比,%	0.2	0.7	8.5	19.8	1.7	30.8

资料来源：Lei Orçamentária Anual - LOA 2019，http：//www.planejamento.gov.br/assuntos/orcamento-1/orcamentos-anuais/orcamento-anual-de-2019。

2. 按预算功能划分

按照预算功能划分，巴西税式支出主要集中在商品及服务、劳工、医疗、工业和农业等预算科目，累计支出占税式总支出的78%左右，其中商品和服务支出的平均占比约为30%。根据2019年年度预算法案，巴西税式支出总额为306 398亿雷亚尔，年均增长率为7.7%，其中商品及服务支出为86 926亿雷亚尔、劳工支出为4 228.1亿雷亚尔，占比分别为28.4%和13.8%，如表3-10所示。

表 3－10　　按预算功能划分的税式支出结构
——PLOA2019
单位：10 亿雷亚尔

	LDO2018		PLOA2019	
	支出额	占比，%	支出额	占比，%
商品及服务	8 649.7	30.408	8 692.6	28.370
劳工	3 846.4	13.522	4 228.1	13.800
医疗	3 460.5	12.165	4 131.8	13.485
工业	3 274.4	11.511	3 774.0	12.317
农业	2 714.3	9.542	3 319.0	10.832
教育	1 474.1	5.182	1 599.3	5.220
社会救助	1 411.5	4.962	1 524.2	4.974
科技创新	1 147.0	4.032	1 143.4	3.732
住房	1 055.0	3.709	997.8	3.257
交通运输	517.3	1.819	561.9	1.834
能源	471.2	1.657	276.8	0.903
文化	178.4	0.627	210.0	0.685
公民权利	151.1	0.531	93.1	0.304
运动休闲	51.8	0.182	47.3	0.154
行政管理	30.3	0.107	30.8	0.100
农业组织	7.3	0.026	4.5	0.015
公共卫生	4.4	0.015	2.6	0.008
国防	0.2	0.001	1.7	0.006
通讯	0.2	0.001	0.8	0.003
环保	0.2	0.001	0.0	0.000
合计	28 445.4	100.0	30 639.8	100.0

资料来源：Lei Orçamentária Anual － LOA 2019，http：//www.planejamento.gov.br/assuntos/orcamento－1/orcamentos－anuais/orcamento－anual－de－2019。

（五）支出分析

巴西财政预算灵活度较差，绝大部分财政支出受《巴西宪法》及《财政责任法》等法律法规限制，财政调整的复杂度和难度较大，法定支出占中央政府支出的85%以上。近10年来，巴西联邦政府机构臃肿且过于集中，政府主导的许多经济部门、大型公私营企业受到竞争保护，政府支出规模大，成效甚微。从支出规模看，巴西政府开支支出增长长期高于国内生产总值增速数倍，导致财政支出缺口巨大。从2000年到2018年，巴西经济平均增速为2.4%，政府年均支出占GDP的25%，则政府支出相当于GDP的30%以上。[①]

1. 广义社会保障支出持续高企，养老金制度改革迫在眉睫

2018年巴西中央政府总支出规模为13 517.57亿雷亚尔，占GDP的22.5%。其中法定支出中，社会保障支出5 863.79亿雷亚尔、工资和社会缴费支出2 980.21亿雷亚尔、失业津贴支出535.53亿雷亚尔、社会救助支出561.56亿雷亚尔、补助金支出153.33亿雷亚尔及其他762.96亿雷亚尔。特别值得一提的是，巴西年度养老金支出占非利息公共支出超过了55%，随着人口老龄化的加剧，年度养老金支出预算将会继续高企已成为经济可持续发展的重要绊脚石，财政目标的实现更加困难。

2. 公务人员经费支出超限，巴西地方政府破产风险激增

依据《巴西宪法》第169条及《财政责任法》第4章第2款第19条规定，巴西各级政府工作人员及退休人员工资支出必须保持在当年净流动收入一定范围内，其中联邦政府公务人员支出上限为50%、州（市）级政府公务人员支出上限为60%。[②] 据巴西财政部国库公布数据，2018年巴西有16个州和巴西利亚联邦特区的政府人员开支超限，其中有5个州的政府人员开支超过了净收入的75%，如北里奥格兰德州（Rio Grande do Norte）占比为86%，里约热内卢州（Rio de Janeiro）占比为81%，南里奥格兰德州（Rio Grande do Sul）和南马托格罗索州（Mato Grosso do Sul）占比约80%。[③] 1995年至今，巴西公务员（包括军人）数量增长了20%，公务员数量从1995年的750万人增加至2018年的1 280万人，其中市属公务员数量由240万人增加至680万人，增长了183%。[④] 另外，巴西在职公务员平均工资水平比私营部门高67%，退休公务员养老金水平是普通退休人员的3倍以上，公务员已经成为巴西第五大富人群体。

3. 可能带来的影响

巴西的养老金制度素有地球上“最慷慨”的养老金制度，一名员工能在40岁退休领取全额退休金，数万名公务员可以获得丰厚的退休福利。目前，巴西在社保方面的支出约占GDP的13%，远高于G20成员国8%的平均水平。就养老金而言，巴西的支出占GDP的8.6%。政府将45%的预算用于养老金，只有2.8%用于修建

① 巴西央行：https：//www.bcb.gov.br/。

② The Brazilian Fiscal Responsibility Law：http：//www1.worldbank.org/publicsector/pe/BudgetLaws/BRLRFEnglish.pdf.

③ 人员开支超上限 巴西16个州有破产风险：http：//www.br - cn.com/news/br_news/20181108/118911.html。

④ 巴西应用经济研究院：http：//www.ipeadata.gov.br/。

和维护公立学校和医院、道路、警察、卫生设施和其他基础设施。① 进一步而言，如果巴西新政府不采取措施改革现行养老金制度和公务员制度等，就广义社会保障而言，随着人口老龄化、社保资金的增长，人员经费支出将耗尽政府的所有收入，公共服务将濒临崩溃；就公务人员支出而言，巴西政府人事开支作为强制性支出，政府人员开支超限与工资水平居高不下问题将长期并存，如果不采取有效措施缩减人员开支，则政府只能通过增加税收和税种来平衡赤字，或通过增加公共债务来平衡账户。②

三、政府收入降中趋稳

（一）中央政府收入

1. 全国政府收入的总体情况

巴西政府预算收入包括经常性收入、资本性收入、联邦债再融资和经常项预算内收入等科目，2019 年年度预算草案中经常项预算内收入代替了联邦债再融资部分。2014—2019 财年间，巴西政府预算收入总额稳步上升，但年均涨幅呈现逐年下降趋势，年均增长率分别为 14.1%、4.9%、14.3%、6.9%、4.8%和负 4.3%。据预测，2019 年巴西政府预算总收入为 26 497.1 亿雷亚尔，其中经常性收入为 25 144.2亿雷亚尔、资本性收入为 1 352.9 亿雷亚尔，如表 3－11 所示。

表 3－11　　巴西财政预算总收入（PLOA2019）
——按经济来源划分　　单位：10 亿雷亚尔

	2014/2015（LOA2018）	2015/2016（LOA2018）	2016/2017（LOA2018）	2017/2018（PLOA2019）	2018/2019（PLOA2019）	2019/2020（预测）	2020/2021（预测）
经常性收入	1 391.14	1 518.11	1 501.49	2 274.8	2 436.4	2 514.4	2 469.5
税收收入	443.9	453.35	490.93	1 538.1	1 646.1	1 724.9	1 715.1
社保缴费收入	720.73	786.56	777.65	151.1	145.1	149.6	152.3
利息收入	96.6	104.83	95.4	74.8	58.1	74.5	60.4
工业收入	0.22	1.08	1.15	0.3	0.5	0.5	0.4
服务业收入	48.35	53.47	50.71	43.4	43.2	46.8	46.5

① 养老金支出已成为巴西难以承受之重，https：//m.21jingji.com/article/20190711/herald/8e9e5ce493c4921e28b92e634a9a3cd9.html。

② Luís Carlos G. de Magalhães e Carla Rodrigues Costa. Arranjos Institucionais，Custo da Dívida Pública e Equilíbrio Fiscal：a despesa “ausente” e os limites do ajuste estrutural：http：//www.ipea.gov.br/portal/images/stories/PDFs/TDs/td_2403jjj.pdf.

续表

	2014/2015 (LOA2018)	2015/2016 (LOA2018)	2016/2017 (LOA2018)	2017/2018 (PLOA2019)	2018/2019 (PLOA2019)	2019/2020 (预测)	2020/2021 (预测)
存货转让收入	0.74	0.96	1.35	397.7	455.3	439.6	441.3
其他经常性收入	80.59	117.83	84.28	69.3	88.2	78.6	53.5
资本性收入	337.29	454.02	567.05	90.2	92.1	135.3	67.3
信贷业务	196.36	274.24	331.04	51.7	56.2	78.8	51.3
资产处置收益	5.4	6.32	31.24	3.0	5.9	16.9	6.7
贷款摊销	35.59	42.33	49.94	1.4	2.1	1.9	2.0
资本转让收入	0.03	0.18	0.24	7.4	4.4	28.8	5.3
其他资本性收入	99.91	130.96	154.6	26.7	23.5	8.9	2.0
合计	1 728.4	1 972.1	2 068.5	2 365.0	2 528.5	2 649.7	2 536.8

资料来源：Apresentacção – Audiência – Pública – PLOA_2020，www. seplag. df. gov. br/ploa – 2020.

2. 中央政府收入结构——按经济性质划分

根据2019年年度预算草案，巴西政府经常性收入包括税收收入、社保收入和其他收入三大类，其中税收收入是中央政府的主要收入来源，平均占总收入的61.8%左右。从GDP增长贡献率来看，巴西税收收入贡献率年平均为11.7%，社保收入为5.1%，其他收入为2.3%。2018年，巴西中央政府经常收入14 860亿雷亚尔，其中税收收入9 051亿雷亚尔，社保收入为3 905亿雷亚尔，其他收入为1 904亿雷亚尔，占GDP比重分别为21.6%、13.2%、5.7%和2.8%，如表3－12所示。

表3－12 巴西中央政府经常收入构成——按经济性质划分（2011/2012—2019/2020财年）

单位：10亿雷亚尔

财年	收入				占GDP比重（%）			
	总收入	税收收入	社保缴费收入	其他收入	总收入	税收收入	社保缴费收入	其他收入
2014/2015	1 221.5	739.2	337.5	144.8	18.1	10.9	5.0	2.1
2015/2016	1 248.7	765.1	350.3	133.2	19.2	11.8	5.4	2.0
2016/2017	1 315.0	819.8	358.1	137.2	21.0	13.1	5.7	2.2
2017/2018	1 383.1	834.2	374.8	174.1	21.1	12.7	5.7	2.8
2018/2019	1 486.0	905.1	390.5	190.4	21.6	13.2	5.7	2.8
2019/2020（预测）	1 574.9	961.8	419.8	193.2	21.2	12.9	5.6	2.6

资料来源：巴西财政部，http：//www. orcamentofederal. gov. br/clientes/portalsof/portalsof/informacoes – orcamentarias。

3. 全国政府收入结构——按政府层级划分

按政府层级划分，巴西全国政府收入分为联邦政府收入[①]、州政府收入和市政府收入三级，其中联邦政府收入和州政府收入一般占总收入95%左右，仅联邦一级收入平均占总收入的68%左右。2017年巴西全国政府总收入为26 324.6亿雷亚尔，其中联邦政府收入为18 372.5亿雷亚尔、州政府收入为8 016.1亿雷亚尔、市政府收入为5 783.9亿雷亚尔，分别比上年增加了69.8%、30.5%和22%，如表3－13所示。

表3－13　全国政府收入结构——按政府层级划分（2018/2019财年）

单位：10亿雷亚尔

	联邦政府				州政府	市政府	重复项抵扣	一般政府
	预算内	预算外	重复项抵扣	合计				
总收入	1 698.5	166.4	27.6	1 837.3	801.6	578.4	584.8	2 632.5
税收收入	888.5	0.0	0.0	888.5	502.4	117.0	0.0	1 507.9
社保缴费	493.9	128.7	0.0	622.7	40.6	57.3	0.0	720.5
转移支付/捐赠	1.2	0.0	0.0	1.2	214.5	325.2	540.9	0.0
其他收入	314.8	37.6	27.6	324.8	44.2	78.9	43.9	404.0
占比,%	69.8				30.5	22.0	22.2	100.0

资料来源：Estatísticas de Finanças Públicas e Conta Intermediária de Governo，https://www.tesourotransparente.gov.br/publicacoes/estatisticas－de－financas－publicas－e－conta－intermediaria－de－governo/2017/114。

4. 巴西中央政府财政收入构成——按征管部门划分

2019年大部制改革之前，按照1987年巴西宪法规定，中央税与地方税在税收总收入中的比重，中央占71.4%、州占26.7%和市（县）占1.9%。在联邦层面，巴西联邦税收由财政部下设的联邦税务局总局负责，该局在全国下设10个地区税务局，其下再设分局、税务所和海关关口和地区办事处，全国共有597个工作单元，其中359个是接待纳税人的基层单位。财政部还设有一个研究税收制度、管理对外税收事务的国际税收事务委员会。州、市地方税由州、地方政府设立机构征收。另外，劳工和社会保障部、教育部、巴西央行等部门分别负责相关专项收入。2018年，联邦税务局管理收入为14 821.8亿雷亚尔，占GDP的21.4%；其他部门共同管理的收入为5 807.9亿雷亚尔。改革后，财政部并入经济部，劳工和社会保障部、

① 根据巴西公共财政指南，巴西中央政府收入来源于联邦收入办、非联邦收入办、财政激励和净社会保障收入，其中联邦政府收入是中央政府收入的主要组成部分。

国企管理部门等要整合，相关征收管理政策尚未公布，如表 3－14 所示。

表 3－14　　　巴西中央政府财政收入构成（PLOA2019）
——按征管部门划分

单位：亿雷亚尔

	2017 年		2018 年		PLOA2019 年	
	金额	GDP%	金额	GDP%	金额	GDP%
总收入（I）	13 855.5	21.1	14 821.8	21.4	15 748.6	21.2
联邦税务局管理收入（不包括社保收入）	8 366.6	12.7	9 013.9	13.0	9 618.1	12.9
进口税	324.3	0.5	422.5	0.6	470.6	0.6
工业产品税（IPI）	480.3	0.7	584.3	0.8	622.1	0.8
所得税（IR）	3 398.4	5.2	3 533.0	5.1	3 757.1	5.1
金融交易税（IOF）	349.8	0.5	369.1	0.5	397.2	0.5
社会保险融资税（COFINS）	2 357.6	3.6	2 491.8	3.6	2 654.6	3.6
社会一体化费（PIS）	625.6	1	663.4	1.0	712.5	1.0
法人盈利捐税（CSLL）	756.5	1.2	759.3	1.1	751.8	1.0
其他管理收入	74.1	0.1	190.5	0.3	252.2	0.3
社会保障净收入	3 747.8	5.7	3 925.0	5.7	4 198.1	5.6
其他部门管理的收入	1 741.1	2.7	1 882.9	2.7	1 932.4	2.6
石油特许权收入	321.1	0.5	231.1	0.3	156.3	0.2
教育缴费	52.1	0.1	56.0	1.0	59.8	0.1
自然资源税	137.1	0.2	139.3	0.2	146.8	0.2
股息税	200.9	0.3	209.1	0.3	216.2	0.3
资产交易税	360.4	0.5	588.3	0.8	733	1.0
其他	669.5	1	659.1	0.1	620.3	0.1
收入返还（II）	2 284.7	3.5	2 560.7	3.7	2751.6	3.7
石油特许权收入返还	17	0	13.9	0.0	8.2	0.0
自然资源税返还	221.8	0.3	360.1	0.5	446.6	0.6
教育薪酬返还	120.2	0.2	125.5	0.2	129.7	0.2
所得税等返还	1 831.2	2.8	1 965.0	2.8	2 070.7	2.8
法定基金返还	79.8	0.1	81.1	0.1	81.1	0.1
其他转移收入	14.7	0.1	15.1	0.1	15.3	0.1
净收入（I－II）	11 570.8	17.6	12 261.1	17.7	12 997.0	17.5

资料来源：MENSAGEM PRESIDENCIAL － PROJETO DE LEI ORÇAMENTÁRIA 2019，http：//www.planejamento.gov.br/assuntos/orcamento－1/orcamentos－anuais/orcamento－anual－de－2019。

（二）联邦政府税收收入

巴西是南美税收较重的国家之一，实行联邦、州和地方三级课税制度，税收立法权和征收权主要在联邦，共有各种捐税58种。巴西中央政府广义税收收入包括税收收入和社会保障收入。其中联邦税主要包括所得税（IR）、工业产品税（IPI）、进出口税（II和IE）、金融交易税（IOF）、临时性金融交易税（CPMF）和农村土地税（ITR）；州政府税主要包括商品流通服务税（ICMS）、车辆税（IPVA）、遗产和赠与税（ITD）；市政府税主要包括社会服务税（ISSS）、城市房地产税（IPTU）、不动产转让税（ITBI）、社会性开支（CS）、法人盈利捐税（CSL）、社会保险税（INSS）、工龄保障基金（FSTS）、社会一体化计划费（PIS）、社会安全费（COFINS）。

1. 联邦税收收入的总体情况

税收收入是巴西联邦政府的最大资金来源之一，收入贡献率达69.8%。2011—2018财年，巴西联邦税收收入规模整体呈上升趋势，其占GDP比重稳中有降，平均占比为22%。2018年，巴西联邦税收总额为21 755.9亿雷亚尔，同比增长了0.7%。据预测，2019年联邦税收总额为22 949.7亿雷亚尔，占GDP比重为22.1%，年度增幅仅为5.7%，如图3－3所示。

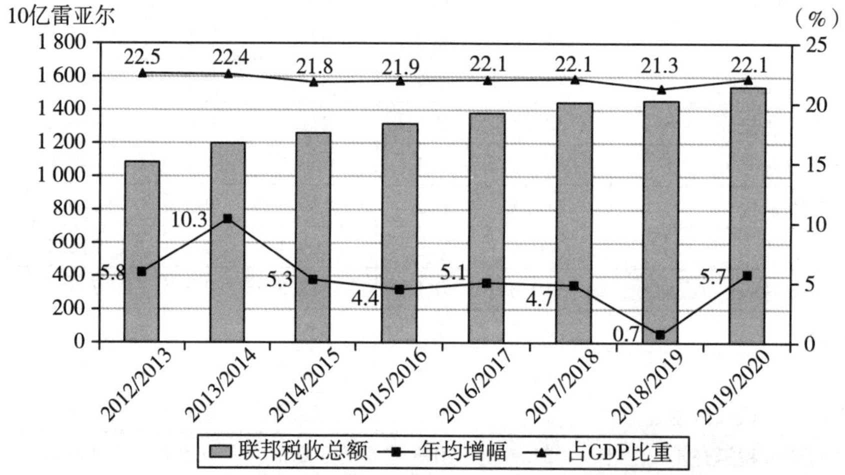

图3－3　巴西联邦政府税收收入情况

资料来源：Economic Indicators dating July 10，2019，https：//www. bcb. gov. br/en/legacy?url = https：%2F%2Fwww. bcb. gov. br%2Fpec%2FIndeco%2FIngl%2Findecoi. asp。

2. 巴西联邦税收收入构成

按照大口径核算，巴西联邦税主要包括所得税（含个人和企业缴纳的所得税）、工业产品税（类似增值税）、金融交易税、进出口税以及联邦社会援助交款[①]。所得税对联邦税收收入贡献最大，约占到 GDP 的 8.5%。2018 财年，巴西社会保障缴款、所得税、联邦社会援助缴款、其他税收、法人盈利捐税分别为 4 171.3 亿雷亚尔、3 908.3 亿雷亚尔、2 413.1 亿雷亚尔、1 311.7 亿雷亚尔、788.6 亿雷亚尔，分别占税收收入的 28.5%、26.8%、16.6%、9% 和 5.8%。据预测，2019 财年，巴西联邦政府税收总额为 15 398.2 亿雷亚尔，其中社会保障缴款、所得税、联邦社会援助缴款和其他税收收入分别为 4 329.5 亿雷亚尔、4 340.2. 亿雷亚尔、4 017.6 亿雷亚尔和 1 201.7 亿雷亚尔，如表 3－15 所示。

表 3－15　　巴西联邦政府主要税收收入——分税种（2014/2015—2019/2020 财年）

单位：10 亿雷亚尔

财年	2014/2015	2015/2016	2016/2017	2017/2018	2018/2019	2019/2020
所得税（IR）	304.4	322.1	364.4	359.7	390.8	434.0
工业产品税（IPI）	50.7	49.3	45.0	48.5	54.6	58.7
金融交易税（IOF）	29.8	34.7	33.7	34.5	36.3	40.2
联邦社会援助缴款（COFINS）	194.5	201.7	204.4	218.9	242.3	252.0
法人盈利捐税（CSLL）	65.5	61.4	67.9	69.2	78.9	88.6
社会一体化计划缴款（PIS/Pasep）	52.0	53.8	54.3	58.5	64.5	68.2
进口关税（Impoort tax）	36.8	39.0	31.5	32.5	40.7	44.8
其他税收	96.3	91.9	100.8	112.6	131.8	120.0
社会保障收入	331.9	357.9	364.4	382.2	417.1	432.9
合计	1 188.0	1 221.5	1 289.9	1 342.4	1 457.1	1 539.8
	占税收总额的比重,%					
所得税（IR）	25.6	26.4	28.3	26.8	26.8	28.2
工业产品税（IPI）	4.3	4.0	3.5	3.6	3.7	3.8
金融交易税（IOF）	2.5	2.8	2.6	2.6	2.5	2.6
联邦社会援助缴款（COFINS）	16.4	16.5	15.8	16.3	16.6	16.4

① 联邦社会援助缴款（COFINS）和社会一体化计划缴款（PIS）是巴西政府向企业征收的一种“社会税”，分别对企业按照收入的 7.6% 和 1.65% 的税率征收，允许抵免。另外，货物和劳务的进口也需要对进口的企业或个人征收 COSINS 和 PIS，税款可在公司所得税前抵扣。

续表

财年	2014/2015	2015/2016	2016/2017	2017/2018	2018/2019	2019/2020
法人盈利捐税（CSLL）	5.5	5.0	5.3	5.2	5.4	5.8
社会一体化计划缴款（PIS/Pasep）	4.4	4.4	4.2	4.4	4.4	4.4
进口关税（Impoort tax）	3.1	3.2	2.4	2.4	2.8	2.9
其他税收	8.1	7.5	7.8	8.4	9.0	7.8
社会保障收入	27.9	29.3	28.2	28.5	28.6	28.1

资料来源：Economic Indicators dating July 10，2019，https：//www.bcb.gov.br/en/legacy?url=https:%2F%2Fwww.bcb.gov.br%2Fpec%2FIndeco%2FIngl%2Findecoi.asp。

3. 巴西联邦所得税收入构成

按照所得税征税对象划分，巴西联邦所得税由个人所得税、公司所得税和代扣代缴所得税构成，其中代扣代缴所得税平均占所得税总额的53.4%。2013—2020财年，巴西联邦所得税收入规模稳步上升，年度增幅呈倒“U”形增长模型，2017年所得税增幅降为负1.29%。2018财年，随着巴西经济复苏和减税政策的协同发力，联邦所得税收入规模增加到3 908.3亿雷亚尔、同比增长8.6%。根据巴西中央银行预测，2019财年巴西联邦所得税规模将扩大到4 340.3亿雷亚尔，其中个人所得税为362.3亿雷亚尔、公司所得税1 668.6亿雷亚尔、代扣代缴所得税2 301.3亿雷亚尔，分别占所得税总额的8.3%、38.4%和53.0%，如表3－16所示。

表3－16　　联邦政府所得税收入构成——按权责发生制

（2013/2014—2019/2020财年）　　单位：10亿雷亚尔

财年	个人所得	公司所得			代扣代缴所得					合计
		金融公司	其他公司	小计	劳动收益	资本利得	海外汇款	其他所得	小计	
2013/2014	26.5	21.9	104.3	126.1	79	34.3	17	9.9	140.2	292.8
2014/2015	27.8	19.2	102	121.2	87	39.8	18.7	10	155.5	304.4
2015/2016	28.4	17.7	95.7	113.4	93.2	52.5	24.2	10.4	180.3	322.1
2016/2017	30.5	24	116.5	140.5	99.7	59.1	24.4	10.1	193.5	364.4
2017/2018	32.2	19.7	100.5	120.2	111.2	58.6	26.5	11	207.3	359.7
2018/2019	34.0	18.2	123.7	141.9	118.4	51.9	32.6	12.1	215.0	390.8
2019/2020	36.2	18.9	148.9	166.9	127.2	53.2	36.1	13.3	230.1	434.0

资料来源：巴西中央银行，http：//www.bcb.gov.br/？INDICATORS。

4. 巴西州商品流通服务税收入构成

商品流通服务税（ICMS）是州政府对商品流通、洲际运输、通信服务等征收的一种增值税。该税收入的一部分建立市特别基金，由各市政府分享。税率在联邦议会限定的范围内由各州确定，在7%—25%之间，一般为8%，洲际运输为12%，但香烟、化妆品等非生活必需品或者奢侈品则适用25%的高税率。2014—2019年，巴西商品流通服务税收入规模稳步上升，年均涨幅4.5%。2018年巴西商品流通服务税收入额为4 763亿雷亚尔，其中圣保罗州、里约热内卢州、美景州、阿雷格里港州、库里蒂巴州、萨尔瓦多州、圣卡塔琳娜州、累西腓州、戈亚尼亚州、圣埃斯皮里图州的商品流通服务税收入排前10位，累计收入3 744亿雷亚尔，占商品流通服务税收入总额的78.6%，占比有逐年下降的趋势，如表3-17所示。

表3-17　巴西商品流通服务税（ICMS）收入构成——按征税层级（2014/2015—2019/2020财年）

单位：10亿雷亚尔

财年		2013/2014	2014/2015	2015/2016	2016/2017	2017/2018	2018/2019	2019/2020
前10个州ICMS收入额	圣保罗（SP）	121.9	122.8	126.0	125.9	132.3	143.0	139.8
	里约热内卢（RJ）	31.6	31.9	33.0	32.0	32.6	35.1	36.7
	美景（MG）	36.0	38.3	37.9	41.9	46.7	50.8	49.1
	阿雷格里港（RS）	24.1	25.9	27.1	30.2	31.9	33.3	34.8
	库里蒂巴（PR）	20.8	22.8	24.9	26.2	29.6	26.8	30.2
	萨尔瓦多（BA）	16.8	18.1	18.6	19.5	21.2	23.0	23.6
	圣卡塔琳娜（SC）	14.0	15.8	16.1	17.5	19.4	20.9	21.4
	累西腓（PE）	11.7	12.7	12.8	13.8	14.5	15.2	15.9
	戈亚尼亚（GO）	12.1	13.3	13.7	14.3	15.0	15.8	15.8
	圣埃斯皮里图（ES）	8.8	9.0	9.5	8.8	9.3	10.5	10.2
	小计	297.8	310.6	319.6	330.1	352.5	374.4	377.4
其他州ICMS收入额		71.5	78.1	81.8	86.9	93.1	101.9	102.2
全国ICMS收入总额		369.3	388.7	401.4	417	445.6	476.3	479.7
前10州ICMS贡献率,%		80.6	79.9	79.7	79.1	79.1	78.5	78.7

资料来源：巴西中央银行，http：//www. bcb. gov. br/? INDICATORS。

（三）联邦政府社会缴费收入

政府社会缴费收入[①]是巴西第二大预算收入来源，涵盖社保缴费收入、社会福利机构自有收入和社会福利机构其他收入等，其中社保缴费收入贡献率最高，占社会缴费收入额的98.7%。具体而言，社保缴费收入主要用于社会保障、医疗、教育、社会救助、教育和经济增长计划等，细分为养老金收入、法人盈利捐税、社会一体化计划缴费等。2018财年，巴西社会缴费总收入为8 376亿雷亚尔，占政府预算收入的49.3%，其中养老金收入和社会安全税收入的贡献率依次为46.70%和30%，如表3－18所示。

表3－18　　巴西政府社会缴费收入来源构成（2014/2015—2018/2019财年）

单位：10亿雷亚尔

	2014/2015	2015/2016	2016/2017	2017/2018	2018/2019
社会缴费收入	607.9	627.2	613.2	657.9	837.6
社保缴费收入	600.4	618.0	604.1	648.8	828.4
养老金收入（RGPS）	337.5	350.3	358.1	374.8	391.2
法人盈利捐税（CSLL）	50.6	47.8	47.2	75.6	78.5
社会安全税（COFINS）	156.7	160.8	142.0	235.8	251.5
社会一体化计划缴款（PIS/PASEP）	25.0	25.6	22.5	62.6	66.1
临时性金融交易税（CPMF）	0.0	0.0	0.0	0.0	0.0
公务员社会保障缴费（CPSS）	26.9	29.5	30.7	31.0	36.8
军人退休金	1.9	2.1	2.1	2.1	2.5
其他社保缴费	1.8	2.0	1.5	1.5	1.8
社会福利机构自有收入	0.6	1.8	3.5	4.0	4.4
医疗收入	0.1	0.1	0.1	0.1	0.1
预备费	0.4	0.5	0.0	0.0	0.0
其他援助	0.1	1.1	0.0	2.0	1.8
其他安全保障	0.0	0.0	3.3	1.9	2.5

① “社会缴费”（Social Contribution）国内有学者译为“社会特别税”。巴西中央银行把一些“社会缴费”（Social Contribution）收入纳入税收收入口径，而巴西财政部把“社会缴费”收入进行单列，与税收收入相区别。本文统一将其译成为“社会缴费”。

续表

	2014/2015	2015/2016	2016/2017	2017/2018	2018/2019
社会保障机构其他收入	6.8	7.4	5.6	5.0	4.8
社会保障缴费占社会缴费收入比重,%	98.8	98.8	98.5	98.5	98.9

资料来源：巴西中央银行。

说明：燃油费等（CIDE）主要政府对经济领域干预性税收。

（四）政府收入的新情况及原因分析

1. 财政改革显成效，巴西政府收入稳中有升

2018 年巴西经济实现连续第二年增长。随着巴西政府采取的涵盖养老金制度改革等一系列扭转财政失衡措施的实施，联邦政府管理收入和其他非管理性收入均呈增长趋势。相对于 2017 年，巴西生产和商品服务销售旺盛，工资收入增加，所得税和捐税收入增长，促使经常性收入稳中有升。根据巴西央行统计数据，2018 年中央政府总收入为 14 842.38 亿雷亚尔，比上年增加了 1 011.57 亿元。但是受卡车司机大罢工、新兴经济体国家货币危机、国际营商环境恶化和总统大选等不确定因素影响，巴西政府预算收入规模将略有降低。

2. 宏观经济提质增效，税收收入重新增长

经过连续 4 年的经济低迷后，2018 年巴西重新实现了所得税和捐税收入的增长，其中联邦税收收入占 GDP 的比重为 13%。随着巴西经济的复苏，2018 年联邦税务局管理收入相应增加，具体如下：一是与商业活动和劳工收入密切相关的税收收入增加，其中个人和企业所得税、法人盈利捐税、社会一体化费和社会保险融资税款等税收累计比 2017 年增长了 3.96%；二是工业生产和商品服务取得进展，工资收入有所增长，则工业、消费和进口相关税收收入有所改善；三是市场预期向好，公司盈利捐税等相关收入增加，累计比 2017 年增长了 24%；四是国内消费需求旺盛，巴西加大外国商品购买，进而进口税有所增长。此外，由其他部门管理的收入，如石油特许权收入，由国际大宗商品价格上涨，相关收入呈现两位数增长。

3. 社会保障收入增长显著，养老金制度仍难以为继

按照 1988 年巴西宪法规定，养老金是每位公民的基本权利，养老金制度覆盖了 65 岁以上人口的 97%，但养老金覆盖率的扩张未带来相应的缴费人数的增长。巴西养老金制度具有明显的顺周期效应，2015—2016 年巴西经济低迷，加之人口老龄化的快速发展，通过追加财政补贴弥补养老金缺口的措施难以为继。根据巴西银行统计数据，2018 年巴西社会保障收入为增长明显，收入额为 4 198.1 亿雷亚尔，年度

增幅为6.96%；社会保障支出5 863.5亿雷亚尔，社会保障赤字达到了1 665.4亿雷亚尔，赤字扩大了7%。其中，包括私营、公共部门和军人在内的养老金赤字超过了3 000亿雷亚尔，相当于GDP的4%以上。①

四、中央政府赤字率略有下降，但债务难以遏制

（一）中央政府盈余/赤字规模

根据巴西政府发布的预算草案，2019年巴西中央政府基础预算赤字为1 162亿雷亚尔，占GDP的1.7%，赤字率比上年略有下降。按照巴西中央银行统计数据，2018年巴西全国政府预算赤字占GDP的8%，经常账户赤字占GDP的1.2%；全国政府债务总额为52 719.82亿雷亚尔，累计涨幅超过过去6年的20%，占GDP比重高达76.6%。其中，公共部门国内债务总额为45 999.01亿雷亚尔，占GDP的67.1%在这一涨幅下，预计2020年巴西政府总债务占GDP比重将涨至95%，到2023年政府公共支出将达到支出上限。② 另一方面，在通货膨胀水平下降、浮动汇率制下外部平衡的共同作用下，巴西政府国际储备大幅增加等，对外部环境的适应性提高了。根据国际货币基金组织7月份发布的《全球经济展望》，受中美贸易摩擦以及巴西国内养老金制度改革等不确定风险的影响，巴西政府2020年基础预算赤字将为51.8亿雷亚尔，约占GDP的0.61%，如表3－19所示。

表3－19　　巴西政府财政运行状况

（2016/2017—2019/2020财年）　　单位：10亿雷亚尔，%

序号	预算科目	2016/2017		2017/2018		2018/2019		2019/2020	
		绝对额	占GDP比重	绝对额	占GDP比重	绝对额	占GDP比重	绝对额	占GDP比重
1	基本预算收入	1 380.2	20.8	1 437.5	20.1	1 488.3	21.8	1 672.2	20.14
2	基本预算支出	1 539.2	23.2	1 596.5	22.4	1 608.5	23.6	1 737.2	20.92
3	误差调整					4.1	0.1		
4	中央政府基本预算盈余（1－2＋3）	－159	－2.4	－159	－2.2	－116.2	－1.7	－65	－0.78

① Ministério da Previdência e Assistência Social: https://www.inss.gov.br/servicos-do-inss/.

② Brazilian Government Could Run Out of Money By 2020: https://brazilian.report/money/2018/12/29/brazilian-government-money-2020/.

续表

序号	预算科目	2016/2017		2017/2018		2018/2019		2019/2020	
		绝对额	占 GDP 比重	绝对额	占 GDP 比重	绝对额	占 GDP 比重	绝对额	占 GDP 比重
5	联邦国企基本预算盈余	-3	0.1	-3.5	-0.1	3.5	0.1	-3.4	-0.04
6	联邦政府基本预算盈余(4+5)	-162	-2.4	-162	-2.3	-112.7	-1.7	-68.4	-0.82
7	联邦政府名义预算盈余	-502.9	-7.6	-453.6	-6.4	-423.2	-6.2	-389.2	-4.69
8	联邦政府净债务	2 579.2	38.9	3 024.1	42.4	2 759.6	40.4	3 833.9	46.17

资料来源：RELATÓRIO DE AVALIAÇÃO DO PROCESSO DE ELABORAÇÃO DO PLDO - 2020，http://www.economia.gov.br/assuntos/orcamento/orcamentos - anuais/2020/。

注释："+"表示财政盈余，"—"表示财政赤字。

（二）预算赤字占 GDP 比重变动情况

近年来，巴西各级政府整体处于赤字运营状态。2018 年，政府基本预算盈余水平为 120 257.8 亿雷亚尔，占 GDP 比重为负 1.7%，比上年财政赤字率下降了 0.5%。其中，联邦政府预算赤字率为 6.2%，比上年同期下降了 0.2 个百分点。鉴于此，2018 年巴西公共部门名义总融资需求（含新增借贷额和应付利息额）为 4 113.3 亿雷亚尔，其中中央政府为 3 275.5 亿雷亚尔、地方政府为 938.1 亿雷亚尔，国企为负 100.3 亿雷亚尔，分别占 GDP 的 6.25%、0.87% 和 0.02%，如表 3-20 所示。

表 3-20　　巴西政府公共部门融资需求占 GDP 比重（2014/2015—2019 财年）

单位：%

	2014/2015	2015/2016	2016/2017	2017/2018	2018/2019	2019 年 5 月
总融资需求	5.95	10.22	8.98	7.80	7.14	6.96
中央政府需求	4.70	8.57	7.62	7.01	6.25	6.22
联邦政府需求	5.09		7.69	7.69	7.34	7.09
中央银行需求	-0.39	-0.51	-0.06	-0.68	-1.09	-0.88
主权基金需求	1.12	1.49	1.25			
地方政府需求	1.12	1.49	1.25	0.71	0.87	0.73

续表

	2014/2015	2015/2016	2016/2017	2017/2018	2018/2019	2019 年 5 月
州政府需求	1.03	1.22	1.08	0.65	0.78	0.62
市政府需求	0.09	0.26	0.18	0.06	0.09	0.11
国企需求	0.13	0.17	0.11	0.08	0.02	0.01
联邦级国企	0.03	0.03	0.01	0.02	-0.05	-0.05
州级国企	0.10	0.13	0.10	0.06	0.07	0.06

资料来源：巴西中央银行，http：//www. bcb. gov. br/? INDICATORS。

Central Government Primary Balance，http：//www. tesouro. fazenda. gov. br/en/central - government - primary - balance.

（三）政府债务情况

1. 政府债务的总规模

巴西年度债务报告显示，2018 年巴西政府当局面临一系列挑战，如国际贸易形势恶化以及总统更迭等不确定因素增加，财政部不得不在非常条件下调整债券市场战略，以降低市场对浮动债券发行（LFT）的影响。① 2014—2016 年间，巴西经济衰退，导致经济环境整体疲软，加之国境竞争形势日益不明朗，巴西广义政府债务（DBGG）占 GDP 的比重大幅攀升。根据巴西国库预测，广义政府债务占 GDP 比重也从 2013 年最低点 51.7%，逐步扩张到 2020—2021 年的 80% 以上。根据 2019 年 5 月 10 日巴西中央银行公布的统计数据，巴西全国政府债务规模呈逐年递增趋势，债务总规模从 2014 年的 35 608.4 亿雷亚尔攀升为 2019 年 5 月的 54 805.7 亿雷亚库尔，占 GDP 比重也从 61.6% 增加到了 78.7%，年均增幅达 2.1%。根据巴西国库公布的 2019 年融资计划，2019 年联邦政府总借贷规模为 10 146 亿雷亚尔，其中公共部门净借贷规模为 7 797 亿雷亚尔，如图 3 -4 所示。②

2. 政府债务的构成

巴西全国政府债务由内债和外债两部分组成，其中内债约占债务总额的 87%。截至 2018 年年末，全国政府总债务为 52 719.8 亿雷亚尔，其中内债额为 45 999 亿雷亚尔、外债额为 6 720.8 亿雷亚尔，占 GDP 比重分别为 76.7% 和 9.8%。与去年同期相比，巴西政府外债涨幅较快，占 GDP 比重增加了 6.3%。根据巴西政府年度债务报告显示，2019 年 5 月巴西全国政府总债务额为 54 805.7 亿雷亚尔，占 GDP

① 2018 Relatório Anual da Dívida：http：//www. tesouro. fazenda. gov. br/documents/10180/269444/RAD_2019. pdf/85c6fb46 - 144a - 4c26 - 88f2 - 6b15e4098744.

② Federal Public Debt：2019 Annual Borrowing Plan：tesouro. fazenda. gov. br/en/homeen.

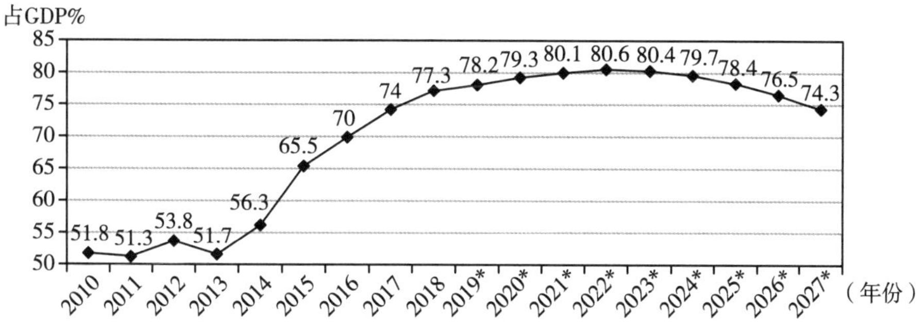

图 3－4 2010—2027 年巴西广义政府债务占 GDP 比重变动图

资料来源：2018 Relatório Anual da Dívida：http：//www. tesouro. fazenda. gov. br/documents/10180/269444/RAD_2019. pdf/85c6fb46－144a－4c26－88f2－6b15e4098744。

注：＊表示当年数据为预测值。

的 78.7%，公共部门净债务达 38 115.9 亿雷亚尔，占 GDP 比重升至 54.7%，如表 3－21所示。①

表 3－21 巴西公共部门净债务规模及占 GDP 比重（期末，名义价值）

单位：10 亿雷亚尔，%

	2017 年		2018 年		2019 年 5 月	
	绝对额	占 GDP 比重	绝对额	占 GDP 比重	绝对额	占 GDP 比重
公共部门净债务	3 382.9	51.6	3 695.8	53.8	3 811.6	54.7
全国政府净债务	3 505.4	53.5	3 833.0	55.8	3 941.3	56.6
全国政府总债务	4 854.7	74.1	5 272.0	76.7	5 480.6	78.7
内债	4 234.5	64.6	4 599.9	66.9	4 748.6	68.2
债券市场	2 996.6	45.7	3 281.9	47.7	3 240.4	46.5
国债	3 034.5	46.3	3 320.0	48.3	3 277.7	47.1
联邦抵押债券	－5.8	－0.1	－4.4	－0.1	－4.4	－0.1
债务证券化	8.9	0.1	6.5	0.1	5.3	0.1
公共部门债券投资	－41.1	－0.6	－40.2	－0.6	－38.3	－0.5
央行回购操作	1 065.0	16.2	1 128.3	16.4	1 311.7	18.8

① 巴西国库：http：//www. tesouro. fazenda. gov. br/divida－publica－federal。

续表

	2017 年		2018 年		2019 年 5 月	
	绝对额	占 GDP 比重	绝对额	占 GDP 比重	绝对额	占 GDP 比重
联邦政府银行债	13. 3	0. 2	12. 8	0. 2	13. 4	0. 2
州政府银行债	134. 5	2. 1	148. 5	2. 2	152. 6	2. 2
市政府银行债	25. 1	0. 4	28. 4	0. 4	30. 5	0. 4
外债	620. 2	9. 5	672. 1	9. 8	732. 0	10. 5
联邦政府债	507. 5	7. 7	539. 5	7. 8	598. 5	8. 6
州政府债	101. 6	2. 1	402. 4	5. 9	452. 3	6. 5
市政府债	11. 2	0. 4	137. 1	2. 0	146. 2	2. 1

资料来源：巴西经济部，Central Government Fiscal Balance。

注：基本财政收支融资需求不包括央行和 INSS。

3. 政府债务负担率变动

根据德国全球民意调查统计数据门户（Statista）预测，2019—2024 年间巴西政府总债务规模由 16 177. 1 亿美元上升为 24 182. 1 亿美元；预算政府赤字占 GDP 比重将有所下降，赤字率也从 2019 年的 7. 34% 下降到 2024 年的 5. 85%。截至 2018 年年底，巴西全国政府预算赤字占 GDP 的 8%，经常账户赤字占 GDP 的 1. 2%，如图 3 – 5 所示。

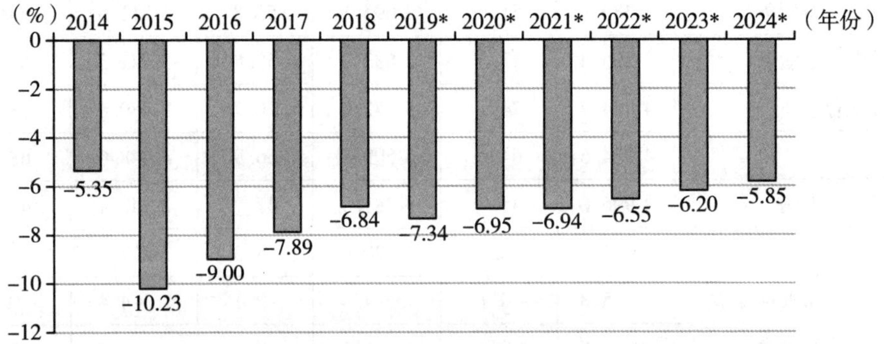

图 3 – 5　2014—2024 年巴西政府预算赤字占 GDP 比重变动图

资料来源：

Brazil：Budget balance between 2014 to 2024 in relation to GDP，http：//www. statista. com/statistics/270877/brazils – budget – balance – in – relation – to – gdp/。

注：* 表示当年数据为预测值。

（四）政府盈余/赤字和债务分析

1. 新特征新情况及原因分析

一是公共部门内外债规模庞大，财政改革迫在眉睫。预计2020年巴西政府总债务占GDP比重将涨至95%，到2023年政府公共支出将达到支出上限。[①] 就经常账户赤字而言，随着进口增速快于出口增速，巴西贸易顺差会缩小，进而导致财政赤字继续增加。“双赤字”状况得不到有效解决，巴西国债风险会随之上升，汇率贬值压力也难以有效缓解。[②] 这意味着，巴西政府将无力支撑沉重的财政负担，更无力增加投资，财政制度改革已迫在眉睫。

二是人员经费支出超限，地方政府破产风险激增。巴西财政部国库公布数据，2018年巴西有16个州和巴西利亚联邦特区的政府人员开支超限，其中有5个州的政府人员开支超过了净收入的75%，如北里奥格兰德州（Rio Grande do Norte）占比为86%，里约热内卢州（Rio de Janeiro）占比为81%，南里奥格兰德州（Rio Grande do Sul）和南马托格罗索州（Mato Grosso do Sul）占比约80%。[③] 1995年至今，巴西公务员（包括军人）数量增长了20%，公务员数量从1995年的750万人增加至2018年的1 280万人，其中市属公务员数量由240万人增加至680万人，增长了183%。[④] 另外，巴西在职公务员平均工资水平比私营部门高67%，退休公务员养老金水平是普通退休人员的3倍以上，公务员已经成为巴西第五大富人群体。巴西社会各界警告，人事开支作为强制性支出，政府人员开支超限与工资水平居高不下问题将长期并存，如果不采取有效措施缩减人员开支，则政府只能通过增加税收和税种来平衡赤字，或通过增加公共债务来平衡账户。[⑤] 反之，随着人口老龄化、社保资金的增长，人员经费支出将耗尽政府的所有收入，公共服务将濒临崩溃。

2. 可能带来的影响

近年来，巴西财政预算管理的核心仍然是扭转公共账户和债务增长失衡问题。博索纳罗内阁经济部长保罗·盖特斯拟通过改革，为缓解财政状况的恶化制定了包括控制公共开支、税制改革、国有企业私有化等在内的一揽子经济改革方案，强调

---

① Brazilian Government Could Run Out of Money By 2020：https：//brazilian. report/money/2018/12/29/brazilian – government – money – 2020/.

② 张勇，巴西货币大幅波动，经济短期动向如何?：http：//ilas. cass. cn/xkjs/kycg/lmjj/201812/t20181206_4789239. shtml。

③ 人员开支超上限 巴西16个州有破产风险：http：//www. br – cn. com/news/br _ news/20181108/118911. html。

④ 巴西应用经济研究院：http：//www. ipeadata. gov. br/。

⑤ Luís Carlos G. de Magalhães e Carla Rodrigues Costa. Arranjos Institucionais，Custo da Dívida Pública e Equilíbrio Fiscal：a despesa “ausente” e os limites do ajuste estrutural：http：//www. ipea. gov. br/portal/images/stories/PDFs/TDs/td_2403jjj. pdf.

减少国家对经济的干预；摒弃民主主义社会政策，控制公共开支；2019 年消除财政赤字，2020 年实现财政盈余；维持 4.5% 的通货膨胀目标；推进税制改革，减少税负；推进私有化（规模约合 1 900 亿美元），降低 20% 的债务规模；继续推进养老金、劳工、税收等改革。

相较而言，养老金改革被博索纳罗政府确定为最优先的领域，当前巴西养老金赤字占 GDP 的比重接近 3%。事实上，养老金改革也是刚刚卸任的特梅尔政府主推的改革项目，尽管特梅尔总统在议会中具有很强的影响力，然而最终还是无果而终，这也说明了未来的博索纳罗政府解决这个问题的难度。IMF 在分析巴西经济时，也强调财政改革对于巴西经济未来走势至关重要。为确保巴西政府广义债务负担可持续发展，迫切需要进行结构性改革，尤其是社会保障制度改革，以此扭转政府支出增长的趋势，降低政府的刚性支出。

五、政府间财政关系

（一）转移支付的基本情况

目前，巴西各级政府之间的自有收入与支出责任是不对称，在基础教育、公共安全和城市规划等政策领域，州市政府的支出责任更大。为缓解地方间收支分配不均衡的矛盾，联邦政府每年将财政收入的 21% 转移给地方，其中 52% 用于欠发达州市。以 2018 年巴西各级政府收支情况为例，联邦、州及市三级政府财政收入占比为 67.7∶26.2∶6.1，而三级政府财政支出构成为 49.5∶30.2∶20.3，如表 3－22 所示。

表 3－22　巴西各级政府收入占财政总收入的比重（2018）　单位:%

	财政收入占比	财政支出占比
联邦政府	67.7	49.5
地方政府	32.3	50.5
州政府	26.2	30.2
市政府	6.1	20.3
合计	100.0	100.0

巴西政府间转移支付结构大致分为三类：一是由宪法明确的税收转移或收入分享的直接转移；二是由宪法明确的社会发展基金（含国家参与基金 FPE、州市参与基金 FPM 等）为主的间接转移；三是特定目的的转移支付，具体包括其他法律规定的转让、协商转让、特殊投资基金/项目、通过政府机构发生的转让。目前，除了医疗保障体系（SUDS）统一管理分散实施外，联邦政府对州市的协议性转移支付一般

维持在10%左右。具体分配比例情况如表3－23、表3－24、图3－6所示。

表3－23　　巴西参与基金的分配比例　　单位:%

地区	联邦和州参与基金	州参与基金
北部	25.37	8.53
东北部	52.46	35.27
东南部	8.48	31.18
南部	6.52	17.55
中西部	7.17	7.47

资料来源：巴西经济部网站。

表3－24　　巴西各级政府收入占财政总收入的比重（2013）　　单位:%

	联邦政府层面	州政府层面	市政府层面
自有收入	67.8	26.0	6.2
联邦政府转移后收入	57.4	31.4	11.3
联邦和州政府转以后收入	57.4	24.3	18.4

资料来源：五个新兴市场国家政府间关系报告，https：//fincomindia.nic.in/writereaddata/html_en_files/fincom14/others/31.pdf。

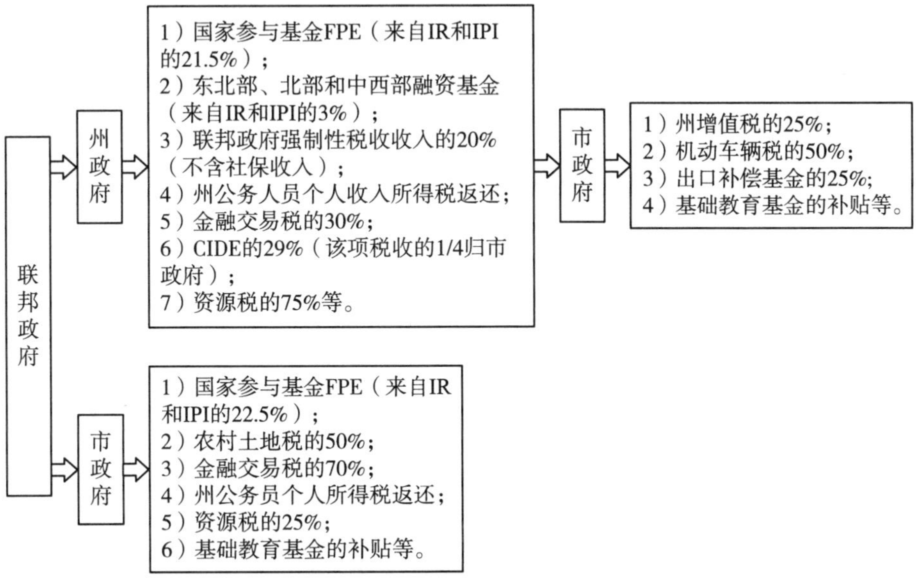

图3－6　巴西宪法规定的政府间转移支付形式和分配比例

资料来源：Non－discretionary intergovernmental grants in Brazil：evolution and recent trends，https：//www2.gwu.edu/～ibi/minerva/Fall2010/Fabricio.pdf。

（二）转移支付的规模

1. 按支出部门划分的转移支付

按转移支付资金流向划分，巴西联邦政府转移支付资金主要流向了州、市政府，家庭户、私营部门、政府消费、金融投资机构和其他部门，其中对家庭户的现金转移支付占比最高，约占转移支付总额的52%。2015—2019 财年，巴西中央政府基本预算转移支付支出规模不断扩张，年均增幅为6.9%。截至2018 年年底，巴西联邦政府累计转移支付金额为 41 567.6 亿雷亚尔，其中通过税收分享转移支付额为25 672.9亿雷亚尔，向家庭户现金转移支付8 641.1 亿雷亚尔，如表3－25 所示。

表3－25　　巴西联邦政府转移支付资金流向　　单位：10 亿雷亚尔

财年	2015/2016	2016/2017	2017/2018	2018/2019	2019/2020
向州、市政府转移	302.1	285.4	336.4	352.9	368.9
向家庭户现金转移	631.3	730.3	787.9	826.8	864.1
向私营部门转移	38.4	25.1	21.1	22.1	23.1
向公共部门转移	265.3	205.3	278.8	292.5	305.7
向金融投资机构转移	48.2	17.6	53.5	56.2	58.7
其他转移支付	54.4	36.2	37.2	39.0	40.8
合计	1 339.7	1 300.0	1 514.9	1 589.5	1 661.3

资料来源：巴西经济部官网，http：//www.planejamento.gov.br/assuntos/orcamento－1/informacoes－orcamentarias/arquivos/estatisticas－fiscais。

2. 按收入分配的转移支付规模

截至2018 年12 月，巴西政府按收入分配的转移支付共27.9 亿雷亚尔，比上年增长了3 亿雷亚尔，增幅为12.6%，如表3－26 所示。这主要由于2018 年12 月移交的第2007/55 号宪法修正案，关于上调联邦参与基金% 的诉求，这导致联邦参与基金增加了42 亿雷亚尔。

表3－26　　按收入分配的转移支付情况　　单位：百万雷亚尔，%

	2017 年	2018 年	2017 年/2018 年对比	
	支出规模	支出规模	差异额	变动率
社会发展基金（FPM/FPE/IPI－EE）	21 719.3	23 609.3	1 890	8.7
法定基金	629.9	838.7	208.8	33.1

续表

	2017 年	2018 年	2017 年/2018 年对比	
	支出规模	支出规模	差异额	变动率
发行量	1 178.5	1 290.3	111.8	9.5
资金盈余	-548.6	-451.5	97.1	-17.7
教育缴费	964.8	941.7	-23.1	-2.4
财政补偿基金	1 368.4	2 405.6	1 037.2	75.8
其他	125.9	130.5	4.6	3.7
合计	24 808.3	27 925.8	3 117.5	12.6

资料来源：Resultado do Tesouro Nacional，www. tesouro. gov. br.

3. 对州和地方政府的转移支付支出规模

2018 年巴西联邦政府向州和地方政府的转移支付为 3 529.4 亿雷亚尔，占 GDP 比重为 5.17%，比 2011 年同期增加了 1.42 个百分点。总体上看，巴西联邦政府每年会拿出预算总支出的 32%—42% 用于对州和地方政府的转移支付，如图 3 - 7 所示。

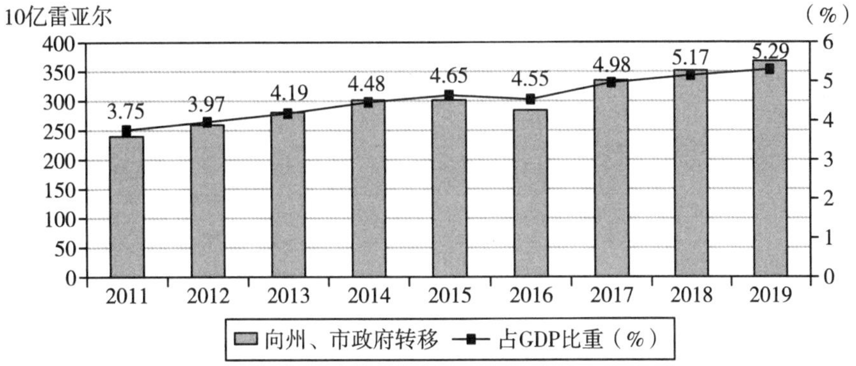

图 3 - 7 巴西中央政府转移支付支出情况

资料来源：巴西经济部官网，http：//www. planejamento. gov. br/assuntos/orcamento - 1/informacoes - orcamentarias/arquivos/estatisticas - fiscais。

（三）转移支付的结构

1. 按分享机制获得的转移支付构成

2015—2019 年间，巴西联邦政府通过收入分享机制向地方政府转移支出规模逐年增加，年均增长率为 6.1%。2018 财年，联邦财政向帕拉伊巴州、帕拉州、马拉尼昂州等 10 个州的税收分享支出金额为 21 700.3 亿雷亚尔，占全国总转移支出的

76.5%。此外，联邦政府通过特别使用费、教育基金费等其他方式分享收入也呈逐年递增趋势，2018 年共提供资金 575.6 亿雷亚尔，比上年同期上升了 1.65%，涨幅有所下降。据巴西央行预测，2019 年联邦政府通过税收分享机制将向地方政府转移 28 362.9 亿雷亚尔，其中向帕拉伊巴州等 10 个州市转移收入占比为 76.5%，如表 3－27所示。

表 3－27　通过收入分享转移支付体制受益的主要州政府

单位：10 亿雷亚尔

	2015/2016	2016/2017	2017/2018	2018/2019	2019/2020
帕拉伊巴州（PB）	6.40	6.95	7.56	7.48	8.17
帕拉州（PA）	8.04	8.81	9.65	9.46	10.35
库里蒂巴（PR）	8.40	9.23	10.14	10.14	10.95
马拉尼昂州（MA）	9.07	9.98	10.98	10.80	11.83
伯南布哥州（PE）	9.51	10.48	11.56	11.26	12.33
阿雷格里港（RS）	8.15	8.95	9.83	9.61	10.40
塞阿拉州（CE）	9.86	10.84	11.93	11.66	12.74
圣保罗（SP）	13.27	14.47	15.79	16.00	17.19
萨尔瓦多（BA）	15.37	16.88	18.55	18.04	19.69
美景（MG）	15.30	16.76	18.37	18.32	19.85
其他州	63.81	69.82	76.40	76.38	83.48
州合计	167.17	183.19	200.75	199.16	217.00
特权使用费和教育基金提成	37.52	46.09	56.63	57.56	66.89
分享转移支付总额	204.68	229.09	256.40	256.72	283.63
10 个州转移支付占比（%）	61.83	61.88	61.94	77.58	76.51

资料来源：巴西中央银行，http：//www.bcb.gov.br/? INDICATORS。

注：上述转移支付包括“联邦区和州参与基金”“出口补偿基金”、金融交易税和农村土地税等。

2. 参与基金在各州的转移支付构成

截至 2018 年年底，巴西参与基金额为 19 718 亿雷亚尔，其中联邦参与基金 11 894.5亿雷亚尔、州市参与基金 7 397.4 亿雷亚尔、生产者价格附加 426.1 亿雷亚尔。就联邦参与基金而言，该项基金主要转向了巴伊亚州、米纳斯吉拉斯州和圣保罗州，分别占联邦参与基金转出额的 9.2%、13.1% 和 13.3%，如表 3－28 所示。

表 3－28　　参与基金向各州的转移支付构成（2018）　　单位：亿雷亚尔

	联邦参与基金（FPE）	州市参与基金（FPM）	生产者价格附加（IPI－EE）
阿克里州（AC）	639.3	2 617.1	0.3
阿拉戈斯州（AL）	2 703.6	3 171.4	9.6
亚马逊州（AM）	1 925.4	2 359.3	19.9
阿马帕州（AP）	471.0	2 545.5	6.9
巴伊亚州（BA）	10 934.2	6 791.3	183.1
塞阿拉州（CE）	5 918.2	5 282.9	40.2
联邦区（DF）	205.0	504.4	5.4
圣埃斯皮里图州（ES）	2 125.6	1 255.0	172.6
戈亚斯州（GO）	4 366.0	2 163.3	100.0
马拉尼昂州（MA）	5 003.1	5 243.7	49.2
米纳斯吉拉斯州（MG）	15 624.0	3 384.2	529.2
南马托格罗索州（MS）	1 746.7	1 017.7	77.7
马托格罗索州（MT）	2 172.3	1 708.9	59.5
帕拉州（PA）	4 182.3	4 562.2	255.4
帕拉伊巴州（PB）	3 737.6	3 483.3	3.7
伯南布哥州（PE）	5 857.0	4 988.6	60.0
皮奥伊州（PI）	3 164.8	3 192.1	1.1
巴拉那州（PR）	8 038.5	2 062.4	404.2
里约热内卢（RJ）	3 502.9	1 316.0	763.1
北里奥格兰德州（RN）	2 949.7	3 006.8	3.7
朗多尼亚州（RO）	1 054.1	2 179.4	12.6
罗赖马州（RR）	599.9	1 828.4	0.2
南里奥格兰德州（RS）	8 048.7	1 583.7	389.8
圣卡塔琳娜州（SC）	4 641.9	975.0	254.4
塞尔希培州（SE）	1 780.6	2 977.1	2.8
圣保罗州（SP）	15 857.6	683.6	852.1
托坎廷斯州（TO）	1 695.3	3 091.3	4.0
合计	118 945.2	73 974.4	4 260.6

资料来源：Resultado do Tesouro Nacional，www. tesouro. gov. br.

六、巴西应对挑战的财政改革和治理措施

（一）改革的背景

巴西在共产党执政期间，被诟病经济管理不善，政坛腐败丑闻频现，民众对执政党失去信心，最终导致巴西陷入严重衰退和投资信用评级下降。在总统米歇尔·特梅尔施政期间，巴西政府推出了一系列改革，包括向石油业巨头拍卖石油储量丰足的海上区块；以弹性工资制为代表的劳动力市场改革，这项改革使企业和求职者都裨益，既降低了企业成本，而且提高了就业率。尽管这些改革措施取得了成功，但是巴西养老金体系关键改革的计划却失败了。2018 年，巴西在社会保障和一般公共服务上的支出水平远高于国际水平，两项合计支出约占联邦公共支出总额的 77% 左右，占 GDP 的 25. 3%，高于 15. 1% 的国际水平。尤其是社会保障体系已赤字运营多年，2018 年年末社会保障预算赤字为 195. 2 亿雷亚尔，比上年上升了 7%，扣除通胀因素后的涨幅为 3. 2%。巴西养老金支出负担几乎从 2013 年的占 GDP 50% 攀升到今天的占 GDP80%。[①] 外债高筑的公共财政状况也为巴西经济发展蒙上阴影。2019 年 1 月 1 日，雅伊尔·博索纳罗（Jair Bolsonaro）正式就职巴西第 38 任总统。这是自 1985 年结束军事独裁政权以来，拉美最大经济体第一次开启右翼执政时代。博索纳罗政府倡导自由经济政策，主导通过消减赤字、偿还债务、精简政府、私有化建设，以及养老金制度改革，改善公共财政状况，推动建立巴西良性经济循环体系。

（二）政府与财政改革举措

博索纳罗带领下的新政府面临的首要挑战是缩减巨额公共债务、实行社会保障改革。在财政方面，新政府公布，要将养老金制度改革作为头等大事。在经济方面，新政府计划通过增加市场信心、全面开放国内市场、鼓励竞争等措施，建立良性的经济循环。具体如下。

1. 养老金制度改革

1988 年巴西宪法将退休福利纳入到宪法，养老金制度改革涉及宪法修改，需要国会两院批准。2019 年巴西新政府面临的最大挑战之一是复杂性与紧迫性并存的养老金制度改革。巴西的年金支出/GDP 比为 12%，远高于经合组织（OECD）国家的

① Brazil Takes Big Reform Step：https：//seekingalpha. com/article/4276251 - brazil - takes - big - reform - step.

8%。要控制巴西政府庞大的赤字，并重振巴西的投资评级，势必要消减年金支出。据巴西地理统计局数据预测，到2060年60岁以上人口的比例将增加至1倍以上，养老金支出如保持不变，同年养老支出占GDP比重将超过20%。随着人口老龄化扩大及人口结构的巨大变化，巴西社会保障制度体系将濒临破产，尤其是养老金赤字规模还将持续增加，长期下去将难以为继。当前的情况是，谁立法谁就拥有最多的养老金，谁有裁决权谁就拥有最多的养老金，巴西人民分到最少的养老金。巴西养老金制度导致了一定的不平等现象，20%的富裕阶层享受35%的养老金福利，而40%的贫困人口只享受18%的养老金福利。为此，2019年2月20日巴西新政府提出了养老金改革方案，规定法定最低退休年龄男性为65岁，女性为62岁，过渡期12年。若改革方案通过，巴西政府可节省1.1兆亿雷亚尔（约2950亿美元），同时可保证未来10年的经济可持续增长。① 目前，巴西市场对该提案反应喜忧参半，大家一致认为短期内提案难以获批。

2. 简化税制

巴西新经济部部长罗盖德斯（Paulo Guedes）认为巴西的理想税务负担率应为20%，低于目前的36%。他倡导建立单一的联邦税制，将之前的七八种税合并，简化纳税手续。具体情况如下②：一是建议用商品和服务税（IBS）替代现行的联邦生产者所得税（IPI）、联邦金融交易税（IOF）、联邦社会缴款收入（PIS和Cofins）、基础教育基金联邦缴款、联邦能源缴款（CIDE－fuels），州增值税（ICMS）以及市级服务税（ISS）等，过渡期为10年，替代比例逐年增加，直到被替代税制自然消亡；二是创造一种产品消费联邦选择税，拟根据产品消费情况自动调节税收水平；三是将社会保障缴税（CSLL）纳入到企业收入所得税；四是将市级捐赠和遗产税（ITCMD）纳入到联邦政府；五是强化自动化交通工具财产税（IPVA），涵盖轮船和飞机。

3. 私有化计划

巴西国有企业的建立已有百余年的历史。过去几年，巴西大型国有企业运行僵化，且频频出现腐败丑闻。为拯救经济严重衰退，提振市场投资，2016年9月巴西政府启动了一项全面私有化计划，包括拍卖油气、电力和基础设施运营许可证；2017年巴西政府启动了20年来最大规模私有化计划，旨在通过并购或出让控股权等方式，将50多个由国家控股的公司私有化，包括拉美地区最大的巴西电力公司。

---

① Previdência：nova estimativa de economia é de R $ 9335 bilhões em 10 ano，http：//www. brasil. gov. br/noticias/economia－e－financas/2019/07/previdencia－nova－estimativa－de－economia－e－de－r－933－5－bilhoes－em－10－ano.

② A New Chapter in Brazil's Tax Reform：https：//www. internationaltaxreview. com/Article/3875479/A－new－chapter－in－Brazils－tax－reform. html？ArticleId＝3875479.

2019 年巴西新新经济部部长保罗·盖德斯（Paulo Guedes）为国库筹集资金，极力推行国企私有化计划，他认为该项改革是新政府的“第二大支柱”，仅次于养老金改革。盖德斯倡导将联邦政府运营的巴西石油公司和国家电网等国企巨头私有化，建议采取市场驱动的燃油价格制定方式，增加市场竞争力，进而为增加对铁路网络的投资，实现机场、码头等基础设施的现代化和扩张。专家们认为，目前巴西石油公司全面私有化改革难度较大，短期内可将炼化和石油运输等非核心业务私有化，通过放宽燃料价格设定，吸引私有石油公司加入，创造友好的石油市场。对于巴西电力公司，新政府计划稀释国有资本份额，通过这项改革预计收入 120 亿雷亚尔。①

4. 贸易便利化改革

根据世贸组织 2018 年年末公布数据，2017 年 10 月至 2018 年 10 月间，巴西采取了很多贸易便利化措施，全球每 10 项贸易便利化措施中就有 1 项来自巴西政府。特梅尔政府共采取了 16 项贸易便利化措施，包括降低进口关税、取消贸易壁垒、为出口商制定奖励措施等。② 2019 年博尔索纳罗新政府也主张推进贸易便利化行动、协同监管，缔结贸易协定和改革关税结构；提高银行业效率，以解决高企的定向贷款水平和公共银行占主导的问题；实施贸易自由化，促进制造业更加紧密融入全球价值链等。③

5. 劳动力市场灵活化改革

博尔索纳罗新政府的劳动改革法案对巴西劳动法（CLT）中的很多规定做出了改动，④ 具体包括允许一天工作 24 小时，但必须休息 36 小时；每年休假 30 天，可分成三次；规定了在家办公的细节；允许第三方外包任何公司活动等。⑤

6. 推进大部制改革

2019 年 1 月 1 日巴西总统博尔索纳罗就职后，重新整合了内阁，缩减公共部门，释放更多的经济资源⑥。按照第 870 号临时法案，成立了“超级经济部”，财政部、计划发展部、工贸服务部被取缔，其主要业务联通原劳工部的大部分业务也被

---

① Brazil ministries to present Eletrobras privatization plan in next two weeks：https：//o. canada. com/pmn/business - pmn/brazil - ministries - to - present - eletrobras - privatization - plan - in - next - two - weeks/wcm/7141f1bb - 69004d98 - 85ec - c5c48d9ce249.

② 世贸组织点赞巴西 贸易便利化措施全球最多：http：//www. ccpit. org/Contents/Channel_3929/2018/1212/1100189/content_1100189. htm。

③ New Trade Facilitation Project with Brazil：https：//www. tradefacilitation. org/article/new - trade - facilitation - project - with - brazil/.

④ O que a reforma trabalhista muda para as pequenas empresas：https：//exame. abril. com. br/pme/5 - pontos - da - reforma - trabalhista - que - irao - mudar - pequenas - empresas/.

⑤ Main points of the Brazilian Labor Reform：http：//tozzinifreire. com. br/assets/conteudo/uploads/reformenglish - 5970044d3d56b. pdf.

⑥ 巴西季评，中国社会科学院拉丁美洲研究所巴西研究中心，2019 年第一期。

合并入新政府的“超级经济部”中。二是将主管农业生产的农业和负责确保农业生产不会危害环境的渔业部与环境部合二为一，为推动拓疆拓土计划铺平道路。

7. 削减开支

目前，巴西政府最大的开支是利息开支、养老开支和人员开支，其中92%的支出是必要性开支。公务员开支方面的改业也是政府改革的重点，减少对公务员“慷慨的福利”。

（三）未来影响

1. 养老金制度改革的影响

经济学家指出，养老金制度如若能够成功将减少巴西不断膨胀的预算赤字，避免该国可能出现的严重财政危机。但是，养老金制度如若最终未能获得批准，很可能导致基本市场的大规模抛售。巴西主权债务将被评级机构降为垃圾级，从而提高政府的借贷成本。央行也可能会被迫提高基准利率，以抵御通胀压力，防止投资者信心大幅下跌。

2. 简化税制改革将降低企业税负，尤其是中小企业税收负担

在现行税制下，商品和服务税（IBS）是非累进税，它主要以商品、服务、无形资产、知识产权等的国内交易额以及商品租赁额为基准征税；对进口的商品、服务和产权征税。在州内或市内交易，改革后的商品和服务税以改善州市税制，同时增加共享份额。通过税制改革，巴西将直接或间接地降低企业税负。

3. 私有化的影响

私有化有利于做大蛋糕，提供更多资源支持卫生、教育、公民服务事业。巴西新政府旨在通过对国家石油公司和国家电网私有化改革，增加对铁路网络的投资，实现机场、码头等基础设施的现代化和扩张。

4. 劳动改革可能对原有劳工法产生的十大影响

具体如下①：一是集体协定和公约将可以凌驾于法律之上；二是集体协议不能够变更一些特殊权利，例如：十三薪、工龄保障基金、产假（妇女）以及失业保险；三是可以协商工时，但是不能超过在宪法中规定的限制。（如今，标准工时是每日8小时，可加班2小时，每周44小时）；四是可商榷休息时间，如午休时间（午餐），但是如果每日工作时间超过6小时，那么必须至少有30分钟的休息时间；

① Brazil's New Labor Law Grants Employers More Flexibility in Their Hiring and Pay Programs：https：//radford. aon. com/insights/articles/2018/brazil – new – labor – law – grants – employers – more – flexibility – in – their – hiring – and – pay – programs.

五是经集体协议可以调整休假；六是假期可被分至 3 个时段，但是任何一个时段都不能少于 5 天，并且至少有一个时段有 14 天；七是可选择性缴纳工会税；八是明确了家庭办公的规定；九是离职 18 个月内，职员不能被聘雇为外包职员。十是如果有医生证明准许，孕妇和处在哺乳期的妇女将可以在对健康有一定影响的（Insalubre）环境下工作。对于怀孕的妇女，仅不允许其在卫生级别为最差的环境工作。

七、小结：巴西财政运行特征

世贸组织总干事罗伯托·阿泽维多（Roberto Azevedo）表示，近年来全球贸易壁垒“显著增多”。和 2016—2017 年相比，2018 年全球受保护主义影响的贸易量是之前的 7 倍。2017 年 10 月至 2018 年 10 月，全球共采取了 137 项贸易保护措施，平均每个月都有 11 项新贸易壁垒，影响的贸易额高达 5 880 亿美元。在“逆全球化”背景下，尤其是中美贸易纠纷和贸易保护主义加剧的情况下，巴西新政府的财政经济运行呈现出如下特征：

1. 财政支出方面

一是计划消减债务，以实现经济的可持续发展为抓手，通过完善财政结构，包括执政第一年消灭财政赤字，并在 2020 年实现财政盈余。二是计划通过私有化将政府公共债务减少 20%；三是计划通过养老金制度改革，使预算支出约缩减 1 亿美元等。在漫长的众议院辩论后，养老金制度改革方案 8 月初提交至参议院进行表决，而后续表决进程难以预测。

2. 在收入方面

一是通过简化税制等多措并举的改革，创造经济新的增长点，财政收入总规模继续扩大，但增幅呈周期性波动；二是从收入结构来看，部分税收随着改革逐步消亡，而且替代税收收入将不断增加。2019 年 7 月 12 日，巴西政府将巴西 2019 年经济预期自 1.6% 下调至 0.8%，将巴西 2019 年通胀预期自 4.1% 下调至 3.8%。

3. 在外交关系方面

博索纳罗新政府的外交政策具有很强的意识形态色彩，尤其将左翼主政国家、社会主义、共产主义置于对立面等。具体外交思路如下①：一是强调“提升巴西产品附加值”的原则，主张外贸结构的平衡，改变巴西工业制成品的出口比重；二是明确支持美国总统特朗普限制外来移民的政策，强化与欧美发达国家的合作关系，不与专制国家发展关系，也不签订贸易协定；三是放弃“优先发展南共市”的外交

① 宋雅楠主编，《巴西投资环境研究报告》，经济出版社，2019 年 5 月。

政策安排，强调拉美一体化必须基于民主原则，坚持将本地区非民主国家（尤其是委内瑞拉）剔除出一体化组织；四是改变巴西外交的多边主义传统，重视双边原则；五是主张巴西退出联合国人权理事会和巴黎气候协定，等等。

主要参考文献

[1] 巴西国家地理统计局，https：//sidra. ibge. gov. br/tabela/1621。

[2] 巴西中央银行，http：//www. bcb. gov. br/? INDICATORS。

[3] 巴西经济部官网，http：//www. economia. gov. br/。

[4] 2018 RelatórioAnual da Dívida：http：//www. tesouro. fazenda. gov. br/documents/10180/269444/RAD_2019. pdf/85c6fb46 – 144a – 4c26 – 88f2 – 6b15e4098744.

[5] 巴西选举再现逆全球化趋势，联合早报，2018 年 11 月 5 日：https：//www. zaobao. com. sg/zopinions/editorial/story20181105 – 904889。

[6] KOF Swiss Economic Institute：https：//kof. ethz. ch/en/news – and – events/media/press – releases/2018/12/kof – globalisation – index – globalisation – lull – continues. html.

[7] The Global Competitiveness Report 2018：http：//www3. weforum. org/docs/GCR2018/05FullReport/TheGlobalCompetitivenessReport2018. pdf.

[8]《2018 年世界投资报告》：https：//unctad. org/en/PublicationsLibrary/wir2018_overview_ch. pdf。

[9]《2019 年世界投资报告》：http：//k1. caict. ac. cn/yjts/qqzkgz/zksl/201906/P020190618804515954339. pdf。

[10] 国际货币基金组织巴西数据，https：//www. statista. com/statistics/531375/national – debt – of – brazil/。

[11] Alfredo Cuevas，LzabelaKarpowicz，Carlos Mulas Granados，Mauricio Soto：Fiscal Challenges of Population Aging in Brazil，IMF Working Paper，wp17/99.

[12] Brazil Takes Big Reform Step：https：//seekingalpha. com/article/4276251 – brazil – takes – big – reform – step.

[13] Central Government Primary Balance，http：//www. tesouro. fazenda. gov. br/en/central – government – primary – balance。

[14] Federal Revenue Secretariat of Brazil（RFB），http：//idg. receita. fazenda. gov. br/。

[15] Joanilson C. Santos，General Government Gross Debt in Brazil：Methodological Issues Regarding Government Securities Held by the Central Bank：https：//www. bcb. gov. br/ingles/economic.

[16] OECD Economic Outlook Volume 2019，https：//read. oecd – ilibrary. org/economics/oecd – economic – outlook – volume – 2019 – issue – 1_b2e897b0 – en#.

[17] Resultado do Tesouro Nacional，www. tesouro. gov. br.

[18] Non – discretionary intergovernmental grants in Brazil：evolution and recent trends，https：//www2. gwu. edu/ ~ ibi/minerva/Fall2010/Fabricio. pdf。

[19] Secretaria do Tesouro Nacional doMinistério da Fazenda（STN/MF），OrçamentoCidadão：Projeto de Lei OrçamentáriaAnual – PLOA 2019。

第四章 英国

英国全称大不列颠及北爱尔兰联合王国（The United Kingdom of Great Britain and Northern Ireland），位于欧洲西部，岛国，面积24.41万平方公里（包括内陆水域），人口6605万（2017年），首都伦敦。1688年发生“光荣革命”，确定了君主立宪制。18世纪60年代至19世纪30年代成为世界上第一个完成工业革命的国家。1914年占有的殖民地比本土大111倍，是第一殖民大国，自称“日不落帝国”。第一次世界大战后开始衰落，其世界霸权地位逐渐被美国取代，第二次世界大战严重削弱了英国的经济实力。随着1947年印度和巴基斯坦相继独立，英国殖民体系开始瓦解，但英国仍是英联邦53个成员国的盟主，目前，在海外仍有13块领地。英国1973年1月加入欧共体（即后来的欧盟），非欧元区国家，2016年6月23日英国举行脱欧全民公投，脱欧派获51.9%支持率，英国在加入欧盟43年后决定脱离欧盟，目前英国正在脱欧进程之中。英国对英联邦成员国无论是语言还是体制、制度上都有深远的影响。不但如此，英国的很多法律和制度还是世界各国学习和效仿的对象，例如君主立宪制、大宪章。①

一、陷入脱欧泥潭的英国

近年来，世界各国的民族主义、单边主义、贸易保护主义抬头，逆全球化思潮不断涌现新的形式。“逆全球化”在英国最突出的表现是脱欧，其次是美欧贸易摩擦和英国移民政策的变化，它们是英国和美国民族主义、单边主义、保护主义发展

① 中国外交部，《英国国家概况》，2018年9月更新，中国外交部网站。

的有力证据，是逆全球化思潮新的表现形式。它们或来自内部，是英国人民和英国政府的选择，或来自外部，受制于美国贸易保护主义的压力，都将对英国乃至世界产生重大影响。

（一）脱欧

1. 一朝决策，进程坎坷①

2016 年 6 月 23 日，时任首相戴维·卡梅伦按照之前的承诺举行脱欧全民公投，公投票数统计结果显示，同意脱欧的 1 570 万人，占 51.9%，同意留欧的 1 458 万人，占 48.1%。根据绝对多数原则，1973 年 1 月加入欧盟前身欧共体的英国，将成为首个脱离欧盟的国家。

在公投结果揭晓后，卡梅伦辞去首相职务。特里莎·梅当选党魁，继任首相。2017 年年初，英国正式启动脱欧程序，预定的最终脱欧日期是 2019 年 3 月 29 日。但是，由于之前没有预料到的问题，英国和欧盟就脱欧协议协商过程中，英国政府、英国议会和欧盟委员会之间难以达成协议，矛盾的焦点是英国与爱尔兰边境问题的处理。直到预定的脱欧日期，虽经政府多方努力，政府与欧盟委员会达成的意向难以获得议会多数的支持，脱欧协议三次被议会否决。好在英国和欧盟两次同意延期脱欧，最后一次延期决定弹性延期至 2019 年 10 月 31 日，英国可以视脱欧协议获批情况提前离开欧盟。

2019 年 5 月 24 日，首相特里莎·梅宣布将辞去首相职务，成为第二位因为脱欧辞职的首相。在之后的党魁选举中，鲍里斯·约翰逊胜出，7 月 23 日当选保守党党魁。约翰逊是“脱欧派”领袖，曾多次强调英国必须按期实现“脱欧”，即使代价是“无协议脱欧”，其主张对英国脱欧的方向必将产生影响。② 英国脱欧的最终走向，无论是无协议脱欧、有协议脱欧还是取消脱欧，都对英国、欧盟乃至世界经济、政治都将带来重大的负面影响。

2. 更多英国人支持脱欧

2016 年的脱欧公投参与度极高，根据英国选举委员会公布的数字，共有4 649.9 万人登记参加公投，超过 2015 年英国大选时的 4 635 万登记选民人数，创下了历史新高，最终票数超过 3 000 万。这些都说明了英国民众对与欧盟关系的重视和担忧，以及离开欧盟的决心。这不是英国第一次举行脱欧全民公投，1975 年，英国曾举行

---

① 根据新华网发表的消息进行汇总，时间截至 2019 年 4 月 25 日。

② 根据保守党的选举规则，新党魁由 16 万名党员通过邮寄选票方式在进入最终角逐的约翰逊和现任外交大臣杰里米·亨特之间选出。经过对此前近一个月投票的统计，最终约翰逊以 9.2 万余票支持的压倒性优势取胜（对手得到 4 万多票）。参考：新华社记者桂涛、孙晓玲，《鲍里斯·约翰逊将把英国引向何方》，2019 年 7 月 23 日，新华社网站。

过一次全民公投，决定是否脱离欧共体，当时最终的结果是67%的选民支持英国留在欧共体。40年后，英国人民做出了脱欧的选择，反映出民心的变化。

3. 脱欧和留欧支持者存在明显的群体性差异

对投票结果的研究发现，英格兰北部和威尔士部分地区更多人选择脱欧，而伦敦选区则支持留欧，年轻人更多选择留欧而年长者更多选择脱欧。也就是说，保守人群、竞争力相对较弱人群、经济相对不够发达地区的人们更多选择脱欧，而更愿意接受新鲜事物和挑战的人群、竞争力相对较强、经济相对更发达地区的人们更多选择留欧，人群数量的差异导致脱欧的公投结果。

4. 政党与民众在英国与欧盟关系上出现分歧

2015年5月，英国举行议会大选，组成保守党单独执政政府，戴维·卡梅伦连任首相。保守党对英国和欧盟关系的主张是，反对“联邦欧洲”、欧盟制宪，不加入欧元区，认为英国继续作为欧盟成员符合英国利益，但主张就与欧盟的关系举行重新谈判，承诺将于2017年年底前就英欧关系进行公投。可以看出，在大选中得到绝对支持的保守党支持留在欧盟，但是希望在与欧盟的关系中保持一定的自主性和独立性。而公投的结果说明，执政党在该方面的主张与民众的期望并不相同，政党和政治家们与普通大众对英国与欧盟关系上存在明显分歧。

5. 保守党影响力下降，政府的脱欧协议难以获得议会的支持

保守党议会席位数的下降表明其支持者和领导力的下降。2015年5月，英国举行议会大选，保守党席位超过一半，单独执政，党魁戴维·卡梅伦连任首相。2017年6月，英国提前举行大选，保守党继续保持议会第一大党地位，但未能赢得过半席位，在北爱尔兰民主统一党支持下，特蕾莎·梅组建新政府并连任首相。

政府领导力的下降导致脱欧进程受制于议会，脱欧协议不能得到议会通过。2016年10月初，首相特里莎·梅宣布在2017年3月启动脱欧谈判，如果一切顺利，将在2019年年初脱离欧盟。这一决定很快受到质疑。有声音指出，首相没有单独的权力宣布正式“脱欧”的时间，部分英国议员则认为政府启动“脱欧”需事先得到议会授权。2016年11月3日，英国高等法院裁定，英国政府在正式启动“脱欧”程序之前需要经过议会批准。在脱欧谈判中，梅担任首相的政府所提出的脱欧协议三次遭遇议会的否决，预定脱欧日期内无法达成有效的协议，只能一延再延。

6. 市场对脱欧的反映是负面的

在公投前对公投结果的预期是英国留在欧盟，公投当天的市场反应是积极的，英国股市上涨，英镑兑美元汇率上涨，国际原油价格上涨。但在24日一早，初步的开票结果显示，脱欧派暂时领先，造成英镑汇率紧急下挫。而每一次脱欧协议被议会否决后，都会看到市场的负面反映。

7. 英国选择离开欧盟，期望以独立国家的身份面向全球

对于英国来说，欧盟带给英国的负担和不利影响有：一是移民带来的就业问题。欧盟其他成员国国民的自由涌入对本国居民就业形成竞争。二是制度成本问题。欧盟极其烦琐的各种规定，导致英国的农业、渔业、金融业都承担了相当大的制度成本——据说每年接近500亿美元。三是难民问题。在难民危机发生后，欧盟的领导核心法国和德国要求强制摊派难民，搞“道德绑架”。四是农业问题。为了保护法国等成员国的利益，欧盟一直实行共同农业政策，不仅背上了沉重的财政负担，对于英国等许多成员国来说也是不利的。四是关税和非关税壁垒问题。欧盟成员国内部虽然视同一个国家，但对外却有着相当的关税和非关税壁垒，一些领域的商品关税高达30%甚至55%。①

（二）美欧贸易摩擦

1. 美国挑起美欧贸易摩擦

2018年5月底，美国宣布对来自加拿大、墨西哥和欧盟的钢铁和铝征收25%的钢铁关税和10%的铝关税，华盛顿时间6月1日午夜生效。欧盟对此采取对应措施，实施报复性关税，美欧贸易摩擦拉开帷幕。

2018年7月25日，美国和欧盟磋商后表示，同意通过谈判降低贸易壁垒、缓解贸易摩擦，并同意暂停加征新关税，贸易摩擦出现缓解的可能。磋商后，美国总统特朗普表示，美欧同意朝着取消非汽车类工业品所有关税、非关税壁垒和补贴的目标共同努力，并将在服务、化学、制药、医疗产品和大豆等领域减少壁垒、扩大贸易；美欧还同意增强能源方面的战略合作，欧盟希望从美国进口更多液化天然气以促进能源供应渠道多元化；双方同意就美欧监管标准展开对话，以减少监管障碍并降低贸易成本。磋商后，欧盟委员会主席容克表示，只要欧美双方继续谈判，双方就将暂停对对方商品加征新关税，同时将重新评估已经开征的钢铝关税。

但从过去几个月的谈判进展看，美欧贸易官员在是否取消钢铁和铝关税、汽车关税、农产品市场准入等关键议题上仍存在较大分歧，双方仍未确定未来美欧贸易协定将涵盖的行业范围。矛盾的焦点之一是，美方希望将农产品市场准入纳入美欧贸易谈判，但法国等欧盟农业大国为保护本地区农业利益和维护较高的农产品监管标准，反对将农业纳入任何美欧贸易谈判。另一个焦点是，欧盟希望欧美都将汽车进口关税降至零，但美方并未接受这一提议，特朗普政府仍在考虑是否对进口汽车

① 宋伟，《英国脱欧就是反“全球化”?》，北京日报2017年3月29日第003版。

加征关税。2019 年 2 月 17 日，美国商务部向白宫递交了有关进口汽车和零部件的“232 调查”报告，阐述了进口车辆以及汽车零部件构成的国家安全风险，特朗普将在报告发布后的 90 天内，对是否加征关税做出决定①。在最后期限前的 5 月 17 日，美国白宫宣布推迟 6 个月就是否对进口汽车及零配件加征关税做出决定②。整体看来，谈判前景难料。

航空补贴争端升级，为谈判增加不确定性。2019 年 4 月，美国政府指责欧盟违规补贴空客对美国造成不利影响，拟对价值约 110 亿美元的欧盟出口美国的产品加征关税。作为回应，欧盟指责美国政府违规补贴波音公司对空客造成损失，并开出一份价值约 200 亿美元的美国商品清单，威胁加征关税。虽然美欧均已发布征税清单，但双方都明确表示，最终征税金额将取决于世贸组织对波音和空客补贴案的仲裁。③

2. 美国祭出贸易保护主义大旗，贸易摩擦前景难料

特朗普政府提倡美国优先，关注美国自身利益，政策目标是发展本土工业、吸引资金回流、促进就业。在对外贸易方面，对巨额的贸易赤字十分担忧，力图扭转贸易逆差的局面，在执政伊始就提出了边境调节税，虽没有得到实施，但是一直抱有通过关税等手段解决美国贸易逆差的企图，以保护本国产业为名，先后对加拿大、墨西哥、日本、中国和欧盟采取关税措施，大行贸易保护主义。只要美国不放弃这样的立场，针对主要贸易伙伴的贸易摩擦还将继续。美国率先发起的贸易摩擦，谈判难度过大，矛盾难以调和，美国针对欧盟以及英国脱欧后美国直接针对英国的贸易摩擦还将继续，未来走向难以确定。

（三）移民政策收紧

在 2017 年提前大选时，保守党提出了苛刻的移民政策。在宣言纲领中，保守党保留了将每年的净移民数量削减至 10 万以下的目标，同时还提出了更多限制移民的政策，具体的措施包括：提高移民家庭团聚签证担保人的收入门槛；增加学生签证的申请条件等；同时要求增加移民和留学生在接受国民健康（医疗）服务时的付费，并提高移民工人支付的移民医疗附加费等。另外，有分析指出，英国脱欧助长了孤立主义思潮蔓延，政府在社会福利、工作机遇等一系列领域，对外来移民进行了诸多限制。④

英国国家统计办公室公布的数据显示，在脱欧公投后的一年时间内，英国净

① 秦天弘：《美拟推迟对欧洲进口汽车加征关税》，经济参考报，2019 年 5 月 17 日。

② 《美国白宫推迟 6 个月就汽车加征关税作出决定》，新华网，2019 年 5 月 18 日。

③ 高攀、熊茂伶：《财经观察：美欧贸易争端存在三大症结》，2019 - 04 - 18，来源：新华社，新华网。

④ 人民日报：《英国恐袭事件折射移民融入难题》，2017 - 05 - 26，新华网。

移民23万人，比上年减少10万多人，为有该统计以来最大年度跌幅。数据显示，从举行脱欧公投的2016年6月到2017年6月的12个月内，共有57.2万人移民到英国，比上年减少8万人；同时，有34.2万人离开英国，其中12.3万是欧盟居民，同比增长超过30%。现在尚不能判断净移民人数减少是否会成为长期趋势。净移民数量急剧下降的主要原因是那些希望到英国找工作的欧洲移民大量迁出。①

二、政府支出：经常性支出占比下降

英国是单一制国家，政府分为两个层级，即中央和地方。除政府外，英国还包括很多其他的公共部门，如非金融类国有企业（NFPCs，Non－Financial Public Corporations）、英格兰银行（BoE，Bank of England）、其他国有银行（PSBGs，Public Sector Banking Groups）。英国财政数据以两个范畴为主，一是公共部门的财政数据，二是中央政府的财政数据，但为了方便与其他国家进行比较，下文仅分别从政府和中央政府两个口径对英国财政概况进行详细说明，由于政府口径的数据不是十分全面，只能尽力做到准确和详尽。

（一）全国政府支出

1. 支出规模及其变化

因为统计口径和数据可获得性的原因，把全国政府经常性支出、净投资和折旧汇总计算得出全国政府管理总支出。2017/2018财年，英国全国政府管理总支出7 917亿英镑，占GDP的37.7%。近些年来，从总量上看，管理总支出呈现增长态势；但从支出占GDP比重来看，管理总支出呈现明显的下降态势，从2013/2014财年占GDP的39.9%下降到2017/2018财年的37.7%（见表4－1）。

表4－1　英国政府支出概况（2013/2014—2017/2018财年） 单位：百万英镑

财年	经常性支出		净投资		折旧		管理总支出	
	总量	占GDP比重	总量	占GDP比重	总量	占GDP比重	总量	占GDP比重
2013/2014	672 339	36.8%	30 413	1.7%	26 463	1.4%	729 215	39.9%
2015/2016	690 772	35.5%	30 145	1.5%	29 439	1.5%	750 356	38.5%

① 新华网：《英国“脱欧”公投后净移民人数大减》，2017－12－01，新华网。

续表

财年	经常性支出		净投资		折旧		管理总支出	
	总量	占 GDP 比重	总量	占 GDP 比重	总量	占 GDP 比重	总量	占 GDP 比重
2016/2017	702 006	34.6%	35 099	1.7%	29 777	1.5%	766 882	37.8%
2017/2018	722 085	34.3%	39 115	1.9%	30 537	1.5%	791 737	37.7%

资料来源：（1）Office for National Statistics，Public Sector Finances：April 2015，22 May 2015，PSA10，英国财政部网站。

（2）Office for National Statistics，Public Sector Finances：Jan 2017，21 February 2017，PSA10，英国财政部网站。

（3）Office for National Statistics，Public Sector Finances：Jan 2018，21 February 2018，PSA10，英国财政部网站。

（4）Office for National Statistics，Public Sector Finances：March 2019，24 April 2019，PSA10，英国财政部网站。

注：（1）根据 Office for National Statistics，Public Sector Finances：March 2019，24 April 2019 表格 PSA 1 计算 2013/2014 财年 GDP 约为 18 274 亿英镑，2015/2016 财年 GDP 约为 19 474 亿英镑，2016/2017 财年 GDP 约为 20 298 亿英镑，2017/2018 财年 GDP 约为 21 025 亿英镑，据此计算占 GDP 比重。

（2）管理总支出 = 经常性支出 + 净投资 + 折旧，管理总支出为计算得出。

2. 支出结构及其变化

（1）经济分类

从支出结构来看，管理总支出由经常性支出、净投资、折旧汇总而来，其中以经常性支出为主。2017/2018 财年，英国全国政府管理总支出 7 917 亿英镑，其中经常性支出 7 221 亿英镑，净投资（资本性支出净值）391 亿英镑，折旧 305 亿英镑，分别占 GDP 的 34.3%、1.9% 和 1.5%，分别占管理总支出的 91%、5% 和 4%（见表 4－1 和图 4－1）。近些年来，从总量上看，经常性支出、净投资和折旧呈现略有增长的态势；但从支出占 GDP 比重来看，经常性支出呈现明显的下降态势，净投资和折旧比较稳定；从支出占管理总支出比重来看，经常性支出是管理总支出的重要组成部分，占比在 91% 左右，从历史变化来看其占比略有下降。

（2）政府分类

从政府层级来看，全国政府管理总支出分为中央政府管理总支出和地方政府管理总支出，其中以中央政府管理总支出为主。2017/2018 财年，英国全国政府管理总支出 7917 亿英镑，其中中央政府管理总支出 7 409 亿英镑，占全国政府管理总支出的 93.6%，地方政府管理总支出 509 亿英镑，占全国政府管理总支出的 6.4%（见图 4－2）①。

① Office for National Statistics，Public Sector Finances：March 2019，24 April 2019，PSA10，英国财政部网站。根据表格及计算得出。

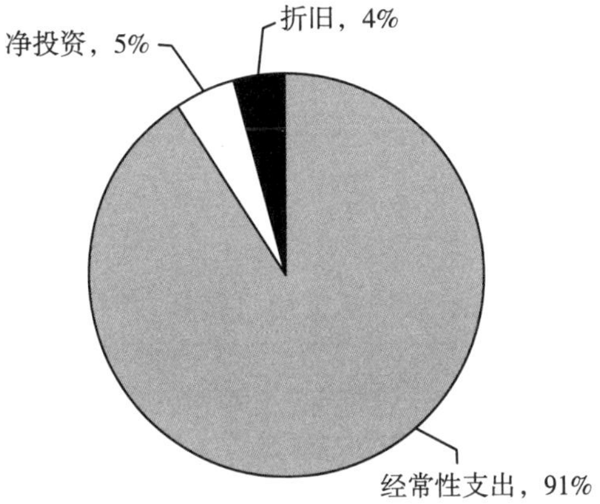

图 4-1 全国政府管理总支出结构：经济分类（2017/2018 财年）

资料来源：Office for National Statistics，Public Sector Finances：March 2019，24 April 2019，PSA10，英国财政部网站。

注：（1）管理总支出 = 经常性支出 + 净投资 + 折旧，管理总支出为计算得出。

（2）各类支出占管理总支出比重为计算得出。

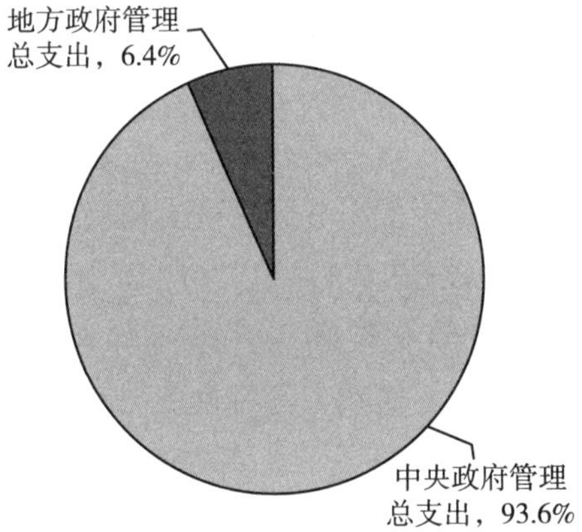

图 4-2 全国政府管理总支出结构：政府分类（2017/2018 财年）

资料来源：Office for National Statistics，Public Sector Finances：March 2019，24 April 2019，PSA10，英国财政部网站。

注：（1）管理总支出 = 经常性支出 + 净投资 + 折旧，管理总支出为计算得出。

（2）中央政府和地方政府管理总支出的数量及其占全国管理总支出比重均为计算得出。

（二）中央政府支出

1. 支出规模及其变化

2017/2018 财年，英国中央政府账户总支出 7 756 亿英镑①，占 GDP 的 36.9%；

① 前文提到，2017/2018 财年，英国中央政府管理总支出 7 409 亿英镑，与英国中央政府账户总支出口径不同。

2018/2019 财年，英国中央政府账户总支出 7 964 亿英镑，占 GDP 的 36.7%（见表 4－2）。从变动趋势来看，近年来支出总量逐年增长，但增长率较低；支出占 GDP 比重逐年呈现明显的下降趋势，占比从 2015/2016 财年的 38.0% 下降到 2018/2019 财年的 36.7%。

表 4－2　　英国中央政府账户总支出（2015/2016—2018/2019 财年）

财年	2015/2016	2016/2017	2017/2018	2018/2019
总支出（百万英镑）	739 735	750 017	775 594	796 396
支出增长率		1.4%	3.4%	2.7%
GDP（亿英镑）	19 474	20 298	21 025	21 685
支出占 GDP 比重	38.0%	37.0%	36.9%	36.7%

资料来源：Office for National Statistics，Public Sector Finances：March 2019，24 April 2019，PSA6C，英国财政部网站。

注：（1）GDP 根据 Office for National Statistics，Public Sector Finances：March 2019，24 April 2019，PSA1 计算得出。

（2）支出增长率和支出占 GDP 比重均为计算得出。

2. 支出结构及其变化

（1）经济分类

按经济分类，中央政府账户总支出分经常性支出和资本性支出两大类别。2018/2019 财年，英国中央政府账户总支出 7 964 亿英镑，其中经常性支出 7 311 亿英镑，占总支出的 91.8%，资本性支出 653 亿英镑，占总支出的 8.2%（见表 4－3）。从变动趋势来看，经常性支出一直是最重要类别，经常性支出和资本性支出占总支出的比重都较为稳定，经常性支出占比在 92% 左右，资本性支出占 8% 左右（见表 4－3）。

表 4－3　　英国中央政府账户支出结构：经济分类（2015/2016—2018/2019 财年）

单位：百万英镑

财年	2015/2016	2016/2017	2017/2018	2018/2019
总支出	739 735	750 017	775 594	796 396
经常性支出	681 811	692 610	715 661	731 135
资本性支出	57 924	57 407	59 933	65 261
	占总支出比重			
经常性支出	92.2%	92.3%	92.3%	91.8%
资本性支出	7.8%	7.7%	7.7%	8.2%

资料来源：Office for National Statistics，Public Sector Finances：March 2019，24 April 2019，PSA6C，英国财政部网站。

注：占总支出比重为计算得出。

（2）部门分类

由于缺乏英国中央政府支出部门分类的数据，因此这里对英国公共部门管理总支出（Total Managed Expenditure）按部门分类情况进行分析。按部门分类，英国管理总支出的部门支出分配到25个部门[①]，分别是：①国防，②国家安全和情报单一账户[②]，③国土安全办公室，④外交和联邦办公室，⑤国际发展，⑥医疗和社会照料，⑦就业和养老金，⑧教育，⑨商业、能源和产业战略，⑩交通，⑪脱欧办公室，⑫数字化、文化、媒体和体育，⑬社区和地方政府（MHCLG，HM Communities and Local Government）的住房和社区，⑭社区和地方政府的地方政府，⑮苏格兰，⑯威尔士，⑰北爱尔兰，⑱司法，⑲检察官部，⑳环境、食品和农村事务，㉑收入和关税，㉒财政，㉓内阁办公室，㉔国际贸易，㉕小型独立机构。

从支出的数量来看，最重要的支出部门依次是就业和养老金、医疗和社会照料、教育（参见表4－4及图4－3）。2017/2018财年，部门总支出8 129亿英镑，其中就业和养老金、医疗和社会照料、教育这三个部门的支出分别为1 836亿、1 648亿和961亿英镑，占部门支出汇总的比重分别为22.6%、20.3%和11.8%，这三个部门支出占部门支出汇总的比重高达54.7%，其他22个部门的支出一共是3 684亿英镑，占总支出的45.3%。

从近年变动趋势看，就业和养老金部门一直是支出最高的部门，支出占部门支出汇总的比重在25%左右。医疗和社会照料部门的支出排在次位，支出占比20%多一点。教育部门的支出排在第三的位置，占比在13%左右，见表4－4和图4－3。

表4－4　　英国管理总支出：部门分类

（2013/2014—2017/2018财年）　　单位：百万英镑

财年	2013/2014	2014/2015	2015/2016	2016/2017	2017/2018
医疗和社会照料	127 899	135 292	165 784	148 380	164 819
就业和养老金	170 678	174 814	179 808	179 206	183 649
教育	82 347	88 095	81 532	89 518	96 052
其他	254 270	222 303	336 941	233 249	368 378
部门支出汇总	635 194	620 504	764 065	650 353	812 898

① 这个部门分类是财政支出的部门分类，与英国中央政府的部长级的25个部门不同。

② 英文为Single Intelligence Account，根据维基百科的解释，是指英国安全和情报机构的融资渠道。

续表

财年	2013/2014	2014/2015	2015/2016	2016/2017	2017/2018
	占部门支出比重				
医疗和社会照料	20.1%	21.8%	21.7%	22.8%	20.3%
就业和养老金	26.9%	28.2%	23.5%	27.6%	22.6%
教育	13.0%	14.2%	10.7%	13.8%	11.8%
其他	40.0%	35.8%	44.1%	35.9%	45.3%

资料来源：HM Treasury，Statistical Bulletin：Public Spending Statistics February 2019，Table 8，英国财政部网站。

注：（1）其他为计算得出。

（2）占比为计算得出。

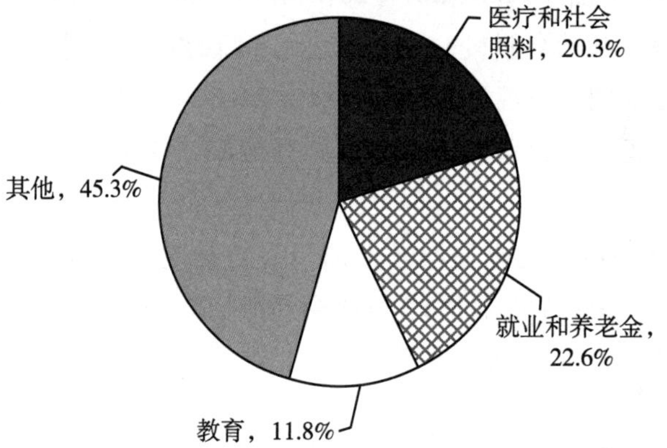

图 4－3　英国支出分类：部门支出（2017/2018 财年）

注：根据表 4－4 绘制。

（3）功能分类

由于缺乏英国中央政府功能分类的数据，因此这里对英国公共部门服务支出按功能分类的结构进行分析。按功能分类，英国公共部门服务支出分为 11 个类别，它们是：①一般公共服务，②国防，③公共秩序与安全，④经济事务，⑤环境保护，⑥住房和社区服务，⑦医疗卫生，⑧娱乐、文化和宗教，⑨教育，⑩社会保障，⑪与欧盟相关的支出。

从支出的数量来看，最重要的支出类别依次是社会保障、医疗卫生和教育。2017/2018 财年，公共部门服务支出 7 349 亿英镑，其中社会保障、医疗卫生和教育支出分别为 2 686 亿英镑、1 458 亿英镑和 879 亿英镑，占公共部门服务支出的比重分别为 36.5%、19.8% 和 12.0%，其他 8 类支出共计 2 326 亿英镑，占公共部门服务支出的比重为31.7%[①]（参见表4-5及图4-4）。

从变动趋势来看，上述三类最主要的支出中社会保障支出数量增长明显，从2000/2001财年的1 796亿英镑，到2010/2011财年增长到2 583亿英镑，之后较为稳定在2 650到2 750亿英镑之间。医疗卫生支出变动趋势与社会保障支出相似，从2000/2001财年的757亿英镑，到2010/2011财年增长到1 344亿英镑，增长较快，之后增长较为平缓，到2017/2018财年增加到1 458亿英镑。教育支出相对来看稳定一些，呈现先升后降态势，从2000/2001财年的641亿英镑，到2010/2011财年增长到1 026亿英镑，增长较快，之后持续呈现下降态势，到2017/2018财年下降到879亿英镑（参见表4-5）。

表4-5 英国公共部门服务支出结构：功能分类（2000/2001—2017/2018财年）

单位：十亿英镑，按不变价格计算

财年	2000/2001	2010/2011	2015/2016	2016/2017	2017/2018
1. 一般公共服务	54.0	70.5	62.2	64.8	67.9
2. 国防	35.9	44.1	38.2	37.9	38.7
3. 公共秩序与安全	28.5	37.1	31.5	30.7	31.5
4. 经济事务	33.3	44.8	48.5	49.6	54.2
5. 环境保护	7.1	12.2	12.1	11.3	12.0
6. 住房与社区服务	7.7	14.9	10.3	10.5	11.5
7. 医疗卫生	75.7	134.4	144.5	145.4	145.8
8. 娱乐、文化和宗教	10.9	14.6	11.9	11.8	11.5
9. 教育	64.1	102.6	88.6	88.5	87.9
10. 社会保障	179.6	258.3	276.3	270.7	268.6
与欧盟相关的支出	-3.6	6.6	8.0	4.8	5.4
公共部门服务支出	493.3	740.0	732.0	725.9	734.9
	占GDP比重				
1. 一般公共服务	3.5%	3.9%	3.1%	3.2%	3.3%
2. 国防	2.3%	2.4%	1.9%	1.9%	1.9%
3. 公共秩序与安全	1.9%	2.1%	1.6%	1.5%	1.5%
4. 经济事务	2.2%	2.5%	2.4%	2.4%	2.6%

① 比重根据表4-5数据计算得出。

续表

财年	2000/2001	2010/2011	2015/2016	2016/2017	2017/2018
5. 环境保护	0.5%	0.7%	0.6%	0.6%	0.6%
6. 住房与社区服务	0.5%	0.8%	0.5%	0.5%	0.6%
7. 医疗卫生	4.9%	7.5%	7.2%	7.2%	7.1%
8. 娱乐、文化和宗教	0.7%	0.8%	0.6%	0.6%	0.6%
9. 教育	4.2%	5.7%	4.4%	4.4%	4.3%
10. 社会保障	11.7%	14.3%	13.9%	13.3%	13.0%
与欧盟相关的支出	-0.2%	0.4%	0.4%	0.2%	0.3%
公共部门服务支出	32.1%	41.1%	36.7%	35.8%	35.6%

资料来源：HM Treasury，Statistical Bulletin：Public Spending Statistics February 2019，Table 10a and 10b，英国财政部网站。

注：（1）支出数在名义数基础上按照2017/2018财年的价格采用GDP缩减指数进行了调整。

（2）采用权责发生制会计处理方法。英国数据从1998/1999财年开始采用权责发生制会计原则。

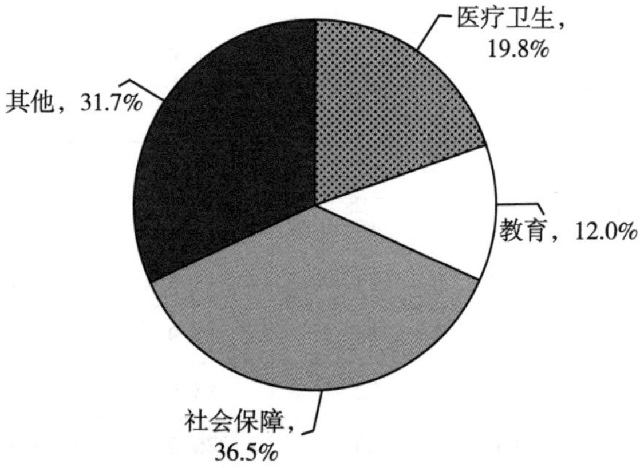

图4-4　英国公共部门服务支出结构：功能分类（2017/2018财年）

注：根据表4-5数据绘制。

三、政府收入：占GDP的比重稳中有升

（一）全国政府收入

1. 收入规模及其变化

因为统计口径和数据可获得性的原因，这里仅分析全国政府收入中的经常性收

入。2017/2018 财年，英国全国政府经常性收入 7 483 亿英镑，占 GDP 的 35.6%（参见表 4-6）。从近年来的变动趋势看，经常性收入在数量上逐年增加，而且经常性收入占 GDP 的比重也略有增长，从 2013/2014 财年的占 GDP 的 34.3% 增长到 2017/2018 财年的占 GDP 的 35.6%。

表 4-6　英国政府经常性收入概况（2013/2014—2017/2018 财年）

财年	2013/2014	2015/2016	2016/2017	2017/2018
经常性收入（百万英镑）	627 605	674 051	719 780	748 323
GDP（亿英镑）	18 274	19 474	20 298	21 025
占 GDP 比重	34.3%	34.6%	35.5%	35.6%

资料来源：（1）Office for National Statistics，Public Sector Finances：April 2015，22 May 2015，PSA10，英国财政部网站。

（2）Office for National Statistics，Public Sector Finances：Jan 2017，21 February 2017，PSA10，英国财政部网站。

（3）Office for National Statistics，Public Sector Finances：Jan 2018，21 February 2018，PSA10，英国财政部网站。

（4）Office for National Statistics，Public Sector Finances：March 2019，24 April 2019，PSA10，英国财政部网站。

注：GDP 根据 Office for National Statistics，Public Sector Finances：March 2019，24 April 2019，表格 PSA1 计算，占 GDP 比重计算得出。

2. 收入结构及其变化

从政府层级来看，经常性收入分为中央政府经常性收入和地方政府经常性收入，其中以中央政府经常性收入为主。2017/2018 财年，英国全国政府经常性收入 7 483 亿英镑，其中中央政府经常性收入 7 050 亿英镑，占政府经常性收入的 94.2%；地方政府经常性收入 433 亿英镑，占政府经常性收入的 5.8%①。

（二）中央政府收入

1. 收入规模及其变化

2018/2019 财年，英国中央政府总收入 7 757 亿英镑，比上一财年增长 4.9%，占 GDP 的 35.8%（参见表 4-7）。从近年来的变动趋势看，总收入逐年增长，超过支出的增长幅度，收入占 GDP 的比重较为稳定并略有提高。

---

① Office for National Statistics，Public Sector Finances：March 2019，24 April 2019，PSA10，英国财政部网站，比重为计算得出。

表 4－7　　英国中央政府账户收入概况（2015/2016—2018/2019 财年）

财年	2015/2016	2016/2017	2017/2018	2018/2019
总收入（单位：百万英镑）	668 118	710 839	739 747	775 730
总收入增长率		6.4%	4.1%	4.9%
GDP（亿英镑）	19 474	20 298	21 025	21 685
总收入占 GDP 比重	34.3%	35.0%	35.2%	35.8%

资料来源：Office for National Statistics，Public Sector Finances：March 2019，24 April 2019，PSA6C，英国财政部网站。

注：（1）Office for National Statistics，Public Sector Finances：March 2019，24 April 2019，PSA1 计算得出 GDP 数据。

（2）总收入增长率和占 GDP 比重均为计算得出。

2. 收入结构及其变化

（1）总收入的结构及其变化

英国中央政府收入分经常性收入、产出①、养老金缴费、对中央政府的经常性转移支付、对中央政府的资本性转移支付、营运盈余六个部分，其中以经常性收入为主。

2018/2019 财年，英国中央政府总收入 7 757 亿英镑，其中经常性收入 7 394 亿英镑，占总收入的 95.3%，其他 5 个部分收入（绝对值）都不超过总收入的 4%②（见表 4－8）。从近年来的变动趋势看，经常性收入一直是收入的主体，占总收入比重比较稳定，略高于 95%。

表 4－8　　英国中央政府账户：收入结构（2015/2016—2018/2019 财年）

单位：百万英镑

财年	2015/2016	2016/2017	2017/2018	2018/2019
总收入	668 118	710 839	739 747	775 730
经常性收入	637 631	679 084	705 006	739 432
产出	19 777	21 421	24 028	24 593
养老金缴费	26 209	27 194	27 620	28 705
对中央政府的经常性转移支付	128	318	364	150
对中央政府的资本性转移支付	2 686	1 135	1 230	1 417
营运盈余	－18 313	－18 313	－18 501	－18 567

① 英文为 market output and output for own final use，本书简单翻译成产出。

② 其他 5 部分的收入及占总收入比重均为根据表 4－8 数据计算得出。

续表

财年	2015/2016	2016/2017	2017/2018	2018/2019
	占总收入比重			
经常性收入	95.4%	95.5%	95.3%	95.3%
产出	3.0%	3.0%	3.2%	3.2%
养老金缴费	3.9%	3.8%	3.7%	3.7%
对中央政府的经常性拨款	0.0%	0.0%	0.0%	0.0%
对中央政府的资本性转移支付	0.4%	0.2%	0.2%	0.2%
营运盈余	-2.7%	-2.6%	-2.5%	-2.4%

资料来源：Office for National Statistics, Public Sector Finances: March 2019, 24 April 2019, PSA6C，英国财政部网站。

注：比重为计算得出。

（2）经常性收入的结构及其变化

英国中央政府经常性收入分为税收收入、国民社会保险缴费①、利息和红利收入和其他收入四类（见表4-9）。其中税收收入是经常性收入的主体，占比在75%左右；其次是国民社会保险缴费，占比在18%左右；再次是其他收入，最后是利息和红利收入，这两类收入合计占经常性收入的6%左右。

2018/2019财年，英国中央政府经常性收入7 394亿英镑，税收收入、国民社会保险缴费、利息和红利收入和其他收入分别为5 586亿、1 377亿、197亿和235亿英镑，占经常性收入的比重分别为75.5%、18.6%、2.7%和3.2%。从近年来发展趋势看，各项收入占经常性收入的比重基本稳定，税收收入是经常性收入的主要类别，占比超过75%。

表4-9　　英国中央政府账户经常性收入结构

（2015/2016—2018/2019财年）　　单位：百万英镑

财年	2015/2016	2016/2017	2017/2018	2018/2019
经常性收入	637 631	679 084	705 006	739 432
税收收入	482 815	510 778	531 328	558 589
国民社会保险缴费（NICs）	114 061	126 241	131 547	137 662
利息和红利	17 189	18 413	18 638	19 660
其他收入	23 566	23 652	23 493	23 521

① 英文缩写NICs，全称National Insurance Contributions，本书翻译为国民社会保险缴费，正式的名称为compulsory social contributions，翻译过来为强制性社会保险缴费。

续表

财年	2015/2016	2016/2017	2017/2018	2018/2019
	占经常性收入的比重			
税收收入	75.7%	75.2%	75.4%	75.5%
国民社会保险缴费（NICs）	17.9%	18.6%	18.7%	18.6%
利息和红利	2.7%	2.7%	2.6%	2.7%
其他收入	3.7%	3.5%	3.3%	3.2%

资料来源：Office for National Statistics，Public Sector Finances：March 2019，24 April 2019，PSA6C，英国财政部网站。

注：比重为计算得出。

（3）税收收入的结构及其变化

英国中央政府税收收入分为产品税类、所得和财产税类和其他三大类（见表4－10）。其中产品税类和所得和财产税类的税收收入是税收收入的主体，占税收收入比重分别在50%和46%左右；其他税收收入相对较小，占比不到4%。

2018/2019财年，英国中央政府税收收入5 586亿英镑，其中产品税类、所得和财产税类和其他的税收收入分别为2 787亿、2 617亿和182亿英镑，占税收收入的比重分别为49.9%、46.9%和3.3%。从近年变动趋势来看，各类税收收入占比都比较稳定，产品税类是占比最高的类别，其次是所得和财产税类。

表4－10　英国中央政府账户税收收入结构

（2015/2016—2018/2019财年）

单位：百万英镑

财年	2015/2016	2016/2017	2017/2018	2018/2019
税收收入	482 815	510 778	531 328	558 589
产品税类	243 660	253 453	267 361	278 667
所得和财产税类	221 707	239 843	246 127	261 709
其他	17 448	17 482	17 840	18 213
	占税收收入的比重			
产品税类	50.5%	49.6%	50.3%	49.9%
所得和财产税类	45.9%	47.0%	46.3%	46.9%
其他	3.6%	3.4%	3.4%	3.3%

资料来源：Office for National Statistics，Public Sector Finances：March 2019，24 April 2019，PSA6B & PSA6C，英国财政部网站。

注：比重为计算得出。

分税种看，最重要的税种依次是收入所得税（PAYE IT－Pay As You Earn Income Tax）、增值税、企业所得税（见表4－11）。收入所得税收入占税收收入比重在30%左右；增值税收入占税收收入的比重在27%左右；企业所得税收入占税收收入的比重在10%左右；其他一些较为重要的税种还有燃料税（Fuel Duty）、商业（房产）税[①]（Business Rates）、自我评估所得税（Self Assessed Income Tax），这三个税种的收入占税收收入的比重都在5%—6%。

2018/2019财年，中央政府税收收入中占比最高的三个税种依次是收入所得税、增值税和企业所得税，其税收收入分别为1 631亿、1 508亿和601亿英镑，占税收收入的比重分别为29.2%、27.0%和10.8%。从近年来变动趋势看，收入所得税占税收收入比重稳定并略有下降；增值税占税收收入比重稳定；企业所得税占税收收入比重稳定并略有上升。

表4-11 英国中央政府税收收入结构：分税种

（2015/2016—2018/2019财年）

单位：百万英镑

财年	2015/2016	2016/2017	2017/2018	2018/2019
产品税类	243 660	253 453	267 361	278 667
增值税	130 715	135 590	142 771	150 823
酒税	10 697	11 117	11 585	12 141
烟草税	9 106	8 681	8 766	9 289
燃料税	27 622	27 937	27 878	27 993
商业（房产）税	25 999	26 810	27 445	27 962
印花税（股票）	3 323	3 715	3 519	3 619
印花税（土地和财产）	11 272	12 406	13 593	12 885
企业支付的车辆税	2 103	2 187	2 259	2 392
其他	22 823	25 010	29 545	31 563
所得和财产税类	221 707	239 843	246 127	261 709
自我评估所得税	24 328	28 547	28 295	31 399
资本利得税	7 060	8 379	7 794	9 244
收入所得税（PAYE IT）	146 159	149 735	154 926	163 133
其他所得税	-1 613	-1 034	-2 629	-2 114
企业所得税	45 593	54 243	57 515	60 112
石油所得税	-562	-653	-568	-744
杂项税	742	626	794	679
其他税收收入	17 448	17 482	17 840	18 213
电视牌照税	3 115	3 163	3 181	3 227
家庭支付的车辆税	3 803	3 794	4 103	4 359

① 这个税种是对商业房产征收的房产税，曾属地方税种后被收归中央，收入用于对地方政府的转移支付，这个税种的另外一种英文叫法是Non-Domestic Rates，翻译过来是非住宅房产税的意思。

续表

财年	2015/2016	2016/2017	2017/2018	2018/2019
银行税	3 183	3 000	2 604	2 499
其他	7 347	7 525	7 952	8 128
税收收入汇总	482 815	510 778	531 328	558 589
	占税收收入的比重			
增值税	27.1%	26.5%	26.9%	27.0%
酒税	2.2%	2.2%	2.2%	2.2%
烟草税	1.9%	1.7%	1.6%	1.7%
燃料税	5.7%	5.5%	5.2%	5.0%
商业（房产）税	5.4%	5.2%	5.2%	5.0%
印花税（股票）	0.7%	0.7%	0.7%	0.6%
印花税（土地和财产）	2.3%	2.4%	2.6%	2.3%
企业支付的车辆税	0.4%	0.4%	0.4%	0.4%
其他	4.7%	4.9%	5.6%	5.7%
自我评估所得税	5.0%	5.6%	5.3%	5.6%
资本利得税	1.5%	1.6%	1.5%	1.7%
收入所得税（PAYE IT）	30.3%	29.3%	29.2%	29.2%
其他所得税	-0.3%	-0.2%	-0.5%	-0.4%
企业所得税	9.4%	10.6%	10.8%	10.8%
石油所得税	-0.1%	-0.1%	-0.1%	-0.1%
杂项税	0.2%	0.1%	0.1%	0.1%
电视牌照税	0.6%	0.6%	0.6%	0.6%
家庭支付的车辆税	0.8%	0.7%	0.8%	0.8%
银行税	0.7%	0.6%	0.5%	0.4%
其他	1.5%	1.5%	1.5%	1.5%

资料来源：Office for National Statistics, Public Sector Finances: March 2019, 24 April 2019, PSA6D，英国财政部网站。

注：比重为计算得出。

四、政府经常性预算赤字下降明显，债务也开始下降

（一）全国政府经常性预算盈余/赤字、净借款及现金需求

2017/2018 财年，英国全国政府经常性预算赤字（经常性支出 + 折旧 - 经常性

收入）43 亿英镑，占 GDP 的 0.2%；加上净投资 391 亿英镑，净借款达到 434 亿英镑，占 GDP 的 2.1%；再考虑其他影响现金需求的交易如资产出售，净现金需求 410 亿英镑，占 GDP 的 1.9%（见表 4－12）。

近些年来，从数量上看，经常性预算赤字下降明显，净借款得益于经常性预算赤字的下降也是下降较为明显，净现金需求总体来看也是呈现下降态势。从指标占 GDP 比重来看，经常性预算赤字和净借款占 GDP 的比重呈现明显下降态势，说明政府为控制赤字做出很大努力，财政状况得到明显改善，由于其他交易如资产购买等的影响，政府净现金需求占 GDP 比重在 2016/2017 财年略有增加。

表 4－12　英国政府经常性预算盈余/赤字、净借款及现金需求（2013/2014—2017/2018 财年）

单位：百万英镑

财年	经常性预算赤字		净投资		净借款		净现金需求	
	总量	占 GDP 比重	总量	占 GDP 比重	总量	占 GDP 比重	总量	占 GDP 比重
2013/2014	71 197	3.9%	30 413	1.7%	101 610	5.6%	76 718	4.2%
2015/2016	46 160	2.4%	30 145	1.5%	76 305	3.9%	62 018	3.2%
2016/2017	12 003	0.6%	35 099	1.7%	47 102	2.3%	69 710	3.4%
2017/2018	4 299	0.2%	39 115	1.9%	43 414	2.1%	40 984	1.9%

资料来源：（1）Office for National Statistics，Public Sector Finances：April 2015，22 May 2015，PSA10，英国财政部网站。

（2）Office for National Statistics，Public Sector Finances：Jan 2017，21 February 2017，PSA10，英国财政部网站。

（3）Office for National Statistics，Public Sector Finances：Jan 2018，21 February 2018，PSA10，英国财政部网站。

（4）Office for National Statistics，Public Sector Finances：March 2019，24 April 2019，PSA10，英国财政部网站。

注：（1）Office for National Statistics，Public Sector Finances：March 2019，24 April 2019，PSA1 计算 2013/2014 财年 GDP 约为 18 274 亿英镑，2015/2016 财年 GDP 约为 19 474 亿英镑，2016/2017 财年 GDP 约为 20 298 亿英镑，2017/2018 财年 GDP 约为 21 025 亿英镑，据此计算占 GDP 比重。

（2）经常性预算赤字＝经常性支出－经常性收入＋折旧，净借款＝经常性赤字＋净投资，净现金需求＝净借款＋与净现金需求相关的交易。

（二）中央政府经常性预算盈余/赤字、净借款及现金需求

2017/2018 财年，英国中央政府经常性预算盈余 44 亿英镑，赤字占 GDP 的－0.2%；加上净投资 402 亿英镑，净借款达到 358 亿英镑，占 GDP 的 1.7%；再考虑其他交易如资产出售，净现金需求 352 亿英镑，占 GDP 的 1.7%（见表 4－13）。

近些年来，从数量上看，中央政府经常性预算赤字下降明显，净借款得益于经常性预算赤字的下降也是下降较为明显，净现金需求在2016/2017财年由于资产购买等原因略有增加但总体来看也呈现下降态势。从指标占GDP比重来看，中央政府经常性预算赤字和净借款占GDP的比重呈现明显下降态势，说明中央政府为控制赤字做出很大努力，财政状况得到改善，由于其他交易如购入资产等的影响，中央政府净现金需求占GDP比重在2016/2017财年略有增加。

表4－13　英国中央政府收经常性预算盈余/赤字、净借款及现金需求（2013/2014—2017/2018财年）

单位：百万英镑

财年	经常性预算赤字		净投资		净借款		净现金需求	
	总量	占GDP比重	总量	占GDP比重	总量	占GDP比重	总量	占GDP比重
2013/2014	69 183	3.8%	33 944	1.9%	103 127	5.6%	79 832	4.4%
2015/2016	35 220	1.8%	34 927	1.8%	70 147	3.6%	59 629	3.1%
2016/2017	1 308	0.1%	38 017	1.9%	39 325	1.9%	65 353	3.2%
2017/2018	-4 355	-0.2%	40 202	1.9%	35 847	1.7%	35 195	1.7%

资料来源：（1）Office for National Statistics，Public Sector Finances：April 2015，22 May 2015，PSA10，英国财政部网站。

（2）Office for National Statistics，Public Sector Finances：Jan 2017，21 February 2017，PSA10，英国财政部网站。

（3）Office for National Statistics，Public Sector Finances：Jan 2018，21 February 2018，PSA10，英国财政部网站。

（4）Office for National Statistics，Public Sector Finances：March 2019，24 April 2019，PSA10，英国财政部网站。

注：（1）Office for National Statistics，Public Sector Finances：March 2019，24 April 2019，PSA1计算2013/2014财年GDP约为18 274亿英镑，2015/2016财年GDP约为19 474亿英镑，2016/2017财年GDP约为20 298亿英镑，2017/2018财年GDP约为21 025亿英镑，据此计算占GDP比重。

（2）经常性预算赤字＝经常性支出－经常性收入＋折旧，净借款＝经常性赤字＋净投资，净现金需求＝净借款＋与净现金需求相关的交易。

（三）全国政府债务

1. 总债务规模及其变化

2018/2019财年，英国全国政府总债务1.82万亿英镑，占GDP的84.0%（参见表4－14）。从历史变动情况来看，全球金融危机以来，英国政府总债务不断积累，总量上看，从2008/2009财年的8 220亿英镑持续增加到2018/2019财年的

1.82 万亿英镑，总债务占 GDP 比重从 2008/2009 财年的 53.6% 增加到 2014/2015 财年的 85% 左右[①]，之后开始有所下降（参见表 4－14）。也就是说，全球金融危机之后英国政府总债务不断积累，总债务占 GDP 比重开始出现下降，但是目前还没有得到明显缓解和改善。从债务结构来看，英国政府总债务以中央政府债务为主。

表 4－14 英国政府债务水平（2008/2009—2018/2019 财年）（期末，名义价值）

单位：百万英镑

财年	2008/2009	2010/2011	2016/2017	2017/2018	2018/2019
政府总债务	822 026	1 214 478	1 720 034	1 763 834	1 821 332
其中：中央政府	808 146	1 198 491	1 699 721	1 741 889	1 800 470
地方政府	67 568	71 496	91 881	96 928	103 270
互相持有			－71 568	－74 983	－82 408
政府净债务	722 329	1 101 172	1 541 287	1 586 841	1 620 793
	占 GDP 比重				
政府总债务	53.6%	74.5%	84.7%	83.9%	84.0%
其中：中央政府	52.7%	73.5%	83.7%	82.8%	83.0%
地方政府	4.4%	4.4%	4.5%	4.6%	4.8%
互相持有			－3.5%	－3.6%	－3.8%
政府净债务	47.1%	67.5%	75.9%	75.5%	74.7%

资料来源：（1）2008/2009 财年的数据来自 Office for National Statistics，Public Sector Finances：Jan 2017，21 February 2017，PSA8A、PSA8C，英国财政部网站。

（2）2010/2011 财年的数据来自 Office for National Statistics，Public Sector Finances：Jan 2018，21 February 2018，PSA8A、PSA8C，英国财政部网站。

（3）其他财年数据来自 Office for National Statistics，Public Sector Finances：March 2019，24 A-pril 2019，PSA8A、PSA8C，英国财政部网站。

注：（1）2008/2009 财年各指标占 GDP 比重根据中国财政科学研究院，《世界主要国家财政运行报告（2018）》，中国财政经济出版社 2018 年版，表 2－16。

（2）其他财年各指标占 GDP 比重根据 Office for National Statistics，Public Sector Finances：March 2019，24 April 2019，PSA1 计算 2010/2011 财年 GDP 约为 16 303 亿英镑，2016/2017 财年 GDP 约为 20 298 亿英镑，2017/2018 财年 GDP 约为 21 025 亿英镑，2018/2019 财年 GDP 约为 21 685亿英镑，据此计算占 GDP 比重。

（3）政府总债务＝中央政府总债务＋地方政府总债务－中央和地方政府之间的债务，英文为 general government（GG）consolidated debt（Maastricht）。

（4）政府净债务＝政府总债务－官方储备金－中央政府存款和其他短期资产－地方政府存款和其他短期资产。

① 计算方法与表 4－14 相同。

2. 净债务规模及其变化

2018/2019 财年，英国全国政府净债务 1.62 万亿英镑，占 GDP 的 74.7%（参见表 4－14）。从历史变动情况来看，全球金融危机以来，英国政府净债务不断积累，总量上看，从 2008/2009 财年的 7223 亿英镑持续增加到 2018/2019 财年的 1.62 万亿英镑，净债务占 GDP 比重从 2008/2009 财年的 47.1% 增加到 2014/2015 财年的 77% 左右①，之后有所下降，到 2018/2019 财年下降到 74.7%。也就是说，全球金融危机之后英国政府净债务不断积累，净债务占 GDP 比重已经开始出现下降，政府净债务出现了缓解和改善的迹象。

（四）中央政府债务

2018/2019 财年，英国中央政府总债务 1.80 万亿英镑，占 GDP 的 83.0%（参见表 4－14）。从历史变动情况来看，全球金融危机以来，英国中央政府总债务不断积累，总量上看，从 2008/2009 财年的 8 081 亿英镑持续增加到 2018/2019 财年的 1.80 万亿英镑，中央政府总债务占 GDP 比重从 2008/2009 财年的 52.7% 增加到 85% 左右后有所下降，到 2018/2019 财年下降到 83.0%。也就是说，全球金融危机之后英国中央政府总债务不断积累，目前英国中央政府总债务占 GDP 比重开始出现下降，但是还没有得到有效的缓解和改善。

五、政府间财政关系

作为财政权力高度集中的单一制国家，英国政府收支都高度集中在中央政府手中。根据前文所述，英国中央政府管理总支出占全国政府管理总支出的 94% 左右，2017/2018 财年，英国全国政府管理总支出 7 917 亿英镑，其中中央政府管理总支出 7 409 亿英镑，占全国政府管理总支出的 93.6%，地方政府管理总支出 509 亿英镑，占全国政府管理总支出的 6.4%。同样，根据前文所述，英国中央政府经常性收入占全国政府经常性收入的 94% 左右，2017/2018 财年，英国全国政府经常性收入 7 483 亿英镑，其中中央政府经常性收入 7 050 亿英镑，占政府经常性收入的 94.2%；地方政府经常性收入 433 亿英镑，占政府经常性收入的 5.8%。由此可以看出，英国政府收支高度集中在中央政府，由中央政府主导。

虽然中央政府经常性收入占全国政府经常性收入的 94% 左右，中央政府的管理总支出也占全国政府管理总支出的 94% 左右。但是中央和地方的支出责任大概是 70% 和 30% 的关系。为保证地方政府提供公共服务的需要，中央政府需要对地方政

---

① 计算方法与表 4－14 相同。

府给予转移支付。由于英国的转移支付不仅涉及中央政府和地方政府，也涉及到国有企业（Public Corporations）和私人部门（Private Sector），既有政府对国有企业和私人部门的转移支付，也有来自国有企业和私人部门的对政府的转移支付，这里主要讨论中央政府与地方政府之间的转移支付。

（一）中央政府对地方政府的转移支付

1. 转移支付规模及其变化

英国中央政府对地方政府转移支付的规模较大，但呈现下降态势（参见表4－15）。2018/2019 财年，中央政府对地方政府的转移支付（经常性＋资本性）为1 247亿英镑，转移支付总额占中央政府总支出的 15.7%，占中央政府总收入的16.1%。

从变动趋势来看，近年来中央政府对地方政府的转移支付从绝对量看呈明显的下降态势，从2015/2016 财年的 1 310 亿英镑下降到 2018/2019 财年的 1 247 亿英镑；从转移支付占中央政府收支的比重看也呈现明显的下降态势，转移支付占中央政府总支出的比重从 2015/2016 财年的 17.7%下降到 2018/2019 财年的 15.7%，转移支付占中央政府总收入的比重从 2015/2016 财年的 19.6%下降到 2018/2019 财年的 16.1%。

地方政府的支出主要依赖来自中央政府的转移支付。如前文所述，2017/2018 财年，英国地方政府经常性收入 433 亿英镑，地方政府管理总支出 509 亿英镑（其中经常性支出 399 亿英镑，折旧 120 亿英镑，净投资 －11 亿英镑），而中央政府对地方政府的转移支付（经常性＋资本性）为 1 247 亿英镑，因此可以看出，英国地方政府的支出极其依赖中央政府对其的转移支付。

2. 转移支付的结构及其变化

从中央政府对地方政府转移支付的结构看，中央政府对地方政府的转移支付分为经常性转移支付和资本性转移支付两大类，其中以经常性转移支付为主，占比在转移支付的 90% 以上。2018/2019 财年，中央政府对地方政府的转移支付（经常性＋资本性）为 1 247 亿英镑，其中中央政府对地方政府的经常性转移支付 1 129 亿英镑，占转移支付的 90.5%；中央政府对地方政府的资本性转移支付 118 亿英镑，占转移支付的 9.5%（参见表 4－15）。从变动趋势来看，近年来中央政府对地方政府的经常性转移支付一直是转移支付的主要部分，占比稳定在 90% 左右。

表 4－15　　英国政府间转移支付（2015/2016—2018/2019 财年）　　单位：百万英镑

财年	2015/2016	2016/2017	2017/2018	2018/2019
地方政府对中央政府的资本性转移支付	1 122	211	197	259
中央政府对地方政府的经常性转移支付	117 996	114 353	114 111	112 863
中央政府对地方政府的资本性转移支付	12 968	11 160	10 719	11 832
汇总	130 964	125 513	124 830	124 695
经常性转移支付占比	90.1%	91.1%	91.4%	90.5%
资本性转移支付占比	9.9%	8.9%	8.6%	9.5%
中央政府对地方政府转移支付（经常性＋资本性）占中央政府总支出的比重	17.7%	16.7%	16.1%	15.7%
中央政府对地方政府转移支付（经常性＋资本性）占中央政府总收入的比重	19.6%	17.7%	16.9%	16.1%

资料来源：Office for National Statistics，Public Sector Finances：March 2019，24 April 2019，PSA6E、PSA6F，英国财政部网站。

注：（1）转移支付汇总和两类转移支付占转移支付汇总的比重均为计算得出。

（2）中央政府总支出和总收入数据根据 Office for National Statistics，Public Sector Finances：March 2019，24 April 2019，PSA6C，英国财政部网站。转移支付占总支出和总收入比重为计算得出。

（二）地方政府对中央政府的转移支付

就中央政府获得的来自地方政府转移支付来看（参见表 4－15），近年来，中央政府获得地方政府的资本性转移支付是常态，但是金额不高而且财年间变化较大。2018/2019 财年，中央获得地方政府的资本性转移支付 2.59 亿英镑。近年来，该类转移支付基本在 2 亿—3 亿英镑之间，只有 2015/2016 财年较高，为 11.22 亿英镑。

六、财政改革和治理措施：加大福利支出和开征数字税

（一）产业概况①

英国经济实力较强，是世界第六大经济体，欧盟第三大经济体。私有企业是英

① 中国外交部，《英国国家概况》，2018 年 9 月更新，中国外交部网站。

国经济的主体，占国内生产总值的60%以上。农业在英国国内生产总值（GDP）中所占比重不到1%，从业人口约45万，不到就业总人口的2%，低于欧盟国家5%的平均水平，低于其他主要工业国家。农用土地占国土面积的70%，其中多数为草场和牧场，仅1/4用于耕种。农业人口人均拥有70公顷土地，是欧盟平均水平的4倍。英国农业主要包括畜牧、粮食、园艺、渔业，可满足国内食品需求的近2/3。英国是欧盟成员国中最大捕鱼国之一，捕鱼量占欧盟的20%，能满足国内2/3的需求量。

工业在英国国内生产总值的比重约23%，工业主要包括采矿、冶金、化工、机械、电子、电子仪器、汽车、航空、食品、饮料、烟草、轻纺、造纸、印刷、出版、建筑等。生物制药、航空和国防是英国工业研发的重点，也是英国最具创新力和竞争力的行业。英国制造业中的电子和光学设备、人造纤维和化工产品，特别是制药行业，仍保持雄厚实力。

服务业是英国经济的支柱产业，占英国国内生产总值的四分之三左右，主要包括金融保险、零售、旅游和商业服务等。伦敦是世界著名金融中心，拥有现代化金融服务体系，从事跨国银行借贷、国际债券发行、基金投资等业务，同时也是世界最大外汇交易市场、最大保险市场、最大黄金现货交易市场、最大衍生品交易市场、全球第三大保险市场、重要船贷市场和非贵重金属交易中心，并拥有数量最多的外国银行分支机构或办事处。

（二）宏观经济及其展望①

经济稳定增长。根据英国国家统计办公室（the Office for National Statistics，缩写ONS）的估计，经济增长在2018年第1季度下降到0.1%，第2季度回升到0.4%。根据英国预算责任办公室（Office for Budget Responsibility，缩写OBR）的预测，2018年第3和第4季度，经济增长率分别为0.5%和0.4%，2018年经济年实际增长1.3%，低于2017年1.7%的增长率。根据预测，2019年经济增长开始回升，到2023年，经济增长将在1.5%上下。

通货膨胀温和。英国消费者价格指数（CPI）通货膨胀率从2018年初开始下降，4月到6月稳定在2.4%，7月到8月由于全球能源价格上升的原因又有所上升，8月为2.7%，9月下降到2.4%，都低于2017年11月3.1%的近期最高值。根据预算责任办公室的预测，2018年的CPI通货膨胀率为2.6%，略低于2017年2.7%的CPI通货膨胀率。根据预测，未来CPI通货膨胀率将会有所下降。

---

① HM Treasury，Budget 2018：documents，29 October 2018，英国财政部网站，P10—15。

就业人数增加。2018 年英国就业继续增加，在 3 月到 5 月创下了历史新纪录，之后也一直保持这个水平。6 月到 8 月的就业人口数量为 3 240 万，接近历史最高水平。预计 2018 年全年就业人数能够实现 3 240 万人，比 2017 年的 3 210 万人有所增加。根据预测，未来就业人数仍将持续增长。

失业率不高。英国失业率进一步下降，目前为 4.0%，是 1975 年以来的最低值。预计 2018 年失业率能够维持在 4.0%，低于 2017 年 4.4% 的失业率。根据预测，未来失业率还将有所下降。

劳动生产率低速增长。2018 年年初，英国劳动生产率（以每小时产出计量）增长势头有所减弱，增长率在第 1 季度出现下降，但在单位产出增加和工作小时略有下降的共同作用下，增长率在第 2 季度开始回升，与上年同期相比，劳动生产率在第 2 季度增长 1.4%，是 2016 年第 4 季度以来的最高值，但仍然低于全球金融危机之前的平均数（2.2%）。根据预算责任办公室的预测，2018 年劳动生产率的增长率将是 0.8%，与 2017 年持平。根据预测，未来劳动生产率的增长率在 1% 上下，如表4 -16所示。

表 4 -16　英国预算责任办公室（OBR）对宏观经济的预测（2017—2023 年）

	实际	预测					
	2017 年	2018 年	2019 年	2020 年	2021 年	2022 年	2023 年
实际 GDP 增长率	1.7%	1.3%	1.6%	1.4%	1.4%	1.5%	1.6%
人均 GDP 增长率	1.1%	0.6%	1.0%	0.9%	0.9%	1.0%	1.1%
CPI 通货膨胀率	2.7%	2.6%	2.0%	2.0%	2.1%	2.1%	2.0%
就业（百万人）	32.1	32.4	32.7	32.9	33.0	33.1	33.2
劳动力调查的失业率	4.4%	4.0%	3.7%	3.8%	3.9%	3.9%	4.0%
劳动生产率增长率	0.8%	0.8%	0.8%	0.9%	1.0%	1.1%	1.2%

资料来源：HM Treasury，Budget 2018：documents，29 October 2018，英国财政部网站，table 1.1。

注：（1）CPI 为消费者价格指数。

（2）劳动力调查英文为 Labour Force Survey，缩写 LFS。

（3）劳动生产率是指每小时的劳动生产率。

（三）财政概况及其展望[1]

公共部门管理总支出占 GDP 比重持续下降。2017/2018 财年，英国公共部门管理总支出约 8 058 亿英镑，占 GDP 的 38.5%。根据预测，2018/2019 财年，公共部门管理总支出 8 128 亿英镑，占 GDP 比重进一步下降到 38.2%。根据预测，2019/2020 财年到 2023/2024 财年，公共部门管理总支出将从 8 416 亿英镑增加到 9 553 亿英镑，占 GDP 比重将从 38.3% 下降到 37.9%。2018/2019 财年到 2023/2024 财年之间，公共部门管理总支出年增长率预测为 1.4%。

赤字大幅削减。2017/2018 财年，公共部门净借款（赤字指标）从 2009/2010 财年的 9.9% 削减到 1.9%，下降了五分之四。继上一财年公共部门净借款占 GDP 比重削减到 2% 以下之后，2018/2019 财年，公共部门净借款预测将会下降到 255 亿英镑，占 GDP 比重预测将进一步大幅下降至 1.2%。根据预测，2019/2020 财年到 2023/2024 财年，该指标将稳定在 GDP 的 1% 左右。

公共部门净债务占 GDP 比重连续下降。2017/2018 财年，公共部门净债务占 GDP 的 85.0%。2018/2019 财年，公共部门净债务预测超过 1.8 万亿英镑，占 GDP 的 83.7%，这是该比重在上一财年（2017/2018 财年）出现下降后的再次下降。根据预测，2019/2020 财年到 2023/2024 财年，公共部门净债务将从 1.851 万亿英镑增加到 1.896 万亿英镑，增加 450 亿英镑。但是公共部门净债务占 GDP 的比重将从 82.8% 下降至 74.1%，呈现持续下降的态势。

财政目标继续得以实现。英国议会在 2017 年 1 月批准的财政规则对政府的赤字和债务指标分别做出了规定，要求政府将经周期调整的公共部门净借款占 GDP 比重在 2020/2021 财年降低到 2% 以下，同时公共部门净债务占 GDP 比重开始由升转降。该规则将确保英国在 2025 年左右实现预算平衡。2017/2018 财年，英国提前 3 年实现了该财政目标。根据预测，2018/2019 财年，经周期调整的公共部门净借款占 GDP 的比重将是 1.3%，公共部门净债务占 GDP 比重将继续下降到 83.7%，财政目标将再次得以实现。根据预测，2019/2020 财年到 2023/2024 财年，经周期调整的公共部门净借款占 GDP 的比重将从 1.6% 持续下降至 0.8%，各财年都将低于 2%，其中 2020/2021 财年该指标预测为 1.3%；公共部门净债务占 GDP 比重将从 82.8% 不断下降到 74.1%，实现了各财年的持续下降，因此财政目标预测将持续得以实现。预算责任办公室基于当前政策进行的判断认为，政府在 2020/2021 财年实现财政强制目标的可能性为 65%，考虑到财政中期展望反映出的各种不确定性，政府已经为该财年预留出 154 亿英镑的资金，如表 4－17 所示。

① HM Treasury，Budget 2018：documents，29 October 2018，英国财政部网站，P16—28。

表 4 - 17　　英国财政状况预测

（2017/2018—2023/2024 财年）　　单位：占 GDP 比重，%

财年	实际	预测					
	2017/2018	2018/2019	2019/2020	2020/2021	2021/2022	2022/2023	2023/2024
收入和支出							
公共部门经常性收入（a）	36.6	37.0	36.8	37.0	37.0	37.0	37.2
管理总支出（b）	38.5	38.2	38.3	38.1	38.0	37.9	37.9
其中：							
公共部门经常性支出（c）	34.5	34.4	34.2	34.0	34.0	33.9	33.9
公共部门净投资（d）	2.0	1.9	2.2	2.2	2.2	2.1	2.2
折旧（e）	2.0	1.9	1.9	1.9	1.9	1.9	1.9
财政强制性目标和附加目标							
经周期调整的净借款	1.9	1.3	1.6	1.3	1.1	0.9	0.8
公共部门净债务	85.0	83.7	82.8	79.7	75.7	75.0	74.1
赤字							
公共部门净借款（b - a）	1.9	1.2	1.4	1.2	1.0	0.9	0.8
融资							
公共部门净现金需求	3.9	1.5	1.6	-0.2	-1.4	1.9	1.4
稳定和增长公约							
赤字率	2.0	1.3	1.5	1.3	1.3	0.9	0.7
经周期调整的赤字率	2.0	1.4	1.7	1.4	1.4	0.9	0.8
债务率	85.6	85.0	84.1	83.2	82.7	81.8	80.8

资料来源：HM Treasury，Budget 2018：documents，29 October 2018，table C.2，英国财政部网站。

注：（1）管理总支出英文为 total managed expenditure，这里的管理总支出指公共部门管理总支出，等于公共部门经常性支出 + 公共部门净投资 + 折旧。

（2）公共部门净借款是赤字指标，等于管理总支出 - 公共部门经常性收入。

（3）公共部门净现金需求表示实际的现金需求，等于公共部门净借款 + 公共部门的现金变动，如资产的出售或者购买。

（4）公共部门净债务截至 3 月底。

（四）国家的优势和面临的挑战

1. 拥有的优势

（1）经济稳定增长。详情见宏观经济及其展望部分。

（2）就业水平高。详情见宏观经济及其展望部分。

（3）财政状况预测将得到明显改善。根据英国预算责任办公室的预测，在2018年针对2019/2020财年的预算措施宣布前，英国财政状况与2018年春季报告（Spring Statement）时相比出现重大改善。财政状况的改善让政府在预算中可以为5年国家健康服务解决方案（the Five - year NHS Settlement）提供资金，增加公共服务的日常开支，削减家庭税收负担数百万英镑，同时还可以实现赤字的削减和债务的下降。①

2. 面临的挑战

（1）劳动生产率增速放缓。2008年全球金融危机之后，所有发达经济体的劳动生产率的增速都出现了下滑，但是英国下滑的幅度是最大的。如果英国可以启动劳动生产率的增长，那么还有机会在长期内提高经济增长、工资和生活水平。

（2）英国脱欧带来的不确定性。详情请参考下文。

（五）施政方针和目标

2016年以来，英国一直朝着实现收支平衡的方向努力，削减债务的同时，保证核心公共服务的提供、为未来经济增长进行投资并将税负保持在有竞争力的较低水平。尽管赤字下降明显，但英国仍然需要严格执行财政纪律，大力削减赤字和债务。原因是英国债务仍然处于高位，公共部门净债务占GDP比重超过80%，平均到每个家庭为6.5万英镑，利息支出负担很重，如果将其看作一个部门的话，其支出将是排在第3位的部门，排在第1和第2位的分别是卫生部和教育部。②

（六）重点推进的财政措施③

2018年10月29日，英国财政大臣菲利普·哈蒙德（Philip Hammond）按照之前预定的时间向议会提交了《2018年预算》（Budget 2018）并同时在财政部网站公开了该预算。《2018年预算》是主要针对2019/2020财年的英国公共部门预算，是一部5年期滚动预算，该预算是英国不再分春、秋两季各编制一部预算后颁布的第一部预算，从此英国将只在每年秋季颁布预算。《2018年预算》包括4份文件（集），它们的名称分别是：（1）2018年预算：需要知道的24件事（Budget 2018：24 things you need to know）；（2）2018年预算：菲利普·哈蒙德的讲话（Budget 2018：Philip Hammond's speech）；（3）2018年预算：税收相关文件（Budget 2018：tax - related documents）；（4）2018年预算：文件（Budget 2018：documents）。其中

①② HM Treasury，Budget 2018：documents，29 October 2018，英国财政部网站，P16—28。

③ HM Treasury，Budget 2018，29 October 2018，英国财政部网站。

反映出英国2019/2020财年重点财政措施如下：

1. 支出政策

得益于公共债务开始下降，财政状况出现好转，英国公共服务将实现增长。与2009/2010财年相比，公共部门净借款占GDP比重（赤字率）下降了4/5，从占GDP的9.9%下降到1.9%。得益于赤字的削减，公共部门净债务占GDP比重在2016/2017财年达到历史高点后从2017/2018财年开始下降。根据预测，2019/2020财年到2023/2024财年期间，公共服务（Public Services）的年平均实际增长率预计为1.2%。

国家最低工资将增加到每小时8.21英镑。从2019年4月开始，政府将会把国家最低工资（the National Living Wage）从每小时7.83英镑上调到8.21英镑。这项政策将使240万劳动者受益，对于一个受益的全职职工来说，工作一年，工资将增加690英镑。

增加工作补贴17亿英镑。增加工作补贴意味着，有需要抚养的子女的劳动者和有残疾的劳动者申请“普遍福利”（Universal Credit）可以得到每年630英镑的补贴。

2018年年底之前，英国将在全国范围内针对26到30岁的年轻人发放新的火车优惠卡。这个首次发行的火车电子优惠卡将提供最高达火车票价1/3的购票优惠。

国家健康服务（NHS）基金的支出将增加，其中包括为精神疾病的治疗提供更多资金。NHS是国家最优先的支出项目，到2023/2024财年为止，政府将在考虑通货膨胀因素外，为NHS再增加205亿英镑的预算。其中包括到2023/2024财年为止，每年为精神疾病的治疗增加20亿英镑的资金。

政府将为社会照料再提供6.5亿英镑的资金。2019年，中央政府将为英格兰的地方行政当局再提供6.5亿英镑的社会照料（Social Care）资金。

2018年，学校将可以再获得4亿英镑的资金。每所小学平均将获得1万英镑，每所中学平均将获得5万英镑。

为纪念第一次世界大战停战（the WWI Armistice）100周年，政府将为相关纪念活动安排不超过1 900万英镑的资金。其中，政府将投入不超过800万英镑的资金用于村庄礼堂、矿工福利设施和部队设施的修缮和改建；通过部队契约信托基金（the Armed Forces Covenant Fund Trust），政府将投入1 000万英镑资金用于退伍军人精神疾病的治疗；政府还将投入100万英镑用于学生参观第一次世界大战的战场。

政府将投入300亿英镑改善现有道路。一笔来自道路税（Road Tax）税收收入的数额为288亿英镑的国家道路基金（National Roads Fund）会投资253亿英镑用于战略性路网（高速公路、干线和A级道路）的建设。这将会成为该领域最大规模的投资。该基金还将为建设地方道路新网络（即the Major Road Network）以及较大的地方道路项目提供资金。地方行政当局将得到 4.2 亿英镑的资金用于修整凸凹不平的路面、重建桥梁和隧道，还将得到 1.5 亿英镑资金改善地方交通的瓶颈如环岛。

为苏格兰、威尔士和北爱尔兰提供更多资金。苏格兰、威尔士和北爱尔兰在权力下放领域将会得到更多来自中央的转移支付资金，这些领域如教育、医疗和住房。根据预算，到 2020/2021 财年为止，苏格兰政府得到的资金的增量将超过 9.5 亿英镑，威尔士政府的将超过 5.5 亿英镑，北爱尔兰行政院的将超过 3.2 亿英镑。

超过 15 亿英镑的资金将被用于支持商业发展。地方的繁华商业街区将得到 6.75 亿英镑资金用于改善交通枢纽、将空置店铺改装成家庭住房和办公用房、对老的历史性建筑进行恢复和再利用。以及下调小型零售商交纳的商业（房产）税（the Business Rates），公厕将获得全额商业（房产）税减免。

2019 年和 2020 年这 2 年中，政府将增加国防支出 10 亿英镑。政府将增加国防部支出 10 亿英镑以保证英国应对不断变化的威胁，例如不断增加的网络攻击和死灰复燃的对英国国家的威胁。

英国还将为各部委机构的脱欧事务增加资金，资金总额将超过 40 亿英镑。政府在 2019/2020 财年将为各部委的脱欧事务再新增 5 亿英镑的资金。之前，已经宣布的政府在该财年的脱欧事务支出是总额不超过 15 亿英镑。

从 2019 年 1 月 1 日到 2020 年 12 月 31 日，政府将年度投资补贴的金额提高到 100 万英镑。政府将年度投资补贴（the Annual Investment Allowance）金额上调到原有补贴的 5 倍，从 20 万英镑增加到 100 万英镑，目的是促进企业的投资和发展。从 2018 年 10 月开始，企业将享受一项企业所得税税前扣除的税收优惠，其新建的非居住建筑的成本的 2% 将可以在支付企业所得税前从利润中扣除。

为支持雇主，进一步改革学徒税（the Apprenticeship Levy）。一些雇主仅需支付目前支付的学徒培训费用的一半——支付比例从培训总额的 10% 下调到 5%，而政府将负担剩下 95% 的培训费用。

2. 税收政策

个人所得税免税额将提高到 12 500 英镑。从 2019 年 4 月开始，个人所得税免税额（the Tax - free Personal Allowance，年度所得超过该数额后开始缴纳个人所得税）将被再次提高 650 英镑，增加到 12 500 英镑。个人所得税免税额的提高比计划提前 1 年实施，12 500 英镑的免税额将实施到 2020 年。提高免税额意味着，基本税率纳税人 2019/2020 财年需要交纳的个人所得税比 2010/2011 财年少 1 205 英镑。

高税率纳税门槛将从 46 350 英镑提高到 5 万英镑。从 2019 年 4 月开始，适用 40% 税率的纳税人的最低应纳税所得额从 46 350 英镑提高到 5 万英镑。这意味着 2019/2020 财年适用高税率的纳税人的数量比 2015/2016 财年少了接近 100 万。

燃料税将第 9 年维持不变。到 2019 年，燃料税（Fuel Duty）已经连续第 9 年维持原税率不变。从2010年以来，每位司机平均少支付1 000英镑的税款。

航空乘客税短途飞行适用的税率将不会被上调。航空乘客税（Air Passenger Duty）短途飞行适用的税率连续第8年维持原税率而没有被上调，80%的航空乘客将受益。长途飞行适用的税率将按通货膨胀率同比变动。

啤酒、苹果酒和白酒税（Duty on Beer，Cider and Spirits）维持不变。

商业（房产）税减免。从2019年4月开始，小型零售商交纳的商业（房产）税（the Business Rates）将被下调1/3，这样他们可以少支付9亿英镑的该项税款。公厕将获得全额商业（房产）税减免。

对大型数字化企业（Large Digital Firms）征收税率为2%的数字化服务税（Digital Services Tax）。从2020年4月开始，大型社交媒体平台（Large Social Media Platforms）、搜索引擎（Search Engines）和网上商城（Online Marketplaces）来自英国用户的收入将被征收税率为2%的数字化服务税。

3. 其他政策

提高地方行政当局以建设住房为目的借款的上限。从2018年年底开始，英格兰政府提高了英格兰地方行政当局以建设住房为目的而进行借款的借款上限。地方行政当局通过独立的住房收入账户（Housing Revenue Account，缩写HRA）为建设住房提供资金。随后，威尔士政府也立刻提高了威尔士地方行政当局的该借款上限。

从2019年春季开始，政府将发售面值为50便士的脱欧纪念币。为纪念英国脱欧，英国皇家铸币局（the Royal Mint）将铸造一枚新的脱欧纪念币。

七、小结：英国财政运行特征

近年来，世界各国的民族主义、单边主义、贸易保护主义抬头，逆全球化思潮不断涌现新的形式。脱欧是英国人民和英国政府的选择，不但是“逆全球化”在英国最突出的表现，而且也是全球范围“逆全球化”的突出表现之一，是英国民族主义、单边主义、保护主义发展的有力证据，是逆全球化思潮新的表现形式，对英国和世界都将产生深远影响。财政是国家治理的基础和重要支柱，因此对英国的财政运行必将产生直接和间接的影响，具体总结如下：

（一）对财政的直接影响

1. 不断增加脱欧事务开支

从2012/2013财年到2015/2016财年，英国公共部门管理总支出按部门分类

（共25个部门）每个财年花费在脱欧部门的财政资金为700万英镑[①]。在脱欧公投后的脱欧进程中，2016/2017财年，该资金立刻上调到2 200万英镑，2017/2018财年，进一步上调到5 600万英镑[②]。除脱欧部门支出外，其他多个部门也都涉及脱欧事务的相关支出，各国部门都要进行相关事项的清理、研究或者信息发布，因此实际的脱欧支出要多得多。根据2018年预算，英国将增加各部委机构的脱欧事务资金，2019/2020财年，各部委的脱欧事务资金将在已经宣布的总额不超过15亿英镑的基础上再新增5亿英镑，这样2016年以来，脱欧支出总额将超过40亿英镑[③]。

2. 未来将节省对欧盟的支出

从2013/2014财年到2017/2018财年，英国对欧盟净的转移性支出分别为118.79亿、116.58亿、112.53亿、91.60亿、101.88亿英镑，分别占英国公共部门管理总支出的1.6%、1.6%、1.5%、1.2%和1.3%[④]。其中从2015/2016财年到2018/2019财年，英国基于增值税、国民收入（GNI）和减排向欧盟预算提供的资金分别为112.54亿、95.51亿、101.86亿和128.93亿英镑[⑤]，从中可以看出英国对欧盟是绝对的净贡献国。在英国退出欧盟后，将不用再承担该支出，英国将节省下这部分费用。

3. 未来与进出口相关的财政收支都将发生变化

正式脱欧后，英国与欧盟的经贸关系由达成的协定来约束或者退回到WTO的框架，与进出口相关的财政收支如关税、出口退税等都将发生变化，例如预计政府关税收入将会增加，使国内厂商受到关税措施的保护，但这是以国内消费者的损失为代价。

（二）对宏观经济的负面影响

不同机构就脱欧对英国宏观经济的影响都进行过预测，结果都是负面的，只是影响程度存在差异。根据《英国2018年预算：文件》[⑥]，英国预算责任办公室在预测英国的经济增长时，考虑了脱欧对英国进出口的影响以及进而对经济增长的影响。预测假设英国脱欧有2年的过渡期，因此在预测中从2021年开始考虑进出口将受到

---

① 资料来源：HM Treasury，Statistical Bulletin：Public Spending Statistics February 2019，table 8，英国财政部网站，比重为计算得出。

② 资料来源：HM Treasury，Statistical Bulletin：Public Spending Statistics February 2019，table 8，英国财政部网站。

③ HM Treasury，Budget 2018：documents，29 October 2018，P28.

④ 资料来源：HM Treasury，Statistical Bulletin：Public Spending Statistics February 2018，table 10a，table 10b，英国财政部网站。占管理总支出比重为计算得出。

⑤ Office for National Statistics，Public Sector Finances：March 2019，24 April 2019，PSA6E，英国财政部网站。

⑥ HM Treasury，Budget 2018：documents，29 October 2018，英国财政部网站。

脱欧的影响。预测结果是，从2018到2020年，净出口对GDP增长的贡献分别为0.2%、-0.1%、-0.1%，考虑脱欧对进出口的影响后，预测2021年到2023年，净出口对GDP增长的贡献分别为0%、0%、-0.1%。但是文中没有考虑，脱欧除了通过净出口的下降对经济增长产生直接影响外，还会通过影响投资和消费从而影响到经济增长，另外脱欧还会通过劳动力供给和劳动生产率影响消费、投资、存货和净出口从而对经济增长产生影响，因此脱欧对英国经济增长的实际影响要远远超出单纯净出口下降的直接影响。

保罗·克鲁格曼对英国脱欧总成本的估算是英国GDP的1.6%，并提到其他人估算的结果也基本都在英国GDP的2%左右。他认为脱欧将会导致两种影响，一是交易成本上升导致的福利损失，二是扭曲导致的福利损失。他估算脱欧将导致英国与其他欧洲国家的贸易量占英国GDP的比重从15%下降到10%，假设进口商品的需求弹性是3，那么交易成本大约相当于进口价格的13%，意味着总的福利损失是13% *（15% +10%）/2≈1.6%。[①]

据伦敦政治经济学院经济表现研究中心的研究，一旦英国“无协议脱欧”，英欧遵从世界贸易组织规则，英欧贸易今后10年将下降40%，英国国内人均收入下降3%。根据英国政府的估算，“无协议脱欧”将让英国经济今后15年累积增长预期从25%降至17%。[②]

英国商会近期报告预计，即便英国实现“有序脱欧”，英国企业2019年商业投资也将减少1%，降幅为10年来最大[③]。

从英国现实情况看，脱欧对宏观经济的影响已经开始显现，例如移民人数的减少，说明英国对人才的吸引力在下降，一些企业开始计划离开英国，这些都开始拖累英国的经济。日本本田汽车公司宣布，将在2022年关闭在英国斯温顿的工厂，这意味着英国将直接损失3 500个就业岗位[④]。欧洲央行银行业监察主管丹尼尔·诺伊表示，约有50家银行已经与欧盟有关部门讨论了英国脱欧相关的业务搬迁计划，在2016年6月公投之时，一些跨国大银行就已经开始着手准备撤离伦敦[⑤]。安永会计师事务所日前发布的一份报告称，自“脱欧”公投以来，金融服务业约有1万亿英镑资产和7 000个工作岗位正从英国转移到欧盟的其他成员国[⑥]。“脱欧”不确定性引发的投资下滑更为严重。英国商会总干事亚当·马歇尔说：“作为应急准备的一部分，一些企业已把投资和增长计划迁出英国。一些投资可能永远不会重返

① 保罗·克鲁格曼：《英国脱欧与特朗普贸易战》，《中国经济报告》2018年7月5日。

② 新华网：《“无协议脱欧”会多糟？英欧贸易今后十年将降40%》，2019-02-22，新华网。

③ 《财经观察：“脱欧”严重损害英国经济中长期增长前景》，2019-04-18，新华网。

④ 新华网：《“无协议脱欧”会多糟？英欧贸易今后十年将降40%》，2019-02-22，新华网。

⑤ 《近50家金融机构拟脱欧搬迁》，《时代金融》2017年12月10日。

⑥ 《述评：英国“脱欧”沉思录》，2019-03-29，来源：新华社，新华网。

英国。”①

（三）利用财政措施稳定经济②

上文已经列出不同研究人员和机构就脱欧对英国经济增长负面影响的预测结果，其实不仅会对经济产生不利影响，另外还很可能导致社会矛盾凸显，政治不稳等。这种形势对于财政来说，一方面会增加财政负担，如劳动力供需不平衡而增加培训或教育支出，另一方面会导致财政发挥作用的能力下降，如财政收入的下降。因此，财政将面临更加复杂和困难的局面。

为此，2016 年以来，英国一直朝着实现收支平衡的方向努力，做法是削减赤字和债务以增进经济弹性、提高财政可持续性以及减轻后代的债务利息负担的同时，维持公共服务的提供、投资于经济增长和将税负维持在有竞争力的较低水平。

1. 减税与增收并举

收入方面，为增加经济活力采取减税措施的同时，为保持收入的稳定还采取了增收措施。英国目标是建立公平和可持续的税收体系，税收需要有竞争力，能够支持经济增长，让英国能够继续成为新建和发展商业企业的最佳国家之一。为此，英国在削减企业所得税、个人所得税等的同时，通过加强税收征管和稽查以及其他多种方式筹措资金，重点包括：

（1）降低企业所得税（Corporation Tax）税率。2010 年，英国企业所得税税率还高达 28%。从 2015 年 4 月起，下调到 20%，使英国成为 G20 国家中实施最低企业所得税联合税率的国家，2017 年 4 月税率再次下调到 19%，到 2020 年税率还要进一步下调到 17%，下调企业所得税税率就是为了增加英国对企业的吸引力。

（2）削减个人所得税。①连续上调个人免税额。英国个人免税额从 2010 年 4 月的 6 475 英镑到 2015 年 4 月提高到 10 600 英镑，预计在 2016/2017 和 2017/2018 财年将进一步分别提高到 10 800 和 11 000 英镑。根据 2017 年春季预算，个人免税额已经连续上调 7 年，从 2017 年 4 月开始，个人免税额上调到 11 500 英镑，比 2010 年高 75% 左右。根据 2018 年预算，从 2019 年 4 月开始，个人免税额将再次从 11 850 英镑上调到 12 500 英镑，预计将实施到 2020 年。提高免税额意味着，基本税率纳税人 2019/2020 财年需要交纳的个人所得税比 2010/2011 财年少 1 205 英镑。②提高纳税门槛。根据 2017 年春季预算，从 2017 年 4 月开始，最高税率的适用门槛为 4.5 万英镑，预计到 2020 年，最低档所得税的纳税门槛将被提高到 1.25 万英镑，最高档的纳税门槛将被提高到 5 万英镑。根据 2018 年预算，从 2019 年 4 月开

---

① 《财经观察：“脱欧”严重损害英国经济中长期增长前景》，2019-04-18，来源：新华社，新华网。

② 各项具体措施根据英国历年预算报告整理。

始，适用最高档税率的纳税门槛就从46 350英镑调高到5万英镑，这意味着2019/2020财年适用高税率的纳税人的数量比2015/2016财年少了接近100万。

（3）削减商业（房产）税。2015年预算对商业（房产）税进行综合评估，通过废除年度税收返还对税收管理体制进行彻底简化。2017年春季预算中，英国政府承诺在下次评估前实施总额近90亿英镑的商业（房产）税一揽子削减措施，永久性地将小型企业应该缴纳的商业（房产）税的税收减免提高1倍，同时提高征收门槛。英国政府还提出3项措施改进英格兰的商业（房产）税体系：首先，不再享受小型企业商业（房产）税减免的企业将可以得益于一项附加的税收优惠；其次，将对所有应税价值低于10万英镑的小酒馆给予2017年应交纳商业房产税1 000英镑的税收减免；最后，将为地方政府提供3亿英镑的自由可支配资金用于解决地方的工业困难问题。这三项措施一起将进一步缩减4.35亿英镑的商业（房产）税收入。根据2018年预算，从2019年4月开始，小型零售商交纳的商业（房产）税将被下调1/3，这样他们可以少支付9亿英镑的该项税款。

（4）多种消费税维持不变。根据英国2018年预算：①燃料税将第9年维持不变。到2019年，燃料税（Fuel Duty）已经连续第9年维持原税率不变。从2010年以来，每位司机平均少支付1 000英镑的税款；②航空乘客税短途飞行适用的税率将不会被上调。航空乘客税（Air Passenger Duty）短途飞行适用的税率连续第8年维持原税率而没有被上调，80%的航空乘客将受益。长途飞行适用的税率将按通货膨胀率同比变动；③啤酒、苹果酒和白酒税（Duty on Beer，Cider and Spirits）维持不变。这几种消费税的维持不变在法国“黄马甲”运动的映衬下，更突显其维持社会稳定，保障低收入群体生活水平的重要性。

（5）开征数字化服务税。英国将对大型数字化企业（Large Digital Firms）征收税率为2%的数字化服务税（Digital Services Tax）。从2020年4月开始，大型社交媒体平台（Large Social Media Platforms）、搜索引擎（Search Engines）和网上商城（Online Marketplaces）来自英国用户的收入将被征收税率为2%的数字化服务税。

（6）加强税收稽查，打击偷漏税，增加税收收入。2010年以来，通过采取积极措施打击偷漏税等行为，英国新增1 400亿英镑的税收收入。英国政府制定了进一步行动方案以防止企业将资本性损失计入交易损失、应对国外养老金计划的滥用以及与国际标准相一致对欧盟外的电信漫游服务征收增值税。2017年7月份开始，英国将对避税并被收入和海关总署（HMRC）查获的人员收取一项新的严厉的金融罚金，这些措施将在预测期内（6个财年）增加8.2亿英镑的收入。

（7）提高烟、酒相关税收收入。根据2017年春季预算，建议开征一项新的香烟最低消费税，以及按原计划提高酒精和烟草税。

（8）全球金融危机对银行救助后，采取退出措施。①从2015年4月起提高银行税（the Bank Levy）以补偿金融危机时政府对银行的救助。②政府继续从银行业退出。2015 年预算中说，政府将减持所持有的银行股权，将在 2016 年出售纳税人持有的 Lloyds 银行集团的 90 亿英镑股份，还将出售被强制国有化的 Northern Rock 和 Bradford & Bingley 两家银行的 130 亿英镑的资产。

2. 维持基本服务提供的同时，力图为英国经济发展提供持续动力

支出政策方面，在维持基本服务提供的同时，增加促进长远发展的支出，为英国经济发展提供持续动力

（1）增加人力资本投资。2015 年预算对儿童、年轻人、刚当上妈妈的妇女和退伍军人的精神健康服务进行投资，提高劳动力的素质，帮助有精神健康问题的他们重返工作，通过支持毕业后的研究和培训提高英国劳动力的技术水平，为把英国建成世界领先的科学和创新基地而投资。2017 年春季预算提出，帮助来自普通工人家庭的年轻人获得相应的技能以便能够从事高收入、高技能的工作；让更多的儿童能够有机会上好的或杰出的学校，让这样的学校把他们培养成优秀的人才，从而让他们走向成功；增加妇女和育儿支出，到 2020 年育儿支出每年达到 10 亿英镑等。根据 2018 年预算，2018 年学校将可以再获得 4 亿英镑的资金，每所小学平均将获得 1 万英镑，每所中学平均将获得 5 万英镑。

（2）加大基础设施投入和科技创新投资。2015 财年预算中实施了一整套改革措施以实现真正的经济复苏，方式是在整个英国开展基础设施、住房和科技创新投资。2017 年春季预算提出投资尖端技术和创新，让英国继续处于全球技术革命的前沿位置，具体措施包括：为巩固英国在科学和创新方面的世界领先地位，预算建议拨款 3 亿英镑用于最优秀、最出色的研究人员，包括提供以 STEM 为重点的 1 000 个新的需要博士和研究人员的就业岗位；2.7 亿英镑用于使英国在一些颠覆性科技领域继续保持前沿位置，这些领域包括生物技术、机器人系统和无人驾驶；1 600 万英镑用于建立一个新的 5G 手机技术中心；2 亿英镑用于地方项目，撬动私人部门在全纤维宽带网络领域的投资。根据 2018 年预算，政府将投入 300 亿英镑改善现有道路，地方的繁华商业街区将得到 6.75 亿英镑资金用于改善交通枢纽、将空置店铺改装成家庭住房和办公用房、对老的历史性建筑进行恢复和再利用。

（3）支持社会保障体系，支持国民健康服务体系（NHS）。在 2018—2020 年这 3 年里，英国政府给社会医疗体系提供超过 70 亿英镑的额外支出。同期，政府还将再拨付 20 亿英镑用于英国的社会医疗，其中在 2017/2018 财年拨付 10 亿英镑。社会医疗资金包将立即为国民健康保险提供支持，保证国民健康保险重新将重点集中到为“国民健康保险英格兰向前看计划”（the NHS England Forward View Plan）提供资金。到 2020 年前，英国政府将对该计划每年多提供 100 亿英镑的资金，在 2017 年将多提供 40 亿英镑。截至 2020 年，排除通货膨胀的影响，英国政府为国民健康保险计划提供的资金增加 100 亿英镑。为保护国民健康保险免受没有修改的个人伤

害折扣率的影响，已经预留 59 亿英镑的资金。根据 2018 年预算，英国国家健康服务（NHS）支出将增加，其中包括为精神疾病的治疗提供更多资金。NHS 是英国最优先的支出项目，到 2023/2024 财年为止，政府将在考虑通货膨胀因素的情况下，为 NHS 再增加 205 亿英镑的预算。其中包括到 2023/2024 财年为止，每年为精神疾病的治疗增加 20 亿英镑的资金。

（4）保障社会照料资金。根据 2018 年预算，2019 年，中央政府将为英格兰的地方行政当局再提供 6.5 亿英镑的社会照料（Social Care）资金。

3. 削减赤字和债务，实现财政健康和可持续发展

英国政府量入为出，坚持公共支出方面的财政纪律，目标是减少赤字、降低政府债务，主要措施包括：

（1）控制赤字。①经常性预算赤字不断削减并且已经实现盈余。如前文所述，英国政府经常性预算赤字从 2013/2014 财年占 GDP 的 3.9%，到 2015/2016 财年下降到 2.4%，到 2016/2017 财年下降到 0.6%，到 2017/2018 财年下降到 0.2%。根据 2017 年秋季预算，2016/2017 财年，英国公共部门经常性预算赤字下降到 0.4%，预测从 2019/2020 财年开始将实现盈余。根据 2018 年预算，2017/2018 财年，英国公共部门经常性预算赤字为 -0.1%，实现了盈余，根据预测在之后的 6 个财年中，公共部门经常性预算盈余将不断增加。②政府净借款占 GDP 比重不断下降。如前文所述，政府净借款占 GDP 比重从 2013/2014 财年的 5.6%，到 2015/2016 财年、2016/2017 财年和 2017/2018 财年分别下降到 3.9%、2.3% 和 2.1%。根据 2017 年秋季预算，2016/2017 财年，公共部门净借款占 GDP 比重为 2.3%，预测在之后的 6 个财年呈现下降态势。根据 2018 年预算，2017/2018 财年，公共部门净借款占 GDP 比重为 1.9%，低于之前的预测，根据预测，在之后的 6 个财年，该比重总体仍然呈现下降态势。

（2）净债务占 GDP 比重开始下降。得益于赤字的控制，净债务占 GDP 比重呈现下降态势。①政府净债务占 GDP 比重已经开始下降。如前文所述，全球金融危机以来，政府净债务占 GDP 比重从 2008/2009 财年的 47.1%，增加到 2014/2015 财年的 77% 的阶段性高点后，有所下降，到 2018/2019 财年已经下降到 74.7%。②公共部门净债务占 GDP 比重也开始下降。根据 2017 年秋季预算，2016/2017 财年，公共部门净债务占 GDP 的 85.8%，预计该比重在 2017/2018 财年还会上升至 86.5%。根据 2018 年预算，2017/2018 财年，公共部门净债务占 GDP 的 85.0%，低于之前的预期并且已经开始下降，预计该比重在 2018/2019 财年将下降至 83.7%。

（3）2017/2018 财年提前 3 年实现财政目标。英国议会在 2017 年 1 月批准的财政规则对政府的赤字和债务指标分别做出了规定，要求政府将经周期调整的公共部门净借款占 GDP 比重在 2020/2021 财年降低到 2% 以下，同时公共部门净债务占

GDP 比重开始由升转降。该规则将确保英国在 2025 年左右实现预算平衡。2017/2018 财年，英国提前 3 年实现了该财政目标。根据 2018 年预算，2020/2021 财年，将经周期调整的公共部门净借款占 GDP 比重将下降到 1.3%，公共部门净债务占 GDP 比重将持续下降至 79.7%，财政目标将持续得以实现。

主要参考文献

[1] 中国外交部：《英国国家概况》，2018 年 9 月更新，中国外交部网站。

[2] 宋伟：《英国脱欧就是反"全球化"?》，北京日报，2017 年 3 月 29 日。

[3] 高攀、熊茂伶：《财经观察：美欧贸易争端存在三大症结》，新华网，2019-04-18。

[4] 英国恐袭事件折射移民融入难题》，人民日报，2017-05-26，新华网转载。

[5]《英国"脱欧"公投后净移民人数大减》，新华网，2017-12-01。

[6] Office for National Statistics，Public Sector Finances，多年数篇报告，英国财政部网站。

[7] HM Treasury，Statistical Bulletin：Public Spending Statistics February 2019，英国财政部网站。

[8] 中国财政科学研究院：《世界主要国家财政运行报告》，历年系列著作，中国财政经济出版社。

[9] HM Treasury，Budget 2018：documents，29 October 2018，英国财政部网站。

[10] HM Treasury，Budget 2018，29 October 2018，英国财政部网站。

[11] 保罗·克鲁格曼：《英国脱欧与特朗普贸易战》，中国经济报告，2018 年 7 月 5 日。

[12]《"无协议脱欧"会多糟？英欧贸易今后十年将降 40%》，新华网，2019-02-22。

[13]《财经观察："脱欧"严重损害英国经济中长期增长前景》，新华网，2019-04-18。

[14]《近 50 家金融机构拟脱欧搬迁》，时代金融，2017 年 12 月 10 日。

[15]《述评：英国"脱欧"沉思录》，新华网，2019-03-29。

[16]《财经观察："脱欧"严重损害英国经济中长期增长前景》，新华网，2019-04-18。

第五章
德国

德国全称为德意志联邦共和国，位于欧洲中部，东邻波兰、捷克，南接奥地利、瑞士，西界荷兰、比利时、卢森堡、法国，北与丹麦相连并临北海和波罗的海，是欧洲邻国最多的国家。面积357 376平方公里，居欧盟第四。截至2019年4月，德国统计人口为8 298万，是欧盟人口最多的国家，每平方公里人口密度231人，是欧洲人口最稠密的国家之一。

一、在美欧贸易战中德美贸易争端白热化

德国是欧盟最大的国民经济体，全球第四大经济体，仅次于美国、中国和日本。2018年，德国经济实现了连续第10年增长。根据欧盟委员会2019年1月30日的年度预测，德国联邦政府的国内生产总值将增加1.0%。劳动力市场继续积极发展。预计2019年失业率将降至4.9%，就业人数将进一步增加至4 520万。2019年，财政政策也将更加积极。

尽管如此，2019年，德国经济面临着巨大的挑战，主要是来自外部环境的风险增加了。这是2019年增长速度与去年相比下降的原因之一。保护主义倾向对依赖自由世界贸易的开放经济造成风险。此外，德国经济还面临着一些结构性的挑战。数字化提供了巨大的机会，但也带来了巨大的挑战。它不仅彻底改变了企业格局及其商业模式，还将改变所有工作领域、社会生活和沟通。此外，气候变化也给德国和国际社会带来了重大挑战。人口老龄化伴随着劳动力潜力的下降以及对老年保障、医疗保健和护理的不断增长的需求，在结构薄弱的地区，减少劳动力的具体人口问题尤为明显。

面对这些挑战，社会市场经济原则仍然是联邦政府经济和金融政策的指导原则：社会市场经济结合了以个人自由、集体谈判和竞争为特征的强大经济秩序，重视社会平衡、社会参与和社区责任。

（一）“逆全球化”的突出表现与影响

1. 右翼民粹主义政党的崛起

最近20多年以来，右翼民粹政党几乎在西欧和北欧的所有国家而且也日益在东欧取得成功。尤其是2008年以来的“大衰退”加速了（右翼）民粹政党的壮大，全球金融危机和欧债危机使得欧洲经济持续低迷，失业率居高不下，激起了一些民众的排外情绪，欧洲难民危机的爆发更是助长了民众的不满和仇恨，右翼民粹势力借此得以扩张，一些欧洲国家的政局呈现右转趋势。

由于历史教训，德国长期以来存在着“反民粹主义共识”。因此，右翼民粹政党一直以来难以立足。但随着德国新选择党的崛起，情况似乎发生了改变。作为反欧元的抗议运动起家的德国新选择党虽然在2013年联邦议院选举中最终未能越过进入议会所需的5%门槛，但在其后的各次州议会选举中都进入了议会，在目前联邦议院选举的民调中得票率达到了两位数（12%至15%之间），有望在2017年的选举后作为首个右翼民粹政党进入德国联邦议院。

德国新选择党吸引了反建制、反自由化、反欧洲和反对一切可被视为标准的事物的选民。考察该党的纲领可以发现，它要求一个“自主的”德国，主张欧洲不能成为中央集权的联邦制国家，并威胁说，如果其基本改革方案不能在欧盟现有体系中实现，它就会致力于让德国退出欧盟或欧盟的解体。此外，它要求有序结束欧元区，如果联邦议院不赞同这一要求，它建议就德国是否留在欧元区举行全民公投。而且，它主张实施德国的主导文化，并认为多元文化主义思想是对德国社会和平以及德意志民族作为文化统一体存续的严重威胁；为此，它特别强调，伊斯兰主义不是德国的组成部分。

在移民问题上，它要求彻底关闭欧盟外部边境，在所有德国边境引入严苛的人员检查。其理由是，欧洲的自由迁徙权导致欧盟内大量移民从较贫穷的国家来到较富裕的国家尤其是来到德国。为此，必须阻止以直接移入到德国社会福利体制为目的的移民。由此可见，德国新选择党将一个新的分歧点，即支持关闭边境者与支持开放边境者之间的分歧政治化了。

2. 德美贸易争端达到白热化

二战后，以德为首的欧盟和美国作为跨大西洋伙伴关系的主要盟友，虽时有磕磕绊绊，但总体上一片团结。但美国总统特朗普上台后，美国多次从贸易、能源等多方面对欧盟进行威胁，德法领导人为了各自的国家利益以及欧盟的整体利益与特朗普多次磋商，但毫无效果，德美双方的跨大西洋伙伴关系遭到了严峻的考验，而且贸易争端日益达到了白热化的阶段。

2018 年 5 月 18 日，欧盟向世界贸易组织提交了一份美国产品清单，准备自 6 月 20 号起，对从美国进口的价值 33.4 亿美元的大米、玉米、花生酱和钢材等商品征收 25% 的对等关税，以报复美国对进口钢铝产品加征惩罚性关税的措施。此外，决定从 2021 年 3 月起，对年进口价值达 42.2 亿美元的不同美国产品分别征收 10% 至 50% 的关税，包括：14.6 亿美元的珠宝、7.37 亿美元的威士忌酒、6.86 亿美元的汽车玻璃、5.06 亿美元的电信设备、4.7 亿美元的个人护理产品，以及 7 600 万美元的牛仔裤。①

针对欧盟的报复性行为，特朗普表示，美国将增加进口汽车关税。2019 年 4 月 9 日，特朗普宣布对价值 110 亿美元的欧盟产品征收关税，包括大型商用飞机和零部件，乳制品和葡萄酒，作为美国回应欧盟对空中客车补贴的报复措施。

德国是典型的出口导向型国家，2018 年德国出口总额占 GDP 比重为 38.9%，外贸依存度更是高达 70.8%，随之带来的是对外部环境极高的依存度。贸易保护主义对德国的出口驱动带来了巨大的冲击，也拖累了德国的经济增长。根据德国联邦统计局的最新数据，2018 年德国 GDP 增长率为 1.5%，比 2017 年下降了 0.7 个百分点。德国经济研究院预测，如果美国对欧洲进口汽车加征关税，将会使德国 GDP 增长率降低 0.2 个百分点，如图 5－1 所示。

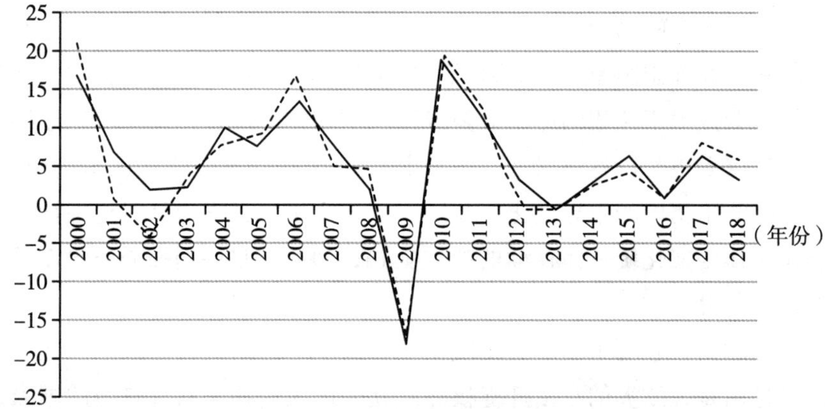

图 5－1　1990—2018 年德国对美进出口发展趋势（单位：十亿欧元）

资料来源：德国联邦统计局官网。

① EU set to impose tariffs on ＄3.3 billion of U.S. goods，https：//insidetrade.com/daily－news/eu－set－impose－tariffs－33－billion－us－goods－june－20，2018.06.19.

（二）德国经济发展近况

在过去几年里，由于欧元危机、银行业危机、英国脱欧、民粹主义运动扰动欧洲政坛，德国的经济虽然保持连年增长，但增长日益乏力。据德国联邦统计局数据显示，2018 年德国国内生产总值较上年增长 1.4%，虽然实现了 2010 年以来连续第 9 年经济增长，但增速明显放缓，全年增长率创下五年来的新低，三季度甚至出现负增长，四季度陷于停滞，勉强避免了衰退。而之前的 2016 年和 2017 年，德国国内生产总值年增长率均为 2.2%。日前，德国联邦政府又大幅调低了对 2019 年经济增长的预期，从去年年底预测的 1.8% 下调至 1.0%，经合组织预测的增幅甚至只有 0.7%。可见，在连年高歌猛进的背后，德国经济并非没有隐患，而问题的不断积累甚至有可能会把其推向下行的拐点。与此同时，在就业方面，2018 年德国年度平均失业率为 5.2%，比 2017 年下降 0.5 个百分点，创下两德统一后的新低，长期失业人数亦创下历史新低——而且 2015 年的难民已经被纳入统计。

观察 21 世纪以来的德国经济，面对全球化带来的竞争压力和增长乏力的问题，德国主要立足的是降低成本、促进出口，而非增加内需和投资。一方面，以施罗德的“2010 议程”为代表的一系列社会保障领域的改革大幅提升了劳动市场的灵活性，在降低失业率的同时也抑制了工资和社会福利开支的增长，压低单位劳动成本意味着提升德国产品在国际市场的价格竞争力，促进了德国的出口；另一方面，欧元的引入导致德国货币被低估，同样有利于德国的出口。21 世纪初，德国出口在国内生产总值中的占比尚不足三分之一，占比 56% 的消费对经济增长的贡献远高于出口。而到了 2018 年，德国的出口占比已经升至接近 47%，消费占比则下降至 52.5%，经常账户盈余达 2 940 亿美元，连续第三年居全球第一，占到国内生产总值的 7.4%。

在投资方面，2000 年，私营部门投资的国内生产总值占比为 8.4%，2018 年跌至 6.6%。这意味着，德国经济的主要拉动力源于海外市场的需求。其直接风险在于：虽然“德国制造”有自己的说服力，但出口毕竟很大程度上有赖于其他国家良好的经济景气，世界市场的任何风吹草动都有可能影响到德国的经济增长，而且这些外部环境的变化对德国而言几乎都是不可控的。德国经济对外部经济环境的敏感度超过任何其他大型工业国，从股市反应就能看出这一点。2018 年，德国股票 Dax 指数因意大利大选和法国“黄马甲”运动而出现的跌幅分别超过意大利和法国本国股指，德国上市公司中出口型企业的比重也超过其他工业国。换而言之，德国经济对出口的高度依赖，主要出口市场的疲软和外部经济环境的恶化很可能使“出口”这个一度最强劲的经济增长引擎转变为德国经济最令人痛苦的劣势。

如表 5－1 所示，2018 年德国出口较上年增长 2.4%，出口总额连续第五年创新高，但相较2017年6.2%的增长率，出口增速的放缓非常明显。这与近期的几重外部冲击有关：美国总统特朗普挑起贸易摩擦；2018年大选之后，意大利的股市大幅下行，经济景气指标亦受重挫；英国脱欧问题带来巨大的不确定性，与公投前的2016年相比，2018年德国对英国出口下降了7%；法国的“黄马甲”运动打击了企业信心，使商业环境恶化。

与此同时，世界经济环境也是阴霾密布，救星难觅：欧元区整体经济增长亦放缓，欧盟委员会预计2019年欧元区经济增长率将从2018年的1.8%降至1.3%；土耳其、阿根廷货币贬值几近失控；2018年10月的巴西大选中，右翼民粹主义候选人上台；全球互联网产业陷入寒冬。

鉴于持续财政盈余，德国联邦政府将在2019年增加社会性开支，如增加儿童补贴、提高个人免税额度。据德国主要经济研究机构预测，这些开支将使今年的财政盈余减少0.5个百分点，并从需求侧拉动产出。然而，面对经济增长放缓的压力，这样小规模的财政增支是否足以使德国经济免于被卷入下行的漩涡？在经历连续几年的经济繁荣之后，2018年德国人的实际消费较2017年提高1%，这样的国内消费动力显然无力扭转德国的出口依赖，在出口环境恶化的时期支撑德国经济增长也是勉为其难。

2018年10月，德国国内资本货物订单较2017年时的峰值大幅下跌了7%，这意味着紧张情绪在经济界迅速蔓延，出于对未来的悲观预期，企业紧缩投资、减少雇员，经济下滑的负面征兆已然显现。当然，如果2019年英国能够有序脱欧，意大利能恢复增长，法国社会政治能回归平稳，德国经济很可能得以闪身躲过下行的漩涡，但指望外部环境的改善毕竟不是根本之策，根本性解决经济的结构性问题才是长久之计。

表5-1　德国主要宏观经济指标变化趋势（2017—2019）　单位：%

年份	2017	2018	2019
GDP增长率	2.2	1.5	1.0
就业率增长率	1.4	1.3	0.9
失业率	5.7	5.2	4.9
消费增长率	2.0	1.8	1.4
出口增长率	4.6	2.4	2.7
进口增长率	4.8	3.4	4.0
外贸贡献增长率	0.3	-0.2	-0.3
工资水平变化率	2.5	3.2	3.1

资料来源：德国联邦统计局网站，德国联邦财政部网站。

（三）《国家工业战略 2030》的发布

2019 年 2 月 5 日，德国联邦经济事务与能源部发布由该部部长彼得·阿尔特迈尔起草的《国家工业战略 2030》。《国家工业战略 2030》提出的核心问题是：在全球化趋势不断发展、创新进程极大加快、其他国家扩张性和保护主义工业政策日益抬头的背景下，如何可持续地维持德国产业的高度繁荣？该战略旨在有针对性地扶持重点工业领域，提高工业产值，维护德国工业在欧洲乃至全球的竞争力，强调扶持和打造德国及欧洲龙头企业的重要性，允许形成“全国冠军”甚至“欧洲冠军”企业。《国家工业战略 2030》的出台被看作是德国重拾产业政策、加强德国经济复苏的标志。

1.《国家工业战略 2030》的主要内容

《国家工业战略 2030》回顾了德国经济发展中存在的诸多问题。首先，20 世纪 70 年代开始，德国失去在消费电子行业的领先地位，落后于日本和韩国。随后引起的连锁反应使得欧洲无法在电信技术和计算机、消费电子（包括智能手机、平板电脑等）等新兴领域站稳脚跟。那些代表平台经济的互联网公司，几乎都在美国和中国，欧盟国家几乎没有，德国与领先的互联网公司之间的差距目前仍在扩大。其次，在人工智能领域和新生物技术发展领域，德国的基础研究虽然强大，但是商业化却完全没有跟上。德国和欧洲成功的初创企业，越来越多地由美国的风险资本基金提供资金，逐渐变成了美国公司。

另外，德国人一直引以为豪的汽车工业也面临着巨大的挑战，越来越高的废气排放标准、电动汽车、自动驾驶，以及全新移动出行的概念可能造成的颠覆性运行模式让德国人充满了担忧。如果德国不能成功地在颠覆性技术方面取得领先地位，就有可能损失巨大的增值空间。正如该战略中所说，电动汽车、自动驾驶、数字化、人工智能等是蒸汽机时代以来最具创新的发明，这些领域拥有广阔的前景。如果德国错过这些发展机遇，就将沦为其他国家的延伸工作台。德国必须从被动的观察者变成设计师。

2. 德国的工业发展目标

《国家工业战略 2030》提出了一个明确的目标，就是到 2030 年逐步将工业在德国和欧盟的增加值总额中所占的比重分别扩大到 25% 和 20%；努力确保德国工业在欧洲乃至全球的经济技术实力和竞争力，保持国际领先地位。同时，致力于维护产业链的完整性，加强中小型工业企业的实力。

为确保德国经济与技术的竞争力和工业领先地位，保障德国经济、就业岗位和人民富裕的长期稳定和发展为战略目标，《国家工业战略 2030》将钢铁铜铝、化工、机械、汽车、光学、医疗器械、绿色科技、国防、航空航天和 3D 打印等

10 个工业领域列为“关键工业部门”，认为这是德国制造的核心，政府应当重点予以支持。

3. 未来的改革措施

《国家工业战略 2030》一方面大力呼吁不要背弃市场经济，要坚守自由开放的国际市场的原则，捍卫公平竞争；另一方面又十分强调政府的作用，提出了政府干预的具体措施。

第一，为企业发展创造更好的制度框架。该战略提出，几乎没有一个成功的国家完全依赖市场力量来管理当前事务，因此国家在一些领域的干预行为是合理的甚至必要的。一个过程的经济意义越大，国家积极主动参与其中的行动空间就越大；对于平台经济、人工智能、自动驾驶等极其重要的领域，国家可以直接参与其发展，此举必要而合理；政府必须对电池制造这样具有高附加值的重要产业链提供有效和充分的辅助，方式之一就是支持相关企业形成辛迪加。政府干预的措施包括补贴、援助、接管符合国家利益的本国企业，制定可承受的能源价格，稳定的社会福利与富有竞争力的税收体制等。

第二，鼓励合并形成“龙头企业”。该战略中指出：“规模是关键!”国家要培植和保护达到一定规模、具备国际竞争力的大型企业，方能在全球市场上与中美等国的大型企业抗衡，取得一席之地。为此，一方面要修改德国和欧洲的竞争法，为大型企业（包括跨国大型企业）的兼并开方便之门；另一方面，该战略点出了一些关键产业领域的龙头企业，包括西门子、蒂森克虏伯、几大汽车制造商以及德意志银行和空中客车公司，强调这些企业的长盛不衰符合国家的政治经济利益。在必要的情况下，国家还可以通过参股来插手企业并购事务。

第三，欢迎国外投资。为外商投资营造一个公平的竞争环境，只有在经过严格界定的特殊情况下，政府才可以插手干预外资并购德国企业，例如在威胁到国家安全的情况下。

第四，为了保持德国企业盛产“隐形冠军”的优势，需要对中小企业予以个性化的优惠与扶持，政府要加强对中小企业的技术创新保护。

二、联邦政府支出：促进经济增长和社会福利均衡

2019 年德国联邦政府财政支出的重点是促进经济增长和社会福利均衡，保持财政和预算政策的稳定性，并适度增加面向未来的投资。重点的投资领域包括交通运输基础设施、教育、儿童保育、住房和数字化建设，如图 5－2 所示。

在 2019 年至 2022 年期间，联邦政府投资支出总额为 1 516 亿欧元，平均每年 379 亿欧元。支出的重点是交通基础设施，促进社会住房和建筑津贴。此外，在

2019 年至 2022 年间约每年 150 亿欧元用于军事采购、国防研究和其他军事开发和试验以及军事设施，这些支出虽然不是预算意义上的资本支出，但会产生投资效果。

在核心预算之外，计划在 2019 年至 2022 年期间进行以下投资支出（不包括“数字基础设施”）：能源和气候基金总计投入 32.7 亿欧元，其中 2019 年为 6.55 亿欧元；特别基金“重建援助”中投入总计约 12.5 亿欧元，其中 2019 年为 4.86 亿欧元；迄今为止，在特殊投资基金“社区投资促进基金”下提供的 70 亿欧元中，约有 8.7 亿欧元已经拨付，此外大约 90% 的资金（约 35 亿欧元）已经由州政府规划完成。

此外，在教科研和军民融合方面，联邦政府也计划增加投入规模，在 2019 年至 2022 年期间，教育和研究支出约为 950 亿欧元，其中 2019 年为 237 亿欧元。比上一份财政计划中的数额多 42 亿欧元。人口变化未来也会越来越多地影响德国未来几十年的社会、经济和财政。德国财政部计划从 2021 年开始，每年拨款 20 亿欧元用于充实联邦财政部的养老金储备。此外，联邦政府将在 2022 年对法定养老保险的补贴增加 5 亿欧元，用于建立养老基金储备金。这些措施有利于保障社保贡献率和社保发放率到 2025 年维持在稳定的水平（所谓的“双停线”）。

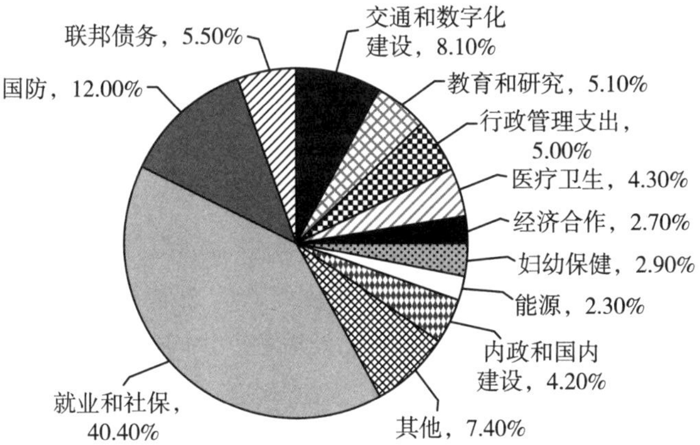

图 5－2 德国联邦政府 2019 年各部门财政支出分类（单位：%）

资料来源：《德国财政计划 2019》。

三、联邦政府收入：致力于减税

如图 5－3 和表 5－2 所示，2019 年德国联邦政府总财政收入为 3 658 亿欧元，其中税收收入为 3 330 亿欧元，占联邦总财政收入的约 93%。税收的主要类别为：工资税、个人所得税、企业所得税、增值税、特殊消费税（例如能源、烟草、保险和电力税）和其他联邦税（例如团结附加税），以及共享税中的联邦份额。除税收外，联邦政府在2019年预算中的非税收入约为238亿欧元。

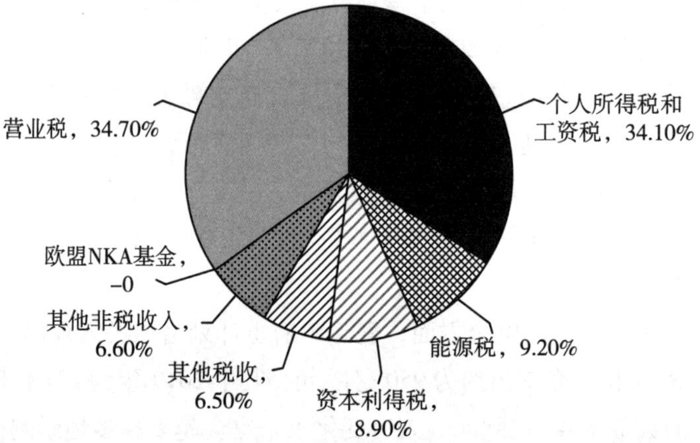

图5-3 德国联邦政府2019年财政收入结构（单位:%）

资料来源:《德国财政计划2019》。

（一）联邦政府税收收入

德国财政收支的平衡和债务状况的稳定，确保了德国经济的竞争力，并加强了德国的社会凝聚力，同时为德国的减税降费提供了财政基础。在未来三年，德国政府仍将致力于减轻公民的纳税负担。主要包括三个方面：一是提高抚养儿童的福利，增加个人所得税中的抚养抵扣；二是从2021年开始，从中低收入者入手，分步骤逐渐取消团结附加税，三是为了保障纳税人的最低生活标准，德国政府还计划提高个人所得税的基本免征额。本次减税降费力度是自2009年以来规模最大的一次。上述措施将会在2019年至2020年期间为纳税人减轻大约100亿欧元的税收负担。从2021年开始，团结附加税的逐步取消将造福德国90%的纳税人，并将使税收收入减少100亿欧元，减税带来的财政影响都将由联邦政府承担。

表5-2　　联邦政府税收收入结构　　单位：十亿欧元

年份	2018	2019	2020	2021	2022
估定收入税中联邦分享部分	113.9	121.6	128.8	136.3	143.8
非估定收入税中联邦分享部分	30.6	31.7	32.8	34.6	35.5
营业税中联邦分享部分	115.7	124.4	124.7	126.9	131.6
企业所得税中联邦分享部分	2.0	2.1	2.1	2.2	2.3
烟草税	14.2	14.1	14.0	13.9	13.8

续表

年份	2018	2019	2020	2021	2022
酒精税	2.1	2.1	2.1	2.1	2.1
能源税	41.3	41.5	41.5	41.5	41.5
电力税	6.9	6.9	6.9	6.9	6.9
其他联邦税收	44.1	45.6	47.0	48.5	49.9
减去：					
向州的转移支付	-8.5	-8.0	-10.9	-11.3	-11.8
欧盟 BNE 基金	-22.6	-28.7	-28.8	-27.9	-28.9
重型运输卡车税（变更）补贴	-9.0	-9.0	-9.0	-9.0	-9.0
稳定与巩固经济发展救助	-0.8	-0.8	-1.1	-0.8	-0.8
联邦税收收入总计	321.3	333.0	333.8	346.8	359.7

资料来源：《德国财政计划 2019》。

（二）其他财政收入

除税收外，2019 年，德国联邦政府还将收到约 238 亿欧元的其他非税收入。其中包括德意志联邦银行的利润份额、卡车通行费、私有化和土地出售收益，以及利息收入和偿还贷款等，如表 5－3 所示。

表 5－3　　2019 年联邦政府非税收入情况　　单位：十亿欧元

收入名称	数额
铸币收入	0.3
管理类收入	11.8
经济活动收益	5.6
私有化和土地出售收益	0.5
服务提供产生的收益	0.7
利息收入	0.3
偿还贷款	1.3
拨款和融资收入	3.3
共计	23.8

资料来源：《德国财政计划 2019》。

四、政府预算连年盈余，债务在减少

（一）全国一般政府盈余/赤字情况

2017 年，德国包括联邦政府、州政府和市镇政府在内的全国一般政府预算实现了连续 4 年的财政盈余，盈余规模达到了 534 亿欧元，占 GDP 的 1.5%，比 2016 年的 176 亿欧元高出 359 亿欧元。这一增长主要是因为核发电厂为联邦核废料处理融资基金注入了约 240 亿欧元，该特殊预算安排产生了非常大的收入增长效应。该收入为一次性资金注入，在 2018 年将取消。同时，各州的预算盈余比 2016 年增加 62 亿欧元，达到 124 亿欧元。根据德国稳定委员会的估计，2018 年德国全国一般政府将有 100 亿欧元的盈余，预计占 GDP 的 1%。

与 2017 年相比，预计 2018 年的支出将增加约 470 亿欧元，达到 9 080 亿欧元，增长率为 5.5%，经常账户支出增加约 5%，特别是由于向欧盟的转移支付增加。同时，资本账户支出可能增加 110 亿欧元，达到 1 055 亿欧元，增长率为 12%。这主要是由于联邦、州和市镇政府的预算投资增加，市镇政府在房地产领域的投资绝对额也会增加。

预计 2018 年德国全国政府预算收入将同比增加约 40 亿欧元，达到 9 185 亿欧元，增长率为 0.5%。税收收入的变化情况基本上就可以反映整个财政收入的变化情况。市镇政府的税收收入预计增加约 360 亿欧元，增长率为 5%，总额预计达到 7 700亿欧元。预计 2018 年资本账户的收入将比上一年减少约 250 亿欧元，这主要是因为上文提到的 2017 年收到一笔约为 240 亿欧元的用于核废料处理的一次性资金注入。如果不考虑该影响，资本账户的收入将变化十分微弱。

（二）全国一般政府债务情况

2017 年，全球经济增长加速。经合组织预计 2017 年全球增长 3.6%，比上年高出 0.5 个百分点。在世界许多地区，如日本、欧元区和英国，货币政策仍然是扩张性的。另一方面，在美国，美联储自 2015 年 12 月起开始采取加息政策。良好的经济形势导致德国股市上涨。例如，包括在法兰克福上市的所有德国股票的 CDAX 综合指数在 2017 年上涨了 16%。此外，对欧元的信心也进一步增强。尽管欧元区利率水平持续低迷，但德意志联邦银行计算的欧元对外价值在年内上涨了 6.3%。同期，欧元兑美元汇率甚至上涨了 14.1%。

虽然自 2017 年以来，欧盟利率有上升的趋势，但德国中期有价证券的收益率只是表现出温和的上涨，增长率大约为 0.25%，2 年期有价证券收益率增长 0.16%，

5 年期的增长 0. 34%，10 年期的增长 0. 22%，30 年期的增长 0. 31%。一些市场人士预计 10 年期内收益率将上升 1% 的现象并没有出现。然而，随着 30 年期和 10 年期有价证券收益率的差距从 73 个基点扩大到 83 个基点，收益率曲线的斜率逐年增加。同样值得注意的是，2 年期联邦国债的收益率在 2017 年跌至 -0. 95% 的历史新低。这主要是因为市场对安全性更高的短期欧元债券的需求逐渐增加，以及欧洲央行购买计划的额外需求，是造成这一结果的关键因素。然而，未来几年，2 年期国债的收益率预计将会上涨，尽管上涨幅度会低于中长期债券的上涨幅度。由于欧元区经济的稳健增长预期以及预期欧洲央行逐步退出货币量化宽松政策，在未来较长时间内，国债收益率不会出现下跌，如图 5 -4 所示。

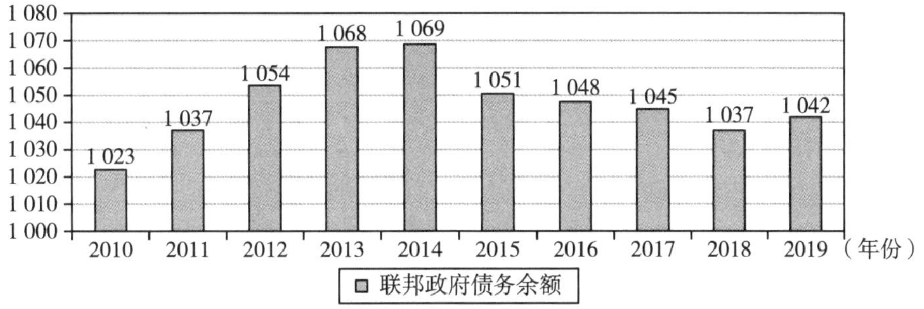

图 5 -4　2010—2019 年德国联邦政府债务余额发展趋势（单位：十亿欧元）

资料来源：《德国财政计划 2019》。

（三）2017 年联邦政府新增债务情况

2017 年，联邦政府的预算借款需求为 1 627 亿欧元，偿还额为 1 658 亿欧元。加上债务偿还的其他收入，债务水平下降约 32 亿欧元。但特别财产金融市场稳定基金和投资清偿基金的负债各增加约 2 亿欧元。因此，整体来看，2017 年联邦预算及其特别财产的债务减少总额为 28 亿欧元。

债务水平的下降是由于联邦政府在 2017 年的投资发展较为强劲。在预算盈余的使用方面，其中 53 亿欧元将用于"寻求庇护者和难民的接待和住宿融资费用"储备，16 亿欧元用于"儿童关爱基金"和"通胀指数化联邦证券的风险池储备"，3 亿欧元用于经济管理工具的经费投入。此外，大约 14 亿欧元从"市政投资促进基金""重建援助"和"能源与气候基金"中撤出，以保障财政资金的盈余。

截至 2017 年年底，联邦预算及其专项资金的总债务规模为 10 863 亿欧元。其中，联邦预算内债务为 1 045 亿欧元，特别财产金融市场稳定基金债务为 224 亿欧元，投资和清偿基金债务为 189 亿欧元，如表 5 -4 所示。

表 5 - 4　　2013—2017 年联邦政府债务构成数据（包括联邦特别财产）

单位：百万欧元

年份	2013	2014	2015	2016	2017
联邦财政与特别财产债务总计	1 113 586	1 114 973	1 097 175	1 089 151	1 086 311
按债务使用方向划分					
1. 联邦政府预算	1 067 873	1 069 387	1 050 926	1 048 151	1 044 972
2. 资金市场稳定基金	24 382	25 632	25 227	22 231	22 418
3. 投资与偿债基金	21 330	19 954	21 022	18 770	18 920
按债务形式划分（包括特别财产）：					
1. 联邦债券	1 095 596	1 096 659	1 079 898	1 074 825	1 072 745
联邦借款	642 795	653 418	662 891	669 840	693 282
其中：30 年期	176 305	182 845	189 048	193 792	203 462
10 年期	46 6491	470 573	473 843	476 048	489 820
联邦通胀指数债券	51 718	63 245	74 495	66 464	72 855
联邦担保债券	234 759	244 633	232 387	221 551	203 899
联邦储蓄债券	110 029	103 445	96 389	95 727	91 013
联邦无息储蓄债券	49 975	27 951	10 956	19 091	10 037
其他联邦债券	6 319	3 967	2 780	2 152	1 660
2. 借据贷款	12 222	11 971	10 649	9 785	9 091
3. 其他贷款与账面负债	5 768	6 343	6 628	4 542	4 475

资料来源：《德国财政计划 2019》。

五、政府间财政关系

（一）德国稳定委员会对联邦和州政府预算的监督和评价情况

根据德国《基本法》第 109a 条和《建立稳定委员会法案》，稳定委员会的职能是不间断地监测联邦和州的预算管理，以避免出现预算困难和紧急情况，对可能发生的预算紧急情况进行预判并商定应对方案。该法案废除了财政计划委员会，并接管了财政计划委员会的相关职能。此外，根据《预算法》第 51 条，稳定委员会的职能还包括协调预算法案和财政计划。稳定委员会的主要成员包括联邦财政部长、各州财政部长和联邦经济部长。

稳定委员会于2018年6月26日举行了第十七次大会。会上认为，德国经济目前处于20世纪80年代以来经济繁荣持续时间最长的时期，2017年实际国内生产总实现了连续第8年增长，增长势头良好。强劲的经济发展为财政政策带来了极好的条件。2017年，全国政府加上社保基金的预算盈余占GDP的1.5%。稳定委员会认为，本年度结构性政府赤字占GDP的0.5%的上限将继续得到很好的保持。

尽管财政政策的基础良好，但已经发生并且可以预见的结构性变化不容忽视。此外，由于受结构性预算平衡的要求，财政政策没有很大的融资空间，未来的财政政策仍将以稳为主，保持财政政策的可持续性仍然任重道远。

分区域来看，柏林、不来梅、萨尔州、萨克森-安哈尔特和石勒苏益格-荷尔斯泰因这五个州将继续得到一笔基金，用于帮助这五个州达到债务刹车①的要求，这笔基金一半来自于联邦政府，一半来自于州级的援助。这笔基金的提供从2009年开始，共提供10年，总额为8亿欧元，因此将在2019年结束，也就是说，到2020年，所有州应当实现预算平衡。其中，不来梅和萨尔两个州在2017年都超出了规定的净借款的上限，因此已经提交重组报告，提出了正在实施和计划实施的整治措施。在接受资金援助期间，稳定委员会每年都会对这几个州的预算进行监督。

（二）联邦和州的共同事权

根据“基本法”第91a条，在必要情况下，联邦政府应当通过参与协调和融资，在全国范围内参与改善区域经济结构、改善农业结构和改善沿海保护。根据“基本法”第91b（1）条，在跨区域的科研和教育促进方面，联邦和各州可在达成协议的基础上进行合作。

1. 改善区域经济结构

“改善区域经济结构”这一联合任务是联邦政府和州政府联合推动德国结构最薄弱地区发展，以促进其适应总体经济发展的唯一经济政策工具。该任务的资金由联邦政府和州各提供一半。除了2018年联邦预算中的6亿欧元的联邦资金外，作为联邦政府一揽子投资计划的一部分，2016—2018年，联邦将额外投入2 400万欧元作为补充。2018年联邦预算中的承诺拨款预算约为5.47亿欧元。此外，2014—2020年，德国将从欧洲区域发展基金获得117.3亿欧元，从欧洲社会福利基金获得7.49亿欧元，这些资金将部分用于德国的区域经济结构的改善计划。2021—2027年该任务的中期财政框架还在商讨之中。

---

① “债务刹车”在2011年被写入德国宪法，该规定要求，到2016年，德国联邦政府需要将其结构性赤字，占GDP的的比例降到0.35%。与此同时，德国各州需要在2020年前彻底消除其结构性赤字，平衡其预算，而在2014年，各州的最大限度结构性赤字率就必须达到0.5%。

2. 改善农业结构和沿海保护

履行“改善农业结构和沿海保护”联合任务的目的是确保德国农业和林业发展的长期性和可持续性，并使其能够在欧盟的共同市场中保持自身的竞争力，并致力于促进欧洲共同农业政策下的农村和沿海保护基础设施建设。它们是在联邦/州规划委员会批准的框架计划的基础上实施的。除了每年的常规计划外，采取的措施还包括：一是2009年签署了一项特殊框架计划《气候变化导致的海岸保护措施》，该计划的有效期直至2025年，联邦政府为此提供的预算总额为3.8亿欧元。二是从2015年开始，增加了一项特殊框架计划“洪水防护措施计划”，预计2019年将拨款1亿欧元，并计划未来每年保持1亿欧元的拨款来继续实施这一计划。三是从2018年起，建立了“农村发展支持计划”特殊计划，初始投入为1 000万欧元，目标是促进德国社会的均衡和公平。2019年该计划的投入预计为1.5亿欧元。自2011年以来，该联合任务的财政支出逐年增加，在2018年达到了12亿欧元，其中分担比例规定为：农业结构改善方面，联邦政府出资60%，州政府出资40%；改善沿海保护方面，联邦政府出资70%，州政府出资30%。

3. 联邦和州政府在联合促进科研事业方面的合作

根据“基本法”第91b（1）条，在跨区域的科研和教育促进方面，联邦和各州可在达成协议的基础上进行合作。根据该法律条款，2015年，德国设立了联合科学会议。该机构的成员包括联邦和各州的财政部长和教科研部长。该机构的职能是处理在科研教学的促进、相关政策制定以及科学体系的构建方面所有与联邦和州政府相关的问题。

2016年6月16日，联邦政府和各州联合制定一项促进高等教育的战略方案，该方案的目标是推动德国顶级大学的研究能力。支持的资金由联邦政府和州政府承担，比例为75%和25%。2018年联邦预算投入约为3.78亿欧元。在随后的几年里，联邦政府每年大约投入4亿欧元（占资金总数的75%）。

2016年6月16日通过的青年科学家激励计划旨在通过在全国范围内引入终身教授职业，增强德国科学系统的吸引力和竞争力。为此，该计划资助了德国约1 000名终身教授。联邦政府将在整个计划期间（2017年至2032年）提供总额高达10亿欧元的资金。青年教授所在的州政府负责保障资金的拨付和使用。此外，德国政府还成立了“创新和技术转化”项目，旨在为职业学校和中小企业培养专业人才，联邦政府将为这笔金额的90%提供资金，并在未来10年内提供总计高达4.95亿欧元的财政支持，财政支持截止到2027年年底。

（三）联邦政府对地方政府的投资支持

“基本法”第104b条允许联邦向各州提供财政援助，以支持各州完成重大投资项目，尽管宪法联邦政府在地方政府的投资领域是没有立法权限的。2009 年 7 月 29 日的“基本法”修订版规定，在自然灾害或超出国家控制的特殊紧急情况的情况下，联邦政府可以在没有立法权的情况下给州以下政府提供财政援助。同时，联邦政府有监督这笔援助资金的使用的权力。

1. 促进财政薄弱的市镇投资

2015 年，联邦政府根据“基本法”第 104b 条设立了专项基金“市政投资促进基金”，最初提供了 35 亿欧元，并计划利用这笔资金，在 2015—2020 年，财力薄弱市镇提供投资总额 90% 的财政支持。资金的使用受《市镇投资促进法》的约束。投资的领域包括基础设施建设、教育基础设施（仅限于能源改造）和气候保护。2016 年《补充预算法》将市政投资促进基金增加了 35 亿欧元。支持的期限是从 2017 年到 2022 年。

2. 城市复兴和发展援助

根据“基本法”第 104b 条的规定，联邦在促进城市和市镇的翻新、保护和稳定方面发挥着关键作用。为此，德国设立了一系列投资项目，例如“活跃的城市和郊区中心”“城市遗产保护”“社会福利城市”“东部城市重建”“西部城市重建”“小城镇和社区”和“未来绿色城市”等。从 1990 年到 2017 年，向各个州分配了总计约 142.5 亿欧元的基金，其中约 60% 由于实际情况需要分配给了东部州。2019 年，城市发展促进计划将继续为城市和市镇当局提供有效援助，拨款额度为 7.9 亿欧元。这些资金将被市镇当局用于城市发展、保护建筑遗产、适应人口变化等。2019 年联邦预算中用于促进城市发展的资金约为 73 亿欧元。

3. 改善市镇交通状况

自 2007 年 1 月 1 日起，各州每年收到 13.36 亿欧元的财政拨款，用于改善市镇的交通状况。自 2014 年 1 月 1 日起，由于“基本法”第 143c（3）条的规定，取消了规定投资领域的专项拨款，只保留了不规定用途的投资拨款。作为《市政交通融资法》下的联邦计划的一部分，目前联邦政府每年为城市轨道交通以及周边领域提供 33.26 亿欧元财政资金。将支持符合条件的成本超过 5 000 万欧元的项目。补贴率高达建筑成本的 60%。大联盟协议规定，在 2020 年和 2021 年分两步将联邦补贴增加到每年 10 亿欧元。

六、财政改革和治理措施：增加公共投资和刺激就业

（一）增加公共投资

1. 增加州和市镇层面的公共投资

自 2014 年以来，德国的政府财政平衡一直处于盈余状态。自 2013 年以来，广

义政府债务与国内生产总值的比率一直在稳步下降，根据联邦政府目前的预测，今年将低于马斯特里赫特国内生产总值（GDP）的60%。欧盟委员会还在其国家德国的国别报告中预测德国的政府债务进一步下降。除了良好的经济形势外，这一发展也支持了非常有利的利率水平，同时也为健康可持续的财政状况奠定了基础。与此同时，联邦预算打算增加未来几年的资本支出。预计2018年至2021年期间，联邦政府的资本支出将比2014年至2017年期间增加345亿欧元，达到1 562亿欧元，如图5－5所示。

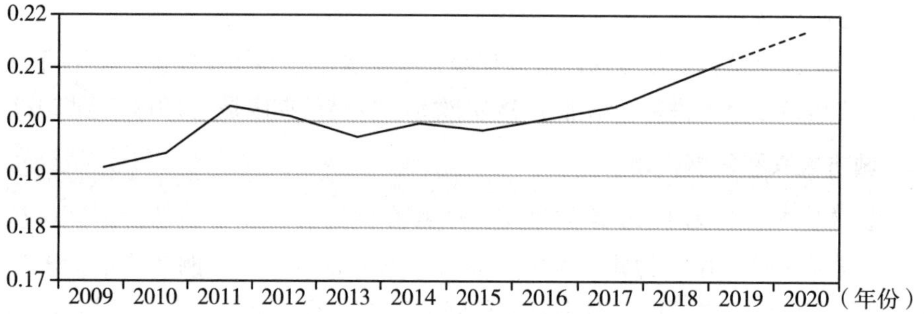

图5－5　联邦政府投资支出发展趋势（单位：%，GDP）

资料来源：德国联邦财政部官网。

2. 增加科研和教育支出

工业结构变化的主要特征是核心技术的发展，这些核心技术在的开发成本非常高。社会市场经济在保证公平竞争或促进基础研究的基础上，也会适当参与并给予支持。未来几年德国政府在研发领域重点支持两个领域：电池生产和人工智能战略。未来将需要大量的电池单元作为用于多种应用的能量存储器，特别是用于电动车辆的电池供电设备。因此，联邦政府颁布的《高科技战略2025》的核心内容之一就是支持德国电池生产能力的发展。为此，联邦政府发布了一项财政补贴公告，在此基础上研发企业可以选择项目并获得财政支持。

2018年11月，联邦政府启动了人工智能（AI）战略。通过这一战略，联邦政府追求三个主要目标：将德国和欧洲发展成为人工智能技术开发和应用的领先者，并确保德国经济的竞争力。此外，在广泛的社会和政治对话框架内，人工智能应该在道德、文化、法律和制度上融入社会。为实现这些目标，该战略为12个领域规定了具体的行动措施，并认为经济政策的主要作用是促进德国和欧洲的研究与开发，人工智能驱动的系统相关基础设施的安全性以及加强人工智能向应用程序的转移。工人应该为不断变化的工作环境做好更充分的准备，并且应该大大增加人工智能专业人员的适用性。根据2019年的联邦预算，联邦政府最初将提供总计5亿欧元来加强2019年及以后几年的人工智能战略。在此基础上，联邦可以在2018—2025年实施约30亿欧元的投资，以实施人工智能战略。核心目标是促进中小企业将研究成果转化应用，加强对人工智能初创企业的支持，人工智能数据基础设施的发展，创建欧洲人工智能创新集群和研究 AI 的技术推广。

3. 加大数字基础设施投入

高性能的数字化基础设施是个人和企业从数字化转型机遇中受益的先决条件。在过去 5 年内，联邦政府已经提供了总计 44 亿欧元的资金，主要用于农村地区的通讯发展。为了扩大非经济区域的千兆网络，将在“数字基础设施”专项基金中增加资金提供。未来，千兆网络应该可以在每个地区和每个社区中使用。学校、商业园区、公共社会服务和医院将优先考虑。

联邦政府希望迅速关闭移动通信和移动互联网中的白点，以实现全国范围内的高性能移动电话覆盖。2019 年德国将推动 5G 网络的发展，并致力于在 5G 应用领域将德国打造成领先市场。预计 2019 年联邦政府的 5G 战略旨在为选定的城市和地区配备 5G，以加强研究并拓展应用场合的范围。

（二）完善税收征管制度，改善私人投资条件

社会市场经济在强调市场行为者的主观能动性的同时，也注重社会福利的均衡。因此，经济政策的制定考虑制定激励措施，使所有社会参与者能够从经济行为中获益。因此，财政政策希望通过减税和减轻社保缴费负担，来确保社会的可持续性发展，并进一步加强社会凝聚力，联邦政府希望社保缴费比例的上限控制在 40% 以下。

对于公司而言，联邦政府将继续为其提供有利于营商的税收环境。为此，联邦政府计划在 2019 年提出加强税收研究资金支持的法案。此外，联邦政府正在研究修改公司税法，以帮助中小企业适应不断变化的内外部环境。其中一项重要的措施就是逐步取消团结附加税。

（三）通过刺激就业为经济发展创造动力

1. 减轻中低收入者的税收负担

减轻税负可以提高居民的可支配收入，并刺激和拉动就业，特别是对于中低收入群体而言。为了确保德国作为具有社会福利市场经济国家的市场竞争力，实现可持续经济发展，联邦政府计划将社保缴纳率稳定在 40% 以下。因此，政府降低了失业保险的缴存额，但同时增加了长期护理保险的缴存比例。在法定医疗保险方面，政府在 2019 年预计将会为纳税者减少约 80 亿欧元的负担。此外，在法定健康保险计划中自愿投保的低收入个体从业者，在 2019 年年初将与其他自愿投保人士享受相同的最低缴纳标准，这可以使他们的缴费额度减半，达到每月 160 欧元。最终可以

为个体从业者每年减负约10亿欧元。此外，子女抚养补助和子女津贴也有所增加，在2019和2020年将为居民减负约98亿欧元，有助于进一步刺激就业和购买力，从而拉动经济增长。

2. 延迟退休年龄

过去10年，德国老年人就业率的积极发展表明，德国延迟退休的接受度和可操作性空间还是很大的。例如，2007年60—64岁的就业率为32.8%，而2017年为58.4%。65至69岁人口的就业率从十年前的7.1%上升至16.1%。70—74岁人口从3.3%上升至7.1%。在人口变化的背景下，联邦政府将继续为延长就业提供奖励。

为了支持这一发展，联邦政府推出了《职业技能机会法》，一些受就业结构影响找工作困难的职工或者正在寻找工作的职工，可以得到就业培训的资助。雇主可以得到与雇员培训时间挂钩的财政补贴，这不仅有助于满足劳动力的技能提升需求，还可以激励企业更多地投资于员工培训。此外，联邦政府与各州正在联合制定国家继续教育战略，旨在将国家的继续教育与企业的需求相匹配。

3. 增加实际工资

根据联邦统计局的数据，2010年至2018年期间，每位员工的实际净工资增长了1.1%。2019年，联邦政府预计名义人均工资的名义增长率为3.1%，年度预测净值为3.7%。政府制定的政策对工资发展的影响是有限的，因为德国宪法规定了德国工资的集体谈判自治制度。但是，政府的政策可以改变集体谈判的框架条件。根据《关于调整最低工资的决定》，最低工资从2019年1月1日起增加到每小时9.19欧元。同时为了加强各个经济部门的工资动态调整，联邦政府颁布了针对具体部门最低工资的规定。

七、小结：德国财政运行特征

总体上看，2019年德国联邦政府将继续实行平衡稳健的预算安排，体现了德国政府一向稳健的财政政策。在连续数年实现财政略有盈余的情况下，联邦政府在控制公共债务方面取得了成效，有效提高了德国应对金融危机等风险的能力。在保持稳健财政政策的同时，德国联邦政府开始加大在基础设施、教育科研、民生等领域的支出和投入，表明德国联邦政府希望通过积极财政政策改善民生、提高德国经济总体竞争力的积极意愿。同时，德国呼吁欧盟内部能够加强团结，共同应对当下充满不确定性的国际环境。这也是未来短期内影响德国宏观经济发展的主要风险来源。

面对未来，德国仍需进一步扩大内需，而且当前的财政盈余和欧元区低利率为增加投资创造了极为有利的条件。德国经济学家指出的方向是：加强对数字基础设施、电信和教育领域的投资。这不仅能在中短期拉动经济增长，而且能从长计议为数字经济未来积蓄潜力，再有，经济的数字化和自动化也有助于缓解德国人口老龄化、未来劳动人口不足的问题。

主要参考文献

[1] Finanzbericht 2017—Stand und Voraussichtliche Entwicklung der Finanzwirtschaft im Gesamtwirtschaftlichen Zusammenhang, Bundesministerium der Finanzen.

[2] Finanzbericht 2018, Stand und Voraussichtliche Entwicklung der Finanzwirtschaft im Gesamtwirtschaftlichen Zusammenhang, Bundesministerium der Finanzen.

[3] Finanzbericht 2019, Stand und Voraussichtliche Entwicklung der Finanzwirtschaft im Gesamtwirtschaftlichen Zusammenhang, Bundesministerium der Finanzen.

[4] Nationales Reformprogramm 2019, Bundesministerium für Wirtschaft und Energie, April 2019.

[5] 中国财政科学研究院:《世界主要国家财政运行报告》，历年系列著作，中国财政经济出版社。

[6] 德国联邦财政部网站相关信息资料。

[7] 德国联邦统计局网站相关信息资料。

第六章
法 国

法国全称为法兰西共和国（French Republic），是一个本土位于西欧的半总统共和制国家，海外领土包括南美洲和南太平洋的一些地区。法国是欧洲国土面积第三大、西欧面积最大的国家，东与比利时、卢森堡、德国、瑞士、意大利接壤，南与西班牙、安道尔、摩纳哥接壤。国土面积为672 834 平方公里（本土面积553 965 平方公里），截至2018 年年底人口为6 698.7 万。

一、法国：在捍卫全球化的过程中遭遇挫折

法国经济具有巨大的创新潜力，并拥有许多优质资产和丰富的资源，这些本能够使其经受住最近发生的各种危机。然而，近 30 年来，由于缺乏改革，法国经济一再落后，其最明显的后果是持续的大规模失业。法国还没有准备好从“经济追赶”转变为能够充分利用新机会的创新经济模式。

因此，法国正遭受三方面的经济赤字：一是就业赤字。与其他国家的高就业率相比，法国因高失业率处于不利地位。30 年来，法国青年失业率从未低于 15%，2018 年失业率为 10%。二是创新赤字。法国的潜在年增长率目前估计为 1.25%，也低于其他发达国家。法国在创新技术方面的投资还不够，企业在数字转换方面落后，教育和培训系统也越来越效率低下。三是公共赤字。法国财政支出与 GDP 的比例是所有经合组织国家中最高的，2017 年为 55.1%。同时，法国的税收和社保缴费占 GDP 的比例也处于较高水平，2017 年为 45.4%。但与之相对应，法国的公共服务并没有满足人们的预期，与人民生活需求之间的差距正在不断拉大。这三重赤字不仅阻碍了法国经济从全球经济增长中获益，而且减缓了其在欧债危机后的复苏

过程。

此外，法国社会变得越来越支离破碎。战后的契约精神逐渐被瓦解。工作不再受到尊重，也得不到应有的报酬；福利国家不再为公民提供公平和保护；区域之间的凝聚力在削减，地区差异在逐渐扩大。除了这些传统挑战，数字化革命、气候变化，都是法国社会需要面对的挑战。

2018 年 11 月以来，在法国爆发了持续数周的“黄马甲运动”，其导火索是反对政府提高燃油税的计划。该运动不仅在法国国内造成了严重的社会危机，而且运动还迅速蔓延到了欧洲其他国家，引发了类似的抗议示威活动。结合最近几年全球化发展的新趋势和法国民粹主义的历史渊源，“黄马甲运动”爆发的根本原因或许对未来全球治理机制的改革发挥了警示作用。

（一）“黄马甲运动”的由来及表现

法国政府原本决定自 2019 年 1 月起，对每升柴油和汽油分别征收 6.5 欧分以及 2.9 欧分的二氧化碳税，相当于平均每升燃油加税人民币 0.5 元。这一决定引发了中下层民众的极大不满。事实上，2018 年以来，法国的柴油和汽油价格已经分别上涨了 23% 和 15%，提高燃油税政策的出台迅速引发了民众的不满。2018 年 10 月下旬，来自法国南部的一位汽车修理工在社交媒体上发布的一条视频呼呼民众穿上黄马甲，上街抗议燃油税上调。这段视频迅速走红，“黄马甲运动”由此发轫。抗议人群以草根阶层为主体，以追求经济正义为政治诉求。因他们身着黄色反光马甲，这场抗议被称作“黄马甲运动”。全法国参与运动的民众大约达到了 84 000 人。

抗议者不满于政府的税收改革后果不合比例地落在了工人阶级和中产阶层，尤其是生活在农村和城市远郊地区的居民头上。他们要求降低燃油税，重新引入财富税，提高最低工资，甚至要求总统马克龙辞职。运动的参加者包括失业者、低收入的养老金领取者，以及为福利和最低工资而挣扎的单亲家庭。同时包括蓝领和白领工人、小企业主，他们虽然生活状况好一些，但也感到被税收和高物价所剥削和欺骗。

（二）“黄马甲运动”爆发的原因

1. 法国高福利与经济效率之间的矛盾突出

高福利与经济效率之间的矛盾在法国社会中根深蒂固，由来已久。大大高于其他欧洲国家的福利水平制约了法国经济的竞争力，增加了企业成本，并使财政支出和政府债务水平居高不下，还形成了民众对福利水平的刚性依赖。法国人因为反对改革而上街并不是什么新鲜事，历年来法国政府推动削减福利、提高经济社会效率的改革政策无一不遭遇到民众的抗议。2017 年法国总统埃马纽埃尔·马克龙上台以来，凭借着在总统大选中赢得的人气、在国会中占据的绝对优势以及其本人的坚强意志，推进了一系列提振法国经济的结构性改革并初步取得成效。从取消针对富裕阶层的社会团结税（ISF，即所谓的“富人税”）、逐步取消居住税到推动《劳动法》和国有铁路改革等，都已落地实施。法国的经济增速有所提升，财政状况也出现了好转。根据法国国家统计和经济研究所的数据，2017 年法国财政赤字降到了 GDP 的 2. 6%，是近 10 年来法国财政赤字首次达到欧盟《稳定与增长公约》设定的 3% 的上限之下。改革的成效提振了马克龙政府进一步推动福利体系改革的信心。

然而，这一系列改革的成效却并未及时体现在民生的改善上，或者更确切地说，改革的民生红利尚未释放出来。尽管经济增速开始提升、政府债务水平有所下降，但已经连续 10 年没有获得增长的家庭平均可支配收入仍然没有提高，就业率虽有所回升，但 25 岁以下的年轻人失业率仍居高不下，达 20% 以上。加之受国际油价上涨的影响，2018 年以来，法国的燃油税已经上调了 23% 和 15%，导致民众已经逐渐积累的对各项改革措施的不满集中爆发，抗议诉求也从最初的取消提升燃油税，扩展到增加收入、增加退休金、重征“富人税”、恢复一些被取消的公共服务、反对教育改革，甚至提出由公民启动直接公投（RIC）、要求总统下台等政治诉求。尽管大部分法国人对运动中的极端暴力行为表示反对，但支持“黄马甲运动”本身的人数占比却一直在 70% 以上。法国政府在一定程度上高估了民众对改革远期效果的信心，而低估了系列改革措施对民众眼前利益的影响和民众对民生福利的敏感。以至于“黄马甲运动”爆发后，马克龙不得不宣布上调最低工资标准、对加班期间所获薪酬免税等一系列增加民众福利的措施，以平息法国民众的不满。

2. 欧洲一体化的推进遭到来自国内政治的挑战

这一大规模抗议运动的导火索是反对政府提高燃油税的政策，而法国政府增加燃油税的理由一是为了促进减少化石能源的使用和开发可再生的新能源，以落实应对气候变化的《巴黎协定》，二是为重启欧洲独立防务建设筹集相应的财政资金。

在气候变化协定《巴黎协定》的签署地发生如此规模的抗议政府相关减排政策的运动，具有相当的象征意义。马克龙上任后在外交上展现出雄心勃勃、积极进取的态势，大有重振法国大国领导地位的势头。在英国“脱欧”、德国新政府“难产”的情况下，马克龙系统地提出了“重启欧洲”的倡议；当美国总统特朗普威胁对欧洲安全甩手时，马克龙联合德国总理默克尔再度重启欧洲独立防务建设；在特朗普单边主义和保护主义的冲击下，马克龙坚定维护多边主义和自由贸易，尤其是针对特朗普退出气候变化《巴黎协定》和多边国际机制的行为，在联合国喊出了著名的“让地球再次伟大”的口号。2018 年 11 月 11 日，马克龙借第一次世界大战终战 100 周年之机，举行隆重纪念活动并精心创设了巴黎和平论坛，重申法国对多边主义和全球治理的承诺，并在演讲中批评国家至上的做法。

作为应对气候变化和全球治理的旗手的法国，其全球治理政策遭遇到国内反对派的挑战。法国民众对于国家在全球化和欧洲一体化中的收益和代价更为敏感，巴黎和平论坛过去还不到一周的时间，11 月 17 日就有近 30 万法国人走上街头，抗议政府以节能减排为由提高燃油税，“生态环境还是人民权利”的二元对立也被非理性地树立起来。极右和极左政党也借机将该议题政治化。极左政党认为应对气候变化的代价应该由富人而不是贫穷阶级来负担，主张恢复“富人税”。极右政党则主张“法国优先”，根本不应该以牺牲法国人的利益为代价来解决全球变暖问题。

3. 全球化带来的不确定引发国内焦虑

全球化必然是国际发展的大趋势，但在此过程中不可避免出现一些挑战和新情况，带来了社会发展中的不确定性。全球经济下行的压力、中美经贸关系的不确定性，欧洲何去何从的不确定性，以及朝鲜半岛、叙利亚危机等问题，这些看似是单边或者双边的问题，在全球化的大背景下往往“牵一发而动全身”，对所有成员都会产生巨大的影响，这种影响的效果是不确定的。而追求“确定性”是人类的心理本能。以国际贸易投资为例，一般来讲，国际贸易投资在一国内部总会使一部分人受益，另一部分人受损。如果一个经济体存在较好的利益补偿机制，在国际贸易和投资活动中受到损害的群体能够得到一定的补偿，则全球化的推动就会比较顺利；如果这些受损的群体得不到补偿，则他们就会反对全球化。贸易投资低迷降低了开放带来的收益，世界经济增长乏力也减少了在开放中受到损害的人群可能获得的补偿及其他机会，并使得反全球化的力量逐渐增加。因此，反全球化就是部分国家对全球“不确定性”做出的反映，“逆全球化”和民粹主义在全球的兴起也是部分国家为了追求确定性而采取的应对措施。不确定性是一切恐慌的根本来源。不确定性和恐慌积累到了一定的程度，就引发了公共风险。而“黄马甲”运动就是在此国际背景下发生的。表达了法国人民对不确定性的担忧和焦虑。

（三）法国经济情况和特征

根据法国统计与经济研究所（INSEE）的最新数据，2018 年法国经济增速将下调至 1.5%，与 2017 年 2.3% 的增速相比，这一成绩十分不如人意，也远低于 2.0% 的预期。2019 年法国经济仍将继续放缓，最高增速不超过 1.5%。与此同时，在“黄马甲事件”沸沸扬扬的当下，法国政府信誉骤降、财政赤字进一步恶化以及不稳定的国际经济形势给法国未来的经济增长埋下了隐患。虽然出口有一定程度的增幅，但是黄马甲事件搅扰了消费者支出和投资。在 2018 年最后一个季度，法国经济增长了 0.3%，超越了经济学家的预期。

“经济增长需要从两个角度考虑，一是增加投资，法国政府 2018 年取消了巨富税，试图刺激家庭投资，但是没有收到预期的效果；二是改善就业，法国政府试图减轻招聘限制，增加就业的自由度和灵活性，但是在这一方面也没有实质的进展。”（见表6－1）法国经济学家、巴黎欧洲高等商学院教授让－马克·达尼埃尔解释道，2018年法国经济表现不佳另一个原因在于经济周期，世界经济增长都进入萎缩的周期阶段，很多企业开始寻求投资回报、收回投资，比如汽车行业，包括美国通用汽车、意大利菲亚特、日本日产等开始大规模地裁员。达尼埃尔认为，政府的经济政策可以说无功也无过，因为35小时工作制拉低了工作时长，加上经济周期的影响，所以经济不会有长期的增长。

达尼埃尔表示，此外还有油价和信心的问题。马克龙上台以来，油价上升导致生产成本增加，2018年法国石油账单同比增加130亿欧元，再加上欧元疲软，所以经济增速放缓。2018年法国经济开局不利，年终又以残局收场，尤其是“黄马甲事件”不仅拉低了消费，更是显示出法国政府无力控制局面，因此消费者和投资者的信心将进一步降低。这一点与INSEE的研究结果十分吻合。数据显示，法国家庭消费的信心指数从年初的104分跌至92分（以平均数100分为标准），商业信心指数也从111分下跌到了102分。

表6－1　　2017—2022年宏观经济情况　　单位：%

年份	2017	2018	2019	2020	2021	2022
GDP	1.8	2.0	1.9	1.7	1.7	1.7
居民消费支出	1.3	1.6	1.9	1.7	1.7	1.7
政府投资	1.6	0.7	0.2	－0.1	0.2	－0.4
进口	4.1	4.1	4.1	3.7	3.7	3.7
出口	3.3	4.9	4.6	4.4	4.4	4.4
就业率	1.5	1.5	1.3	1.2	0.9	0.8

资料来源：《法国稳定计划2018—2022》。该表格中的2018年相关数据是2017年年底做出的预计数。

二、政府支出：占GDP比重呈下降趋势

（一）全国一般政府财政支出

2017年，不包括税收抵免在内的法国全国一般政府财政支出增长率为2.5%。这一增长的主要原因是，根据《职业发展、职业和薪酬协议》（PPCR），政府各职能部门的拨款相应增加，公务员的工资和奖金也相应增加。此外，2017年法国医疗卫生支出增长为2.2%，比2016年增加了0.4个百分点。

2018 年不包括税收抵免在内的全国一般政府财政支出增长下降为 1.8%。增长放缓的主要原因是中央和地方政府控制工资增长，同时采取有针对性的储蓄措施，将中央政府财政支出的增长控制在 1.7% 的水平，地方政府财政支出的增长则限制在 1.4%。在 2017 年公务员薪酬上调后，随着工资支出增长放缓，社保基金的支出增长预计也会略有放缓。

法国全国一般政府财政支出占 GDP 的比重从 2017 年的 55.1% 降至 2018 年的 54.4%，2019 年预计将这一份额降至 53.5%。从 2019 年到 2022 年，全国一般政府财政支出的平均实际增长率为 0.8%，财政支出占 GDP 的比重将下降 3 个百分点以上，到 2022 年降至 51.1%，如表 6－2 所示。

表 6－2　　按政府层级分列的全国一般政府财政支出增长率

名义支出，不包括税收抵免转让*	2017 年	2018 年	2019 年
全国政府	2.5%	1.8%	1.4%
中央政府	3.7%	1.7%	0.4%
其他中央政府机构	-0.4%	2.4%	1.7%
地方政府（包括投资）	2.5%	1.4%	2.2%
社会保障基金	2.1%	2.0%	1.6%
全国政府财政支出占 GDP 的比重绝对值	55.1%	54.4%	53.5%

资料来源：《法国稳定计划 2018—2022》。

注：* 名义支出，不包括一般政府分部门之间的税收抵免和转移，除非另有说明的。

全国一般政府财政支出包括：中央政府、其他中央政府机构、地方政府、社保基金。

（二）中央政府财政支出

根据 2018 年的《预算法案》，中央政府可自由支配支出总计达 2 579 亿欧元，比 2017 年增加 51 亿欧元，2019 年将增加 16 亿欧元，2020 年将增加 10 亿欧元，增长率逐年下降，三年内支出增长的总目标为 77 亿欧元，比 2017 年初始预算法案中计划的 2018—2020 年可自由支配支出增长总数减少了 27 亿欧元。

2017 年，中央政府决心通过控制政府财政支出来巩固法国财政状况。2017 年，法国中央政府削减了超过 40 亿欧元的非紧要财政支出，并采取了其他措施控制支出增长，例如削减失业补贴，增加就业率。2018 年中央政府财政支出的巩固具有持续性。总体上，中央政府希望通过一系列改革措施为中央政府节省 50 亿欧元的财政支出，但法国审计署预计该数值只有 25 亿欧元。根据 2017 年和 2018 年的法国初始预算法案（Initial Budget Act），2018 年法国中央政府的可自由支配支出增长了 51 亿欧元，支出增长主要用于增加风险防控支出、增加对外防卫行动的支出、增加农业支出，增加农业部门抵御风险的能力。

2018 年预算是 2018—2022 年《公共财政规划法》规定的五年预算计划中的第一个年度预算。该法坚持削减财政支出的原则，目标是到 2020 年将财政支出实际削减 1%。该目标的实现主要是通过两个方面的努力，一是削减中央政府可自由支配的支出，二是削减全国一般政府总财政支出。

（三）其他中央政府机构财政支出及社保基金支出

其他中央政府机构在 2017 年成功地控制了支出增长，支出总额比 2016 年减少了 0.8%。支出减少主要是因为 2016 年对恐怖主义和其他犯罪行为受害者的补偿资金额度较高。事实上，其他中央政府机构支出的削减在 2011—2014 年《公共财政规划法》中已经有相关规定，并通过对这些机构支出进行密切监控的形式来具体实现。

2018 年，其他中央政府机构的支出将同比增长 2.4%，增长的部分原因是一些重大基础设施项目的设立，例如查尔斯 - 戴高乐机场快速铁路线的开工、里昂 - 都灵欧罗平隧道和海峡塞纳河北欧项目的恢复工作，以及面向未来的教育研究和创新项目第三阶段的实施等。

2017 年，法国社会保障基金支出增长了 2.4%，增长率比 2016 年提高了 1.1 个百分点。随着连续的养老金改革全面生效，养老金支出增长逐渐减缓。2018 年，支出预计将增长 2.4%，与 2017 年持平。2019 年，社会保障基金支出增长 1.6%。增长放缓体现了法国政府在控制社会保障支出方面做出的努力，例如削减失业保险福利支出、对 2015 年实行的补充养老金的改革等。

三、政府收入保持稳定

（一）全国一般政府财政收入

2017 年，法国全国一般政府税收收入占 GDP 的百分比上升为 45.4%，比 2016 年增加了 0.8 个百分点。增加的原因是经济恢复增长和《补充预算法》通过的大公司的预提企业所得税的缴纳，以抵消有争议的股息税 3% 的抵扣带来的影响。2018 年，由于政府减税政策的实施，财政收入占 GDP 的百分比预计降到 45.0%，特别是受法国政府一系列提高购买力、投资和竞争力方案的影响。2019 年，法国政府计划用社会保障缴款的削减来抵消竞争力和就业税收抵免带来的影响，以及继续逐步取消房产税，这些措施将使 2019 年的总税收和社会保障缴款占 GDP 百分比达到 44.0%，见表 6 - 3。

表 6－3　2016—2022 年法国全国一般政府财政收入变化趋势　单位:%

年份	2016	2017	2018	2019	2020	2021	2022
财政收入占 GDP 的比例（%）	44.6	45.4	45.0	44.0	44.3	44.3	44.3

资料来源：《法国稳定计划 2018—2022》。

注：2016 年、2017 年是实际值，2018—2022 年是预测值。

到 2022 年，法国政府计划将企业所得税税率降至 25%，并开征能源税。这些减税应该在一定程度上被自发的收入增长抵消，这种增长应该强于 2018 年的 GDP 增长，税收对 GDP 增长的弹性略高于 1。自由裁量收入增长将再次超过 GDP 增长，在有利的宏观经济环境中实现强劲的企业收入，并带动国内需求的增长。2016 年、2017 年政府收入增长非常强劲，弹性分别为 1.3 和 1.5。到 2019 年，总税收弹性将等于 1。

（二）中央政府财政收入

2017 年，法国中央政府的税收收入增长了 6.4%，而 2016 年增长率仅为 3.5%。这种增长主要是由于随着经济复苏，企业所得税收入的重新增长以及家庭消费和私营部门投资推动的增值税收入的更快增长。自由裁量收入措施和转移支付为中央政府评估的税收和社会保障增长贡献了 3 亿欧元，特别向大公司征收的预提企业所得税抵消了 3% 股息税的抵扣带来的收入减少的影响。

2018 年，中央政府的税收收入占 GDP 的百分比预计下降 0.5 个百分点。原因主要有两个方面，一是受政府减税降费措施的影响，中央政府加大了对地方政府的转移支付力度。二是受自由裁量收入措施的影响，中央政府用削减社会保障缴款来取代竞争力和就业税收抵免。如果没有自由裁量收入措施，中央政府税收和社会保障预计将会增长 4.5%，超过预期的 3.1%。2019 年，中央政府税收收入占 GDP 的百分比计将下降 0.7 个百分点。

（三）社会保障基金收入

2017 年，法国社会保障基金收入增长了 3.7%，增长率远远高于 2016 年的 1.6%。大部分增长来自对收入和资产的社会保障缴费。此外，取消对职业整合调整的工厂以及对残疾人家庭的缴费豁免也带来了一部分收入的增加。这一新的收入抵消了社会保障基金增加的新支出，例如残疾人职业康复中心的支出。

2017 年，法国社会保障缴款实际增长 3.5%，这一数据与私营非农商业部门统计的工资和薪金增长 3.6% 是基本一致的，也符合法国社会保障基金此前关于社保缴费增长 3.5% 的预计。从 2016 年到 2017 年，社会保障基金评估的社保缴费占 GDP 的比例基本稳定，从 24.0% 上升到 24.1%。2018 年，社保缴费收入增长预计大幅回升。社会保障基金收入的增长预计为 3.8%。这种增长在一定程度上源于非农商业部门工资的增长。此外，2018 年 1 月 1 日起，法国社保收入的范围也做出了调整，团结基金被取消，其支出和收入全部纳入了社会保障基金的预算，因此，这也导致了法国社会保障基金收入的增加。2017 年，社会保障缴费占 GDP 的百分比为 24.1%，2018 年为 24.3%，这一数字预计将在 2019 年将回落到 24.1%。

四、政府赤字和债务压力大

（一）法国政府赤字情况

2017 年，法国全国一般政府赤字占 GDP 的比重下降了 0.8 个百分点，达到 2.6%，而 2016 年这一比例高达 3.4%，超出了《马斯特里赫特条约》3% 的上限。这一改善主要是由于税收弹性提高了 0.6 个百分点。与 2017 年相比，2018 年法国政府的总体平衡将提高 GDP 的 0.3 个百分点，赤字相当于 GDP 的 2.3%，这是周期性因素造成的 0.4 个百分点的积极贡献和结构性调整造成的 0.1 个百分点的消极贡献共同作用的结果。

如表 6 - 4 所示，根据 2018 年年中发布的《法国稳定计划 2018—2022》，预计法国 2019 年全国一般政府赤字率约为 2.4%。但 2018 年年底开始，受国内政治经济局势的影响，法国总统马克龙希望通过扩大财政赤字解决法国的经济与社会问题。这些措施导致欧盟对法国 2019 年的赤字率表示担忧，预计将高达 3.4%，再次超过《马斯特里赫特条约》的上限要求。马克龙公布了四项具体改革措施，包括 2019 年起最低工资标准每月增加 100 欧元，2018 年标准为税前 1 498 欧元、税后 1 185 欧元；减轻月收入低于 2 000 欧元的退休人员的税收；免除加班时间工资所得税；呼吁企业向员工发放“年终奖”，承诺政府不对这部分奖金征税。改革措施不仅增加了政府的财政支出，还会使法国赤字率超过欧盟设定的 3.0% 门槛。

德国经济学家 Kallum Pickering 等人于 2018 年 12 月 11 日发布的报告指出，承诺上调薪资和增加政府财政支出的措施意味着 100 亿欧元的支出，这约等于法国 GDP 的 0.4%，再算上此前宣布取消燃油税上调，这将导致 2019 年法国财政赤字率从当前的 2.8% 升至 3.4%。除非法国财政收入出现明显增长，否则赤字状况加剧不可避免。但在目前情况下，增加收入的渠道很难找到。

表 6－4　　2017—2022 年法国财政赤字率变化趋势　　单位:%

年份	2017（实际值）	2018（预测值）	2019（预测值）	2020（预测值）	2021（预测值）	2022（预测值）
全国一般政府	－2.6	－2.3	－2.4	－0.9	－0.3	0.3
中央政府	－2.8	－3.0	－3.2	－1.9	－1.6	－1.2
其他中央政府机构	0.0	－0.1	－0.1	－0.1	－0.1	0.0
地方政府	0.0	0.1	0.1	0.3	0.5	0.7
社保基金	0.2	0.7	0.8	0.8	0.8	0.8

资料来源:《2018—2022 年法国稳定计划》。

（二）全国一般政府债务率

如表 6－5 所示，2017 年，欧盟委员会统计法国一般政府债务余额为 22 184 亿欧元，相当于占 GDP 的 97.0%，而 2016 年为 96.6%，2018 年开始下降，降至 GDP 的 96.4%。这一削减源于赤字规模的缩小和经济增长的复苏。在经历了前几年的大幅增长后，债务与 GDP 之比在 2017 年开始企稳。

表 6－5　　法国 2017—2022 年债务率变化趋势　　单位:%

年份	2017（实际值）	2018（预测值）	2019（预测值）	2020（预测值）	2021（预测值）	2022（预测值）
	97.0	96.4	96.2	94.7	92.3	89.2

资料来源:《2018—2022 年法国稳定计划》。

根据 2018 年年中发布的《法国稳定计划 2018—2022》，预计法国 2019 年债务率预计继续下降，达到 GDP 的 96.2%。从 2020 年到 2022 年，政府总负债率将继续下降，从 2019 年占 GDP 的 96.2% 下降到 2022 年的 89.2%，下降幅度相当于 GDP 的 7.0%。但受 2018 年年底国内一系列危机的影响，欧盟委员会警告法国政府 2019 年债务率可能会突破 100%。

五、政府间财政关系

（一）法国政府间财政关系的改革背景

法国是一个单一制的国家，地方政府分为三层：大区、省和市镇。截至 2016 年

1月1日，法国共有27个大区（法国大陆22个，海外5个——瓜德罗普、瓜亚纳、留尼旺、马提尼克和马约特）、101个省（大陆96个，海外5个）、36 681个市镇（其中海外129个）。此外，法国还有一个类似于第四次地方政府的层级，由2 145个跨市镇的合作机构组成，拥有自己的税收来源。

2014年法国地方政府财政支出仅占全国政府支出的20.5%（低于欧盟和经合组织33%和40%的数据），而公共投资占比58.8%（高于欧盟平均水平，与经合组织的平均水平相近）。地方政府负责教育、社会保护、基础设施、经济发展、空间规划和环境等重要职能。这是1982—1983年（分权法案Ⅰ）和2003—2004年（分权法案Ⅱ）重大分权改革的结果。这些改革把重要的责任和资源转移给地方政府，特别是新成立的大区和省政府。

2010年，法国政府发起了几项研究，以改善权力下放框架，精简多层次、碎片化的政府架构。建议包括明确各个大区和省的职能，改善市际合作机构，以纾缓市际合作的“民主赤字”及精简市际地图等。法国政府还成立了一个由前总理爱德华·巴拉迪尔（Edouard Balladur）管理的委员会，专门研究政府层级改革。巴拉迪尔委员会发表了一份题为《必须作出紧急决定》的报告。经过这次磋商，法国政府于2010年12月通过了一项初步法律草案，这项法律的目的是明确划分次中央政府责任的分配，取消了各省和大区的一般权限条款。该法案还设立了由大区和省政府共同选出的一种新的地方代表：领土议员。

从2014年起，领土议员将同时担任全国委员会和大区委员会的委员。人们认为这种方法既可以保留省级政府继续作为地方政府的一个中间层，同时可以减少地方政治家的数量，集中资源。伴随这一改革而来的是地方税收改革——大区和省政府等地方政府失去了税收自主权、均等化机制和共同筹资框架的改革。其他的改变包括直接选举市际合作组织的议员，为法国最大的城市创造大都市的新地位（在自愿的基础上），以及通过新公社框架促进合并等。

随着2012年新政府的成立，新一轮权力下放改革进入了一个新阶段。政府的方案包括废除2010年立法的大部分条款，并提出了发起《权力下放法案III》的新建议。因此，2010年的法律被部分撤销（例如废除领土议员），政府宣布在2013年分阶段启动新的领土和分权改革进程。

2014年和2015年通过的法律致力于创建大都市、大区合并、地方政府职能的改变，以及通过加强公社新框架来简化市际合作和市际结构。这一改革方案是在公共财政不断恶化和欧洲当局要求推行结构性改革的压力下出台的。改革的目的是理顺和巩固公共财政，并明确要增加中央和地方各级政府的财力水平。在实施改革的同时，中央政府向地方政府的转移支付也大幅减少，不过，最贫困地区的收入均等化得到了加强，抵消了这一影响。

政府最初计划在大的改革框架下同步进行许多小的改革方案。但是，在议会进行激烈辩论之后，采取了比较渐进式的办法，并提出了若干建议，包括领土和体制问题（边界和责任）。最后的一揽子改革包括政府（权力下放法案 III）提出的三项平行改革，以及地方代表发起的一项改革。中央政府还通过了对中央领土组织的另一项改革，使各大区适应新的大区地图。由于议会的强烈反对，政府考虑的一些主要措施，如 2020 年解散省级政权等方案，到目前为止已经被放弃，并决定将讨论推迟到 2020 年。

这项由法国中央政府引领的改革主要内容包括：2014 年颁发了第一部《现代化公共领土和大都市行动方案》（MAPTAM），该方案在法国最大的 14 个城市群创建大都市，并赋予特定的职权。2015 年 1 月 16 日，第二部《关于大区划分和省、市镇选举法》正式生效，促使法国各大区引入了强制合并。此外，2015 年 8 月 7 日生效的《共和国新领土组织法》（第 2015 - 991 号法律）改革了各级政府的职责分配，特别是增加了各大区的职责。随后，省和市镇政府也纷纷根据中央和大区制定的改革框架加快改革。

（二）法国政府间财政关系的改革目标和主要措施

法国政府希望通过改革满足三个主要目标：一是加强地方民主，二是在中央和大区政府财政压力变大的情况下，确保地方政府提供公共服务的效率，同时减少税收负担和公共赤字，三是激发各地区自我发展的活力和积极性，促进各领土均衡发展和优势互补。

1. 大区政府改革目标

大区改革的目标是建立更大更强的大区，法国政府认为这是一种节省开支和提高效率的方法。最终目标在于，一是提高国民储蓄和政府职能的效率；二是从社会经济学角度构建更多同质大区，因为法国自 20 世纪 50 年代大区成立以来，一直饱受争议，减少并撤销大区的呼声日益强烈；三是赋予各地区足够的权重和作用来参与欧洲层面的国际和地区间的合作。但是改革过程并不一致与目标相一致，法国政府计划将居民储蓄率从 5% 提高到 10%，但后来该目标被放弃。为了适应大区的改革，法国中央政府也在逐渐调整自己的行政职能和管理架构。

2. 省级政府改革目标

省级政府改革的目标，第一，是改善大型城市功能区的治理结构，以提高公共政策关键部门（交通、经济发展、空间规划等部门）的协调效率，有利于金融稳定和坚持将大都市作为经济增长的引擎和新动能。这一改革基于双重战略。首先，整合省以下的所有地方政府和中央政府的派出机构，以便保持省内政策的连贯性和稳定性；其次，在大区下实行一定程度的多样化，省一级将享有更多的职能。

第二，是在法国领土范围内实行一定程度的多样化：大城市将比其他城市或市间城市享有更多的职能，这是由大城市的规模和城市性质决定的。此外，一些省级大都市将被赋予新的组织、责任和职能，例如巴黎、里昂和马赛－普罗旺斯。这表现了法国在政府组织模式上对地区多样性的包容。

3. 市镇政府改革目标

市镇政府是法国四级治理架构的最基层政府，其改革目标是减少城市的分散，以便达到规模经济和更大的效率。事实上，法国的城市分裂程度在 OECD 国家中是最严重的之一，法国城市平均人口规模为 1 855 人，而 OECD 国家的平均值为 9 570 人。法国 2 000 人以下的市镇比例达到了 86%。

在过去，由于居民生活习惯的路径依赖，这一敏感问题始终没有通过强制性的市镇合并得到正面解决。但城市间合作的政策总是得到鼓励，并受到优先考虑。城市之间联系和合作过于密切虽然产生了许多积极的效果，但是却造成了不必要的城市之间结构的勾连和人员编制的重复。因此，当前市镇层面改革的目标是双重的，一是减少城市之间合作机构的数量，二是加强它们的主要任务，适当集中人力和财政资源。

六、财政改革和治理措施：继续改革法国的社会福利模式

2018 年 9 月 24 日法国部长理事会会议上呈交的 2019 年财政法案提出，2019 年，法国政府将继续改革法国的社会福利模式，并承诺为家庭减税 60 亿欧元。

（一）继续降低法国家庭税负

2018 年，法国针对家庭的减税规模已达到 20 亿欧元。2019 年家庭减税幅度将比 2018 年更大，达到 60 亿欧元。减税政策将涉及所有家庭，包括：继续降低房产税，免征员工社会保障金（2018 年 10 月废止），减少不太富裕的退休人员的一般社保缴纳（CSG），豁免员工加班费社保缴纳。

对于收入最低的 10% 法国公民来说，政府采取的所有的财政措施，都将使其购买力平均增加 2% 以上，此外，政府还通过其他方式为他们家庭的能源消耗提供补贴。在法国总统的本轮任期内，法国政府税收将持续减少 200 多亿欧元。

（二）将保障就业置于优先地位

在法国大选时就曾提出，赋予就业更多的优先性。减税的举措也符合这一政策目标，法国政府为此打出了“劳动报酬必须得到保障”的口号。法国政府在这方面采取了一系列措施，包括：取消各种员工收入的上缴，包括资本收入和养老金；中小企业的激励奖金和利润分享免税；从 2019 年开始对加班费的税费进行豁免；增加

就业奖励以鼓励重返工作岗位。

（三）增加对健康或环境有害的行为征税

虽然税收总体上正在下降，但政府也开始增加对健康或环境有害的行为的征税。燃料税的增加就是措施之一，毕竟在法国每年有 48 000 人因空气污染而导致过早死亡；对烟草征税使得法国 2018 年烟草消费量降低了 10%，这是雅克希拉克癌症计划（2003 年）以来前所未有的百分比。此外，政府还报销戒烟治疗的费用，尽最大努力对这些不当行为进行校正。

（四）转变法国社会福利模式

法国 2019 年预算法案还计划建立“21 世纪福利国家”，以改变法国的社会福利模式。目的是为了使国内的社会福利制度更加有利于社会融合和团结。此外，2019 年法国政府还将启动扶贫计划和健康计划。目前，该计划得到了所有相关机构的认可和支持，其发展目标也得到所有协会的认可，致力于为最脆弱的公民提供兜底的社会保障。

（五）控制政府预算规模

法国政府并不是有意要削减其他领域的财政支出，以保证其财政优先事项。相反，政府正在通过调整社会保障结构来争取一定的财政空间，例如减少住房补贴、改革相关社保的发放等。对于退休者来说，这不是一个好消息，因为他们得到的退休金将有一定程度的缩水，但是节省下来的财政资金会投资于医院、学校、警察、司法系统和国防。

七、小结：法国财政运行特征

2018 年年底开始的“黄马甲”示威表明，改革的成果对部分人口来说似乎是遥不可及的，法国家庭成员人均收入在过去 10 年中一直保持不变。年轻人、低技能员工和老年员工的就业率很低。与许多其他 OECD 国家一样，整个经济体系的生产力也在下降。此外，社会流动性也越来越弱。

随着“逆全球化”在全球的兴起，法国财政经济运行的不确定性主要来自国外，如果欧元区伙伴国的复苏强于预期，那么全球对法国的需求将比设想的更强劲，刺激法国对欧元区的出口。相反，如果欧洲出现政治紧张，这可能会降低增长（例如，英国脱欧的影响程度）。如果以全面的方式实施保护主义措施，比如针对美国的钢铁和铝关税，以及美国当局表示有意对中国进口商品征收更多关税，那么贸易导致的放缓可能会削弱全球经济。如果出于对美国经济过热导致通胀迅速上升的担忧，美联储决定更快地加息，美元将升值，欧元兑美元将贬值，这将提高法国的竞争力。如果欧元区核心通胀率保持低位，欧洲央行也可以决定延长其非常规货币政策。

除了这些国际不确定性之外，法国特有的不确定性也可能出现。近年来的改革加上法国公司的高水平投资可以改善出口业绩。法国企业的投资能力也不确定。如果企业因为对经济活动或高利率的担忧而感到有必要更大幅度地减少债务，这将抑制它们的投资，并可能抑制工资，进而抑制家庭消费。

马克龙上台以来锐意改革，但是很多改革在推进的过程中往往失去了方向，改革到了一定阶段后很多人开始迷茫，不知道如何继续。以劳动法改革为例，这一改革放宽了裁员限制，尤其是限定了解雇赔偿。但是劳动法是法律工具，决定权在谁手里却没有清晰的界定。法国裁员往往有很多中间环节，比如工会、劳资调解委员等介入谈判等，法官不一定说了算。劳动法改革目前还没有产生实际的效果。

此前，法国政府为 2018—2022 年制定了发展目标，一是失业率降至 7%，二是实现收支平衡。但政府没有考虑经济周期的影响，因此目标难以实现。对法国来说，刺激经济增长最有效的措施是取消 35 小时工作制以及延迟退休年龄到 65 岁。法国政府也有意刺激法国人的工作积极性，比如采取了加班费免税的措施，也正在尝试退休金改革，但是法国劳动力市场上技能型人才的缺乏也是一大问题。一项调查显示，30% 的法国企业主都表示企业最大的难处是缺乏合格的员工。

2019 年对法国和欧洲来说都将是艰难的一年。未来一年有很多不确定性，比如英国脱欧、德国经济增速骤降等将产生持续影响，欧洲议会选举可能改变法国政局。从全球范围来说，全球生产价值链已经深度融合，贸易保护主义影响下的世界经济增速也在减缓，还有中美经贸摩擦、保护主义、油价浮动等风险因素。这些都将对法国的财政政策产生一定的影响。

主要参考文献

[1] European Commission, Assessment of the 2018 Stability Programme for France, Brussel, 20 May 2018.

[2] French Government, Stability Programme 2018 – 2022, July 2017.

[3] OECD (2018), OECD Economic Surveys, France, September 2018.

[4] Eurostat, Eurostat Regional Yearbook 2018, Belgium, August 2018.

[5] OECD (2017), Multi – level Governance Reforms: Overview of OECD Country Experiences, OECD Multi – level Governance Studies, OECD Publishing, Paris, https://doi.org/10.1787/9789264272866 – en.

[6] Premier Minister, National Reform Programme 2018, April 2018.

第七章
俄罗斯

俄罗斯联邦简称俄联邦或俄罗斯，位于欧亚大陆北部，地跨欧亚两大洲，现由83个联邦主体组成，其中包括21个共和国、9个边疆区、46个州、2个联邦直辖市、1个自治州、4个民族自治区，是世界上面积最大的国家（约占地球陆地面积的11.5%），总人口约1.469亿（2017年），民族193个，其中俄罗斯族占77.7%。作为联合国安全理事会五大常任理事国之一，俄罗斯是传统的军事强国，也是世界上最重要的经济体之一。

一、俄罗斯：全球化进程中不容忽视的重要经济体

经济全球化作为当代世界发展主流趋势，一直是在反全球化、逆全球化浪潮的伴随下曲折前进、螺旋式发展的。随着推进动能转换、规则完善与重构、各参与方博弈加剧等各类因素的变化和演变，当前阶段的全球化进程面临着更加强大的逆势力量，迫使其予以调整、重新解构、系统升级，这一过程虽然复杂，但全球化趋势已经无法改变。

俄罗斯是经济全球化进程中一个不容忽视的重要经济体，正因为苏联解体而把俄罗斯和东欧纳入全球经济才使全球化的到来成为可能①。无论是以苏联解体时、还是以其2012年加入世界贸易组织之时来衡量，俄罗斯作为经济转型国家参与经济全球化的时间都不算很长。然而在这不长的时间里，俄罗斯如世界各国一样，在力求最大限度利用全球化好处的同时，也不可避免地吞下经济全球化带来的消极后果。

---

① 林精华，《想象全球化：俄罗斯面对世界主流发展趋势的焦虑》，《社会科学战线》2004年第5期。

既经历过从中央计划经济向市场经济过渡引发的灾难性经济动荡，也搭上过由国际油价持续上涨推动的经济发展快车，更遭遇过受全球经济危机波及而导致的最严重的金融危机。这些悲喜交加的经历让俄罗斯对经济全球化有了更加清醒的认识，近年来其将稳定作为经济发展的首要目标，积极制定实施反危机计划，全力确保其经济在全球化浪潮中保持平衡，为更好解决本国经济社会发展顽疾营造环境、赢取时间。作为当今世界主要国际架构与规则的制定者和参与者，俄罗斯的全球化参与程度、逆全球化背景下的举措以及效应，对于经济全球化未来的演变路径将产生很大的影响。

（一）"逆全球化"背景下的俄罗斯选项

2012 年正式加入世界贸易组织后，俄罗斯在创新和贸易自由等领域取得了实质性进展，但国内经济结构不合理以及投资者和消费者信心缺乏等问题仍然普遍存在，国民经济"资源诅咒"效应愈发明显，过度依赖国际市场以及经济发展缺乏稳定性等风险日益突出。俄罗斯政府一直在寻求解决问题的有效途径，积极采取去全球化举措规避全球化的负面影响。2014 年以来俄罗斯与西方国家关系恶化，来自美欧等西方国家的制裁加剧了俄罗斯国民经济的结构性问题，油价下跌和国际制裁的结合对经济产生了重大影响，实际上成为了推动俄罗斯进一步采取逆全球化措施的最后一根稻草。自此，其全球化进程已经开始被逆全球化所取代，这既是被动也是主动地应对国内国外两方面矛盾的必然选择。

1. 推进区域经济一体化

区域经济一体化是一国在当前条件下参与经济全球化无法实现正效应大于负效应时的必然选择，是世界经济全球化与多元化的必要补充和重要载体。通过区域经济一体化，可以调整本国经济政策以谋求开放条件下的发展，增强本国市场对外开放的适应性，为走向经济全球化积累条件，这对于经济全球化的进一步深化是有力的推进因素。

2015 年，俄罗斯加强了与独联体各国的一体化进程，以类似于欧盟的经济联盟为目标，与白俄罗斯、哈萨克斯坦、亚美尼亚和吉尔吉斯斯坦等 4 个前苏联国家组建了欧亚经济联盟，计划到 2025 年实现联盟成员间商品、服务、资金和劳动力的自由流动，并最终建立一个高度一体化的统一市场。2017 年，欧亚经济联盟已经取得了统一关税区、取消内部海关检查、统一海关税率、统一非关税管制措施、统一海关代号、统一对外经济活动商品名录、统一技术法规等重要进展，43 项服务在统一市场下运行。21 项服务将于 2025 年前按自由化计划在统一市场原则下运行，对联盟内跨国劳动力不再要求工作许可证、按国民标准征收自然人所得税、直接承认教育证书等。在资金流动上对各成员国金融市场监管要求协调一致，相互承认银行、保险和证券服务领域许可证，构建统一的交易空间。

2. 实施进口替代计划

进口替代是利用本国的资金、技术和市场来发展，以国内生产的类似产品取代原本需要进口的商品和服务的过程。由于进口替代需要贸易保护政策作为实施前提条件，与提倡开放市场允许自由贸易和竞争的经济全球化有一定的对立性，因此被视为逆全球化的主要措施。

长期以来俄罗斯工业部门产能增长不足，国民经济严重依赖进口商品，2012 年以后因油气价格下跌导致财政收入严重萎缩，接踵而至的卢布贬值更是令俄罗斯无法以原有的价格进口它不能生产和需要的产品。为有效应对 2014 年乌克兰危机引致的西方制裁和报复性制裁给俄罗斯经济带来的冲击，缓解国内经济矛盾，俄罗斯加速经济主权化进程，将进口替代作为反制裁的重要举措，制定了雄心勃勃、影响深远的计划，旨在发展本国制造业来替代部分进口产品，从而激励本国产业发展，实现产品本地化并促进经济增长。实施进口替代计划力争在保障食品和军工产品自给，维护国家安全的同时，也为解决长期以来一直困扰俄罗斯经济的结构问题探索一条可行路径，担负着摒除内忧外患双重目标的任务。①

进口替代是实现经济多样化，结束对石油和天然气的依赖以及转向高附加值技术产品生产的良机。纵观俄罗斯政府出台的 2020 年进口替代计划，旨在工业发展中引入创新技术以提高产品质量，并使其成为经济体系发展的真正推动力。该计划受联邦法律管辖，所有计划参与者都必须遵守，这为将所有可用资金用于国家自身产业发展、确保计划落地提供了有力的法律保障。截至 2018 年 12 月，俄罗斯已实施了 1 132 个进口替代项目。但对俄罗斯近几年的产业增长情况、投资结构以及进出口数据进行分析，发现除农产品自给率明显提高外，俄罗斯经济结构以及进出口结构没有发生明显变化，进口替代计划的实施效果仍需要时间来检验。同时，计划实施成本高企、预算收入中可用于支持计划资金有限、产品成本及质量竞争力不高以及国内市场规模效应不明显等问题比较突出。基于此，俄罗斯政府也在通过建立税收优惠政策、提供低息贷款与贷款贴息等融资优惠、优化倾向于小微企业的政府采购制度等措施，为更好实施进口替代计划营造更加宽松的外部环境。

3. 推行国内发展战略

近几十年各国发展经验表明，加入经济全球化不应意味着无条件和完全放弃国家经验、传统和优先事项。国内发展战略旨在支持创新、应用数字化等高新技术以及实现产业经济结构优化，确保经济多样化和相对稳定，一定程度上减少对世界市场的依赖，为经济中长期可持续增长创造条件。同时，利用社会政策加大民生领域

---

① 孙景宇:《俄罗斯进口替代战略的当前效果和未来挑战》,《欧亚经济》, 2018 年第 1 期。

投入，关注提高国内民众生活水平。

2012 年 5 月，普京总统在第三个总统任期首日签署了由旨在提高俄罗斯在国际市场上的竞争力、公民生活水平以及住房建设和其他行业的增长率的 11 份文件组成的中期发展一揽子计划，称为“五月法令”，这是普京总统履行其选举承诺的具体落实。虽然在吞并克里米亚之后接踵而至的经济危机和西方制裁使“五月法令”难以真正落地，但这标志着俄罗斯在更加注重国内发展方面迈出了重要一步。2016 年 10 月 15 日，俄罗斯联邦政府出台国家项目组织法令，对各级政府主体和组织在优先发展项目的立项、审批、资金筹措以及组织实施与监测等方面的职责进行了明确规定，为提高管理效率、推进项目实施、实现预期目标提供了制度保障。2018 年 5 月 7 日，俄罗斯总统普京延续他在 2012 年就任总统时的做法，在其第四个总统任期开始当日签署“新五月法令”，确定了 6 年任期内也就是至 2024 年的俄罗斯国家发展目标。“新五月法令”既是 2012 年“五月法令”（执行期至 2020 年）的延续，也是根据俄罗斯当前经济社会发展实际提出新的发展要求，旨在实现俄罗斯经济现代化和提高俄罗斯人生活水平，要求政府应确保在 2024 年之前实现以下指标：在改善人口指标方面，要求保证人口的可持续自然增长，居民预期寿命增加到 78 岁（2030 年达到 80 岁）；在降低贫困水平方面，要求确保公民实际收入的可持续增长以及养老金水平高于通货膨胀水平的增长，贫穷程度减半以及每年改善至少 500 万个家庭的生活条件；在创新发展方面，要求加快技术发展，将从事技术创新企业的数量增加到企业总数的 50%，同时在经济和社会领域加速引入数字技术；在增强竞争力方面，要求在经济基础领域打造基于现代技术和高素质人才的高产出的出口导向部门；在俄罗斯进入世界前五大经济体之列方面，要求以保持宏观经济稳定（其中，通货膨胀不超过 4%）为前提，确保经济增长率高于世界经济增长率。为了及时实现这些目标，政府在 2018 年 10 月 1 日之前对行动主要方向规划文件以及未来六年国家社会经济发展预测等予以批准，为实现上述国家目标提供“机制和资源保障”。此外，政府需要据此相应调整以前通过的国家计划。在起草未来几年的联邦预算时，政府应作为优先事项为实施国家计划分配资金，在分配额外的预算收入时也应将其作为优先事项。根据俄罗斯国家计划门户网站数据，当前在提高生活水平、创新发展和经济现代化、政府效能、区域平衡发展以及国家安全等五个领域，共计实施 43 个国家计划，共有 80 多个地方政府主体参与，涉及金额占联邦预算的 70%，预期目标达到 2 000 多个。

（二）俄罗斯经济概况

1. 经济基础

俄罗斯地大物博，自然资源丰富。石油和天然气、煤、钻石、黄金、铜等矿物原料的开采、加工和出口是俄罗斯的主要经济基础。其石油和天然气产量（2016 年分别为 5.475 亿吨、6 402 亿立方米）世界领先，煤炭总储量超过 2 000 亿吨（超过世界储量的 5%，2016 年产量为 3.854 亿吨），2015 年钻石开采量为 3 826 万克拉，2016 年黄金产量为 288.55 吨。俄罗斯约占世界铜储量的 3%。俄罗斯拥有储量约为 34.4 万吨的世界上最大铀矿床之一，占该国勘探铀储量的一半以上。农业方面，俄罗斯拥有世界上约 10% 的可耕地，谷物（2016 年为 1.19 亿吨，世界第四）、甜菜（4 800 万吨，世界第一）、向日葵（1 100 万吨，世界第二）、马铃薯（3 100 万吨，世界第三）等主要农作物的产量都处于世界前列。作为农产品主要出口国，小麦出口在世界上占据主要位置。俄罗斯主要畜产品为肉类、牛奶、鸡蛋、羊毛和蜂蜜。俄罗斯工业体系完整，重工业是其一直以来的优先发展方向，随着经济转型中国有企业私有化进程的推进，其工业创新与生产能力明显减弱。主要面向国内市场的食品工业相对发达，其他重要的经济部门包括炼油工业、冶金生产、化学品生产和工程制造（国防工业、汽车、铁路和农业机械）等。俄罗斯是世界发电领域的领导者之一，大量电力主要出口到芬兰、立陶宛、中国、蒙古等周边国家。

2. 经济发展回顾

苏联解体后的 10 年（1990—1999），是俄罗斯从计划经济向市场经济过渡的第一个 10 年。俄罗斯政府遵循国际货币基金组织建议，对除能源和国防部门之外的工业部门进行私有化，买家往往是政治上相关的寡头集团，这直接导致财富和生产资料集中在少数人手中，宏观经济灾难性动荡，贫困和不平等日益加剧。这些苦果往往被理解为俄罗斯在全球化背景下开放的结果，但另一方面也是转型早期不正确的政策选择，加之机构变革的复杂性而导致失败的必然结局。俄罗斯在 20 世纪 90 年代重建的努力在很大程度上是无效的，并导致国家生产力的下降和恶性通货膨胀肆虐。其名义国内生产总值（GDP）从 1990 年的 5 160 亿美元下降到 1999 年的 1 960 亿美元，暴跌超过 60%。1991 年俄罗斯经济总量位居世界第九，中国位居第十。1992 年，中国超越俄罗斯成为世界第九大经济体，而俄罗斯则降到第十位。之后俄罗斯排名持续下降，1999 年降至第二十位。

如图 7－1 所示，得益于 1998 年陷入经济危机时俄罗斯从国际货币基金组织获得的大额贷款以及其后因卢布贬值而使俄罗斯产品在国际市场上更具价格竞争力，俄罗斯经济在 1998 年 8 月金融危机后几乎立即开始缓慢复苏。从 2000 年到 2008 年，俄罗斯经济平均每年增长 7%，居民可支配收入增加一倍以上，消费信贷量增加了 45 倍，助长了私人消费，贫困水平也从 2000 年的 30% 下降到 2008 年的 14%。尽管期间通货膨胀问题仍然存在，但 2007 年世界银行称赞俄罗斯实现了“史无前例的宏观经济稳定”。2000 年至 2007 年间，俄罗斯年度预算甚至实现盈余。受 2008—2009 年全球经济危机影响，国际油价暴跌和外国信贷枯竭致使 2009 年经济下滑

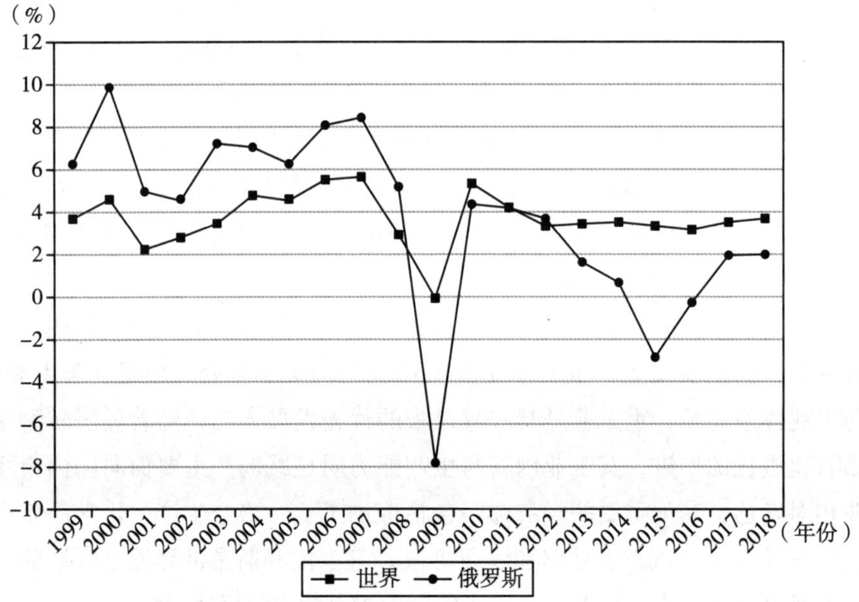

图7－1　俄罗斯与世界经济增长速度（1999—2018年）

7.8%，为1994年以来经济的最大收缩幅度，但由于政府和中央银行对关键经济环节和部门特别是银行业采取了积极及时响应，危机没有造成长期损害，2009年年底经济开始强劲复苏。之后两年，俄罗斯经济走势再次上扬，凭借2010年4.5%和2011年4.3%的GDP增长率，各项经济指标趋好，实际GDP恢复到2008年中期水平。2011年俄罗斯通胀率降至6.1%，是俄经济转型以来的最低水平，财政也出现了近1%的盈余。同年，俄罗斯经过18年的谈判终于成为世界贸易组织（WTO）第156个成员国。2012年，随着俄罗斯总统大选的顺利完成，普京提出的改革举措开始逐步实施，梅德韦杰夫总理也将全面改革、结构调整、快速增长明确为新政府工作的主要方向，原本各方一致看好的俄罗斯经济却在进入2012年下半年后开始持续下滑，全年GDP增幅为3.4%。2013年，由于受制造业持续走弱、资本外流规模扩大、外部需求减弱以及能源价格下跌等不利因素影响，俄罗斯经济进一步恶化，GDP增长率仅为1.3%，增速下降明显。2013年，根据世界银行，俄罗斯也获得了高收入经济体的标签。2014年，俄罗斯与乌克兰局势的持续紧张以及由此引发的经济制裁与反制裁，对俄罗斯融资成本、油气生产、进出口贸易等产生了严重影响，导致俄罗斯通货膨胀率高企与汇率持续贬值，经济遭受重创，2014年GDP增长率仅为0.64%，GDP排名位居世界第九。

俄罗斯经济在2014年经历了两次重大冲击，经济增长率仅为0.6%，勉强避免了经济衰退。第一个冲击是2014年第三季度和第四季度油价大幅下跌，2011—2013年国际油价一直在每桶105美元附近区间波动，2014年原油价格降至每桶60美元，俄罗斯经济对全球商品周期的极度依赖充分暴露出来，年度预算的可操作性和严肃性受到极大影响；第二个冲击是乌克兰危机引发的地缘政治紧张局势而导致的经济制裁，这对投资者投资俄罗斯的兴趣产生了负面影响，资本外逃和高通胀进一步加剧了俄罗斯的经济困境。2015 年 8 月通货膨胀率达到峰值 15.8%，全年经济收缩 2.8%，为 2009 年以来的最大降幅。2016 年，随着通胀下降以及央行降低贷款利率，俄罗斯债券和股票市场表现良好，油价小幅回升也提振了经济信心，俄罗斯全年经济下降 0.2%。进入 2017 年，在全球市场改善、全球经济复苏等积极因素影响下，俄罗斯国内经济指标也开始向好。GDP 在连续七个季度下降之后，2016 年第四季度和 2017 年第一季度出现了增长迹象。2017 年第二季度的增长速度更快，尽管到 2017 年年底经济在油价上涨和全球经济增长的背景下再次呈现负面趋势，全年经济增长了 1.5%。俄罗斯总统普京将俄罗斯经济走出衰退作为 2017 年的大事之一，并表示“2017 年是成功之年”。

二、联邦支出：预算支出执行水平低

如表 7－1 所示，根据 2018 年预算法修订案，联邦预算支出规模为 168 088 亿卢布，占 GDP 比重为 16.6%，较上年低 1.5 个百分点；用来明确预算资金使用方向的联邦预算拨款摘要清单显示，总预算拨款规模为 174 913 亿卢布，与预算法修订案批准的支出规模相比，超出了 6 825 亿卢布，占比达 4.1%，这主要是由于纳入了 2017 年联邦预算未使用的资金 6 708 亿卢布。截至 2019 年 1 月 1 日，预算支出实际执行数为 167 055 亿卢布，支出进度为支出摘要数的 95.5%，未实现的预算拨款额为 7 858 亿卢布，与 2017 年相比增加了 1.3 倍，这是过去 10 年来联邦预算支出的最低执行水平（包括非现金交易）。

表 7－1　　2018 年联邦预算主要支出指标　　单位：亿卢布

支出领域	预算法修订案额度	预算支出摘要额度	实际执行	执行占摘要比例（%）
支出总额	168 088	174 913	167 055	95.5
国家问题	13 191	14 121	12 526	88.7
国防	28 279	30 630	28 258	92.3
国家安全和执法	20 778	20 498	19 709	96.2
国民经济	24 646	25 692	24 018	93.5
住房和公共服务	1 581	1 688	1 484	87.9
环保	1 132	1 174	1 160	98.8

续表

支出领域	预算法修订案额度	预算支出摘要额度	实际执行	执行占摘要比例（%）
教育	7 022	7 536	7 226	95.9
文化，电影	1 027	1 125	945	84
健康	4 764	5 579	5 372	96.3
社会政策	46 213	46 119	45 819	99.3
体育和运动	657	737	639	86.8
大众媒体	840	885	884	99.9
国家和市政债务	8 143	8 143	8 060	99
政府间一般性转移	9 814	10 986	10 954	99.7

各项支出具体情况为："社会政策"支出 GDP 占比下降 0.9%，主要是由于养老金预算拨款占 GDP 比重由 3.9% 降至 3.0%；"国民经济"支出 GDP 占比下降 0.4%，主要包括运输和国民经济领域中的其他问题方面的支出削减了 GDP 的 0.1%；"国防"支出 GDP 占比下降 0.4 个百分点，主要是由于"俄罗斯联邦武装部队"项下支出减少了 GDP 的 0.3%；与 2017 年相比，2018 年联邦预算拨款增长仅发生在"政府间转移"部分，主要是由于"其他补贴"项下的预算拨款增加。

支出进度低的主要原因是：年底修订预算法案时新增的预算支出无法及时开展包括采购在内的实施程序；招标程序周期过长，政府合同迟交；联邦预算法所要求的政府监管措施周期过长；2018 年 10 月 1 日之后，政府决定的数量增加，以延长完成 2017 年未决国家合同的截止日期，提高为履行工作和服务提供预算义务的可能性；俄罗斯联邦政府与地方政府对储备基金的分配达成协议过迟。

三、联邦收入：石油和非石油收入双丰收

如表 7－2 所示，2018 年联邦预算收入为 194 549 亿卢布，其中，石油和天然气收入与 2017 年相比上年增加了 30 459 亿卢布，达到 90 178 亿卢布，占联邦预算总收入的比例为 46.4%，较上年增加了 6.8 个百分点。俄罗斯联邦海关总署数据显示，2018 年俄罗斯石油出口收入同比增长 38.2% 至 1 290 亿美元，石油出口实物量增加 2.9%，达到 2.6 亿吨，由于石油实际价格（每桶 70.01 美元）与预算基数价格（每桶 40.8 美元）相比大大增加而产生的额外石油和天然气收入为 42 614 亿卢布。非石油和天然气收入 10 4371 亿卢布，较上年增加 13 201 亿卢布，主要是受进口商品税收及企业利润增加以及管理效能提升等积极因素影响。石油和天然气收入、

非石油收入分别占 GDP 的 8.7% 和 10.1%，与 2017 年相比，GDP 占比分别增加 2.2 个百分点和 0.2 个百分点。与往年相比，实际联邦预算收入超出计划数达 5 073 亿卢布，偏离幅度为六年来最大的一次，表明联邦预算预测质量还需要进一步提高。

表 7－2　　俄罗斯联邦预算收入组成（2017—2018）

指标	2017 年		2018 年		
	亿卢布	占比（%）	亿卢布	占比（%）	完成计划（%）
预算收入	150 889		194 549		102.7
油气收入	59 719	39.6	90 178	46.4	102.3
非油气收入	91 170	60.4	104 371	53.6	103

在石油和天然气收入结构中，最大份额来自所得税，矿物开采税占比达到 66.6%，原油出口关税占比为 17.2%，天然气和石油衍生产品的出口关税份额占石油和天然气收入的 16.2%。石油和天然气收入与 2017 年同期相比增长较大，主要是受到包括 2018 年矿物开采税率由每吨 306 卢布增至 357 卢布等因素影响。非石油和天然气收入达 104 371 亿卢布，与 2017 年相比增加 14.5%，主要是由于商品增值税和企业所得税增加所致。

如表 7－3 所示，税收方面，2018 年联邦政府全年税收 177 382 亿卢布，较上年增加 41 868 亿卢布，GDP 占比同比提高 2.4 个百分点。除了国内产品消费税下降 0.2 个百分点之外，其他各类税收收入的 GDP 占比都有所改善。

表 7－3　　2017—2018 年联邦预算主要税收收入指标

指标	2017 年			2018 年			年度间比较	
	亿卢布	GDP 占比	完成计划（%）	亿卢布	GDP 占比	完成计划（%）	亿卢布	GDP 占比
税收收入	135 514	14.6		177 382	17		41 868	2.4
企业所得税	7 624	0.8	105.2	9 955	1	105.9	2 331	0.2
国内销售商品增值税	30 699	3.3	100.6	35 746	3.4	102.85	5 047	0.1
进口货物增值税	20 672	2.2	101.4	24 421	2.3	100.8	3 749	0.1
国产货物消费税	9 096	1	100.8	8 607	0.8	101.8	－48.9	－0.2
进口货物消费税	782	0.1	101.3	963	0.1	100.9	181	0
矿产开采税	40 614	4.4	104.7	60 603	5.8	103.1	19 989	1.4
对外经济活动收入	26 027	2.8	1 053	37 087	3.6	102	1 106	0.8

国内商品增值税实际征收额超出预算法修订案预测的 2.8%，这主要是由于计算的应税对象的税收增长率超过税收减免增长率，以及税收管理质量的提高；国内产品消费税收入减少 489 亿卢布，主要是由于乙醇、汽油和烟草制品的消费税收入分别下降了 4.6%、23% 和 1.6%；联邦矿产开采税和外国经济活动收入的 GDP 占比分别增加了 1.4 和 0.8 个百分点，主要归功于乌拉尔石油价格的大幅上涨（2017 年石油平均价格为每桶 53.03 美元，而 2018 年均价为每桶 70.01 美元）；由于美元兑卢布汇率与预测值相比上涨幅度较大，致使进口额增加明显，与 2017 年相比进口货物增值税增加了 18.1%，对进口到俄罗斯联邦境内的货物征收增值税的额外收入估计为 182 亿美元卢布。其他税收收入上，2018 年企业所得税 GDP 占比与上年相比增加了 0.2 个百分点。

四、内债增加，外债减少

如图 7-2 所示，截至 2019 年 1 月 1 日，俄联邦政府债务增加 10 248.7 亿卢布，达到了 125 845.7 亿卢布（占 GDP 的 12.2%）。其中，俄联邦的内债量增加了 4 800 亿卢布，即 5.5%，达到 91 696.35 亿卢布（占总量的比例从 75.2% 降至 72.9%），以卢布计价的外债增加 5 448.7 亿卢布，即 19%，总额达到 34 149 亿卢布（占总量的比例从 24.8% 增加到 27.1%）。俄联邦政府外债减少了 6.708 亿美元，即 1.3%，达到 491.6 亿美元。

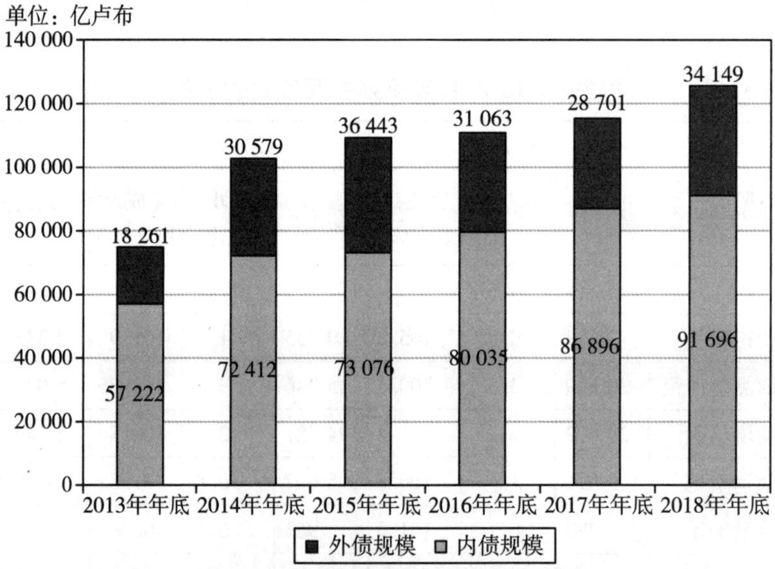

图 7-2　俄联邦政府债务情况（2013—2018）

数据来源：俄联邦财政部网站。https://www.minfin.ru/ru/perfomance/regions/mb/。

截至2019年1月1日，以俄罗斯政府债券显示的俄联邦内债总额为77 427亿卢布。其中，2019—2034年期的固定收益债券（ОФЗ－ПК）在俄联邦的内部债务结构中占主导地位，占比达63.7%，2019年至2034年期间可变息票债券（ОФЗ－ПК）占比为22.4%，2019—2036年本金摊还债券（ОФЗ－АД）占比为5.3%。同时，俄罗斯联邦担保的国家债务总额为14 269亿卢布，减少了156亿卢布，其占国内债务的比例下降至15.6%。2018年联邦贷款债券市场（ОФЗ）的状态主要取决于投资者对俄罗斯政府债务面临更严厉制裁下的负面预期。2018年非居民对联邦政府债务的投资减少了570亿美元（2017年是增加了136亿美元）。非居民政府债务市场投资份额在2018年4月达到最大值（34.5%）后，在2018年12月初下降到24.7%。

俄罗斯联邦外债中，以外币计价的俄罗斯联邦政府债券金额为365.7亿美元，占比为74.4%；俄罗斯政府以外汇形式的担保为115.674亿美元，占比为23.5%；国际金融机构贷款5.087亿美元，占1%；外国政府贷款4.894亿美元，占1%；其他债务2 030万美元，占比为0.04%。

2018年服务公共债务的成本与2013年相比增加了4 456.7亿卢布，即2.2倍，利息支出占联邦预算总支出的比例从2013年的2.7%上升至2018年的4.8%。

五、政府间财政关系

俄罗斯主要通过政府间转移支付实现国家对地区的经济调节，用以解决地区间发展存在差异的问题。《俄罗斯联邦预算法典》第133条规定了联邦预算对联邦主体预算财政援助的主要形式：“提供补贴用以拉平联邦主体的最低预算保障水平；提供津贴和补助金用于某些专项支出的拨款；提供预算贷款；提供预算借款来弥补联邦主体预算执行中出现的临时性现金缺口。”大体可以归为四类，一是一般补助（Дотации），主要是指由联邦政府无偿地、不需返还地提供给其他级次预算，没有指定方向和限制条件，弥补经常性预算支出不足，拉平联邦主体间预算保障水平；二是特殊补贴（Субсидии），主要指联邦主体国家机关工作完成联邦或共同支出责任时，由联邦预算拨给联邦主体预算的配套拨款；三是专项补助（Субвенции），无偿地、不需返还地提供给其他级次预算或法人，用于保障按法律规定转移给联邦主体和地方预算的联邦支出责任的完成，也可译为“联邦补助金”；四是其他转移支付。具体如图7－3所示。

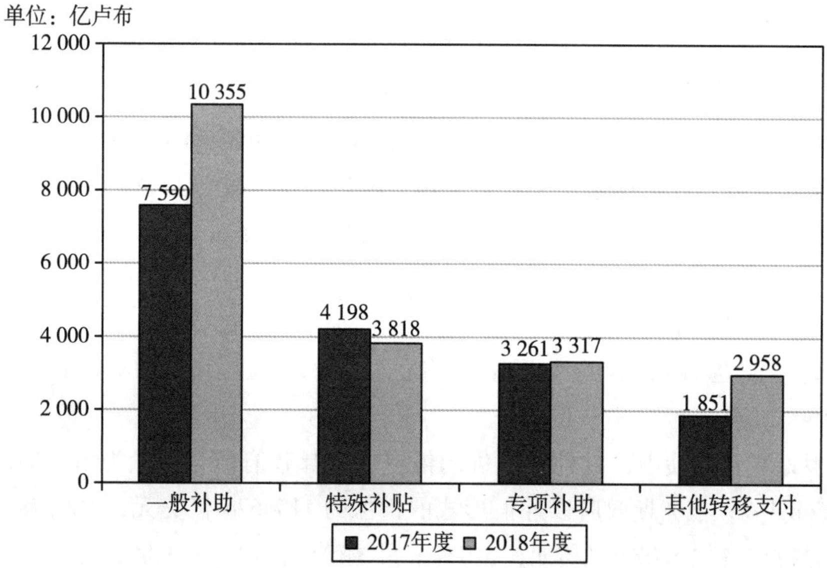

图 7－3　俄罗斯政府间转移支付（2017—2018）

数据来源：俄联邦财政部网站：https：//www. minfin. ru/ru/perfomance/regions/mb/。

2018 年政府间转移支付的现金执行额为 20 448 亿卢布，为联邦法第 362－FZ 号（经修订）规定的政府间转移支付额的 111. 1%，占联邦预算支出总额的 12. 3%，与 2017 年（10. 3%）相比增加了 2 个百分点。其中，一般补助 10 355 亿卢布，特殊补贴 3 818 亿卢布，专项补助 3 317 亿卢布，其他转移支付 2 958 亿卢布。

六、财政改革和治理措施：确保国家均衡发展和扩大国内经济潜力

近年来，俄罗斯政府采取的稳定经济政策在应对半个世纪以来最强烈的外部冲击实践中被证明是有效的。具体表现为，经济对石油价格动态变化的依赖程度明显下降，经济结构比例趋于健康，宏观经济未出现严重失衡。经济政策措施为 2016 年下半年以来的经济复苏奠定了可靠、健康的基础，避免了在向新经济结构均衡状态（经济状态与新的石油价格水平相适应）过渡期间出现新的经济危机，并最大限度地减少损失。尽管如此，俄罗斯经济距离最优均衡还有很长的路要走，低收入人群的收入增长率仍然低于预期，投资活动的恢复速度参差不齐，持续均衡发展仍然存在重大的结构性制约。2018 年，俄罗斯继续将确保国家均衡发展和扩大国内经济潜力作为经济政策的前沿目标，相关预算政策一方面旨在确保经济和金融条件的稳定性和可预测性，另一方面力求消除结构性不平衡以及包括人口挑战、资源配置的竞争力和效率等在内的发展障碍。

（一）创造可预测和可持续的环境

预算规则的新设计方面，作为世界上最大的能源及相关商品出口国之一，俄罗斯经济严重依赖世界商品市场的价格趋势。油价的大幅波动会对经济增长和预算稳定、通货膨胀以及汇率、利率产生重大影响。与此同时，能源商品价格的长期上涨/下降（所谓的超级周期）扭曲了相对价格的结构，导致资源配置效率低下。国际和国内经验表明，设计一种将国内经济与能源市场收入的波动隔离开来的机制，可以尽量减少国内经济条件对商品国外部环境波动的敏感性，这就是一种以预算指标量化限制实现对财政政策的长期约束的预算规则。于俄罗斯而言，这可能是国际经验中唯一行之有效的机制，可以减少联邦预算和国内经济对能源原材料价格的依赖，并为赤字时期形成可靠的储备。俄罗斯在综合评估石油技术加速变革的条件下油价长期均衡水平的基础上，将乌拉尔石油基价 2017 年价格设定为每桶 40 美元，并且从 2018 年开始每年指数化 2%。要求因石油价格高于预算编列油价基准值而取得的所有石油和天然气收入全部调入国民财富基金，不得用于预算支出。国民财富基金的资金补充或使用通过国内外汇市场的运作进行，这种机制允许在方向和数量上积累和出售外国资产，确保卢布的实际有效汇率对油价波动的依赖性降低。遵循这些规则可以减少联邦预算对油价的依赖，无论油价的短期/中期波动性和处于长期商品周期的任何阶段，都可以确保所有政府义务得到履行，同时，预算规则的新设计使卢布更稳定，稳定的货币支持了具有固定盈利能力的工具市场的吸引力，并降低了俄罗斯债务证券的风险溢价，同时还有助于形成确保可持续经济增长所需的可预测的宏观经济条件，进而促进实现俄罗斯中央银行确定的年度通货膨胀目标。

减少经济对油价波动的依赖并不是确保稳定和可预测的宏观经济环境目标框架内的唯一任务，可预测的财政状况也很重要。非税支付部分，政府将与商界一起完成关于建立收费统一规则的系统化与立法合并工作，建立管制此类收入监管框架，计划尽可能减少非纳税付款的数量并简化其管理程序，这一方面将使商业条件更加透明和可预测，另一方面会提高此类收入的管理效率；优化税收优惠方面，与直接预算不同，俄罗斯对减税和优惠（或税收支出）有效性的控制、核算和评估尚未正式化，这就造成了财政政策透明度以及一般公共经济政策效力降低。俄罗斯在 2017 年已经完成了税收优惠和豁免的清查与系统化工作，接下来的任务是将税收和非税收支出的概念纳入预算进程，纳入相关立法，并建立一个透明的机制，分析税收和非税收支出的数额，评估其在预算系统所有预算水平上的效用。

（二）促进经济结构转型

创造稳定和可预测的宏观经济环境是增加经济增长的必要但非充分条件，包括但不限于竞争环境和投资环境状况、公共行政的质量和效率以及人口挑战和人力资本发展等因素是制约潜在增长的结构性障碍。

2018 年，俄罗斯将提高预算系统收入管理质量作为确保各类经济主体平等竞争和通过减少行政负担改善商业环境的主要措施。自 2017 年以来，俄罗斯税务管理人员由财政部负责安排，这一措施为预算系统的 90% 收入提供了人力保障。未来几年的关键任务是建立一个应用统一方法和信息基础的行政系统，在确保增加税收的同时进一步压减行政成本，减轻纳税主体负担。具体举措包括：为了获得该国所有零售业务的信息，已采用立法规范，从 2018 年 7 月 1 日起为零售网络提供全面覆盖、可向收税服务机构提供在线数据传输的收银机；整合税务和海关当局的信息系统和风险管理系统，建立从货物清关到销售到最终消费者的货物运输的可追溯系统；整合国家预算外资金和税务服务信息；启动统一的州公民身份记录和创建联邦人口信息登记册；使用低税收管辖区自动共享税务信息以打击逃税；使用单一农业税制抑制滥用权力。同时，俄罗斯在促进行政管理效率和降低行政费用方面也采取了诸如允许税务代理人通过书面和电子服务方式通知纳税人无法缴纳预扣税事宜、通过国际金融公司向个人提供纳税和付款的机会、扩大使用“付款改进”制度的可能性、实行便于支付运输水和土地税及个人所得税的特别预付款制度等具体措施。

在提高国有公司效率方面，从 2018 年开始《国际财务报告准则》规定的净利润 50% 的最低股息支付标准将适用于包括 Sberbank 在内的所有有国家参与的上市公司。股息支付的增加一方面确保了投资资源的有效利用，对提高国有企业投资项目的质量及资本化水平，从而提高信贷质量，扩大获得债务资源的渠道意义很大；另一方面因为避免了人为地低估股东投资资本回报水平，给国有企业带来不合理的优势，同时，使私人投资处于从属地位，有助于创建公平竞争环境。对提高经济中稀缺资源的分配质量以及扩大上市公司发展潜力作用明显。为了提高石油和天然气部门的效率，俄罗斯计划为试点设施引入新的税收制度，刺激新矿床的开发和合理使用，避免目前在石油工业中征收流转税的机制对税收制度效率的危害以及对已开发石油储量枯竭的客观趋势有所准备和应对；计划引入对石油负消费税的补偿机制，确保向国内市场供应优质可销售石油产品的可靠性，并进一步提高炼油效率。

今后一个时期，俄罗斯继续把提高政府优先项目的质量和效益作为战略定位、预算规划和业务管理相结合的主要工具。2018 年联邦预算法案与 2019 年和 2020 年规划期的一个特点是，首次根据预算分类原则分配预算拨款，提交俄罗斯财政部关于国家优先项目的预算拨款首次不是由预算资金的主要管理者负责，而是由相关执行人负责的。这意味着扩大了优先项目执行人的权力，增加了财政资源的管理权以确保项目目标的如期实现。与此同时，俄罗斯还在解决提高国家优先计划目标制定系统的质量以及可衡量性和可达性、优化国家优先计划发展程序、加强项目执行机构及联邦部门协调、建立项目实施过程绩效指标体系以提升实施效率等方面出台了具体举措。

（三）提高预算资金运作效率

预算资金的有效使用是确保财政长期可持续、有效选择政策工具以及目标实现载体的关键所在。2018 年，俄罗斯主要采取以下措施力争提高预算资金使用效率。

- 进一步整合预算和采购程序。制定采购配给制度、推进监控程序自动化，为最大限度减少合同应收款创造条件，开发信息平台以增加透明度及明晰责任等。
- 在政府合同执行、国防令、与单一供应商的合同以及向市级、自治以上主体和预算机构提供补贴等方面扩大国库支持结算机制的应用。
- 在向法人实体提供补贴、执行政府合同以及银行支持个别政府合同等方面扩大国库信用证应用范围。
- 完成确保非政府组织提供公共服务的监管框架。
- 利用竞争性方法选择组织提供公共服务，包括通过招标和拍卖、提供服务证书、使用公私伙伴关系机制。
- 建立采购规划机制，消除不必要的行政障碍，减少产生计划采购信息的劳动力和时间成本，同时保持潜在采购参与者的采购透明度。

七、小结：俄罗斯财政运行特征

（一）有助于财政中立的新预算规则

新预算规则旨在减少俄罗斯经济对石油价格的依赖以及财政中立，意味着从高于既定水平的石油价格获得的额外油气收入将不直接用于支出，而是直接用于储备，这将确保在国际油价剧烈动荡的情况下卢布能够保持一个合理的波动性，进而缓解由此带来的财政收支压力。乌拉尔原油的基准价格在 2017 年定为每桶 40 美元，并从 2018 年开始每年按 2% 的指数编制。2018—2020 年是俄罗斯转向新预算规则的重要一步。

新预算规则从 2018 年起生效，当年的国民财富基金增幅明显即是其直接成效之一。国民财富基金是根据预算规则和基金管理收益，由联邦预算的石油和天然气收入组成的。其主要目的是为俄罗斯公民的养恤金储蓄提供共同融资，并支付俄罗斯联邦的联邦预算赤字和养恤基金预算。国民财富基金资产与国内生产总值的比率很重要，当该比率达到 7% 的关口时，其盈余可以投资于基础设施项目。截至 2019 年 1 月 1 日，国民财富基金的总额 581 亿美元，相当于 40 360. 5 亿卢布，占全国国内生产总值的 3. 9%，较 2018 年年初增加了 2 831. 1 亿卢布，增幅达 7. 5%。增加的主要原因是，使用2018年联邦预算额外石油和天然气收入购买的外币增加量以及正的汇兑差额。

（二）因超收两次修订预算法案

2017年11月29日联邦委员会批准的《关于2018年度和2019年、2020年规划期联邦预算法案》确定，2018年预期国内生产总值974 620亿卢布，通货膨胀水平不超过4%（截至2018年12月），联邦预算收入总额为152 578亿卢布（包括了石油和天然气预计额外收入为5 275亿卢布），联邦预算支出总额为165 292亿卢布，联邦预算赤字金额为12 714亿卢布，2019年1月1日俄罗斯联邦国家内债上限为105 018亿卢布，外债上限为716亿美元，即597亿欧元。执行过程中，根据油价变化和经济社会发展实际，俄罗斯对预算法案进行了两次修正。

因2018年前4个月乌拉尔石油平均价格达到每桶66.15美元，远超过年度预算的基准价格（每桶40.8美元），俄罗斯预计当年石油和天然气资金的额外收入将达到2.74万亿卢布，超过预算法规定的五倍（5 275亿卢布），据此，俄罗斯联邦政府在2018年7月3日签署预算修正案，预计总收入将增加18 151亿卢布，达到170 729亿卢布。总支出增加619亿卢布，达到165 911亿卢布。最初计划的1.27万亿卢布赤字量（占GDP的－1.3%）被4 818亿卢布的盈余所取代（占GDP的0.4%）。根据预算规则，石油和天然气超级利润不能用于增加当前支出，财政部将用来购买外汇补充储备基金。该修正案对2 247亿卢布予以重新分配用于支持优先领域项目，确定为国内汽车制造商提供364亿卢布补贴以支持其发展，为世界杯安保增加近2亿卢布预算，同时，减少对俄罗斯联邦养恤基金拨款654.62亿卢布。

2018年11月29日签署的联邦预算法修正案，预计联邦预算收入再增加18 747亿卢布，调整收入为189 476亿卢布（占GDP的18.7%）。其中，石油和天然气收入预计增加15 822亿卢布，将达到88 171亿卢布，其收入增加是由石油价格上涨和2018年4月以来卢布兑美元汇率下降共同推动的；非石油收入预计增加2 925亿卢布，将达到101 305亿卢布，所得税、增值税以及进口关税收入的增加是其主要原因。非石油和天然气收入占总收入的份额从57.6%下降到了53.5%。在收到额外非石油收入的情况下，2018年总支出增加2 177亿卢布，达到16 808.8亿卢布，占GDP的16.6%，其中的1 123亿卢布主要用于一般性政府间转移支付。

根据联邦财政部及审计院相关数据，2018年联邦预算收入为194 549亿卢布，完成计划数的102.7%，增加了43 690亿卢布，GDP占比为18.8%，与2017年相比增加了2.4个百分点。预算支出为167 129亿卢布，完成计划数的99.4%，比上年增加了2 926亿卢布，支出GDP占比为16.1%，较上一年下降了1.7个百分点。当年联邦预算盈余为27 420亿卢布，占GDP的2.7%，非石油赤字（6.3万亿卢布）

GDP 占比为 6.0%，较上一年下降 1.9 个百分点，如表 7 -4 所示。

表 7 -4　　俄罗斯联邦预算法案执行情况　　单位：亿卢布

指标	2018 年联邦预算法案及修正案（批准日期及编号）				2018 年完成	
	2016/12/19	2017/12/5	2018/7/3	2018/11/29	总和	完成比%
	415 - FZ	362 - FZ	193 - FZ	458 - FZ		
GDP	922 960	974 620	982 340	1 011 640	1 036 266	102.4
通胀率（%）	4	4	2.8	3.4	4.3	×
预算收入	140 285	152 578	170 729	189 476	194 549	102.7
GDP 占比（%）	15.2	15.7	17.4	18.7	18.8	×
额外油气收入	×	527.6	27 398	40 933	42 614	104.1
GDP 占比（%）	×	0.5	2.8	4	4.1	×
预算支出	160 397	165 292	165 911	168 088	167 055	99.4
GDP 占比（%）	17.4	17	16.9	16.6	16.1	×
赤字 -/盈余 +	-20 112	-12 714	4 818	21 387	27 420	×
GDP 占比（%）	2.2	1.3	0.5	2.1	2.7	×
内债上限	115 809	105 018	102 806	98 213	91 696	93.4
外债上限（亿美元）	528	716	619	617	492	79.7

（三）趋于均衡的国际收支

根据俄罗斯银行对 2018 年国际收支的初步评估，经常账户余额为 1 149 亿美元，较 2017 年增加了 816 亿美元，达到了自 1992 年有观察记录以来的创纪录水平。一方面主要是贸易条件改善以及卢布疲软等条件下燃料和能源产品出口大幅增长、进口停滞的结果。与此同时，受外国债务减少以及银行、企业外国资产增长等因素影响，私营部门资本净流出比较显著。

贸易平衡对经常账户余额的变化具有决定性作用。与 2017 年相比，外贸货物贸易顺差增加了 1.7 倍，达到 1 944 亿美元。乌克兰危机发生前的 2013 年和 2014 年，贸易顺差分别为 1 805 亿美元和 1 889 亿美元，危机爆发之后，随着油价下跌和出口下降，2016 年的货物贸易顺差降至 900 亿美元，2017 年回升至 1 150 亿美元。出口方面，受石油、石油产品及天然气以及其他基础原料价格上涨等因素影响，2018 年出口额达到 4 434 亿美元，较 2017 年的 3 535 亿美元增加了 25%，对贸易余额增长发挥了决定性作用。其中，原油和石油产品出口额为 2 066 亿美元，而 2017 年同期为1 516亿美元，这主要是油价大幅上涨起到的关键作用，俄2018年罗斯乌拉尔平均油价为70美元，2017年仅为53美元。创纪录的贸易顺差不仅取决于高出口，进口方面的停滞与疲软也不容忽视，2018年进口额为2 490亿美元，较2017年的2 380亿美元增加了110亿美元，增幅仅为4.6%。此外，根据俄罗斯央行数据，2018年俄罗斯卢布兑外币的实际有效汇率指数较2017年下降了7.7%，疲软明显，直接导致进口成本相对提高，成为俄罗斯进口停滞的一个主要因素。

与此同时，经常账户其他组成部分的负面贡献总体下降。2018年服务贸易余额逆差302亿美元，较2017年的311亿美元减少了2.9%。得益于举办2018年世界杯，当年的服务出口（以旅游和运输服务为主）和服务进口（以旅游、运输以及其他方式服务为主）额度与2017年相比都有所增加，但出口在增量和增幅上都大于进口。服务出口额高达650亿美元，较2017年的577亿美元增长了13%；服务进口增长了7.5%，从2017年的888亿美元增长到955亿美元。投资收入以及劳务支出方面，前者2018年逆差389亿美元，较2017年逆差398亿美元增加了9亿美元，后者2018年逆差18亿美元，较2017年逆差23亿美元增加了5亿美元。

经常账户盈余的增加伴随着金融账户赤字的增加，2018年金融账户赤字为768亿美元，比2017年的126亿美元高出6倍。2018年银行和企业资本净外流达到675亿美元（银行资本流出为309亿美元，企业资本流出为366亿美元），而2017年则为252亿美元（银行资本流出为233亿美元，企业资本流出为19亿美元）。从中可以看到，如果说2017年的资本外流主要与银行运营相关，而银行和企业对2018年资本净流出的贡献则旗鼓相当。银行部门资本流出主要有两方面原因，一方面是银行的外资资产增长了70亿美元（2017年外国资产下降了44亿美元），另一方面是外国债务减少了239亿美元（2017年外国债务减少277亿美元）。企业资本外流的主要原因是外国资产增加了303亿美元（2017年增加额为182亿美元）。吸引外国直接投资总额只有19亿美元（2017年为271亿美元）。

（四）应对制裁举措长期化

制裁已成为考量俄罗斯经济社会发展状况以及制定中长期经济政策中不容忽视的重要因素。俄罗斯遭受制裁的经验证明，因制裁引致的不确定性是经济社会发展中最大的问题。随着时间的延长，预期制裁的性质和可能实施制裁的时间，破坏了社会经济进程的稳定性，并且无法对可能的挑战予以快速适应，这直接导致了金融市场的动荡、卢布波动加剧、外国投资者拒绝与俄罗斯公司合作以及资本外流。制裁的另一个后果是技术落后的风险。在现代世界中，这个问题变得尤为严重，因为技术进步本质上是全球性的，可持续的社会经济发展需要参与全球价值链。外国直接投资的波动最清楚地表明了这一点，外国直接投资在2018年的流入额从2017年的 271 亿美元减少到 19 亿美元。

在这种情况下，俄罗斯政府在财政部组建了类似于美国外国资产控制局（OFAC）的外部约束控制部，致力于在评估制裁效果的基础上制定适当的中期政策，积极地、而不是被动地消除与制裁有关风险，同时为废除制裁而斗争。对内为企业（乃至整个产业）减少行政干预并减轻监管压力，为企业和产业发展创造最有利的条件，将经济自由化作为消除制裁的有效途径。同时，深化国民经营的国际一体化进程，提高国内公司参与全球市场的深度和广度。毕竟，一个国家和一家特定公司越是融入全球市场，对它实施制裁就越困难。

（五）已为全球经济衰退做好准备

如果全球贸易争端最终导致全球经济衰退，俄罗斯可能是新兴市场中抵抗风险能力最强的。俄罗斯政府债务非常低，外币债务几乎为零。经过六年的赤字预算后，2018 年联邦预算盈余占 GDP 的 2.7%，而非油气赤字则继续减少，这意味着预算对石油产品价格波动的依赖性减弱了，俄罗斯宏观经济形势处于比较有利的局面。俄罗斯的高利率和财政盈余，给了政府决策者充分的财政、货币政策空间。俄罗斯一直在积累储备，下调国际油价预期，并以此编制偏保守的中期预算规划，以降低该国经济面对油价波动和美国制裁的脆弱性，其通货膨胀近年大幅下降，通胀率在 4% 的目标水平附近波动，也给了央行足够的降息空间。此外，俄罗斯本币债券市场有大量资金流入，卢布债券的回报率在新兴市场国家中仅次于泰国。但可以肯定的是，由于俄罗斯严重依赖出口，贸易争端会进一步抑制本已低迷的经济增长。

主要参考文献

［1］林精华：《想象全球化：俄罗斯面对世界主流发展趋势的焦虑》，《社会科学战线》，2004 年第 5 期。

［2］孙景宇：《俄罗斯进口替代战略的当前效果和未来挑战》，《欧亚经济》，2018 年第 1 期。

［3］刘彦君，米军：《中俄财税制度改革的比较与借鉴》，《财经问题研究》，2015 年第 11 期。

［4］Основные направления бюджетной политики на 2017 год и на плановый период 2018 и 2019 годов.

［5］ФЕДЕРАЛЬНЫЙ ЗАКОН О федеральном бюджете на 2017 год и на плановый период 2018 и 2019 годов.

［6］Open Budget Survey 2017 Global Report，*The International Budget Partnership*，2018.

［7］Мониторинг инвестиционной активности в регионах России，2018.

［8］Федеральная служба государственной статистики，Россия в цифрах 2018.

［9］ Минэкономразвития России, ОБ ИТОГАХ СОЦИАЛЬНО – ЭКОНОМИЧЕСКОГО РАЗВИТИЯ РОССИЙСКОЙ ФЕДЕРАЦИИ В 2017 ГОДУ, 2018.

［10］ Министерство финансов Российской Федерации, исполнение федерального бюджета и бюджетов бюджетной системы Российской Федерации за 2017 год, 2018.

第八章
澳大利亚

澳大利亚位于大洋洲，是世界上唯一国土覆盖一整块大陆的国家，面积居世界第六，人口约为2 529万人（2019年3月31日），是典型的移民国家。全国共划分为6个州和两个领地。作为联邦制君主立宪制国家，其名义上的国家元首是英国女王，总督为其代表，在宪法下代替君主行使职权。但依据惯例，君主除了按照澳总理和各州州长的提名任命或撤换总督和州督外，并不过问政治。政府由众议院多数党或党派联盟组成，每届任期三年。内阁是最高决策机关，最高的行政领导人为总理。现任国家元首为伊丽莎白二世（Her Majesty Queen Elizabeth II），总督为戴维·约翰·赫尔利（David John Hurley），总理为斯科特·莫里森（Scott Morrison）。

一、“逆全球化”中澳大利亚的摇摆

作为一个外向型经济国家，澳大利亚的发展离不开经济全球化的推动，但全球化也对其产业结构调整、公共政策的制定实施等带来压力。同时，由于在安全等方面对美国的依赖，澳洲的对外政策也难免受到特朗普政府“逆全球化”倾向的影响。在这样的背景下，澳大利亚一方面希望继续能在全球化进程中获益，另一方面也难以摆脱来自国内部分选民和美国方面的压力。因而，其战略具有明显的二元性。

（一）“逆全球化”大变局下澳大利亚的战略选择

全球化不但为澳大利亚的发展创造了机会，也使其国内经济与世界经济高度融合，成为其中不可或缺的关键一环。鉴于全球市场给澳大利亚带来的巨大利益，一直以来澳政府都极为重视全球市场，提倡自由贸易。但不可忽视的是，国内受全球化负面冲击的选民的呼声越来越高。与此同时，出于历史渊源、国家安全等考虑，自从1951年美澳同盟正式确立以来，澳大利亚在军事和政治上从未停止追随美国的脚步。在“逆全球化”大变局下，澳政府的矛盾心理使其寄希望于在自由主义和保护主义的权衡中谋求利益的最大化。

1. 在全球化的进程中获益

偏居大洋洲的澳大利亚人口稀少，且远离亚欧和美洲大陆的主要市场，最初只是英国流亡罪犯的不毛之地。但与其他大国相比，广袤的土地和丰富的自然资源却造就了其得天独厚的比较优势。得益于全球化进程，澳大利亚的资源优势得到了充分的发挥，人力资源不足等劣势也随着全球移民和资本等的流入得到了极大的改善。一方面，在开放的自由贸易体系下，澳大利亚先后进入欧洲、美洲和亚洲市场，依赖矿石和农产品输出，长期保持贸易顺差，获得了增长的主要动力源；另一方面，全球化下资本、技术和劳动力的自由流动，也成为了推动澳大利亚经济和社会进步必不可缺的要素。

纵观澳大利亚的历史，其从流犯殖民地发展成为先进的发达经济体，是典型的全球化的受益者。在早期经济封闭时期，对于澳大利亚来说，资本、技术、劳动力和市场无一不缺。工业革命以后，不断深化的社会分工推动了开放的贸易体系的形成，来自欧洲的移民为澳大利亚带来了资本与技术，将澳洲的土地和矿产资源加以开发利用，并将农产品和矿石销往欧洲以换取更多的消费品，推动了澳大利亚经济的发展。而经济的发展又吸引了更多的移民和资金流入，并开始形成支撑经济发展的良性循环。但若止步于此，澳大利亚也仅仅是一个以资源换发展的初级经济体。二战后，澳大利亚再一次吸收了大量的欧洲和亚洲的难民，并逐步实现了文化的融合和技术的革新，推进了工业化和城市化进程，完成了由农业为主体向工业为主体的经济结构转变，进入了世界先进的发达国家之列。然而，任何事物都不可能只有好的一面，全球化使澳大利亚从蛮荒之地发展成为排名靠前的发达国家，同时也将其与世界经济的阴晴变化紧紧地拴在了一起。在其后的发展中，澳大利亚受世界经济周期波动的影响尤为明显。在世界经济进入低迷期时，澳大利亚进出口明显减少，国内经济陷入衰退，政府赤字增加，需要依靠借债来弥补资金缺口；而伴随世界经济的复苏，澳大利亚的进出口也逐步恢复高位并推动澳大利亚经济走出低迷期，政府开始对预算进行修复。

2. 澳大利亚的二元战略

对于全球化，即使国内部分选民对它表示质疑，澳政府仍能清楚地认识到它给澳大利亚带来的机会。但是在政治和军事上，澳大利亚仍难以摆脱地缘政治的影响，特别是来自于美国的压力。因此，澳政府的战略一直在自由主义和保护主义中间进行着权衡，具有一些二元性的特征，但自由主义政策仍然占据着主导地位。

全球化在给澳大利亚带来红利的同时也不可避免地产生了一些负面的影响。例如在世界经济萧条期，由于与其深度捆绑，澳大利亚同样面临着滞涨的威胁。再如，融入全球经济之后，澳洲民众面临着更为激烈的劳动力市场竞争。作为移民国家的澳大利亚，其本土素质较低的劳动力并不具备竞争优势，从而使得这部分人的失业率上升，生活受到波及。这也引起了澳民众对全球化的质疑。根据 DFAT2016 年一项统计，澳大利亚支持全球化的民众仅为 48%，仅高于法国的 37%，美国的 40% 和英国的 46%。

但相对于民众，澳政府仍然比较理智。据英国《卫报》2016 年 8 月 1 日报道，澳大利亚贸易部长承认在其国内有越来越多选民在全球化中感到被疏远，且质疑贸易自由化政策传统，但他表示，澳大利亚的繁荣离不开全球化，并强调自由化对澳大利亚经济的重要性：澳大利亚 25 年来经济持续增长的原因在于与世界的接触，而不是排外，一些人只是强调“工厂关门”现象，但是没提到贸易自由化为澳大利亚这样的经济体带来的多方净收益，比如多种经营所创造的就业机会等。因此，澳政府十分重视推动世界贸易体系的发展和多边合作的构建，在全球化的发展中也发挥了积极的作用，特别是在维护亚洲市场方面，澳政府可以说是不遗余力。澳大利亚政府一方面根据 2015 年的《中澳自由贸易协定》，与中国政府先后进行了 4 次的关税减让，更在 2019 年 1 月 1 日起取消中澳间所有商品的关税；另一方面通过一系列新的举措培养亚洲伙伴，加强对太平洋地区经济事务的参与。这些措施包括建立 20 亿美元的澳大利亚太平洋基础设施融资机制，以促进澳大利亚对该地区基础设施发展的支持。并承诺为澳大利亚出口融资机构 EFIC 提供额外 10 亿美元的可赎回资本，以支持该地区的投资等。

来自美国的外部压力以及选民的内部压力，使澳政府的保护主义倾向长期存在，而这种倾向在危机时期会表现得尤为突出。以 2007—2009 年金融危机时期为例，当时澳政府为了推动国内经济尽快复苏，就曾对以汽车工业为代表的制造业以及工矿业实施过临时的保护性关税。近几年，澳大利亚的保护政策更为偏向中低收入的普通群众，包括通过严格的检验检疫制度的非关税壁垒来保护本国农民利益，以及通过收紧移民政策来保证本国劳动力的就业等等。例如，2017 年，马尔科姆·特恩布尔（Malcolm Turnbull）政府表示要将“澳大利亚人放在首位”，同时削减了 457 名外国工人的签证，并对移民实施更严格的英语测试，以保证国内就业。又如，2018 年 7 月 1 日起澳政府开始对外国进口的低价值商品征收商品及服务税（GST）。

（二）国家治理变化与趋势

近年来，澳大利亚国家治理紧紧围绕三方面进行：一是推动经济的结构调整，快速走出经济低迷期；二是提高公共福利水平，获取更多选民的支持；三是防范公共风险，实现国家的可持续发展。

1. 推动经济结构调整

澳政府在推动经济结构调整方面主要采取三方面的手段，包括：减税降负、保证能源供应和加快基础设施建设。

（1）减税降负。澳政府致力于通过减税降负来激发经济活力。政府一方面加快个税改革，实施滚动的减税计划，从而降低中低收入群体和中小企业的税收负担；另一方面通过成立专项工作小组，加强跨国公司纳税的监管，打击国际避税，创造更为公平的税收环境。

（2）保障能源供应。能源是国民经济发展的重要基础，澳政府从供给侧加强能源管理，就是为了给经济发展提供基本的物质保证。在电力方面，政府开放上游市场，鼓励新建太阳能发电项目和光伏发电项目，以保证电力供应；出资修建州际输配电线路，以完善电网布局；为下游电力公司提供投资担保，促进市场的良性竞争。在天然气方面，碳定价和节能减排的政策刺激了天然气产业的快速发展，同时政府还加大了对上游常规和非常规天然气的勘探、开采投入，修建了更多的 LNG 储运设施，并鼓励天然气和 LNG 的出口。

（3）加快基础设施建设。加快基础设施建设可以拉动总需求进而实现增长，为经济发展创造便利条件，降低经济运行成本，缓解区域极发展导致的大城市病。澳政府加大基础设施投入主要用于疏解大城市的交通拥堵、改善偏远地区的交通条件、升级机场和港口的设施等等。

2. 提高公共福利水平

澳政府主要从医疗卫生、教育培训、社会保障和改善环境四个方面来提高公共福利水平。

（1）医疗卫生方面。政府通过完善社区医疗设施、提高医疗保险额度、扩大药品补贴范围、设立医疗研究资助基金等改善民众医疗条件，提升医疗服务水平。

（2）教育培训方面。政府提高了对学校的资金支持和对学生的资助额度以发展社区教育，加大了对学前教育服务机构的支持力度以普及学前教育，提供更多的研究经费和奖学金来建设世界一流大学，并与相关行业合作开办职业技能培训机构、向学生提供就业补贴以完善现代职业教育和培训体系，帮助适龄青年获得就业和技能的提升。

（3）社会保障方面。随着澳大利亚老龄化问题的日益突出，老年人的养老问题备受关注。澳政府通过 2017 年养老金体系改革，使养老金制度更加公平，同时还提供了更多的老年人护理服务和安全优质的养老院。对于退伍军人及其家庭、残障人士这些特殊群体，澳政府也出资提供更多的必要支持和护理服务。

（4）改善环境方面。澳政府坚持遵守《巴黎协定》，并提出了针对气候问题的一揽子计划。该计划包括设立减排基金和环境恢复基金，旨在进一步减少温室气体的排放和保护自然环境。同时，澳政府还引入碳定价机制，以通过市场力量解决环境问题，减轻政府负担。

3. 防范公共风险

澳政府通过多项改革措施来防范化解外部风险、金融风险、财政风险和社会风险。

（1）提升国防力量以防范外部风险。澳政府通过持续增加国防支出来提升国防力量；通过继续开展“主权边界行动”，打击人口走私和偷渡行为、保障澳大利亚的边境安全；通过网络安全战略加强政府系统的防御能力，修复关键的安全漏洞，并提高快速响应网络攻击的能力。

（2）加强金融监管以防范金融风险。澳政府根据皇家调查委员会的意见采取措施，以改善消费者的体验，建立强大且有效的监管机构，加强金融机构内部的问责，为受到不当行为损害的消费者和小企业提供更好的补偿。此外，政府还出资帮助证券投资委员会、审慎监管局等金融部门提升监管能力。

（3）确定预算盈余以防范财政风险。澳政府在2019—2020财年预算报告中确立了71亿澳元财政盈余的额度，终结了多年的赤字政策。根据规划，澳政府在未来几年将持续削减支出，保持预算盈余，以降低澳政府的负债率，维持财政体系的可持续性。

（4）以问题导向化解社会风险。针对阿片类药物的过度使用、青少年心理的亚健康状态、家庭暴力愈演愈烈等问题，澳政府通过资金支持、加强宣传教育、协调地方政府和社区及专业机构等措施来有针对性的解决问题、化解风险。具体举措包括，通过协调专业机构减少心理健康服务等待时间，安排社区提供支援服务等以解决心理健康问题；通过毒品战略计划帮助预防、弱化冰毒、酒精、烟草和包括阿片类药物在内的其他药物的有害影响，并联合中国等国家应对国际毒品泛滥的问题；实施《2010—2022年减少针对女性和儿童暴力的国家计划》改善和加强一线服务以及婚恋关系暴力或家庭暴力咨询服务等，以保护儿童和妇女的权益。

（三）经济情况和运行特征

目前澳大利亚经济已经进入低增长的阶段，其GDP增长率已经连续五年低于3%的平均水平。2018/2019财年，澳大利亚经济增速大致保持在预计的潜在增长率水平，预计GDP增速为2.75%，如图8－1所示。

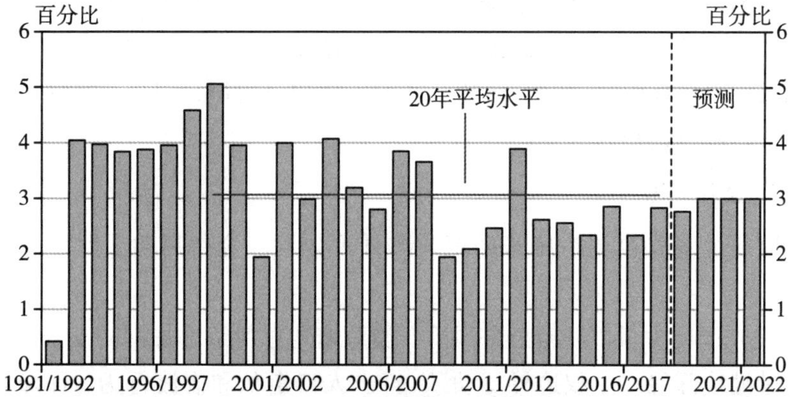

图 8－1　实际 GDP 增长率

资料来源：2018/2019 财年年中经济和财政展望，2018 年 12 月。

1. 经济增长的主要拉动因素

根据澳政府《大选前 2019 年经济展望》，消费、投资、净出口和总需求是拉动澳大利亚经济增长的四个主要因素。

（1）消费。受工资水平低速增长的影响，私人消费增长缓慢。虽然 2018 年澳最低时薪位居世界第一，达到 18.93 澳元/时，但 2014—2018 年 5 年中私人消费的年平均增长率仅为 2.5%。并且预计未来工资水平仍然将以中低速增长，难以恢复到 4% 以上的历史高位水平。由于私人消费主要受工资水平的影响，因而澳洲私人消费的增长也难以提速。

与私人消费相比，自 2015 年起公共消费增长迅速，年平均增长率达到 4.3%。较高的政府投入推动了民众福利水平的提升。但是受审慎的财政制度所影响，澳政府在严格遵守财政纪律的基础上，不可能长期维持社会福利支出的高增长，特别是其削减政府支出的计划下，公共消费的增长不会长期处于高位。因此，澳大利亚的消费总增长率呈下降趋势，但仍是经济增长的稳定拉动因素之一。

（2）投资。在经历了连续三年的投资负增长之后，2017 年澳大利亚投资状况有了明显改善。公共投资增长依旧是主要拉动力量，而私人部门投资终于开始恢复增长。投资的增长在一定程度上弥补了出口部门的萎缩，带动澳大利亚经济顺利渡过了低潮期。预计在 2018—2019 财年，在国际经济形势复苏的推动下，澳大利亚整体经济形势向好，非矿业投资稳健增长，而矿业投资预期将结束五年内下降 60% 的局面而实现回升，私人投资部门开始恢复活力。此时，为减轻财政压力，公共投资将有所下降。

房地产投资仍是一个不稳定因素。2018 年，澳政府通过限制投资和移民等措施，在控制大城市房价方面取得了显著的效果。但其后澳政府在投资增长和风险控制的权衡中选择了加大风险控制，并继续限制房地产投资，严控房价上涨。房地产投资的下降将对经济构成下行压力。但澳政府何时放开对房地产行业投资的限制，目前还难以预期。

（3）净出口。在2017年以前，净出口一直是澳大利亚经济增长最重要的拉动因素。其中，2014年至2016年三年间，净出口对经济增长的年平均贡献率近1.3%。对于人口稀少的澳大利亚来说，其总需求规模有限，农产品和矿石出口一直是其经济增长的第一支柱，使在近20多年内保持了连续稳定的增长。但2017年以后，净出口的下降成为了拖累经济增长的因素。事实上，这一问题在2011年就已出现苗头。从2011年开始，受世界范围内矿产价格波动的影响，澳大利亚贸易条件持续恶化。为提振经济，澳政府一直通过扩大出口规模来弥补出口品价格下降的影响，并积极进行产业结构调整以摆脱经济增长对出口的依赖。综合考虑各影响因素，预计在未来五年，澳大利亚净出口对经济增长的年贡献率将维持在0.1%左右。

（4）总需求。在出口部门萎缩的情况下，澳政府意识到过度依赖出口的经济难以持续，转而希望通过不断增加基建支出和社会福利保障支出来拉动总需求的增长。2017年以后，总需求代替净出口成为澳大利亚经济增长的主要支柱，其增长率达到2.9%，预计2018年将达到3.0%。在随后的五年中，总需求的年增长率预计将维持在2.6%—2.7%之间。而此前在2014年至2016年三年间，总需求的年平均增长率仅为1.3%。但目前主要受政府拉动的总需求的增长却存在一定的不确定性。一方面政府支出要受财政纪律的约束，不能无限增加；另一方面虽然澳大利亚人口增长率较高，但基数较低，伴随着老龄化问题的加剧，短期内总需求增长十分有限。

2. 其他经济指标和因素

（1）劳动力市场。2018年11月澳大利亚失业率降至5.1%，接近非加速通货膨胀失业率（NAIRU）。但其他指标仍显示出了劳动力市场的持续疲软状态：非充分就业率尽管已开始下降但仍远高于长期平均水平；工资增长指标虽然近期开始有所回升，但依然缓慢。这可能反映了多种因素，包括面对周期性劳动力市场状况，更高的女性和老年工人劳动参与率；长期工资合同的黏性调整；经济和劳动力市场的结构性变化等，如图8-2所示。

（2）价格水平。澳大利亚整体通胀率一直徘徊在澳大利亚储备银行（RBA）2%—3%目标区间的底部。强劲的零售竞争带来的反通胀效应抑制了核心通胀水平，而一些行政价格的一次性下调也使总体通胀水平有了暂时性的回落，如图8-3所示。

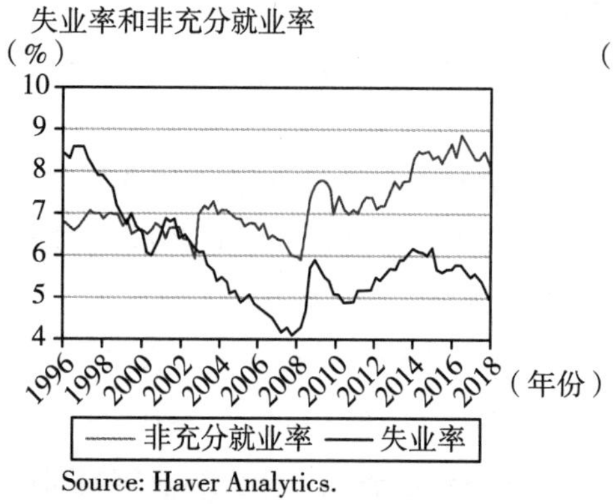

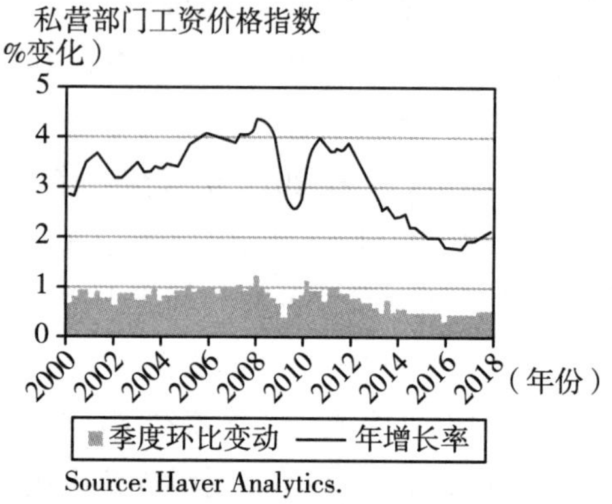

图8－2　就业及工资增长情况

资料来源：2018 ARTICLE IV CONSULTATION—PRESS RELEASE；STAFF REPORT；AND STATEMENT BY THE EXECUTIVE DIRECTOR FOR AUSTRALIA，IMF Country Report No. 19/55，February 2019。

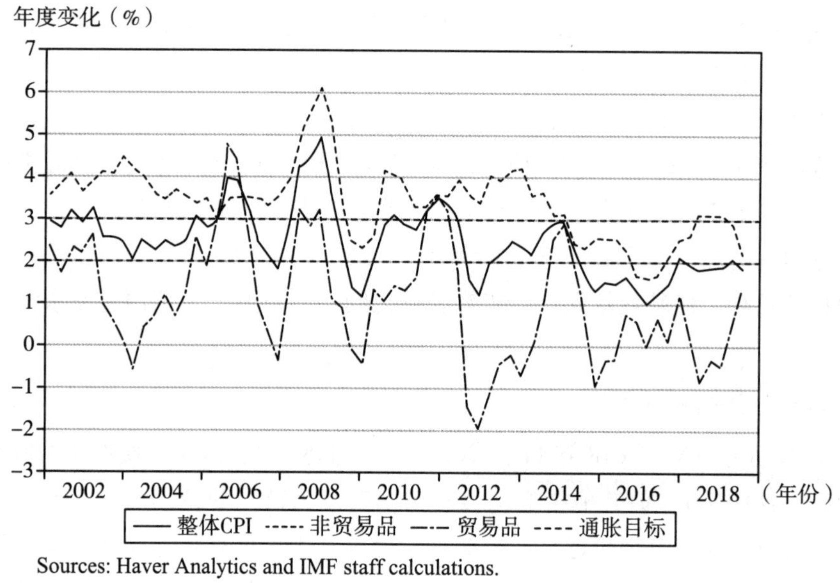

图8－3　价格水平

资料来源：2018 ARTICLE IV CONSULTATION—PRESS RELEASE；STAFF REPORT；AND STATEMENT BY THE EXECUTIVE DIRECTOR FOR AUSTRALIA，IMF Country Report No. 19/55，February 2019。

（3）经常账户及汇率情况。由于贸易条件的改善以及液化天然气等出口增加的原因，2017年和2018年，经常账户赤字大幅收窄，赤字情况大致符合基本面和理想政策效果。而在汇率方面，2018年以来由于与美元利差扩大等原因，澳元实际大幅贬值，但目前汇率的走势并不十分明朗，一些估计表明，澳元的估值仍然过高。考虑到目前的政策情况，从中期来看经常账户赤字预计将保持在 GDP 的 2.5%—3% 以内，低于历史平均水平，如图 8－4 所示。

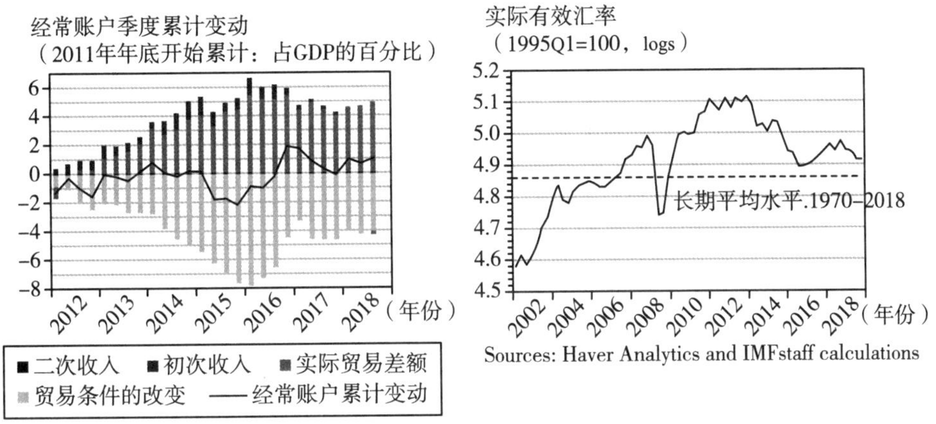

图 8－4　经常账户及汇率情况

资料来源：2018 ARTICLE IV CONSULTATION—PRESS RELEASE; STAFF REPORT; AND STATEMENT BY THE EXECUTIVE DIRECTOR FOR AUSTRALIA, IMF Country Report No. 19/55, February 2019。

（4）房地产。在过去的 10 年，澳大利亚全国范围内的房价上涨了 70%，其中悉尼和墨尔本的房价分别上涨了大约 100% 和 90%。而如今，在信贷供应收紧、住房供应增加以及国内外需求放缓等因素的影响下，房地产市场终于出现了降温的势头。

2018 年前三季度，住宅投资增速加快，待建住宅项目继续保持强劲增长，预售比重较大的新建公寓楼完成率也较高，房屋成交量和公开拍卖清仓率下降。然而，在较小的省会城市，出租空置率仍保持在稳定水平或呈下降状态，虽然可供出租的新住房供应量也在增加，但新增量却被强劲的人口增长所吸收。

在澳大利亚房地产市场的繁荣落幕之后，因家庭债务高、住房负担能力低而导致的经济和金融系统的脆弱性已成为令人担忧的主要问题。虽预计经有序的调整，高估的房价和家庭平均债务水平都将随着时间的推移而下降，但即便如此，占可支配收入 165% 甚至更高的家庭债务在未来几年仍有可能居高不下，相关风险依然很高，如图 8－5 所示。

（5）财政政策。长期以来，澳大利亚政府一直采取支持性的财政政策立场，例如增加了基础设施支出，加快下调小企业公司税率，计划在未来 7 年内削减个人所得税并调整税收等级，承诺将税收收入占 GDP 的比重维持在 23.9% 以内等。同时，联邦政府也在修复预算和制定一条负责任的盈余回归路径方面取得了稳步进展。目前预算赤字已收窄至 GDP 的 0.3%，并预计将在 2019—2020 财年转为盈余。

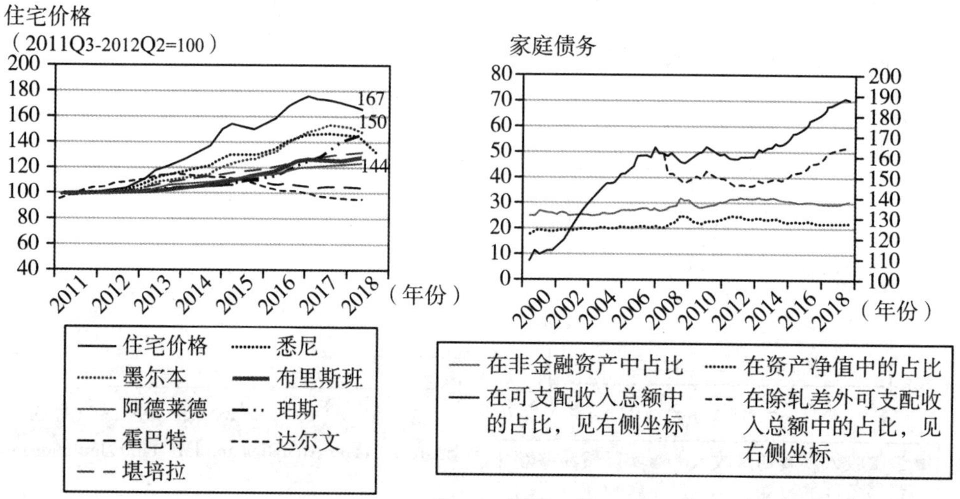

Source: ABS

Source: RBA，Haver Anaytics and IMF Staff estimates.

图 8－5　住宅价格及家庭债务情况

资料来源：2018 ARTICLE IV CONSULTATION—PRESS RELEASE；STAFF REPORT；AND STATEMENT BY THE EXECUTIVE DIRECTOR FOR AUSTRALIA，IMF Country Report No. 19/55，February 2019。

（6）货币政策。在货币政策方面，货币当局依然坚持宽松立场。自 2016 年 8 月以来，政策利率一直保持在 1.5%，通胀率徘徊在略低于澳大利亚储备银行（RBA）2%—3% 目标区间下限的水平。而目前的现金利率设定意味着实际政策利率为零。

二、联邦政府支出占 GDP 比重下降

澳大利亚联邦政府预算由现金流量表和权责发生制下的预算报表构成。两张表的支出数据有些许差别，这是由支出确认时间的不同所造成的，但在支出的主要驱动因素、趋势、结构方面两张表是一致的。由于澳大利亚联邦政府持续执行严格的财政纪律，近年来，无论是在哪张报表中，联邦政府支出占 GDP 的比重均呈下降趋势。

（一）支出情况和主要数据

1. 经常性财政支出

（1）从总量上讲，联邦政府经常性财政支出占 GDP 的比重将在 2019—2020 年

起4个财年内呈下降趋势。2017/2018 财年，澳大利亚联邦政府的现金支出为4 527.42亿澳元，与上一财年相比，实际增长率为1.1%，占同期 GDP 的比重为24.5%；在权责发生制下该财年的财政支出为4 602.82 亿澳元，比上一财年增加了124.75 亿澳元，占同期 GDP 的比重为24.9%，如表8－1 所示。

2019/2020 财年预算案预计，在直至2022/2023 财年的4 年内，联邦政府现金支出的实际平均增长率约为1.3%。而现金支出的 GDP 占比，也将自2019/2020 财年起降至30 年平均值（24.7%）以下，联邦政府平均支出水平明显下降。

在权责发生制下，预计到2019/2020 财年，澳大利亚联邦政府财政支出实际增速将降至0.7%，且在2020/2021 财年保持该增速不变。在持续控制财政支出规模的努力下，预计澳大利亚联邦政府总支出（权责发生制）占 GDP 的比重将从2019/2020 财年的25.0%下降至2022/2023 财年24.6%，这与2007/2008 财年至2013/2014 财年间的情况形成鲜明对比，当时财政支出（权责发生制）占 GDP 的比重从23.8%上升到了25.9%，如表8－2 所示。

表8－1　现金流量表中澳大利亚联邦政府经常性财政支出规模、实际增长情况及其占当期 GDP 的比重

单位：百万澳元

财政年度	现金支出	与上一年相比的增长率（%）（a）	现金支出占同期GDP 比重（%）
2013/2014	406 430	7.8	25.4
2014/2015	412 079	-0.3	25.4
2015/2016	423 328	1.3	25.5
2016/2017	439 375	2.0	24.9
2017/2018	452 742	1.1	24.5
2018/2019（e）	482 734	4.9	24.9
2019/2020（e）	493 327	0.1	24.6
2020/2021（e）	511 314	1.3	24.6
2021/2022（p）	533 230	1.9	24.5
2022/2023（p）	557 709	2.0	24.5

注：（a）实际增长情况用消费者价格指数来计算；（e）估计；（p）预测。

资料来源：2019/2020 财年预算案，1 号预算文件，报表十：澳大利亚政府历史数据，https：//www.budget.gov.au/2019－20/content/bp1/download/bp1_bs10.pdf。

表 8-2　权责发生制下澳大利亚联邦政府经常性财政支出规模、实际增长情况及其占当期 GDP 的比重

单位：百万澳元

财政年度	财政支出	与上一年相比的实际增长率（%）（a）	财政支出占同期 GDP 比重（%）
2013/2014	414 500	—	25.9
2014/2015	417 514	—	25.7
2015/2016	428 691	—	25.8
2016/2017	447 807	—	25.4
2017/2018	460 282	—	24.9
2018/2019（e）	487 343	4.2	25.1
2019/2020（e）	500 872	0.7	25.0
2020/2021（e）	516 105	0.7	24.8
2021/2022（p）	535 915	1.9	24.7
2022/2023（p）	559 874	2.0	24.6

注：（a）实际增长情况用消费者价格指数来计算；（e）估计；（p）预测。

资料来源：2019/2020 财年预算案，1 号预算文件，报表十：澳大利亚政府历史数据，https：//www.budget.gov.au/2019-20/content/bp1/download/bp1_bs10.pdf。

（2）从功能上讲，除一般公共服务等支出外，2017/2018 财年至 2022/2023 财年主要支出项目仍将持续增长。按功能划分，澳大利亚联邦政府财政支出主要涵盖 14 个方面。2017/2018 财年权责发生制下的实际支出与 2016/2017 财年相比，除一般公共服务、农林渔业和矿产、制造业、建筑业支出有所下降外，其他各项支出都比上年有所增加，其中增加最多的是房屋和社区便利设施支出，增幅达 16.86%，其次为燃料、能源支出，增幅达 9.69%，其余支出的增长幅度几乎都在 5% 以下。而根据 2019/2020 财年预算，国防、教育、医疗卫生、社会保障和福利、交通通讯业、其他目的支出等将在 2018/2019 至 2022/2023 财年持续增长；一般公共服务以及房屋和社区设施支出等则将总体呈下降趋势①，如表 8-3 所示。

① 权责发生制下和现金层面的趋势是一致的，示例采用了权责发生制下的数据。

表 8-3 澳大利亚联邦政府按照功能分类的经常性财政支出情况（权责发生制）

单位：百万澳元

财年	实际数		估计数			预计数	
	2016/2017	2017/2018	2018/2019	2019/2020	2020/2021	2021/2022	2022/2023
一般公共服务	26 280	24 521	26 048	23 614	23 524	23 828	23 802
国防	28 051	29 288	31 014	32 243	32 772	34 739	37 629
公共秩序和安全	5 189	5 345	5 760	5 919	5 723	5 730	5 613
教育	32 594	33 523	34 773	36 350	38 047	39 339	40 893
医疗卫生	74 445	76 039	80 569	81 777	82 530	85 552	89 544
社会保障和福利	153 192	157 745	172 749	180 125	186 852	193 607	200 217
房屋和社区便利设施	4 625	5 405	5 278	5 907	5 264	5 523	4 767
文化娱乐	3 623	3 735	3 988	3 849	3 738	3 714	3 696
燃料、能源	6 726	7 378	7 956	8 171	8 515	8 865	9 285
农林渔业	2 626	2 613	3 149	2 871	3 075	2 983	3 014
矿产、制造业和建筑业	3 253	2 592	2 592	3 422	3 730	3 408	2 926
交通通讯业	9 139	9 180	8 105	9 038	9 225	9 717	11 149
其他经济事务（a）	9 354	9 861	10 281	9 297	8 987	8 926	8 996
其他目的（b）	88 710	93 057	95 081	98 287	104 122	109 984	118 343
总支出	447 807	460 282	487 343	500 872	516 105	535 915	559 874

注：（a）其他经济事务包括旅游和区域活动、职业培训、求职市场、行业关系、移民等。

（b）其他目的包括公债利息、政府间事务、自然灾害救济、或然事件储备等。

资料来源：澳联邦政府 2017/2018 财年财政决算；2019/2020 财年预算案，1 号预算文件，报表五：支出和资本投资净额，https://www.budget.gov.au/2019-20/content/bp1/download/bp1_bs5.pdf。

2. 净资本投资

（1）从总量上讲，净资本投资预计将在 2019/2020 财年有较大幅度的回落。净资本投资广义上的计算方法是购买的非金融资产价值减去折旧费用。它提供了一种在考虑所购资产折旧和摊销的基础上，衡量资本资产（包括建筑和基础设施、专业军事装备和计算机软件）总体增长情况的指标，如表 8-4 所示。

澳大利亚联邦政府的资本投资活动包括购买实物资产、金融资产，以及向其他机构（主要是州和领地政府）提供用于购买资产的拨款和补贴。

2019/2020 财年，澳大利亚联邦政府的净资本投资预计为 47 亿澳元，比 2018/2019 财年低 17 亿澳元。这一变化主要是由于澳大利亚通信和媒体管理局（the Australian Communications and Media Authority）拍卖了 3.6 GHz 频段的频谱许可证。

表 8 -4　　澳大利亚联邦政府净资本投资情况　　单位：百万澳元

	2018/2019	2019/2020	2020/2021	2021/2022	2022/2023
净资本投资总额	6 490	4 749	7 717	9 715	10 780
占 GDP 比重（%）	0. 3	0. 2	0. 4	0. 4	0. 5

资料来源：2019/2020 财年预算案，1 号预算文件，报表五：支出和资本投资净额，https://www. budget. gov. au/2019 -20/content/bp1/download/bp1_bs5. pdf。

（2）从功能上讲，国防投资将在未来几年内不断增加，一般公共服务、交通通讯业等投资有较大幅度减少。国防投资是联邦政府净资本投资的主要内容。根据 2019/2020 财年预算案，2018/2019 财年至 2022/2023 财年该项投资的平均增长率约为 25%（年增长率的算术平均数）。而相较而言，一般公共服务、公共秩序和安全、农林牧渔业、社会保障和福利、交通运输业以及娱乐和文化方面的净资本投资则有较大幅度的减少，如表 8 -5 所示。

表 8 -5　　澳大利亚联邦政府按照功能分类的净资本投资情况　单位：百万澳元

财年	估计数			预计数	
	2018/2019	2019/2020	2020/2021	2021/2022	2022/2023
一般公共服务	113	-1	-31	-107	-189
国防	4 727	5 202	7 844	10 081	11 294
公共秩序和安全	190	91	-88	-188	-239
教育	4	16	2	-3	-3
医疗卫生	62	58	-30	-30	-27
社会保障和福利	114	-38	-159	-136	-104
房屋和社区便利设施	91	-12	19	43	-3
文化娱乐	213	138	30	-11	50
燃料、能源	1	1	-1	-1	-1
农林渔业	904	161	149	143	143
矿产、制造业和建筑业	14	15	12	-2	-3
交通通讯业	35	-849	-26	-14	-15
其他经济事务（a）	25	-41	-95	-140	-192
其他目的（b）	-3	9	92	80	68
总支出	6 490	4 749	7 717	9 715	10 780

资料来源：2019/2020 财年预算案，1 号预算文件，报表五：支出和资本投资净额，https://www. budget. gov. au/2019 -20/content/bp1/download/bp1_bs5. pdf。

（二）支出分析

1. 经常性财政支出

（1）从功能划分来讲，社会保障和福利、卫生、国防、教育和一般转移支付支出在联邦政府经常性财政支出中占较大比重。如图 8－6 所示，根据 2019/2020 财年预算案，社会保障和福利、卫生、国防和教育支出占到联邦政府经常性财政支出的近三分之二。其中社会保障和福利是大头，约三分之一的支出将用于向老年人、儿童、残疾人、退伍军人和失业者等提供支持。而按实值计算，整个预算和远期估计中增长最快的将是社会保障和福利以及教育支出。其中后者主要用于支持政府和非政府学校建设、高等教育和职业教育培训。医疗保健支出、向各州和领地提供的一般转移支付（属于“其他目的支出”）大约各占经常性财政支出的六分之一，其中前者主要用于医疗保险福利计划（MBS）和药物福利计划（PBS）等的支付。其余占比较小的零碎支出主要用于提供一系列的其他公共服务。

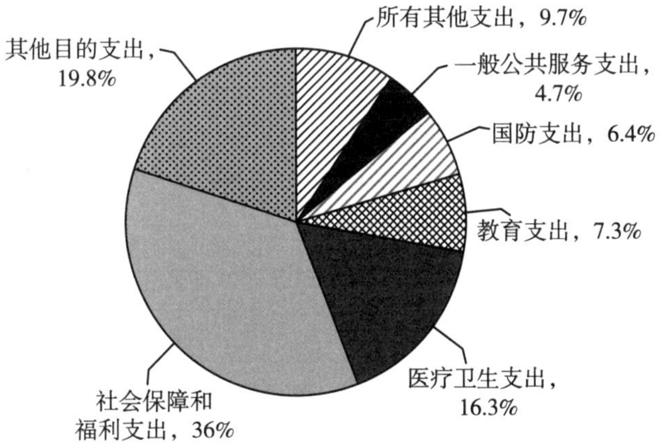

图 8－6　2019/2020 财年预算案中各项支出在总支出中的占比

资料来源：2019/2020 财年预算案，1 号预算文件，报表五：支出和资本投资净额，https：//www. budget. gov. au/2019－20/content/bp1/download/bp1_bs5. pdf。

（2）从具体项目来讲，前 20 大支出项目约占联邦政府全年经常性财政支出的三分之二以上。联邦政府前 20 大支出项目中很大部分用于向老年人、家庭、残疾人、学生和失业者等提供财政援助或服务。此外，对州和领区的转移支付、国防等相关内容也占有较大比重，如表 8－6 所示。

表 8-6　澳大利亚联邦政府 2019/2020 财年预算案中的前 20 项主要支出（权责发生制）

单位：百万澳元

支出项目	所属职能	估计			预计	
		2018/2019	2019/2020	2020/2021	2021/2022	2022/2023
对州和领区的转移支付	其他目的	67 134	69 053	71 256	75 067	78 608
老年人口补助	社保和福利	46 741	48 301	50 265	52 285	54 766
医疗福利	医疗卫生	24 227	25 526	26 858	28 357	30 085
对各州公立医院的援助	医疗卫生	21 708	22 535	23 622	24 815	26 183
老年护理服务	社保和福利	18 764	20 027	20 902	22 374	23 903
家庭税收补助	社保和福利	17 630	18 013	17 913	18 237	18 333
全国残障保险计划（National Disability Insurance Scheme）	社保和福利	12 910	17 439	22 181	23 470	24 755
为残疾人士提供的收入支援（Income Support for People with Disability）	社保和福利	16 699	17 057	17 044	17 618	17 889
非政府学校补助	教育	11 956	12 554	13 518	14 245	14 980
医药福利、服务和供应	医疗卫生	12 728	11 971	10 173	10 152	10 384
求职者收入支持	社保和福利	10 476	10 834	10 861	11 337	11 754
照顾者（carer）收入支持	社保和福利	8 770	9 207	9 493	10 038	10 552
公共部门退休金	其他目的；一般公共服务	8 983	8 945	9 064	9 221	9 359
政府学校补助	教育	7 684	8 326	8 995	9 673	10 385
儿童保健补贴（Child Care Subsidy）	社保和福利	7 725	8 267	8 642	9 108	9 646
燃料抵税计划（Fuel Tax Credits Scheme）	燃料、能源	7 168	7 504	7 937	8 424	8 966
联邦资助计划（Commonwealth Grants Scheme）	教育	7 053	7 212	7 341	7 467	7 581
空军作战能力	国防	6 534	6 945	7 644	7 894	8 239
陆军作战能力	国防	6 760	6 888	7 607	7 896	8 507
私人医疗保险（Private Health Insurance）	医疗卫生	6 170	6 313	6 423	6 601	6 809
小计	—	327 821	342 916	357 741	374 277	391 684
其他项目	—	159 522	157 956	158 364	161 638	168 190
支出总计	—	487 343	500 872	516 105	535 915	559 874

资料来源：2019/2020 财年预算案，1 号预算文件，报表五：支出和资本投资净额，https://www.budget.gov.au/2019-20/content/bp1/download/bp1_bs5.pdf。

（3）与2018/2019财年相比，2019/2020财年预算案中联邦政府国防等支出发生了重大的变化。支出增加的主要领域及其原因如下①：

①国防支出。澳大利亚加大了国防相关的开支，用以支持国防部队在中东的主要行动，以及保护澳大利亚边境和海上利益。预计2018/2019财年至2019/2020财年，国防支出的实际增长率为1.9%，2019/2020财年至2022/2023财年为8.8%。

②教育支出。预计2018/2019至2019/2020财年，教育支出的实际增长率为2.4%，而2019/2020至2022/2023财年，其实际增长率将达到4.8%，这主要反映了优质学校（the Quality Schools）计划的拨款安排，及对非政府学校资助的增加。

③医疗卫生支出。考虑到医疗保健需求的增长、更多高价值药品耗材的使用、包括慢性病保健在内的初级保健的引入以及诊断成像服务经费的增加，财政加大了对公立医院和医疗服务的支持。从2019/2020至2022/2023财年，医疗卫生支出预计将以2.0%的实际增速增长。

④社会保障和福利支出。预计2018/2019至2019/2020财年，教育支出的实际增长率为2.2%，而2019/2020至2022/2023财年，其实际增长率将达到3.6%。社会保障和福利支出的增加在很大程度上反映了以下因素的影响：老龄人口领取老年养恤金、居住和家庭照护需求的增加；向全面的国家残疾保险计划（the full National Disability Insurance Scheme）过渡，以更好地资助有重大和永久性残疾的人士；为家庭提供的儿童照护支持的增加。

⑤交通通讯业支出。公路、铁路等主要基础设施项目投资的增加推动了交通通讯业支出大幅增长。在2018/2019至2019/2020财年期间，按实际价值计算，该项职能下的总支出预计将增加9.3%，而在2019/2020至2022/2023财年期间这一支出将增加15%。

⑥其他目的支出。其他目的职能项下的支出按实际价值计算，预计将在2018/2019至2019/2020财年期间增加1.3%，在2019/2020至2022/2023财年期间增加12.2%。这主要反映了联邦政府对各州和各领地一般转移支付（主要是商品和服务税）以及或然事件储备的增加。

（4）支出减少的领域及其原因如下：

①一般公共服务支出。一般公共服务支出总额按实际价值计算，预计在2018/2019至2019/2020财年期间将减少11.2%；在2019/2020至2022/2023财年期间减少6.1%。这在很大程度上是因政府养老金使用了不同的贴现率而导致的。

②房屋和社区设施支出。住房和社区便利设施职能项下的支出按实际价值计算，预计在2018/2019至2019/2020财年期间将增加9.6%，但在2019/2020至2022/2023财年期间将减少24.8%。支出的减少反映了根据国家伙伴协定（National Part-

① 以下是基于权责发生制数据的分析。由于现金层面的支出趋势与权责发生制报表相同，不做赘述。

nership Agreements）联邦政府向州和领区付款的按期完成，以及城市和偏远地区发展项目的竣工。

2. 净资本投资

（1）澳政府加快国防能力建设，国防净资本投资不断增长。根据2016年国防白皮书，在国防综合投资项目的指导下，澳大利亚联邦政府将提高资金投入。在从2016年起的10年内，澳大利亚将着力建设国防力量和能力。所涉投资主要包括船舶、飞机和装甲车、信息和通信技术以及基础设施等。

（2）交通运输业、一般公共服务等净资本投资有较大幅度减少。原因如下：

①交通通讯业。该净资本投资的减少主要是由于澳大利亚通信和媒体管理局（the Australian Communications and Media Authority）拍卖了3.6 GHz频段的频谱许可证。

②一般公共服务。一般公共服务净资本投资的减少主要是由于联邦科学和工业研究组织（CSIRO）资产组合的撤资（撤出的资金将用于该组织若干研究设施的升级）以及澳大利亚税务局服务信息和通信技术安排开始收费等原因。

③公共秩序和安全。由于之前用于执法和情报机构等提升国家安全能力的建设预算已经完成，该项净资本投资大幅减少。

④农林渔业。该项净资本投资的减少反映了在2018/2019年和2019/2020年可持续农村用水和基础设施规划（the Sustainable Rural Water Use and Infrastructure Program）下，水采购和水基础设施投资的减少。

⑤社会保障和福利。该项净资本投资的减少主要反映了人事服务部信息和通信技术等的投入情况，其中包括了2018/2019财年预算案所提出的数字未来计划和国家残疾保险机构持续推出的国家残疾保险方案的相关投入等。

⑥娱乐和文化。该项投资的减少主要由于环境和能源部购置新破冰船的支出预计将从2019/2020财年开始减少。

三、联邦政府收入增速稳中趋缓

澳大利亚联邦政府预算由现金流量表和权责发生制下的预算报表构成。两张表的收入数据有些许差别，这是由收入确认时间的不同所造成的，但在收入的主要驱动因素、趋势、结构方面两张表是一致的。由于当前澳大利亚经济发展状况大体较好，政府财政收入呈现出不断上升的趋势。但是考虑到家庭消费、住宅投资和平均工资向下修正的预期以及政府大规模降低个人所得税和中小企业税等举措，预计在2019/2020财年及未来几年财政收入将会承压。

（一）收入情况和主要数据

1. 从总量上讲，联邦政府财政收入在 2017/2018 财年的快速增长趋势预计将延续至 2018/2019 财年，之后增速将大幅放缓

2017/2018 财年，联邦政府的现金总收入为 4 469. 05 亿澳元，比上一财年增长了 9. 04%，占同期 GDP 的比重为 24. 2%；在权责发生制下联邦政府总收入为 4 562. 80亿澳元，比上一财年增加了 405. 57 亿澳元，同比增长 9. 76%，占同期 GDP 的比重为 24. 8%。2018/2019 财年，无论是在现金流量表中还是在权责发生制下，联邦政府收入依然保持较快增长，增速达 8% 以上，占同期 GDP 的比重也有所上升。但考虑到减税的影响以及家庭消费、住宅投资和平均工资等的下行预期，预计 2019/2020 财年财政收入增速将会大幅放缓，不过，财政收入占同期 GDP 的比重仍然相对稳定，如表 8 -7、表 8 -8 所示。

表 8 -7　　澳大利亚联邦政府财政收入规模、增长情况及其占当期 GDP 的比重（现金流量表）　　单位：百万澳元

财政年度	财政收入	比上年同期增长（%）	财政收入占同期 GDP 比重（%）
2013/2014	360 322	2. 64	22. 5
2014/2015	378 301	4. 99	23. 3
2015/2016	386 924	2. 28	23. 3
2016/2017	409 868	5. 93	23. 2
2017/2018	446 905	9. 04	24. 2
2018/2019（e）	485 165	8. 56	25. 0
2019/2020（e）	505 521	4. 20	25. 2
2020/2021（e）	522 318	3. 32	25. 1
2021/2022（p）	551 022	5. 50	25. 4
2022/2023（p）	566 874	2. 88	25. 0

注：（e）估计；（p）预测。

资料来源：2019/2020 财年预算案，1 号预算文件，报表十：澳大利亚政府历史数据，https：//www. budget. gov. au/2019 -20/content/bp1/download/bp1_bs10. pdf。

表 8－8　　澳大利亚联邦政府财政收入规模、增长情况及其占当期 GDP 的比重（权责发生制）

单位：百万澳元

财政年度	财政收入	比上年同期增长（%）	财政收入与占同期 GDP 比重（%）
2013/2014	374 151	4.08	23.4
2014/2015	379 455	1.42	23.4
2015/2016	395 055	4.11	23.8
2016/2017	415 723	5.23	23.6
2017/2018	456 280	9.76	24.8
2018/2019（e）	495 796	8.66	25.6
2019/2020（e）	513 763	3.62	25.6
2020/2021（e）	534 260	3.99	25.7
2021/2022（p）	564 707	5.70	26.0
2022/2023（p）	580 480	2.79	25.6

注：（e）估计；（p）预测。

资料来源：2019/2020 财年预算案，1 号预算文件，报表十：澳大利亚政府历史数据，https://www.budget.gov.au/2019-20/content/bp1/download/bp1_bs10.pdf。

2. 从结构上讲，联邦政府财政收入包括税收收入和非税收收入两大部分，其中尤以税收收入为最主要收入来源

2013/2014 财年以来在澳大利亚联邦政府财政收入中，税收收入占全部财政收入的 90% 以上，占 GDP 的比重也基本处于 22% 以上的水平；非税收入在全部财政收入中的占比基本位于 5.6%—7.4% 之间，占 GDP 的比重大体位于 1.3%—2.0% 之间，如表 8－9、表 8－10 所示。

联邦政府税收收入主要涵盖的税种包括个人及其他扣缴税款、附加福利税、公司税、澳大利亚养老基金税、石油资源租金税、商品及服务税、葡萄酒均衡税、豪华汽车税、消费税及关税、大型银行税、农业税等。其中，个人及其他扣缴税款、公司税、商品及服务税、消费税及关税合计约占联邦政府税收收入的 94% 左右。

非税收入指的是政府从税收以外的来源获得的经常性收入，例如联邦政府提供的各种服务所收取的费用、发放贷款所收取的利息以及来自公共部门公司的股息等。具体来说，澳大利亚联邦政府的非税收入主要包括商品和服务销售收入、利息和股息收入以及其他非税收入等，如表 8－11、表 8－12 所示。

表 8－9　　澳大利亚联邦政府税收和非税收入及其占当期GDP 和总收入的比重（权责发生制）　　单位：百万澳元

财政年度	税收收入				非税收入			
	金额	同比增长率（%）	占财政收入的比重（%）	占 GDP 比重（%）	金额	同比增长率（%）	占财政收入的比重（%）	占 GDP 比重（%）
2013/2014	353 239	—	94. 41	22. 1	20 912	—	5. 59	1. 3
2014/2015	356 321	0. 87	93. 90	21. 9	23 134	10. 63	6. 10	1. 4
2015/2016	369 410	3. 67	93. 51	22. 2	25 645	10. 85	6. 49	1. 5
2016/2017	388 641	5. 21	93. 49	22. 0	27 082	5. 60	6. 51	1. 5
2017/2018	427 403	9. 97	93. 67	23. 1	28 878	6. 63	6. 33	1. 6
2018/2019（e）	459 085	7. 41	92. 60	23. 7	36 711	27. 12	7. 40	1. 9
2019/2020（e）	476 596	3. 81	92. 77	23. 8	37 168	1. 24	7. 23	2. 0
2020/2021（e）	496 734	4. 23	92. 98	23. 9	37 526	0. 96	7. 02	1. 7
2021/2022（p）	525 620	5. 82	93. 08	24. 2	39 086	4. 16	6. 92	1. 7
2022/2023（p）	540 100	2. 75	93. 04	23. 8	40 380	3. 31	6. 96	1. 7

注：（e）估计；（p）预测。

资料来源：2019/2020 财年预算案，1 号预算文件，报表十：澳大利亚政府历史数据，https：//www. budget. gov. au/2019－20/content/bp1/download/bp1_bs10. pdf。

表 8－10　　澳大利亚联邦政府税收和非税收入及其占当期GDP 和总收入的比重（现金流量表）　　单位：百万澳元

财政年度	税收收入				非税收入			
	金额	同比增长率（%）	占财政收入的比重（%）	占 GDP 比重（%）	金额	同比增长率（%）	占财政收入的比重（%）	占 GDP 比重（%）
2013/2014	340 283	—	94. 44	21. 3	20 038	—	5. 56	1. 3
2014/2015	353 883	4. 00	93. 55	21. 8	24 418	21. 86	6. 45	1. 5
2015/2016	362 387	2. 40	93. 66	21. 8	24 537	0. 49	6. 34	1. 5
2016/2017	379 271	4. 66	92. 53	21. 5	30 597	24. 70	7. 47	1. 7
2017/2018	418 053	10. 23	93. 54	22. 6	28 853	－5. 70	6. 46	1. 6
2018/2019（e）	448 821	7. 36	92. 51	23. 1	36 344	25. 96	7. 49	1. 9
2019/2020（e）	466 397	3. 92	92. 26	23. 3	39 124	7. 65	7. 74	2. 0
2020/2021（e）	486 372	4. 28	93. 12	23. 4	35 945	－8. 13	6. 88	1. 7
2021/2022（p）	514 320	5. 75	93. 34	23. 7	36 702	2. 11	6. 66	1. 7
2022/2023（p）	528 691	2. 79	93. 26	23. 3	38 183	4. 04	6. 74	1. 7

注：（e）估计；（p）预测。

资料来源：2019/2020 财年预算案，1 号预算文件，报表十：澳大利亚政府历史数据，https：//www. budget. gov. au/2019－20/content/bp1/download/bp1_bs10. pdf。

表 8－11　　澳大利亚联邦政府现金收入构成情况　　单位：百万澳元

财年	实际数	估计数			预计数	
	2017/2018	2018/2019	2019/2020	2020/2021	2021/2022	2022/2023
个人及其他扣缴税款						
所得税总额扣缴	192 229	205 800	218 100	230 600	245 600	248 400
其他个人收入扣缴	43 866	46 700	47 600	49 700	54 500	57 200
减：税收返还	29 102	29 500	36 900	38 100	39 800	41 500
个人及其他扣缴税款总额	206 993	223 000	228 800	242 200	260 300	264 100
附加福利税	3 911	3 760	3 930	4 170	4 380	4 610
公司税	84 591	93 700	98 900	99 500	102 000	104 700
澳大利亚养老基金税	10 804	11 360	9 710	13 210	14 760	16 260
石油资源租金税（a）	1 116	1 150	1 400	1 400	1 400	1 400
所得税收入	307 415	332 970	342 740	360 480	382 840	391 070
商品及服务税	63 235	65 783	67 364	70 153	73 679	77 549
葡萄酒均衡税	894	1 010	1 080	1 110	1 150	1 200
豪华汽车税	695	640	640	650	680	720
消费税及关税						
石油	6 098	6 000	6 350	6 500	6 750	7 150
柴油	11 127	11 550	12 300	12 750	13 400	14 150
其他燃料产品	2 109	2 220	2 280	2 290	2 360	2 460
烟草	11 879	12 850	17 410	15 900	16 530	16 960
啤酒	2 451	2 460	2 530	2 580	2 660	2 760
蒸馏酒	2 207	2 320	2 380	2 440	2 520	2 630
其他酒精饮品（b）	962	990	1 030	1 040	1 080	1 120
其他关税						
纺织、服装和鞋类	200	200	200	190	200	200
客运机动车	504	450	420	350	190	60
其他进口产品	1 211	1 320	1 290	1 080	980	920
减：退税返还	390	600	500	500	500	500
消费税及关税总额	38 357	39 760	45 690	44 620	46 170	47 910
大型银行税	1 139	1 550	1 600	1 700	1 800	1 900
农业税	555	541	520	564	576	590
其他税收	5 764	6 567	6 763	7 096	7 424	7 752
间接税收入	110 638	115 851	123 657	125 893	131 479	137 621
税收收入小计	418 053	448 821	466 397	486 372	514 320	528 691
商品和服务销售收入	9 941	13 467	15 745	16 985	17 551	17 991
利息	3 433	4 412	5 701	6 375	6 731	6 897

续表

财年	实际数	估计数			预计数	
	2017/2018	2018/2019	2019/2020	2020/2021	2021/2022	2022/2023
股息	5 407	7 175	6 165	5 683	6 153	6 984
其他非税收入	10 072	11 290	11 512	6 903	6 267	6 311
非税收入小计	28 853	36 344	39 124	35 945	36 702	38 183
总收入	446 905	485 165	505 521	522 318	551 022	566 874
备查分类账						
消费税收入总额	22 703	23 240	24 540	25 200	26 300	27 710
关税收入总额	15 654	16 520	21 150	19 420	19 870	20 200
资本利得税总额（c）	15 600	17 600	18 100	18 700	19 800	21 000
医疗保险税（d）	16 560	17 330	18 150	19 060	20 100	21 070

注：（a）本项目包括少量矿产资源租赁税收入，由于需要对纳税人信息保密，故这些收据没有单独披露。（b）“其他酒精饮品”是指酒精含量不超过10%的饮品（不包括啤酒、白兰地及葡萄酒）。（c）资本利得税是其他个人、公司税和养老基金税总额的一部分。2017/2018 财年报告的数字只是一个估计值。（d）以收入年度为基础。包括部分与最高边际税率挂钩税收。2017/2018 年报告的数字只是一个估计值。

资料来源：2019/2020 财年预算案，1 号预算文件，报表四：收入，https：//www.budget.gov.au/2019－20/content/bp1/download/bp1_bs4.pdf。

表 8－12　　澳大利亚联邦政府财政收入构成情况

（权责发生制）

单位：百万澳元

财年	实际数	估计数		预计数	
	2017/2018	2018/2019	2019/2020	2020/2021	2021/2022
个人及其他扣缴税款					
所得税总额扣缴	193 809	207 600	217 900	230 700	245 300
其他个人收入扣缴	46 768	49 500	51 900	55 100	59 500
减：税收返还	29 102	30 000	34 600	35 600	37 300
个人及其他扣缴税款总额	211 475	227 100	235 200	250 200	267 500
附加福利税	3 813	3 930	4 110	4 350	4 570
公司税	85 770	94 500	97 300	98 700	101 900
澳大利亚养老基金税	10 927	10 670	8 960	12 910	14 410
石油资源租金税（a）	993	1 480	1 520	1 510	1 520
所得税收入	312 978	337 680	347 090	367 670	389 900
商品及服务税	65 282	69 180	71 650	75 437	79 425
葡萄酒均衡税	903	1 050	1 120	1 150	1 200
豪华汽车税	735	700	720	740	770

续表

财年	实际数	估计数		预计数	
	2017/2018	2018/2019	2019/2020	2020/2021	2021/2022
消费税及关税					
石油	6 114	6 010	6 190	6 500	6 800
柴油	11 157	11 570	12 150	12 810	13 510
其他燃料产品	2 113	2 280	2 410	2 460	2 530
烟草	11 914	12 950	17 500	15 750	16 660
啤酒	2 456	2 495	2 525	2 640	2 720
蒸馏酒	2 209	2 350	2 410	2 480	2 560
其他酒精饮品（b）	964	1 000	1 050	1 060	1 100
其他关税					
纺织、服装和鞋类	200	200	200	210	220
客运机动车	504	450	440	410	300
其他进口产品	1 211	1 330	1 300	1 150	1 090
减：退税返还	390	500	500	500	500
消费税及关税总额	38 453	40 135	45 675	44 970	46 990
大型银行税	1 527	1 650	1 750	1 850	1 950
农业税	564	561	578	588	598
其他税收	6 961	7 041	8 182	8 458	8 786
间接税收入	114 425	120 317	129 675	133 193	139 719
税收收入小计	427 403	457 997	476 765	500 863	529 619
商品和服务销售收入	9 770	14 024	15 833	16 076	16 658
利息	3 317	4 810	5 785	6 489	6 842
股息	5 086	4 648	5 420	5 354	6 155
其他非税收入	10 704	11 809	10 701	9 404	9 067
非税收入小计	28 878	35 292	37 739	37 323	38 721
总收入	456 280	493 288	514 505	538 186	568 341
备查分类账					
消费税收入总额	22 763	23 385	24 375	25 510	26 710
关税收入总额	15 690	16 750	21 300	19 460	20 280
资本利得税总额（c）	15 600	16 600	17 000	18 000	19 100

注：（a）本项目包括少量矿产资源租赁税收入，由于需要对纳税人信息保密，故这些收据没有单独披露。

（b）“其他酒精饮品”是指酒精含量不超过10%的饮品（不包括啤酒、白兰地及葡萄酒）。

（c）资本利得税是其他个人、公司税和养老基金税总额的一部分。表中2017/2018财年报告的数字只是一个估计值。

资料来源：2018/2019财年年中经济和财政展望。

（二）收入分析[①]

1. 财政收入趋势变化情况

（1）税收收入。作为联邦政府最主要的财政收入来源，税收收入的调整和变化将直接影响到财政收入总额。因而，分析税收收入的趋势特征，对于理解当前联邦政府收入状况并预判未来收入形势至为重要。

减税举措将使税收收入在短期内将面临下行压力，中长期情况需考虑减税政策对经济的提振效果，具有不确定性。个税是澳政府税收收入的主要来源，比重接近50%。2018/2019 财年，澳大利亚政府通过了降低个人税收负担的三步走计划，计划削减 1 440 亿澳元的个人所得税。2019/2020 财年联邦政府又进一步加大了减税的力度，预计 94% 的民众受益将从中受益，而政府将在未来 10 年内减少 1 580 亿澳元的个税税收收入。这是自澳大利亚霍华德政府以来最大幅度的个人所得税削减。同时 2019/2020 财年预算案还提出要提升对中小企业的税收优惠力度，下调税率、提升即时资产减计的标准。这些都将使政府收入在短期内面临下行压力，而在中长期内，能否保证政府收入的稳定增长则更为依赖减税政策对经济的刺激作用，具有不确定性。

消费等指标的向下修正与减税等举措叠加，预计将使税收收入在截至 2022/2023 财年的 4 个财政年度内减少 182 亿澳元。与 2018/2019 财年《年中经济和财政展望》相比，2019/2020 财年预算调降了税收收入预测。这个调整主要是受到宏观经济参数等变量变化以及包括减税在内的政策决定的影响。

其中，相关参数和其他变量的变化预计将使未来四个财政年度内的税收收入减少 150 亿澳元。对家庭消费、住宅投资和平均工资预期的向下修正令未来税收收入承压。商品和服务税收入的预测值已被下调，其中 2019/2020 财年下调金额为 18 亿澳元。个人及其他扣缴税款的预测值也受到了影响。

包括减税在内的政策措施预计将在截至 2020/2023 财年的四个财政年度内，使税收收入减少 32 亿澳元。其中，减税措施将使税收收入减少 57 亿澳元。但与此同时，澳大利亚税务局避税工作组（Tax Avoidance Taskforce）职能范围的扩大将使税收收入有所增加，从而部分抵消减税所带来的负面影响，如表 8 – 13 所示。

---

① 考虑到无论是在权责发生之下还是在现金流量表中，收入的驱动因素都相同，为避免重复，在收入分析时仅针对现金流量表进行分析。尽管权责发生制下的收入通常高于现金收入，但是二者之间的差异通常反映了时间上的差异。

表 8－13　现金层面税收收入估计值变化的影响因素及受影响程度

单位：百万澳元

财年	估计数			预计数		总计（a）
	2018/2019	2019/2020	2020/2021	2021/2022	2022/2023	
税收收入（2018/2019 财年年中展望）	447 645	466 646	491 235	518 839	*	*
从 2018/2019 财年年中展望到 2019/2020 财预算的变化						
政策决定的影响	－2	－1 017	－701	1 342	－2 873	－3 249
参数等变量变化的影响	1 177	769	－4 162	－5 861	－5 698	－14 952
总影响	1 175	－249	－4 862	－4 519	－8 571	－18 202
税收收入（2019/2020 财年预算）	448 821	466 397	486 372	514 320	528 691	1 995 781

注：* 数据不可用。

（a）总额等于 2019/2020 年至 2022/2023 年期间的总额。

资料来源：2019/2020 财年预算案，1 号预算文件，报表四：收入，https://www.budget.gov.au/2019-20/content/bp1/download/bp1_bs4.pdf。

考虑到经济的下行压力，即使在减税举措下，预计未来四年税收收入占 GDP 的比重仍将继续攀升。尽管联邦政府自 2018/2019 财年起采取了重大的减税举措，并在 2019/2020 财年进一步加大减税力度，但是考虑到澳洲经济的下行压力，2019/2020 财年预算案显示，税收收入占 GDP 的比重并没有降低，反而有了进一步的提升。在现金层面，2017/2018 财年税收收入占 GDP 的比重为 22.6%，预计在未来四年该比重仍将继续攀升，至 2021/2022 财年将升至 23.7%。但由于联邦政府承诺严格控制税收入负担，预计在 2029/2030 年前税收收入占 GDP 的比重将保持在澳大利亚政府所设定的 23.9% 的上限以内。

（2）非税收入①。预计 2018/2019 财年及之后的 3 个财年，非税收入增速将经历大起大落。由于未来基金（Future Fund）收益增加，“超级保险计划（the Protecting Your Super Package）”启动后无人认领收入（Unclaimed Super Monies）的增长，以及随着国家伤残保险计划（NDIS）的逐步实施，州和领区的贡献增加等原因，预计非税收收入将在 2018/2019 财年增长 26.0%，但在 2019/2020 财年增速将回落至 7.6%。之后，由于股息等收入的减少，2020/2021 财年税收收入将呈负

① 非税收入在联邦政府财政收入中占比较低，在预算中所占篇幅也极小，因而在此只对其未来趋势做粗略介绍。

增长。

2. 主要税种收入情况分析

（1）受减税政策和平均工资等宏观经济指标预期下调的影响，未来4个财年个人及其他扣缴税款收入增速将大幅放缓。个人及其他扣缴税款收入是联邦政府的主要税收收入来源之一，大约占其税收总收入的50%。该项收入预计将在直至2022/2023财年的4个财政年度内以4.3%的平均速度增长，其中2018/2019财年的增幅为7.7%，2019/2020财年的增幅为2.6%，增长速度大幅放缓，如表8－14所示。

与2018/2019财年《年中经济和财政展望》数据相比，2019/2020财年预算案对截至2022/2023财年的4个财政年度内个人及其他扣缴税款下调了135亿澳元。其中，2019/2020财年起对平均工资和非农业混合收入增长前景的修正，将在截至2022/2023财年的4个财政年度内，使个人及其他扣缴税款收入减少81亿澳元；减税政策将使个人及其他扣缴税款收入在该时间段内减少57亿澳元。

表8－14　现金层面个人及其他扣将税款收入增长情况　单位：百万澳元

财年	实际数	估计数			预测数	
	2017/2018	2018/2019	2019/2020	2020/2021	2021/2022	2022/2023
个人及其他扣缴税款收入	206 993	223 000	228 800	242 200	260 300	264 100
同比增长率（%）	—	7.73	2.60	5.86	7.47	1.46
占同期联邦政府税收入的比重（%）	49.51	49.69	49.06	49.80	50.61	49.95

资料来源：2019/2020财年预算案，1号预算文件，报表四：收入，https://www.budget.gov.au/2019－20/content/bp1/download/bp1_bs4.pdf。

（2）预计矿业利润的上涨将提振公司税收入，但大宗商品价格的变化或将带来重大不确定性。公司税是澳大利亚联邦政府的主要税种，该税种收入约占联邦政府税收总收入的20%。与2018/2019财年《年中经济和财政展望》数据相比，2019/2020财年预算案在截至2022/2023财年的4个财政年度内对公司税收入上调了80亿澳元，其中2018/2019财年上调了12亿澳元，2019/2020财年上调了34亿澳元。预计公司税收收入将在2018/2019财年增长10.8%，在2019/2020财年增长5.5%。

矿业预期利润的增长是推升公司税收入的主要因素。具体来说，2018/2019财年矿业利润的增长较快，但由于确认应计利润和缴纳公司税的时间不一致，该年度的增长也导致了次年公司税收入的增加。同时，考虑到部分液化天然气公司存在巨额的累计亏损，其应纳税额将在未来几年被部分抵消，因而这类公司对公司税收入的贡献将难以完全体现。另外，澳大利亚税务局避税工作组（Tax Avoidance Taskforce）职能范围的扩大也将使公司税收入有所增加。但大宗商品价格预计将在2019/2020财年下跌。大宗商品价格不明朗的前景使得上述预测存在重大不确定性，如表8－15所示。

表8－15　　现金层面公司税收入增长情况　　单位：百万澳元

财年	实际数	估计数			预测数	
	2017/2018	2018/2019	2019/2020	2020/2021	2021/2022	2022/2023
公司税收入	84 591	93 700	98 900	99 500	102 000	104 700
同比增长率（%）	—	10.77	5.55	0.61	2.51	2.65
占同期联邦政府税收入的比重（%）	20.23	20.88	21.21	20.46	19.83	19.80

资料来源：2019/2020财年预算案，1号预算文件，报表四：收入，https://www.budget.gov.au/2019-20/content/bp1/download/bp1_bs4.pdf。

（3）消费及住宅投资增速的下调导致商品和服务税（GST）收入增速在2019/2020财年大幅减缓。商品和服务税收入大约占联邦政府财政总收入的14%—15%。该税种预计将在2018/2019财年增长4.0%（相当于25亿澳元），在2019/2020财年增长2.4%（相当于16亿澳元）。与2018/2019财年《年中经济和财政展望》相比，由于消费和住宅投资增速的向下修正，2019/2020财年预算案在截至2022/2023财年的4个财政年度内对该项收入下调了103亿澳元，其中2018/2019财年下调了10亿澳元，2019/2020财年下调了18亿澳元。尽管如此，在截至2022/2023年的4年内，商品及服务税收入预计仍将以4.2%的平均速度增长，至2020/2023年该收入将比2017/2018年高出143亿澳元，如表8－16所示。

表8－16　　现金层面商品及服务税收入增长情况　　单位：百万澳元

财年	实际数	估计数			预测数	
	2017/2018	2018/2019	2019/2020	2020/2021	2021/2022	2022/2023
商品及服务税收入	63 235	65 783	67 364	70 153	73 679	77 549
同比增长率（%）	—	4.03	2.40	4.14	5.03	5.25
占同期联邦政府税收入的比重（%）	15.13	14.66	14.44	14.42	14.33	14.67

资料来源：2019/2020财年预算案，1号预算文件，报表四：收入，https://www.budget.gov.au/2019-20/content/bp1/download/bp1_bs4.pdf。

（4）打击非法烟草买卖将推动消费税和关税收入的增长，但家庭消费和原油价格的较低预期将使2020/2021财年该项收入呈负增长。消费税和关税收入约占澳大利亚联邦政府税收总收入的9%。预计消费税及关税收入将在2018/2019财年和2019/2020财年分别增长3.7%和14.9%，但至2020/2021财年该收入预计将呈负增长。

对石油、柴油等燃料产品以及烟草征缴的消费税和关税分别约占该项税收收入的49%和35%。2018/2019财年预算措施（打击非法烟草买卖）的启动在一定程度上推动了2019/2020财年消费税和关税收入的增长。但考虑到家庭消费增长和原油价格的较低预期，与2018/2019财年《年中经济和财政展望》数据相比，2019/2020财年预算案在截至2022/2023财年的4个财政年度内对该项收入下调了26亿澳元，预计2020/2021财年该项收入将呈负增长，如表8－17所示。

表8－17　现金层面消费税及关税收入增长情况　单位：百万澳元

财年	实际数	估计数			预测数	
	2017/2018	2018/2019	2019/2020	2020/2021	2021/2022	2022/2023
消费税及关税收入	38 357	39 760	45 690	44 620	46 170	47 910
同比增长率（%）	—	3.66	14.91	－2.34	3.47	3.77
占同期联邦政府税收入的比重（%）	9.18	8.86	9.80	9.17	8.98	9.06

资料来源：2019/2020财年预算案，1号预算文件，报表四：收入，https://www.budget.gov.au/2019－20/content/bp1/download/bp1_bs4.pdf。

四、政府预算：十年赤字之后将恢复盈余

2013/2014财年，即全球金融危机爆发的5年后，澳大利亚联邦的财政赤字仍然处于历史上第二高的水平。自那以来，澳大利亚政府在修复预算和制定一条负责任的盈余回归路径方面取得了稳步进展。在经历了十余年的财政赤字之后，联邦政府的现金流量表预计将在2019/2020财年恢复盈余，如表8－18所示。之后，澳大利亚政府将专注于通过促进经济增长和良好的预算管理，来降低净债务占经济的比重。

（一）政府盈余/赤字情况

由于较长时间以来经济较为健康的发展和审慎的财政管理，预计2019/2020财年

澳大利亚联邦政府的现金盈余将达到71亿澳元，相当于国内生产总值的0.4%，并且财政状况将持续改善，从中期情况来看现金盈余将超过GDP的1%，如图8－7所示。

表8－18　澳大利亚联邦政府现金层面财政平衡情况（a） 单位：百万澳元

财年	现金收入（b）		现金支出（c）			未来基金（Future Fund）净收益	现金层面的收支平衡情况（d）	
	数额	GDP占比(%)	数额	百分比增长(f)	GDP占比(%)	数额	数额	GDP占比(%)
2013/2014	360 322	22.5	406 430	7.8	25.4	2 348	-48 456	-3.0
2014/2015	378 301	23.3	412 079	-0.3	25.4	4 089	-37 867	-2.3
2015/2016	386 924	23.3	423 328	1.3	25.5	3 202	-39 606	-2.4
2016/2017	409 868	23.2	439 375	2.0	24.9	3 644	-33 151	-1.9
2017/2018	446 905	24.2	452 742	1.1	24.5	4 305	-10 141	-0.5
2018/2019（e）	485 165	25.0	482 734	4.9	24.9	6 592	-4 162	-0.2
2019/2020（e）	505 521	25.2	493 327	0.1	24.6	5 140	7 054	0.4
2020/2021（e）	522 318	25.1	511 314	1.3	24.6	na	11 004	0.5
2021/2022（p）	551 022	25.4	533 230	1.9	24.5	na	17 792	0.8
2022/2023（p）	566 874	25.0	557 709	2.0	24.5	na	9 165	0.4

注：（a）为提高数据的准确性和可比性，相关数据已经修订。

（b）现金收入金额即为经营活动和销售非金融资产的现金收入。

（c）现金支付金额等于经营活动的现金支付、购买非金融资产和融资租赁项下资产的净购置额。

（d）2019/2020财年之前，现金层面的收支平衡情况等于收入减去支出，再减去未来基金净收益。在2020/2021财年以后，现金层面的收支平衡情况等于收入减去支出。

（e）估计数。

（f）实际支出增长是用消费者价格指数作为平减指数来计算的。

（p）预计数。

资料来源：2019/2020财年预算案，1号预算文件，报表十：澳大利亚政府历史数据，https://www.budget.gov.au/2019-20/content/bp1/download/bp1_bs10.pdf。

为实现预算盈余，澳大利亚联邦政府在保证基本服务和减税的基础上加大了对支出的控制。预计税收收入的GDP占比在2029/2030财年之前都将维持在政府设定的23.9%的上限以内，而联邦政府的平均实际支出增长率将被维持在50多年来的最低水平，现金支出的GDP占比将持续下降，并自2019/2020财年起降至长期平均水平24.7%以下，如图8－8所示。

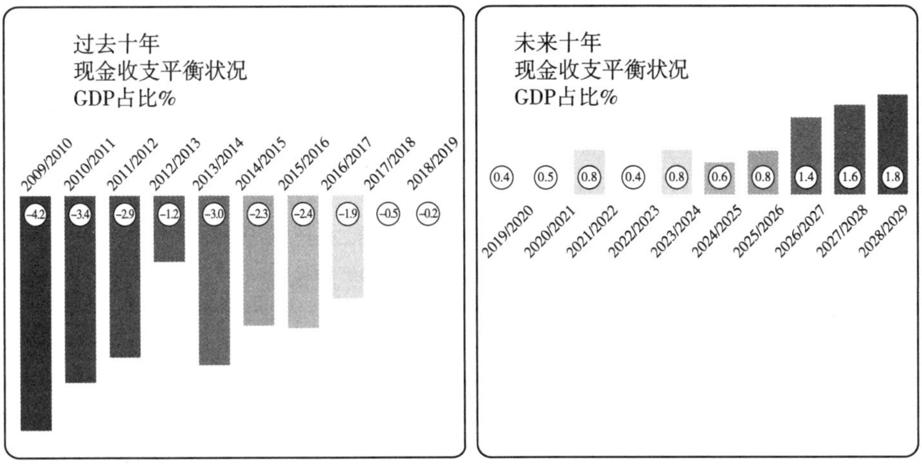

图 8 –7　联邦政府现金收支平衡情况

资料来源：Budget 2019 – 2020 Overview，2019 – 04 – 02。

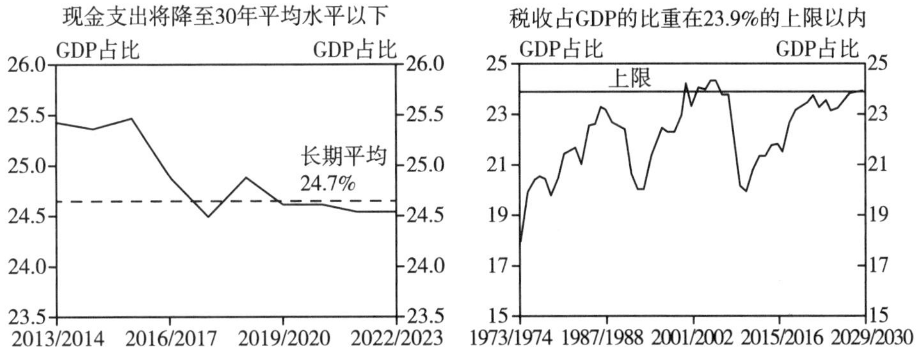

图 8 –8　联邦政府财政收支情况

资料来源：Budget 2019 – 2020 Overview，2019 – 04 – 02。

（二）政府债务情况

随着预算重回盈余，澳大利亚政府将专注于通过削减公共债务来强化资产负债表，以确保预算的长期可持续性，从而减轻子孙后代的债务负担，更好地应对未来的挑战。

1. 削减净债务

净债务 = 持有的所有存款 + 政府债券（市值） + 贷款 + 其他类型借款 – 现金和储蓄 – 提前支付款项 – 投资 – 贷款 – 配售。由于净债务将部分选定的金融资产和负债（并不是所有的金融资产和负债）的公允价值纳入其中，因此与总债务相比，净债务计算涉及的范围更广。

根据预计情况，2018/2019 财年净债务的 GDP 占比约为 19.2%，该比例将成为其峰值；2019/2020 财年净债务将降至 3 610 亿澳元，占 GDP 的 18%；到 2022/2023 财年将降至 3 261 亿澳元（占 GDP 的 14.4%）；预计中期（2029/2030 财年）将消除净债务，如表 8－19、表 8－20 和图 8－9 所示。

表 8－19　2018/2019 财年至 2022/2023 财年澳大利亚联邦政府净债务中所包含的负债及资产情况

单位：百万澳元

财年	估计数			预计数	
	2018/2019	2019/2020	2020/2021	2021/2022	2022/2023
净债务中所包含的负债					
持有的所有存款	381	381	381	381	381
政府债券（市值）	608 637	619 463	622 539	625 368	620 508
贷款	16 742	16 731	16 779	16 990	17 162
其他类型借款	1 499	1 466	1 438	1 393	1 342
净债务中所包含的负债总额	627 260	638 042	641 138	644 132	639 393
净债务中所包含的资产					
现金和储蓄	7 563	5 342	5 467	5 230	6 482
提前支付款项	71 008	83 302	89 462	93 927	95 250
投资、贷款和配售	175 216	188 358	196 703	211 727	211 594
净债务中所包含的资产总额	253 787	277 002	291 632	310 885	313 326
净债务	373 473	361 040	349 506	333 248	326 067

资料来源：2019/2020 财年预算案，1 号预算文件，报表六：债务报表，资产和负债，https://www.budget.gov.au/2019－20/content/bp1/download/bp1_bs6.pdf。

表 8－20　澳大利亚联邦政府净债务和净利息及其占 GDP 的比重

单位：百万澳元

财年	净债务		净利息	
	金额	GDP 占比（%）	金额	GDP 占比（%）
2013/2014	209 559	13.1	10 843	0.7
2014/2015	245 817	15.1	10 868	0.7
2015/2016	303 467	18.3	12 041	0.7
2016/2017	322 320	18.3	12 365	0.7

续表

财年	净债务		净利息	
	金额	GDP 占比（%）	金额	GDP 占比（%）
2017/2018	341 961	18.5	13 135	0.7
2018/2019（e）	373 473	19.2	14 079	0.7
2019/2020（e）	361 040	18.0	10 936	0.5
2020/2021（e）	349 506	16.8	10 389	0.5
2021/2022（p）	333 248	15.3	9 359	0.4
2022/2023（p）	326 067	14.4	8 674	0.4

注：为提高数据的准确性和可比性，相关数据已经修订。

（e）估计数。

（p）预计数。

资料来源：2019/2020 财年预算案，1 号预算文件，报表十：澳大利亚政府历史数据，https：//www. budget. gov. au/2019 - 20/content/bp1/download/bp1_bs10. pdf。

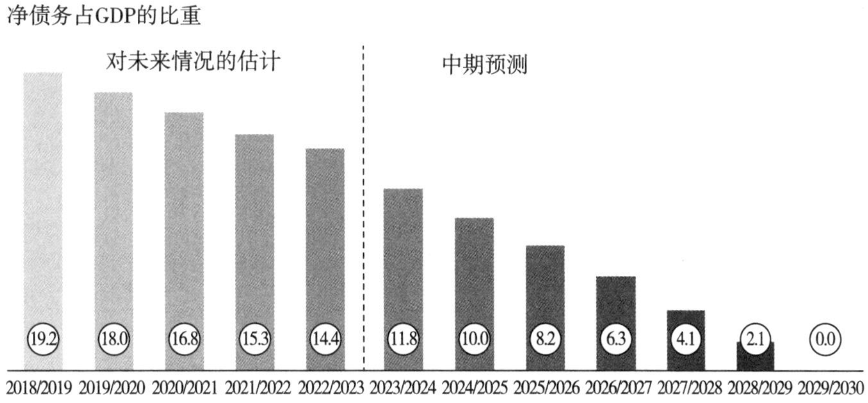

图 8 - 9　净债务偿还情况估计

资料来源：Budget 2019 - 2020 Overview，2019 - 04 - 02。

2. 降低总债务水平

总债务数据衡量的是某一时刻发行的所有政府债券的面值。“澳大利亚金融管理办公室”（AOFM）负责澳大利亚政府债券（AGS）的发行和管理，目前发行的政府债券有三类：

中长期国库券（bonds）：中期或长期政府债券，固定年利率，每 6 个月付息一次；

国债指数债券（TIBs）：中期或长期债券，其价值随消费者价格指数的变化而变化，固定利率，按季度支付利息；

短期国库券（notes）：一般是指为期 6 个月的短期债券，根据年内资金流动情况确定发行量，因而各年发行量不等。

在所有的政府债券中，中长期国库券所占比重最大。以面值计算，在截至 2019 年 3 月 22 日的发行量中，中长期国库券占比达 92.35%；国债指数债券其次，占 6.80%；短期国库券占比 0.75%；其他股票和证券仅占 0.07%，如表 8－22 所示。

就利率而言，2019/2020 财年预算案中设定的国债市场收益率为债务的加权平均成本，在估计期间内约为 1.9%，而在 2018/2019 财年《年中经济和财政展望（MYEFO）》中为 2.5% 左右。

就发行对象来说，政府债券并不局限于仅对澳大利亚居民发行。截至 2018 年第四季度，有近 56% 的政府债券由为非澳大利亚居民所持有，而在 2012 年这一比例曾达到历史高点 76%，如图 8－10 所示。

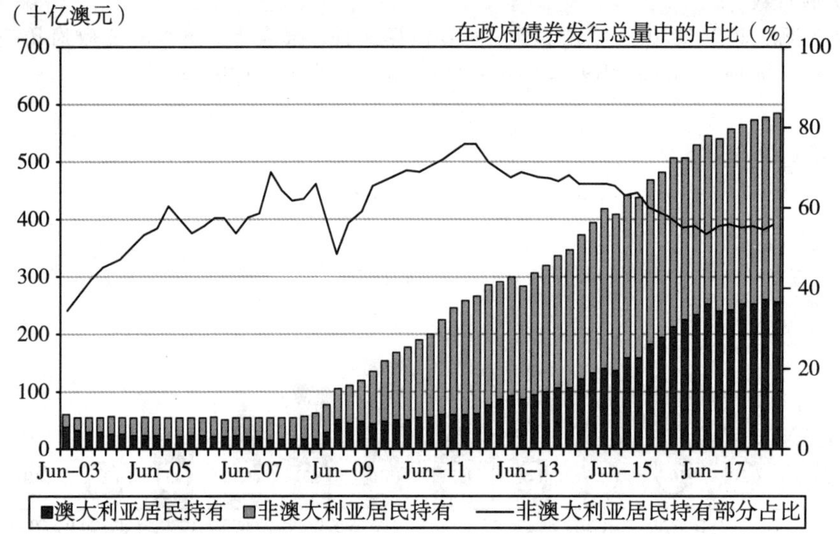

图 8－10　澳大利亚联邦政府债券的持有情况

注：图中所涉及的债券发行量数据为其市值。

资料来源：2019/2020 财年预算案，1 号预算文件，报表六：债务报表，资产和负债，https：//www.budget.gov.au/2019－20/content/bp1/download/bp1_bs6.pdf。

为达到削减债务的目标，政府在减少了净债务之后，还将继续降低总债务占 GDP 的比重。根据估计情况，2017/2018 财年总债务的 GDP 占比为 30% 不到，该比重将成为峰值，未来占比将不断下降。预计澳大利亚政府债券面值（即总债务面值）将在 2019/2020 财年达到 5 600 亿澳元左右（GDP 占比为 27.9%），并在 2022/2023 财年增长至约 5 690 亿澳元，但在中期（2029/2030 财年）期末将会降至 4 168 亿澳元，此时总债务的 GDP 占比为 12.8%，低于 30 年来的平均水平，如表 8－21 所示。

表 8－21　澳大利亚联邦政府债券发行情况

财年	已发行债券面值（年终值，百万澳元）	GDP 占比（%）
2006/2007	53 264	4. 9
2007/2008	55 442	4. 7
2008/2009	101 147	8. 0
2009/2010	147 133	11. 3
2010/2011	191 292	13. 5
2011/2012	233 976	15. 6
2012/2013	257 378	16. 8
2013/2014	319 487	20. 0
2014/2015	368 738	22. 7
2015/2016	420 420	25. 3
2016/2017	500 979	28. 4
2017/2018	531 937	28. 8
2018/2019（e）	546 000	28. 1
2019/2020（e）	560 000	27. 9
2020/2021（e）	567 000	27. 3
2021/2022（p）	573 000	26. 4
2022/2023（p）	569 000	25. 0

资料来源：2019/2020 财年预算案，1 号预算文件，报表十：澳大利亚政府历史数据，https：//www. budget. gov. au/2019－20/content/bp1/download/bp1_bs10. pdf。

表 8－22　澳大利亚联邦政府已发行债券的构成情况　单位：百万澳元

	截至 2019 年 3 月 22 日发行总量	
	面 值	市场价值
中长期国库券	492 550	549 490
国债指数债券	36 427	48 081
短期国库券	4 000	3 992
国债小计	532 976	601 563
其他股票和证券	395	714
政府债券总计	53 3372	602 277

资料来源：2019/2020 财年预算案，1 号预算文件，报表六：澳大利亚政府历史数据，债务报表，资产和负债，https：//www. budget. gov. au/2019－20/content/bp1/download/bp1_bs6. pdf。

（三）债务的稳健性分析

由于制度规则等的设计，澳大利亚政府长久以来一直奉行审慎的财政制度，与美国等发达国家相比，负债率处于较低的水平。从财年末已发行债券面值占 GDP 的比重来看，1970/1971 财年以来，最高负债率出现在 2017/2018 财年，为 28.8%，目前来看并不存在债务风险。

1. 负债率低于国际通行警戒线

澳大利亚的负债率一直处于较低水平，即使在 2017/2018 财年联邦政府的负债率达到了中期财政规划的最高点 28.8%，其债务负担仍然低于国际通行的 60% 警戒线。而随后，根据计划，联邦政府将在未来十年内偿还所有债务，因而其负债率将不断下降。总体来讲，澳政府的债务风险基本可控，但要提防未来经济下行风险下政府支出失控导致的债务水平快速上升。

2. 严格的预算管理是必要保证

澳大利亚有一套严格的预算管理制度，这是控制债务风险的必要保证。根据《预算诚信法案》，政府的预算报告必须公开透明、接受公众监督，其中包括年度预算报告、中期预算报告和选举前经济和财政展望报告三种，而每一种报告都包含了赤字/盈余及债务的滚动调整以及原因说明和风险评估。由于债务的利息支出涉及民众的利益，所以社会各界密切关注澳政府的债务变动情况。同时，澳大利亚一直以来所贯彻的审慎的财政制度也要求澳政府必须严格遵守财政纪律，不能随意地调整支出以扩大债务规模。

3. 服务于中期财政规划是基本原则

《预算诚信法案》规定，政府的财政相关部门应当以保持经济繁荣和促进人民福祉为导向，制定可持续发展的中期战略框架。且政府债务水平必须对标中期财政规划，这是财政可持续的关键一环。目前澳政府的债务水平较低，可操作空间极大。而且预算平衡与债务水平挂钩的制度设计也有利于使政府财政调节既能遵守财政纪律的要求，又能保持经济周期内的灵活性。

五、政府间财政关系

澳大利亚联邦成立于 1901 年，当时仅由 6 个自治的英国殖民地构成，而如今联邦包含了联邦政府、6 个州以及 2 个领区。联邦成立之时颁布了澳大利亚宪法，它是联邦政府得以存在的基础。宪法规定了各个州联合的原则，包括澳大利亚联邦（即联邦政府）和各个州的权利和职责、财权和事权。

（一）政府组织结构

澳大利亚是君主立宪制国家，国家的名义元首是英国女王，由总督代理其职责，总督是在总理的建议下由女王任命的。澳大利亚有三个政府层级，即联邦、州/地区和地方政府，实行议会民主制。

其中联邦议会由两院构成：下议院和上议院。下议院也叫众议院，由 150 个成员组成；上议院也叫参议院，由 76 个成员组成。联邦政府由众议院中人数较多的党派执政。其行政机构是内阁，内阁成员由众议院或者参议院的执政党派成员组成，但总理必须是众议院的成员。

州议会有独立的宪法赋予的权力，为了和君主立宪体制保持一致，每个州都有总督，总督是在州行政长官的建议下由女王任命的。除昆士兰州外，每个州的议会都由两院构成，昆士兰州议会只有一院（两大领区也一样）。

与其他州不同，两大领区是在联邦议会的立法下成立的，不能像其他州那样享受同样的宪法保护。然而，为了建立更广泛的政府间财政体制，两大领区的财政待遇与州的一样，对它们的财政转移支付来源和其他州也相同（都基于同样的原则）。

澳大利亚的地方政府不是根据宪法建立的，而是在相应的州或领区议会的立法下成立的。地方政府官员由直接选举产生（政党体系在地方并不像在联邦一级那样盛行）。地方政府不参与财政收入分享，但通常可以得到州政府和联邦政府有限的财政支持。

在司法方面，从宪法地位、立法基础和惯例上来看，澳大利亚的司法部门与政府部门是相互独立的。司法部门包括联邦和州（领区）法院两个层级，澳大利亚高等法院是其最高司法机构。

（二）政府间事权和支出责任划分

1. 政府间事权的划分

在事权划分方面，澳大利亚联邦政府被赋予维持国家基本功能的职责，如移民、贸易、外交关系、邮政、电信、货币以及国防。而各个州则保留了那些联邦政府未被赋予的责任，包括提供一些大型服务，如医疗、教育、运输以及大部分基础设施建设等。地方政府的作用不尽相同。比如说供水和废水处理在某些州是地方政府的职责而在其他州却不是。总体来说，地方政府提供的服务主要包括工程服务（道路、桥梁、排水系统等）、社区服务（老年护理、幼儿护理、火灾预防等）、环境服务（垃圾处理和环境保护）、监管服务（建筑、餐饮和动物）、文化服务（图书馆、美术馆和博物馆）。作为州和领区政府的附属机构，地方政府享有一定程度的自治权，但必须遵守州和领区政府的法律。州和领区政府有权干涉地方政府的财政事务

（比如说有关政府收入的决定），有些州政府也确实这样做过（比如说设置税率的上限）。一些州政府还会对地方制定的发展和规划决策施加影响。

从宪法和法律的角度看，澳大利亚联邦成立之初是一个平等合作的体制，联邦和州/领区两级政府由宪法赋予了清晰而独立的作用、责任和权力。但随着时间的推移，这种体制发生了很大变化。联邦政府凭借其强大的财政能力，在那些本该由州政府负责的领域里起着重要的政策制定和资金支持作用，并通过额外的财政激励来促使各个州完成联邦政府制定的国家目标和优先发展项目。

2. 政府间支出责任的划分

在政府支出责任划分方面，根据宪法，联邦政府和州政府需各自对自己的财政开支负责，它们之间有相对清晰的界限。但实际上，随着联邦政府过度涉入那些原本由州政府负责的领域，这种界限变得越来越模糊了。

联邦政府负责的领域主要包括国防以及大多数社会保障和福利，同时也在州政府负责的领域内发挥重要作用，如教育和医疗领域。各州和领区政府的支出主要集中在几大服务领域，特别是医疗、教育、法律执行和治安领域，这也是与宪法规定的责任相一致的。从宪法的角度来看，联邦政府和州（领区）政府的权力是可以共存的，但是如果联邦法律和州（领区）的法律相冲突的话，应以联邦法律为准。

实际上，联邦政府常常会凭借其强大的财政能力，通过提供额外的专项补助等，直接引导一些州和领区政府的活动。而且这种现象越来越常见，在过去的二三十年里尤为明显。联邦政府往往会支持涉及优先发展和国家目标的项目和领域，这主要包括医疗、教育、住房等，并投入大量资金用于改善土著居民的状况，如表 8 - 23 所示、表 8 - 24 所示。

表 8 - 23　　不同层级政府的法定服务领域和实际服务领域

法定责任主体	公共服务领域	实际负责主体
联邦政府	国防	联邦政府
联邦政府	社会治安和福利	联邦政府
联邦政府	外交	联邦政府
联邦政府	海关	联邦政府
联邦政府	移民	联邦政府
联邦政府	邮政和通信	联邦政府
州/地区政府	教育	州政府（联邦政府对全国性目标进行财政支持）

续表

法定责任主体	公共服务领域	实际负责主体
州/地区政府	医疗	州政府（联邦政府对全国性目标进行财政支持）
州/地区政府	公共秩序和安全	州政府
州和地方政府	住房和公共设施	州和地方政府
州和地方政府	娱乐和文化	州和地方政府
联邦/州政府	农业、林业、渔业、矿产业、制造业和制造业	联邦/州政府
联邦（如国家高速公路）/州（如主干路）/地方政府（如地方道路）	交通及基础设施	联邦/州/地方政府

资料来源：Anwar Shan，A Global Dialogue on Federalism，The Perspective of Fiscal Federalism：Comparative Perspective，Volume4.

表 8－24　联邦政府和州（领地）政府财政支出情况　单位：百万澳元

联邦政府/各州（领地）财政支出情况	实际数	估计数		预计数		
	2017/2018	2018/2019	2019/2020	2020/2021	2021/2022	2022/2023
联邦政府支出总计	460 282	487 343	500 872	516 105	535 915	559 874
联邦政府转移支付总额	120 304	128 004	127 358	133 250	139 792	147 552
新南威尔士州	76 491	80 326	83 300	86 405	88 016	89 410
维多利亚州	62 276	68 387	69 982	73 000	74 084	77 204
西澳大利亚州	28 417	29 372	29 801	29 823	30 136	30 873
昆士兰州	56 335	59 226	60 198	61 416	63 101	64 753
南澳大利亚州	—	20 258	20 104	20 439	21 091	21 867
塔斯马尼亚州	—	6 339. 7	6 349. 3	6 312. 5	6 395. 5	6 549. 2
北领地		7 398	7 227	7 213	7 342	7 412
首都领地	5 482	5 799	6 158	6 441	6 619	6 813

资料来源：联邦政府和各州（领地）政府 2019/2020 财年预算案。

（三）政府间财政收入的划分

澳大利亚财政收入的特点之一是不同层级的政府基本上不会分享同一税基，大多数税基都只由某一层级政府单独征收，并且没有附加税。

联邦政府对以下税收种拥有 100% 的征收权：个人和公司所得税、消费税以及关税。同时，所有的商品和服务税（GST）也由联邦政府征收，但并不列入联邦税种。

州和领区政府可以征收印花税、工资税、财产转让税、机动车辆税、博彩税、土地使用税等。对于矿产资源方面的税收，除了一些海上石油和天然气外，都归州和领区政府所有，并主要通过使用权税的形式征收，但这些收入还不到公共部门总收入的1%，且在各州的分布很不均匀，例如西澳大利亚和昆士兰在征收矿区土地使用税方面获得的收入最高。而地方政府则可以征收100%的市级财产税。

在税率的确定方面，州政府可以自由选择税率进行征税，前提条件是这些税种按照宪法或者其他立法的规定属于州政府征收范围之内。州政府和领区政府已经建立了财政收入办公室，主要负责本级税基下税收的管理和征收工作，同时也制定税收政策，具体如表8－25、表8－26所示。

表8－25　　　　税收相关权限在各级政府间的划分

税种	税基及税率的决定权	税收的征收和管理权
所得税	联邦	联邦
公司税	联邦	联邦
营业税	联邦	联邦
商品和服务税	联邦	联邦
联邦消费税	联邦	联邦
农业税	联邦	联邦/州
国际贸易税	联邦	联邦
薪金税	州	联邦/州
土地税	州	州
金融资本收益税	州	州
其他财产税	州	州
博彩税	州	州
公共企业税	州	州
保险税	州	州
机动车辆税	州	州
使用权税	州	州
矿业税收收入	州	州
市级税收	地方	地方

注：商品和服务税收入为联邦政府对州（领区）政府一般性转移支付的主要内容。

资料来源：Anwar Shan，A Global Dialogue on Federalism，The Perspective of Fiscal Federalism：Comparative Perspective，Volume4.

表 8 - 26　　联邦政府和州（领地）政府财政收入情况　　单位：百万澳元

联邦政府/各州（领地）财政收入情况	实际数	估计数		预计数		
	2017/2018	2018/2019	2019/2020	2020/2021	2021/2022	2022/2023
联邦政府收入总计	456 280	495 796	513 763	534 260	564 707	580 480
税收收入	427 403	459 085	476 596	496 734	525 620	540 100
非税收入	28 878	36 711	37 168	37 526	39 086	40 380
新南威尔士州收入总计	80 672	81 128	84 316	87 632	90 018	92 009
税收收入	31 326	31 263	31 841	33 876	35 296	36 665
转移支付收入（包括销售税）	31 860	31 857	33 003	34 260	35 953	37 635
其他收入	17 486	18 008	19 472	19 496	18 769	17 709
维多利亚州收入总计	64 589	69 495	71 032	74 453	77 984	82 151
税收收入	22 929	23 814	24 328	25 303	26 620	28 140
转移支付收入（包括销售税）	29 928	33 396	34 093	36 075	37 999	40 389
其他收入	11 732	12 285	12 611	13 075	13 365	13 622
西澳大利亚州收入总计	27 475	29 925	31 334	32 402	32 270	33 427
税收收入	8 540	8 681	9 088	9 522	9 995	10 539
转移支付收入（包括销售税）	7 935	9 627	10 549	11 701	11 080	11 667
其他收入	11 000	11 617	11 697	11 179	11 195	11 221
昆士兰州收入总计	58 087	60 068	60 387	61 729	63 583	65 540
税收收入	13 244	14 005	15 164	15 777	16 601	17 525
转移支付收入（包括销售税）	27 967	28 710	28 003	29 846	30 671	31 403
其他收入	16 876	17 353	17 220	16 106	16 311	16 612
南澳大利亚州收入总计		20 359	20 198	20 544	21 233	22 118
税收收入		4 565	4 580	4 774	4 974	5 178
转移支付收入（包括销售税）		11 913	11 649	11 748	12 103	12 590
其他收入		3 881	3 969	4 022	4 156	4 350
塔斯马尼亚州收入总计	—	6 381	6 407	6 398	6 570	6 800
税收收入	—	1 195	1 216	1 252	1 284	1 316

续表

联邦政府/各州（领地）财政收入情况	实际数	估计数		预计数		
	2017/2018	2018/2019	2019/2020	2020/2021	2021/2022	2022/2023
转移支付收入（包括销售税）	—	4 019	3 973	4 075	4 220	4 436
其他收入	—	1 167	1 218	1 071	1 066	1 048
北领地收入总计		6 641	6 654	6 650	6 882	7 067
税收收入		636	530	572	604	627
转移支付收入（包括销售税）		4 243	4 389	4 386	4 540	4 687
其他收入		1 762	1 737	1 691	1 738	1 751
首都领地收入总计	5 402	5 647	5 871	6 162	6 527	6 983
税收收入	—	1 950	2 052	2 179	2 302	2 417
转移支付收入（包括销售税）	—	2 306	2 406	2 525	2 675	2 836
其他收入	—	1 390	1 414	1 458	1 550	1 730

资料来源：联邦政府和各州（领地）政府 2019/2020 财年预算案。

（四）转移支付

澳大利亚公共部门收入的 80% 归联邦政府所有，但它只需负责公共部门总支出的 61%。与此相反，州和领区的收入只占公共部门总收入的 17%，却要承担 33% 的支出；地方政府占有公共部门总收入的 3%，它的支出却占总支出的 6%。这种财政收入和支出的不匹配使联邦政府和州、地方政府之间产生了巨大的纵向财政不均衡。

巨额的纵向财政失衡需要联邦政府向州和领区政府提供财政转移支付，以满足它们的财政支出需要。2017/2018 财年，联邦政府向各州的转移支付总计达 1 203 亿澳元，占当年联邦政府支出的 26.1%，占各州支出总额的 46%。其中包括 642 亿澳元的一般性转移支付（包括各州应得的商品及服务税部分）和 561 亿澳元的专项转移支付，如表 8－27、表 8－28 所示。

表 8 -27　　2017/2018 财年联邦政府向州和领地的转移支付　单位：百万澳元

	新南威尔士州	维多利亚州	昆士兰州	西澳大利亚州	南澳大利亚州	塔斯马尼亚州	澳大利亚首都领地	北领地	总计
专项转移支付	17 221	12 543	12 047	6 739	4 189	1 311	920	1 137	56 107
一般转移支付	17 734	15 200	15 032	2 974	6 343	2 414	1 307	3 193	64 197
转移支付小计	34 955	27 744	27 079	9 713	10 532	3 725	2 226	4 330	120 304

资料来源：澳联邦政府 2017/2018 财年财政决算。

表 8 -28　　2017/2018 财年澳大利亚联邦政府转移支付情况　单位：百万澳元

	专项转移支付	一般转移支付	州政府总支出	转移支付占州支出的比例（%）
教育	20 607	12 658	61 298	54.3
医疗	20 437	17 439	76 498	49.5
房屋及社区设施	2 128	1 889	8 199	49.0
交通	6 974	6 261	27 100	48.8
社会保障	2 555	6 328	22 898	38.8
其他功能	3 408	19 622	66 487	34.6
总计	56 107	64 197	262 480	45.8

联邦政府向州和领区的专项转移支付主要集中在医疗保健、教育、技能和劳动力发展、社区服务、住房、土著事务、基础设施和环境等领域。而 2017/2018 财年所提供的专项转移支付包括：住房、残疾人服务、技能和劳动力发展方面的国家特定用途付款（National SPPs）；为公立医院提供的国家卫生改革（National Health Reform）资金；为政府及非政府学校提供的优质学校（Quality Schools）资金；国家伙伴关系（National Partnership）的相关资金支付等，如表 8 -29 所示。

表 8 -29　　2017/2018 财年联邦政府专项转移支付资金的用途　单位：百万澳元

	新南威尔士州	维多利亚州	昆士兰州	西澳大利亚州	南澳大利亚州	塔斯马尼亚州	澳大利亚首都领地	北领地	总计
国家特定用途付款	1 407	1 135	883	460	307	93	48	44	4 377
国家卫生改革资金	6 022	5 022	4 289	2 174	1 349	424	386	271	19 936

续表

	新南威尔士州	维多利亚州	昆士兰州	西澳大利亚州	南澳大利亚州	塔斯马尼亚州	澳大利亚首都领地	北领地	总计
优质学校资金	5 732	4 557	3 934	1 796	1 257	426	306	350	18 357
国家伙伴关系资金	4 060	1 830	2 942	2 309	1 276	367	180	472	13 436
专项转移支付小计	17 221	12 543	12 047	6 739	4 189	1 311	920	1 137	56 107

资料来源：澳联邦政府 2017/2018 财年财政决算。

联邦政府向州和领区的一般转移支付主要由联邦和州（领区）共享的商品和服务税（GST）构成。根据政府间协定（the Intergovernmental Agreement），各州有权向联邦政府收取相应的商品及服务税收款项。联邦政府将根据联邦拨款委员会（the Commonwealth Grants Commission）建议的商品和服务税收入分享比例并在与各州协商后公布分享系数。2017/2018 财年，联邦政府转移支付给州（领区）的商品和服务税（GST）约为 631 亿澳元，约占联邦政府全部一般性转移支付 642 亿澳元的 98%，其余的 11 亿澳元转移支付为对各州（领区）的其他一般收入援助，如表 8－30所示。

表 8－30　2017/2018 财年商品和服务税（GST）各州（领区）分享情况

	截至 2017 年 12 月 31 日人口数（人）(1)	商品和服务税（GST）分享系数（2）	经调整的人口数（1）＊（2）＝（3）	各州经调整的人口数占比情况（4）	商品和服务税（GST）分享金额（百万澳元）(5)
新南威尔士州	7 915 069	0.87672	15 178.0	28.0	17 689.4
维多利亚州	6 385 849	0.93239	5 954 102	24.0	15 178.0
昆士兰州	4 965 033	1.18769	5 896 920	23.8	15 032.2
西澳大利亚州	2 584 768	0.34434	890 039	3.6	2 268.9
南澳大利亚州	1 728 053	1.43997	2 488 344	10.0	6 343.2
塔斯马尼亚州	524 677	1.80477	946 921	3.8	2 413.9
澳大利亚首都领地	415 916	1.19496	497 003	2.0	1 266.9
北领地	246 726	4.66024	1 149 802	4.6	2 931.0
总计	24 766 091	—	24 762 431	100.0	63 123.5

资料来源：澳联邦政府 2017/2018 财年财政决算。

六、财政改革和治理措施：在保障盈余中既要改善民生，又要减税

愈演愈烈的“逆全球化”浪潮加剧了世界经济的不确定性。在外部风险增加的同时，澳大利亚内部还存在着消费支出和住宅投资疲软等问题以及政府满意度下降和大选的压力。为了促进经济发展、稳定民心，同时在大选前拉拢选民，莫里森政府在2019/2020财年预算案中提出了一系列的改革措施。

（一）改革背景

1. 世界经济前景不明朗，国内经济不确定性加剧

世界经济前景存在一系列风险。中美之间悬而未决的贸易战、新兴经济体地缘政治的脆弱性、主要经济体宏观经济政策环境的调整等等都使世界经济前景变得更加不明朗。这给外向型经济的澳大利亚带来了一定的压力。目前澳大利亚经济已经进入低增长的阶段，GDP增长率已经连续五年低于3%。传统的投资、出口、消费三驾马车正在减速，恐难以继续支撑澳大利亚的经济前景。

在投资方面，房地产业的发展在拉动经济增长的同时也推动了房价的快速攀升，澳政府在评估房地产行业过热的风险后，通过限制投资和移民等措施，控制大城市房价，取得了显著的效果。2018年下半年，房地产价格开始回落。但房价的回落也意味着房地产行业投资的萎缩，构成了经济下行的风险。

在出口方面，随着矿石价格的下降，自2011年起澳大利亚的贸易条件持续下降，出口部门产值随之萎缩，2016年起贸易条件稍有回升，商品和货物出口略有增长，但并未恢复到高点水平。值得一提的是澳大利亚的教育服务和旅游服务出口发展迅速，在一定程度上弥补了澳大利亚出口部门的衰退。但由于服务出口的总规模仍然较小，不到总出口的1/6，对经济增长的拉动作用仍然有限，根据国际货币基金组织预测，未来5年内，出口部门对澳大利亚经济增长的贡献平均仅为0.1%。

在消费方面，虽然澳大利亚的失业率水平较低，民众的基本收入有所保障，但自2012年开始，工资增长率由4%下降到2018年的2.5%，收入增长缓慢导致消费增长疲软。而人口增长及政府投入对需求的推动也并不十分有力。澳大利亚人口增长率较高，但基数较低，伴随着老龄化问题的加剧，短期内总需求增长有限。基建和社会福利方面的政府投入虽然有助于拉动部分总需求，但却受到总支出规模的限制，因而长期来看也难以切实推动消费增长。

综合来看，澳大利亚经济发展的不确定性依然存在。

2. 削减、消除预算赤字成联邦政府重要任务之一

在金融危机中，为了避免国内经济受国际经济形势拖累陷入衰退，联邦政府采取了一系列经济刺激计划，这在一定程度上促使澳大利亚成为西方国家中最早摆脱金融危机影响的国家。但与此同时，预算赤字也成为了这个一直奉行审慎性财政政策的国家所难以容忍的问题。2008/2009 财年，现金层面的预算赤字达 -27.1 亿澳元，并且之后几年赤字仍有扩大。2013/2014 财年，即全球金融危机爆发的 5 年后，澳大利亚联邦的财政赤字仍然处于历史上第二高的水平。近年来，随着经济的恢复，削减、消除预算赤字也成为了联邦政府的重要目标之一。

3. 国内政治斗争激烈，政府满意度下降

在现任总理莫里森之前，澳大利亚国内政治斗争激烈，内阁更换频繁。2018 年 7 月，澳大利亚民主博物馆（Museum of Australian Democracy）和堪培拉大学（University of Canberra）治理与政策分析研究所（Institute for Governance and Policy Analysis）发布了民众对澳大利亚民主制度满意度的研究调查结果。他们对全国范围内的 1 021 个人进行了调查并发现，在过去 10 年内澳大利亚选民对民主制度运行方式的满意程度陡然下降。2007 年 86% 的选民对澳大利亚的民主制度感到满意，到 2010 年这一数字降至 72%，然后从 2013 年开始直线下降，至 2018 年已跌至 41%。澳大利亚民主博物馆表示，如果政府什么都不做，满意度将会继续下降，到 2025 年，只有不到 10% 的选民会信任他们的政治家和政治机构，这将导致政府效率低下甚至政府不合法，同时社会和经济福利都将受到极大的影响。研究报告称，澳大利亚公民仍重视政治体系的整体稳定性，但却对政治体系的能力缺乏信心，尤其是在更具挑战性的政策问题上①。

4. 大选即将开始，拉票压力促使政府加快改革步伐

2019 年 5 月澳大利亚 3 年一次的大选即将开始。4 月份莫里森政府公布了 2019/2020 财年预算案。该预算案中提出了很多有利于笼络民心的措施，例如在 2018/2019 财年减税举措的基础上，进一步加大减税力度；增加医疗卫生和基础设施等民生相关的投入等。而且只有本届政府连任，该预算案才有可能进入议会的投票审核程序。很明显，在大选的压力下，莫里森政府希望通过增加民生支出、降低税收负担等改革为竞选拉票。

---

① Gareth Hutchens, Australians no longer trust their democracy, survey finds, The Guardian, 2018 - 12 - 05 https://www.theguardian.com/australia-news/2018/dec/05/australians-no-longer-trust-their-democracy-survey-finds.

（二）改革举措

1. 在支出方面，对内加大民生支出，对外提高军事支出水平

（1）加大基建投入。在未来10年政府将增加基建投资至1 000亿澳元，以满足经济发展的需要；将城市拥堵基金（the Urban Congestion Fund）从10亿澳元增加三倍至40亿澳元，同时提供额外的高铁、机场等建设基金，以改善城市交通状况；建立紧急反应基金（Emergency Response Fund），以支持未来的自然灾害恢复工作。

（2）提高教育培训投入。政府对各类学校的总投入将增长63%至3 000亿澳元，具体举措包括成立地方学校社区基金（the Local School Community Fund），以改善图书馆、教室和游乐设施等；设立新的奖学金项目，每年为1 000多名在偏远地区学习的学生提供资助；投入4.53亿澳元，用以继续支持学前教育；加大对高等教育的支持等等。

在技能培训方面，政府将投入5.25亿澳元以提升现代职业教育和培训水平；为技能短缺职业提供资金支持，以便在五年内为技能短缺行业提供8万名新的学徒；与业界密切合作，提供通信技术、先进制造和医疗服务等培训；在青年失业率高的地方建设新的培训中心；投入6 200万澳元以提高国民在语言、读写、算术和数字方面的能力等。

（3）增加医疗卫生投入。在医学研究方面，设立200亿澳元的医学研究未来基金（Medical Research Future Fund），用于新的临床试验以及结核病和创伤性脑损伤等的研究；投入4亿多澳元用于基因组研究；投入1.6亿澳元用于改善土著居民健康状况的研究。

在医疗保健方面，2019/2020财年预算案提出要投入800多亿澳元用于保障和改善医疗保健服务，包括提高医疗诊断成像的可及性、改善医院基础设施、抗击心脏疾病、防治慢性病、注重心理保健、解决青年自杀问题等，此外还将采取措施降低重大有效药物的药价。

（4）增加养老和残疾人救助投入。在养老方面，成立皇家老年护理质量和安全委员会（Royal Commission into Aged Care Quality and Safety）；投入7.25亿澳元用于新增10 000套家庭护理服务、为居家养老的老年人提供支持、提升老年人护理服务的质量和安全性等。

在残疾人救助方面，政府将在五年内投入5.28亿澳元，成立一个皇家委员会（Royal Commission），以调查针对残疾人士的暴力、虐待、忽视和剥削行为。

（5）增加保障性住房投入。由澳大利亚政府成立的国家住房金融与投资公司（National Housing Finance and Investment Corporation）成功发行了澳大利亚历史上规模最大的社会债券，共筹得3亿多澳元，该笔资金将被注入社区房屋市场，以保证

保障性住房的供应。

（6）增加环保投入。2019/2020 财年预算案中包括一项总计 35 亿澳元的气候问题一揽子计划，主要措施包括：投入 20 亿澳元用于与农民和土著社区合作开展实际的减排活动；设立 1 亿美元的环境恢复基金（Environment Restoration Fund），以实施大规模的环境项目，例如保护受威胁物种的栖息地、海岸、水道以及清理废物等。

（7）增加社区安全投入。政府将在 2018—2019 年起的四年内提供 3. 28 亿澳元，用于实施其《2010—2022 年减少针对女性和儿童的暴力的国家计划（the National Plan to Reduce Violence against Women and their Children 2010—2022）》；为 1 800 尊重热线（1800RESPECT helpline）提供新的资金支持；为综合药物战略提供 3. 37 亿澳元的新资金；打击非法团伙及毒品供应链，打击恐怖主义和极端主义；向联邦警察等提供 5. 7 亿澳元拨款，以保护人民安全等。

此外，面对世界经济政治、经济不确定性，澳大利亚继续追随美国的脚步，加大了国防支出。根据 2017 年外交政策白皮书，澳政府认为美国在国际体系中保持强有力的持续参与是世界稳定与繁荣的根本。没有美国的这种参与，国际秩序的有效性和自由性将受到侵蚀。支持美国的全球领导地位符合澳大利亚的国家利益。因此，澳大利亚将继续在政治和军事领域支持美国，帮助美国分担维持现有国际秩序的成本。紧跟美国的脚步，澳大利亚也加大了国防支出。预计到 2020/2021 财年，澳大利亚国防支出的 GDP 占比将达到 2%。而在未来 10 年，澳大利亚的国防投入将达到创纪录的 2 000 亿澳元，这将极大地增强澳大利亚的国防力量。同时，政府还将持续开展“主权边界行动（Operation Sovereign Borders）”，打击人口走私和偷渡行为，以保障澳大利亚的边境安全。

2. 在收入方面，减税降负提振经济

降低个税和企业税的改革本轮澳大利亚财税体制改革的重头戏。在减税降负的同时，政府还继续采取强有力的行动，打击跨国避税和黑市经济、完善澳大利亚商业编号（ABN）系统，以保护税收制度的完整性，为所有企业创造公平的竞争环境。

（1）降低个人所得税负担。2018/2019 财年，澳大利亚政府通过了降低个人税收负担的三步走计划，计划削减 1 440 亿澳元的个人所得税。2019/2020 财年澳政府将进一步推进减税降负，个税减免额将达到 1 580 亿澳元，这是自霍华德政府以来最大幅度的个人所得税削减。年收入在 12. 6 万澳元以下的纳税人均可享受此次减税带来的好处，多达 1 000 万的中低收入人群将从中受益。

另外，从 2024 年 7 月 1 日起 32. 5% 档税率将降至 30%，该改革为长期的结构性改革。这项改革将覆盖所有年收入在 4. 5 万至 20 万澳元的纳税人，约占全体纳税人的 94%。

通过以上改革，澳大利亚个税的累进程度将更高：收入最高的5%的纳税人缴纳的税款将达到该税种全部税收收入的三分之一；年收入20万澳元的纳税人缴纳金额将是年收入4.5万澳元的人的10倍。

（2）降低中小企业税收负担。2019/2020财年预算案还提出要增加中小企业的税收优惠力度。目前年营业额不足5 000万澳元的中小型企业的公司税率已下调至27.5%，而随着政府加快推行降低税率支持中小企业计划，该税率将于2021/2022财年进一步下调至25%。另外，即时资产减计（Instant Asset Write - off）的标准将由2.5万澳元提高到3万澳元，且年营业额低于5 000万澳元的中小型企业均可享受此项福利。所谓的“即时资产减计”是指任何年营业额在5 000万澳元以下的企业均可在购买不超过3万澳元、符合规定的设备等资产时立即获得减税。3万澳元的门槛是以每项资产为基础单计的，因此符合条件的企业可以进行多项资产的即时减记。这些调整将于2019年4月2日下午7：30（澳大利亚东部夏令时）至2020年6月30日实施，将惠及约340万家企业（雇用的员工数约达770万人）。

3. 在财政管理方面，继续遵循审慎型的财政制度以实现预算盈余目标

澳政府一直秉承严格遵循财政纪律的审慎型财政制度。其特点是严格遵守财政平衡原则，控制政府开支，即使在经济低迷期，仍然坚持谨慎的财政政策。从最近五个财年的数据来看，澳政府年财政收入的GDP占比平均为23.8%，财政支出为25.0%，政府净负债率为17.9%，远低于发达经济体的平均水平。

为使预算恢复盈余，在保证基本公共服务和减税的基础上，联邦政府进一步强调对支出的控制，并预计2019/2020财年现金支出的GDP占比将降至历史平均水平以下，现金流量表也将实现盈余。

而随着预算回归盈余，政府将专注于通过削减公共债务来强化资产负债表，以确保预算的长期可持续性。预计在今后的一段时间内，净债务将持续下降，直至2029/2030财年全面消除净债务；总债务的GDP占比（2019/2020财年预计为27.9%）也将在中期结束（2029/2030财年）时降至30年平均水平（12.8%）以下。

（三）可能产生的影响

1. 对澳大利亚的影响

（1）刺激经济增长。莫里森政府在2018/2019财年的预算案中提出了促进经济增长、恢复财政盈余和减税的三大目标，并在2019/2020财年预算案中延续和强化了相关政策措施。其中，为中低收入者和中小企业减税是莫里森政策的重中之重。降低中低收入者的个人所得税负担可在一定程度上增加其家庭的可支配收入，提高民众的购买力，从而缓解当前消费疲软的问题；降低中小企业税收负担，尤其是提高即时资产减计标准和范围，可以刺激企业增加投资，提升市场活力，增加就业。而国内消费和投资的增长也会拉动经济增长，增强澳大利亚抵御国际市场风险的能力。

（2）增大预算压力。格拉顿研究所（Grattan Institute）警告称，莫里森政府的减税计划可能使预算无法承受。虽然2019/2020财年预算案显示即使在减税的情况下，预算也将实现盈余，但其前提是使财政支出的GDP占比从目前的25%左右降至2029/2030财年的23.6%。要实现这一目标，必然要大幅削减支出。而近年来人口老龄化带来的压力又不断增加。2016/2017财年之前的预算案都预测，由于人口老龄化问题，未来10年财政支出占GDP的比重将会上升。议会预算办公室也表示，到2028/2029年老龄化相关支出将占到GDP的0.3%。在支出刚性不减的情况下，大幅减税将会给预算带来巨大压力①。

（3）左右大选结果。莫里森政府在大选开始前一个月推出了重磅的惠民预算案（2019/2020财年预算案）。该预算案涉及了诸多能够拉拢选民的改革措施，如大规模的减税降负，加大医疗、教育培训、基础设施建设等民生支出。而且只有本届政府连任，该预算案才有可能进入议会的投票审核程序。莫里森政府希望通过大规模的惠民举措赢得大选的胜利。

2. 对全球的影响

（1）助长全球减税竞争浪潮。几乎与美国、英国、德国等国同时，澳大利亚也开启了不断升级的减税进程。在经济全球化背景下，一国减税降负往往会导致全球范围内税收分配关系的变动，并可能对其他国家的利益造成损害，因而常常会引发其他国家纷纷减税的连锁反应。而恶性的税收竞争将对各国财政造成极大的伤害，国家财力将大幅下降并由此引发一系列的棘手难题。

（2）加剧世界的不稳定性。长期以来，澳大利亚一直在军事和政治上依赖甚至从属于美国。在2017年外交政策白皮书澳大利亚再次重申了对美国的支持，表示支持美国的全球领导地位符合澳大利亚的国家利益，并将继续帮助美国分担维持现有国际秩序的成本。在这样的立场下，澳大利亚加大军事国防支出将会使亚太地区地缘政治和经济矛盾更加复杂，从而加剧世界的不稳定性。

① Danielle Wood, Kate Griffiths and Matt Cowgill, Potentially unaffordable, and it still won't fix bracket creep. The Coalition's $300 billion tax plan assessed, Grattan Institute, 2019 - 04 - 09, https://grattan.edu.au/news/potentially - unaffordable - and - it - still - wont - fix - bracket - creep - the - coalitions - 300 - billion - tax - plan - assessed/.

七、小结：澳大利亚财政运行特征

（一）在支出方面，澳大利亚对内促增长、保民生，对外追随美国加大军事投入

在现任总理莫里森之前，澳大利亚国内政治斗争激烈，内阁更换频繁。政治的不稳定影响了经济的发展和民生工作的开展，致使民众对政治体制的满意度急速下降。莫里森上台之后澳大利亚的政治局面有所稳定，促进经济增长、提高民众满意度成为了政府工作的重点。为此，莫里森政府加大了基础设施建设、能源工程、教育培训、医疗卫生等方面的支出。尤其是在2019年大选前的预算案中，莫里森政府为了拉拢选民，进一步加强了促增长、保民生的支出力度。

而在对外方面，面对日益动荡的国际环境，澳大利亚政府表示将一如既往地支持美国的全球领导地位，并将继续帮助美国分担维持现有国际秩序的成本。在这样的对外政策下，澳大利亚的军事国防支出大幅增加。根据2019/2020财年预算案，在未来10年澳大利亚的国防投入将达到创纪录的2 000亿澳元。

（二）在收入方面，澳大利亚实施了大规模的减税，助推了全球减税竞争的浪潮

几乎与美国、英国、德国等国同时，澳大利亚也开启了不断升级的减税进程，助推了全球减税竞争的浪潮。2018/2019财年，澳大利亚政府通过了降低个人税收负担的三步走计划，并将在2019/2020财年继续扩大减税规模。与此同时，澳大利亚政府还将降低中小企业的税收负担，相关税率将被调降至25%，即时资产减记（Instant Assetwrite - off）标准也将由2.5万澳元提高到3万澳元，年营业额低于5 000万澳元的中小型企业均可享受此项福利。

（三）在预算平衡方面，通过促进经济发展、加强财政纪律，努力实现预算盈余

恢复财政盈余是莫里森总理的重要政策目标之一。为此，澳大利亚政府制定了一条负责任的盈余回归路径。联邦政府将在保证基本服务、促进经济增长的基础上加大对支出的控制。联邦政府的平均实际支出增长率将被维持在50多年来的最低水平，现金支出的GDP占比也将持续下降，并自2019/2020财年起降至长期平均水平以下。2019/2020财年预算案预计，在经历了十余年的财政赤字之后，澳大利亚政府的现金流量表将在2019/2020财年恢复盈余。

主要参考文献

[1] Stephen Kirchner, Defending Australia's open door: Don't blameglobalisation for populism, Financial Review, 2018 - 11 - 03, https: //www. afr. com/news/politics/world/political - populism - due - to - lost - economic - dynamism - not - globalisation - 20181113 - h17txx.

[2] 赵硕刚，张晓兰：《澳大利亚经济形势分析及中澳经贸合作建议》，国家信息中心经济预测部，2018. 03. 28，http: //www. sic. gov. cn/News/456/8916. htm.

[3] 2010 - 2019 财年年中经济和财政展望，2018 年 12 月 .

[4] 2018 ARTICLE IV CONSULTATION—PRESS RELEASE; STAFF REPORT; AND STATEMENT BY THE EXECUTIVE DIRECTOR FOR AUSTRALIA, IMF Country Report No. 19/55, February 2019.

[5] Anwar Shan, A Global Dialogue on Federalism, The Perspective of Fiscal Federalism: Comparative Perspective, Volume4.

[6] 澳联邦政府 2017 - 2018 财年财政决算。

[7] 澳大利亚政府 2019 - 2020 财年预算案。

[8] Danielle Wood, Kate Griffiths and Matt Cowgill, Potentially unaffordable, and it still won't fix bracket creep. The Coalition's $300 billion tax plan assessed, Grattan Institute, 2019 - 04 - 09, https: //grattan. edu. au/news/potentially - unaffordable - and - it - still - wont - fix - bracket - creep - the - coalitions - 300 - billion - tax - plan - assessed/.

[9] Gareth Hutchens, Australians no longer trust their democracy, survey finds, The Guardian, 2018 - 12 - 05 https: //www. theguardian. com/australia - news/2018/dec/05/australians - no - longer - trust - their - democracy - survey - finds.

第九章
南 非

南非共和国（The Republic of South Africa）面积121.909万平方公里，人口5 652万（南非统计局2017年年中统计数字）。分黑人、有色人、白人和亚裔四大种族，分别占总人口的80.7%、8.8%、8.0%和2.5%。有11种官方语言，英语和阿非利卡语为通用语言。总统西里尔·拉马福萨于2018年2月，在时任总统祖马被非洲人国民大会召回后出任总统。2019年5月，非国大在南非第六次全国大选中获胜，拉马福萨连任总统。

一、南非致力于巩固区域一体化

（一）"逆全球化"的表现和影响

2018年9月，南非总统拉马福萨在纽约外交关系委员会（CFR）发表讲话时谈到对外关系和贸易问题。他认为全球事态发展出现了一些令人不安的现象，地缘政治对抗的死灰复燃对国际和平与安全具有重大影响，这是自冷战时期以来从未出现过的。重要的多边安排面临着越来越大的挑战，其特点是不履行《2030年可持续发展议程》、气候变化、发展筹资和核不扩散方面的承诺。贸易保护主义的抬头威胁着1994年在马拉喀什和2001年在多哈达成的多边贸易体系。

中东和非洲的棘手冲突似乎没有什么解决的希望，国际社会也没有设法有效地处理日益增长的政治不容忍、恐怖主义行为和右翼极端主义。全球化带来了许多机遇和进步，但也加剧了国家间和国家内部的不平等。这些挑战绝不是无法克服的。但是，它们确实需要恢复对国际关系采取合作和包容的态度。强权即公理的观点是错误的。世界各国领导人、国际组织和民间社会有机会共同努力，恢复多边主义的首要地位和现实意义。

南非决心利用所掌握的一切手段，包括参加全球论坛，推动非洲联盟的《2063年议程》，并巩固区域一体化，同非洲国家一道努力建立非洲大陆自由贸易区，从根本上改变非洲的经济并巩固非洲大陆在全球贸易体系中的地位。2019 年到 2020 年 12 月，南非将担任安理会非常任理事国。根据曼德拉时代的哲学和实践，南非继续寻求同世界所有国家建立友好的兄弟关系和牢固的经济联系，不论其大小、影响或结盟如何。南非将继续坚定奉行以规则为基础的多边主义，将其作为管理国际关系最可持续、最有效的方式，并将继续倡导将发展中国家的需求和利益置于国际议程首位。

全球经济继续增长，但出现了增长放缓的迹象。国际货币基金组织（IMF）已将其对 2019 年和 2020 年全球经济增长的预期分别下调至 3.5% 和 3.6%，而此前预计这两年的增速均为 3.7%。在过去的六个月里，美国、中国和欧洲的 GDP 增长预测数据也被下调了。美国和中国之间的贸易紧张关系，已导致信心和增长前景走弱，而原油价格下跌逆转了近期对石油出口国经济前景的乐观情绪。预计中期内，全球贸易将增长 4%，低于 2017 年的 5.3%。

发达经济体的经济增长正回归较低的长期平均水平。大型经济体之间可能出现的关税上调和报复行为，仍对全球贸易构成风险。不过，美国需求依然强劲，油价已有所回落，货币政策收紧的力度也有所减弱，这将为中期全球增长提供一些支撑。发展中国家的增长预期将从 2018 年的 4.6% 降至 2019 年的 4.5%，主要原因是油价降低和贸易风险，2020 年升至 4.9%。撒哈拉以南非洲两大经济体尼日利亚和南非的疲弱表现继续给该区域带来压力。IMF 预计尼日利亚经济 2019 年将增长 2%，2020 年将增长 2.2%。预计该地区大多数经济体，包括肯尼亚和卢旺达，未来 5 年的经济增长率将超过 4%。发展中国家仍然容易受到投资者情绪波动的影响。2018 年年中企稳的金融市场状况，自 2018 年年底以来变得更加动荡。短期的不确定性加剧了人们对贸易紧张局势和全球增长放缓的担忧。

全球增长正在放缓，贸易紧张局势正在加剧，南非继续面临着具有挑战性的经济环境，中期经济前景已被下调，税收收入也明显表现不佳。2019 年年初，南非电力公司（Eskom）明显需要紧急的财务支持和业务改革。为了应对南非电力公司的风险，政府正在重组电力行业。与 2018 年中期预算政策报告（MTBPS）相比，各部门的预算基线减少了 503 亿兰特，其中大约一半与薪酬有关。这些削减被今后 3 年 753 亿兰特的临时拨款所抵消，主要用于南非电力公司的改组。因此，未来 3 年的支出上限将增加 160 亿兰特。

政府仍致力于管理预算赤字，并将公共债务控制在可持续水平。主体预算赤字在 2019/2020 财年扩大到占国内生产总值的 4.7%，然后在 2021/2022 财年缩小到占国内生产总值的 4.3%。未来 3 年，贷款债务总额占 GDP 的比例将上升，2023/2024

财年将稳定在60.2%。预计经济增长将从2019年的1.5%温和改善至2021年的2.1%。长期来看，南非需要更高、更具包容性的增长来解决失业和贫困问题。根据总统的经济刺激和复苏计划，政府已经开始实施促进增长的改革。加强政策确定性、提高基础设施支出效率和重建公共机构的额外举措，将鼓励私人部门投资，提振信心。

尽管有新的支出压力和削减，预算仍然具有很强的再分配能力。大约68%的综合支出用于社会承诺，包括教育、卫生、社会补助和基本服务。这些由各层级政府提供的服务和转移支付，让南非人获得机会，并生活得有尊严。应对面临的挑战，加快改革以促进经济增长，需要艰难的调整。2018年，政府、企业和劳工之间出现了持久的社会契约的迹象，这一契约对于以公平和财政上负责任的方式应对挑战至关重要。

（二）经济情况和特征

1. 南非经济展望

如表9-1所示，2018年10月以来，南非经济前景仍旧疲弱，预测2019年经济增长率为1.5%，2021年升至2.1%。主要原因是2018年的投资成果较弱，全球经济增长放缓，家庭收入的复苏更加脆弱，出口需求放缓。消费者物价指数（CPI）通货膨胀预计2019年平均为5.2%，比2018年的4.7%有所上升，主要由于食品价格上升。随着中国和欧洲经济增长放缓的迹象，全球前景对南非经济的支撑作用正在减弱。

表9-1　　南非宏观经济展望概要　　单位：百分比

实际增长率	2018年	2020年	2021年
	估算	预测	
家庭消费	1.5	2.0	2.3
固定资本形成总额	-0.2	2.1	3.0
出口	2.0	2.7	2.8
进口	3.8	3.2	3.3
实际GDP增长	0.7	1.7	2.1
消费物价指数（CPI）通货膨胀	4.7	5.4	5.4
经常账户余额（占GDP百分比）	-3.5	-3.8	-4.0

资料来源：南非财政部。

2. 南非财政展望

2019 年 2 月 20 日，南非发布了 2019 年预算。预算的主题词是：“风险、重建和增长”。预算概述了一系列经济和财政措施，旨在使南非经济走上新轨道，并减少南非公共财政面临的长期风险。政府的核心经济政策目标是加速包容性增长和创造就业机会。主要财政目标是通过约束预算赤字和稳定公共债务来确保可持续财政，预算提案支持了这些目标。该预算是艰难的环境下出台的，经济增长依旧疲弱，公共债务和偿债费用加速增长，治理和运营方面的问题在整个公共部门都很明显。经济表现不佳和税收管理中存在的遗留问题，导致税收严重短缺，国有企业财务状况的恶化给公共财政带来了额外的压力。考虑到以上情况，2019 年预算的优先事项是：（1）缩小预算赤字，稳定国家债务占 GDP 的比例；（2）支持电力部门的重组，减少南非电力公司给经济和公共财政带来的直接风险；（3）通过加强私营部门投资，改善基础设施项目的规划和实施以及重建国家机构来恢复经济增长。

由于全球增长前景放缓，美国、中国和欧洲的 GDP 增长预测已下调，全球 2018 年年中企稳的金融市场状况自 2018 年年底以来变得更加动荡，短期不确定性加剧了对贸易紧张和全球增长放缓的担忧。因而南非将 2019 年的实际 GDP 增长估计下调为 1.5%，比上次预测下调 0.2 个百分点，反映了就业和投资增长的疲软。根据食品通胀和电价的上涨，2019 年消费价格指数（CPI）通货膨胀率预计 5.2%。

2019/2020 财年税收措施可增收 150 亿兰特，2020/2021 财年为 100 亿兰特。与 2018 年预算相比，2018/2019 财年税收总额缺口估计为 428 亿兰特，比《2018 中期预算政策说明》时恶化了 154 亿兰特。与《2018 中期预算政策说明》的估算相比，包括建议的加税，未来三年税收缺口总额为 163 亿兰特。

综合预算包括主体预算框架、省级支出、社会保障基金，以及由自有收入来源供资的公共实体。中期支出框架期间，综合非利息支出年均实际增长率为 2%。中期支出框架期间，在偿债支出和应急储备预算之后，47.9% 的国家筹集资金拨付给中央政府，43% 拨付给省级政府，9.1% 拨付给市给政府。政府间的收入分配仍保持强有力的再分配。国有企业财务状况不佳，一些实体正努力履行债务义务，2017/2018 财年期间的股本回报率下降到 -0.3%，这反映了收入增长疲软和高成本结构。10 年来累积债务造成的不断增长的偿债成本也严重影响盈利能力。2019 年，政府将发起改革，以加强国有企业的治理、财务管理和运营。

（三）国家治理变化与趋势

2018 年 9 月 21 日，拉马福萨总统宣布了《经济刺激和复苏计划》（The Stimulus and Recovery Plan），该计划反映了南非近期的国家治理策略，其中基础设施将是政府投资的重点领域。拉马福萨说，经济刺激计划涉及农业、旅游业、制造业、医疗等多个领域，规模达500亿兰特（约合35亿美元）。刺激计划的具体细节在2018年10月份发布的中期财政预算报告中公布，该计划旨在促进经济活动、恢复投资者信心、创造就业、提高弱势群体生活水平。

政府还宣布设立南非基础设施基金，并在未来3年对这一基金至少注资4 000亿兰特（约合279亿美元）。拉马福萨说："为在更广范围内创造更多就业，政府决定建立南非基础设施基金，这将从根本上改变基础设施建设项目的立项、建设和运营方法。"经济刺激计划给投资者传达了强烈信息，即南非欢迎商业投资，政府致力于经济发展。

2018年2月，南非宣布了一系列举措，推动南非走上增长、就业和转型的新道路，采取了决定性的步骤，重建投资者信心，结束腐败和国家抓捕，恢复国有企业的良好治理，加强关键的公共机构。然而，南非的经济困难是严重的。多年来，南非经济增长速度不足以支撑就业和人民摆脱贫困。公共财政被约束，限制了政府扩大对经济和社会发展投资的能力。为创造大量就业，需要大幅增加投资水平。

2018年下半年，油价上涨、新兴市场信心减弱、美国与其他主要经济体贸易关系恶化等全球因素，加剧了南非经济的结构性弱点，对南非产生了负面影响。为应对这些大多无法控制的因素，《经济刺激和复苏计划》有一系列金融和非金融措施，将立即实施，第一，刺激经济活动；第二，恢复投资者信心；第三，防止进一步的失业和创造新的就业机会；第四，解决影响南非人民中脆弱群体所面临的一些紧迫挑战。政府宣布的措施优先考虑那些对青年、妇女和小型企业产生最大影响的经济活动领域。刺激和复苏计划包括以下主要内容：实施促进经济增长的改革，调整公共支出的优先次序，以支持创造就业。建立基础设施基金，投资市政社会基础设施建设。解决教育卫生领域的紧迫问题等。

1. 促进经济增长的改革

首先是改革签证制度，使更多游客访问南非，促进旅游业，让旅游业继续创造大量就业机会。其次是必须恢复采矿部门的投资和勘探水平，采矿和选矿活动具有推动长期经济增长、出口和就业增长的巨大潜力。内阁批准了修改后的采矿章程，以重振采矿业，为投资者提供确定性，为转型和包容性产业绘制可持续发展道路。

为了降低营商成本，促进出口，使南非工业更具竞争力，政府已开始审查各种管理价格，从电力、港口和铁路关税开始。政府将会启动分配高需求无线电频谱的程序，发放牌照，释放电信行业的巨大价值，增加竞争，促进投资，降低数据成本。较低的数据成本也将减轻贫困家庭的负担，提高南非经济的整体竞争力。政府的其他措施包括扩大对小企业和合作社的政府采购，在世贸组织规则范围内利用贸易措施保护家禽和其他敏感行业，并大力打击非法进口。

2. 调整公共支出优先次序

经济刺激和复苏计划的核心内容是重新调整支出优先次序，用于对经济增长、国内需求和创造就业产生最大影响的活动，特别强调乡镇和农村经济、妇女和青年。政府增加支出或借贷的财政空间有限，必须确保拥有的资源得到最大化利用。政府将在当前的财政框架内，按照正常的预算程序，重新安排支出的优先次序。

第一，重新确定优先次序的资金将用于投资乡镇和农村地区的农业和经济活动。农业在短期和长期内具有创造就业机会的巨大潜力，已确定的干预措施包括对黑人商业农民的一揽子支持措施，通过屠宰场和饲养场等基础设施，增加他们进入食品价值链的机会。混合融资将由土地银行、行业发展公司和商业银行调动。土地银行目前正在完成的交易将在未来3至5年内为农业部门创造就业机会。很大一部分资金将用于出口导向型、劳动力高度密集的农作物。政府将敲定为期30年的租约，使农民能够为农业发展筹集资金。为发展农业和确保有效的土地改革，成立了10人组成的土地改革咨询小组，指导土地改革部际委员会，向政府提供关于执行公平合理的土地改革进程的咨询意见，土地改革进程将弥补过去的不公正，增加农业产出，促进经济增长和保护粮食安全。

第二，重新确定优先次序的资金也将重新用于在乡镇和农村地区激发经济活动，把振兴三个区域和26个乡镇工业园区作为重点，推动乡镇、农村经济和产业发展。正在设立乡镇创业基金，为扩大现有项目或新项目提供创业资金。

第三，把资源用于应对卫生和教育方面的紧迫挑战，这对人民的健康、福祉和生产力至关重要。额外的资金将用于解决许多公立学校卫生设施的恶劣状况，确保本财政年度完成1 100个卫生项目。为了解决医院的一些短缺，正在立即提供资金购买病床和床单，同时立即填补2 200个重要的医疗职位，包括护士和实习生。

3. 设立基础设施基金

经济刺激和复苏计划将基础设施支出列为经济活动的关键驱动因素。基础设施的扩建和维护具有大规模创造就业机会、吸引投资和为可持续经济扩张奠定基础的潜力。为释放大规模创造更多就业机会的潜力，政府决定设立南非基础设施基金，从根本上改变开展、建设和实施基础设施项目的方式。2010年世界杯基础设施中吸取的教训，将使设立这一基金时处于有利地位。南非基础设施基金将减少目前分散的基础设施支出，并确保更有效地利用资源。将邀请私营部门在该基金中与政府建立有意义的伙伴关系。国库在中期支出框架期间对基础设施基金的供款将超过4 000亿兰特，政府将利用这些资金从发展金融机构、多边开发银行、私人贷款机构和投资者那里获得更多的资源。为了确保资金的有效利用，确保项目按时、按预算完成，建立了专门的基础设施执行团队，拥有广泛的项目管理和工程专业知识，以协助项目设计和监督实施。该团队将确定和量化“准备就绪”的公共部门项目，如道路和大坝，并让私营部门参与管理交付。总统基础设施协调委员会（PICC）的作用将被加强，以确保改进三个政府层级间的协调。

额外的基础设施资金将用于省级和国家级公路、人居、水利基础设施、学校、学生宿舍和公共交通。为了支持刺激计划，工业发展公司（IDC）[①] 计划在未来 12 个月内将批准额度提高到 200 亿兰特，比前一年增加 20%。这些资金将针对经济的生产性部门，包括制造业、采矿业、工业基础设施和处于困境的部门。政府还需要短期市政投资，以应对人民面临的挑战，政府确定了 57 个优先试点城市，以便在短期内释放基础设施支出，支出将包括污水净化和管网、垃圾处理场、电网和水库等。还将采取一系列干预措施，包括将就业税收优惠再延长 10 年，以确保增长是劳动密集型的，尤其是年轻人被吸引到劳动力市场。

刺激经济活动需要伙伴关系和合作，必须全国上下一起努力，使经济在短期内恢复增长，并为未来的可持续、包容性增长打下基础，为此，已经同工商界和劳动界的领导人进行了磋商，他们承诺提供支持，包括资源和专门知识，这使人鼓舞，干预措施将有助于使经济基础更加坚实。

南非人面临的挑战远远大于以往，政府有信心打造新的增长、就业和转型之路。《经济刺激和复苏计划》的要素将在扭转南非经济最近的收缩方面发挥决定性作用，确保所有南非人的生活得到明确和持续的改善。

二、政府支出：实施基线削减

2019 年中期支出框架（MTEF）期间的政府综合支出总额预计为 5.87 万亿兰特，2019/2020 财年预算金额为 1.83 万亿兰特，2020/2021 财年 1.95 万亿兰特，2021/2022 财年 2.09 万亿兰特。大部分支出用于学习和文化、社会发展、卫生和社区发展。新提议中期拨款金额为 753 亿兰特，其中主要是用于重新配置南非电力公司的临时拨款，金额为 690 亿兰特。为了限制公共债务的增长，应对收入表现不佳，中央和省级政府进行了基线削减，3 年期间削减额达 503 亿兰特。

一加一减之后，非利息支出中期增加了 250 亿兰特，2019/2020 财年增加 216 亿兰特，2020/2021 财年 19 亿兰特，2021/2022 财年 14 亿兰特。员工薪酬仍是支出的最大类别，平均占拨款支出的 34.4%。2019 年预算将采取措施控制工资账单的增长，预计中期工资支出将减少 270 亿兰特，节省的资金有助于重新平衡支出构成。政府仍然致力于优先考虑社会基础设施、卫生服务、受教育机会和社会保障。南非电力公司的风险以及不利经济条件，需要大幅调整支出。政府还进行了其他调整，以控制预算赤字，稳定债务。

三年 MTEF 期间，政府支出设计为年均增长 7.8%，从 2018/2019 财年的 1.67

---

① Industrial Development Corporation，南非的国家发展金融机构。

万亿增至2021/2022财年的2.09万亿兰特。支出增长继续高于通货膨胀率，实际支出平均增长2.4%。资金优先用于改善服务交付，主要是卫生、道路、公共交通和教育基础设施方面，还为基础设施基金预留了50亿兰特。临时拨款43亿兰特，主要用于道路维修和宽带。

（一）主体预算支出计划的修订

南非2018MTBPS提议未来3年重新调整334亿兰特的优先支出次序，而支出上限保持不变。其中169亿兰特用于基础设施项目（包括学校）、服装和纺织品激励措施，以及公共就业项目。剩余的165亿兰特用于各种有助于能力建设和服务交付的项目。然而，严重的风险已经显现，需要立即关注以保护公共财政并限制公共债务的增长。因此，2019年预算提议进一步的削减，但即使有这些削减，支出上限中期也将上调160亿兰特，主要用于重新配置南非电力公司。为保证服务交付不受负面影响，基线削减定位于具体的中央部委项目，国会议员和省级立法机构的工资增长将被冻结，还鼓励公共机构冻结高级雇员的加薪，应急储备在两个外围年份有所减少。

1. 基线削减

由于经济和收入疲弱，以及南非电力公司重新配置，2019年的预算中，大多数基线被削减，一些资金被重新用于市政和省的基础设施拨款。削减主要影响具体部委的项目和向公共实体的转移支付。中期政府将采取额外措施管理工资增长。自然减员和积极措施相结合可以减少薪酬预算，2019/2020财年减少53亿兰特，2020/2021财年110亿兰特，2021/2022财年107亿兰特。2019/2020年国会议员和省级立法机构的工资增长被冻结。此外，鼓励公共机构冻结2019/2020年度年收入150万兰特或以上员工的工资，而那些年收入在100万—150万兰特之间的人，工资增长应比通胀率低2.8%。此前几年，南非中央和省级政府高层管理人员的薪资涨幅一直低于通胀率。特别国防账户用于为国防部管理主要武器系统和技术的购置和升级，2021/2022财年减少了50亿兰特。公共实体的商品和服务预算减少了1%。2018MTBPS提出的基线调整主要集中于进展缓慢和未用尽款项的项目，如南非客运铁路管理局的资本项目，资源重新分配给需要立即提供资金的其他项目。

2. 中期拨款的重审

中期拨款的最重大变化，是未来3年中，每年留出230亿兰特用于南非电力公司的重新配置。大多数重新确定优先次序的资金被用于改善基础设施，从而改进服务交付或增加生产的能力，包括维护道路、铲除学校的坑式厕所和扩大一体化公共交通网络，以及支持各省的卫生服务和南非邮政局。

3. 临时拨款

2021/2022 财年，留出 6 亿兰特建立乡镇和农村企业基金，10 亿兰特用于道路维护，5 亿兰特用于为每个社会补助金受益人提供每月一次的自动提款，留出 1.25 亿兰特用于调查卡特尔和反竞争行为的竞争委员会。未来 3 年，临时拨款 7.93 亿兰特，用于财政困难的各市执行周转计划。对南非连接第二阶段的临时拨款，用于将宽带推广到公共建筑。

（二）综合政府支出

如表 9－2、表 9－3 所示，政府综合支出预计从 2018/2019 财年的 1.67 万亿兰特增长至 2021/2022 财年的 2.09 万亿兰特，年均增长 7.8%，工资和薪金占 34.4%；对家庭的转移支付，主要用社会补助，支持南非最贫穷和最脆弱的群体，占 17%；对省和市的转移支付占 7.7%。控制员工工资增长是政府增加生产性投资和改善服务交付的关键。2018 年谈判达成的公共服务工资协议导致了额外的、未列入预算的补偿成本，各部委被要求在其目前的薪酬上限内消化这笔加薪。一些部门有可能突破这些上限的风险，特别是劳动密集型部门。包括基础设施在内的资本资产支付年均增长 9.6%。

表 9－2　　政府综合支出（按经济分类分列）　　单位：百万兰特

财年	2018/2019	2019/2020	2020/2021	2021/2022	占全部 MTEF 拨款的百分比	MTEF 年均增长
	修订估算	中期估算				
经济分类						
经常性开支	1 016 525	1 087 568	1 168 593	1 262 444	60.3%	7.5%
员工薪酬	585 193	627 126	667 624	713 095	34.4%	6.8%
商品及服务	242 605	251 043	268 266	293 473	13.9%	6.6%
利息和土地租金	188 726	209 399	232 702	255 877	12.0%	10.7%
其中：						
偿债费用	182 218	202 208	224 066	247 408	11.5%	10.7%
转移支付和补贴	549 202	597 694	640 826	678 647	32.8%	7.3%
市级政府	128 929	138 651	150 216	162 428	7.7%	8.0%
部门机构及账户	25 838	28 059	29 733	27 754	1.5%	2.4%
高等教育机构	42 004	46 642	48 724	50 902	2.5%	6.6%
外国政府和国际组织	2 544	2 409	2 542	2 456	0.1%	－1.2%

续表

财年	2018/2019	2019/2020	2020/2021	2021/2022	占全部 MTEF 拨款的百分比	MTEF 年均增长
	修订估算	中期估算				
公营公司和私营企业	31 764	35 924	35 775	40 528	1.9%	8.5%
非营利机构	34 927	37 437	40 494	42 774	2.1%	7.0%
家庭	283 197	308 573	333 341	351 807	17.0%	7.5%
资本资产支付	84 229	98 457	103 121	110 994	5.4%	9.6%
建筑物及其他资本资产	66 820	76 309	77 821	83 779	4.1%	7.8%
机器和设备	17 409	22 148	25 300	27 215	1.3%	16.1%
金融资产支付	15 469	29 833	30 407	30 928		
合计	1 665 425	1 813 553	1 942 947	2 083 014	100.0%	7.7%
应急储备金	—	13 000	6 000	6 000		
综合支出	1 665 425	1 826 553	1 948 947	2 089 014		7.8%

注：MTEF 是 medium term expenditure framework 的缩略语，指 3 年期的中期支出框架。

表 9-3　　政府综合支出（按功能分类分列）　　单位：百万兰特

财年	2018/2019	2019/2020	2020/2021	2021/2022	占全部 MTEF 拨款的百分比	MTEF 年均增长
	修订估算	中期估算				
学习和文化	354 826	386 398	415 186	442 618	24.1%	7.6%
基础教育	246 593	262 355	282 303	302 813	16.4%	7.1%
成人教育培训	97 652	112 695	121 333	127 590	7.0%	9.3%
艺术文化体育娱乐	10 581	11 349	11 550	12 215	0.7%	4.9%
医疗	208 777	222 572	238 837	255 486	13.9%	7.0%
社会发展	256 874	278 396	298 902	317 081	17.3%	7.3%
社会保障	192 714	207 064	222 728	238 661	12.9%	7.4%
社会保障基金	64 160	71 332	76 174	78 420	4.4%	6.9%
社区发展	186 375	208 542	225 112	243 686	13.1%	9.3%
经济发展	192 418	209 213	219 896	235 862	12.9%	7.0%
工业化和出口	32 952	37 548	39 092	40 970	2.3%	7.5%
农业与农村发展	29 977	30 674	31 253	32 767	1.8%	3.0%

续表

财年	2018/2019	2019/2020	2020/2021	2021/2022	占全部 MTEF 拨款的百分比	MTEF 年均增长
	修订估算	中期估算				
创造就业和劳工事务	21 423	23 186	24 027	25 471	1.4%	5.9%
经济调控和基础设施	92 632	101 264	108 348	118 857	6.4%	8.7%
创新和科技	15 433	16 542	17 176	17 797	1.0%	4.9%
和平与安全	203 482	211 044	222 902	233 002	12.9%	4.6%
国防和国家安全	49 040	49 977	52 720	51 211	3.0%	1.5%
警务	99 205	104 214	110 347	117 830	6.4%	5.9%
法院及监狱	45 699	48 434	51 052	54 398	3.0%	6.0%
民政	9 539	8 419	8 784	9 563	0.5%	0.1%
一般公共服务	64 986	65 345	67 640	76 942	4.1%	5.8%
行政及立法机关	15 849	16 180	16 585	17 320	1.0%	3.0%
公共管理和财政事务	41 218	41 605	43 058	51 365	2.6%	7.6%
对外事务	7 919	7 561	7 996	8 257	0.5%	1.4%
金融资产支付	15 469	29 833	30 407	30 928		
按功能拨款合计	1 483 207	1 611 345	1 718 880	1 835 606	100.0%	7.4%
偿债费用	182 218	202 208	224 066	247 408		10.7%
应急储备金	—	13 000	6 000	6 000		
综合支出	1 665 425	1 826 553	1 948 947	2 089 014		7.8%

三、政府收入：税收收入继续表现不佳

（一）总体收入情况

由于经济增长疲软和税务管理问题，税收收入继续表现不佳。2018/2019 财年的税收收入估算比上次估算下调了 154 亿兰特。税收政策建议设计为 2019/2020 财年增加 150 亿兰特的税收收入，反映了政府缩小预算赤字和稳定债务的承诺。南非税务局正通过重建大企业中心，成立专责小组打击集团逃税，加强业务运作。南非财政部将推出立法修改来加强南非税务局的税收征管和能力。

南非的经济表现继续严重影响税收收入，与 2018 年预算的预测相比，2018 年

中预测的2018/2019财年收入下降了274亿兰特，2019年预算的预测下降了428亿兰特。经济疲软导致个人所得税和企业所得税收入下降，征管的疲软也是促成因素。2018/2019财年的总税收估计为1.3万亿兰特。

巨大的税收缺口和新的支出压力需要进一步的税收政策和支出干预。在经济疲软的背景下，2019年的预算税收提案旨在将对经济增长的负面影响降至最低。中期将根据需要调整税收政策，加强财政整顿。2019年的提案预计将在2019/2020财年增加150亿兰特的税收，进一步的税收改革提议在2020/2021财年增加100亿兰特，具体细节将在2020年预算中公布。2019/2020财年的主要税收提议有：将个人所得税的免税额从78 150兰特提高到79 000兰特，税收级距不做调整。将燃油税提高29分/升，其中一般燃油税15分/升，道路意外基金（RAF）5分/升，对燃料新推出的碳税9分/升。将烟酒产品的消费税提高7.4%至9%。提高就业税收优惠符合条件收入的划分档次。

（二）收入的征集与展望

自2018年10月以来，税收收入状况恶化，成绩一落千丈，与2018年预算估计相比，2018/2019财年的预测收入缺口为428亿兰特。持续疲软的经济活动导致企业所得税收入有所下降，主要由于采矿、采石和金融领域的产出减少。失业、低工资结算、奖金减少对收入预提税施加了压力。提高对发电厂和初级生产者（如农场主和矿业公司）的柴油退税，放慢了征收燃油税的步伐。与贸易有关的税收在下半年表现较好，关税收入和进口增值税预估收入较高。国内增值税在上调税率后按预期执行，然而，自2018年10月南非税务局加速增值税退税以来，增值税净征收额已有相当幅度的下降。

（三）税收改革措施

1. 税收政策方面的考量

持续的财政收入不足，加上免费高等教育等新的支出承诺，导致过去4年税收大幅增加。自2015/2016财年以来，每年采取措施筹集更多资金的额外金额分别为168亿兰特、181亿兰特、280亿兰特、360亿兰特，个人所得税、股息预提税、资本利得税、增值税等税率全部上调。尽管税收大幅增加，但税收占GDP的比例已开始下降。为限制对经济增长的负面影响，2019年预算提议将不提高任何税种的税率，相反，将通过不进行通货膨胀调整而增加税收。税收管理方面的问题一定程度上解释了糟糕的税收征收表现，改进征收取决于恢复南非税务局的效率。短期内，这种改进在增加收入方面可能比进一步大幅度增税更有效。

2. 确保税务管理的透明度

2014—2017 年期间，南非税务局存在管理不善和滥用投标程序，为了增加对社会和经济政策承诺提供资金所需的收入，南非要求税务管理必须有效、高效和公正。南非税务局正重建重点放在大型企业的部门，这一过程包括招聘专家，预计 2019 年 4 月完成。2018 年 8 月，南非税务局成立非法经济小组，调查包括烟草贸易在内的高风险行业的联合逃税计划，还开始调查与一些活动有关的潜在税务犯罪。南非税务局已采取步骤加强对信息技术系统的管理，重建技术实力，并利用各国税务当局间的信息共享协定所带来的机会。通过内部流程，南非税务局正在执行有关不适当行动、徒劳和浪费的开支、不公平的劳工行为和管理不善的建议。南非税务局正在审查违反公共采购规定的合同，并将采取行动收回已支出的资金。

3. 清理增值税退税积压

2018 年年中宣布南税税务总局将支付逾期的增值税退税，2018 年 4 月积压的退税为 304 亿兰特，9 月升至 418 亿兰特。随后几个月，南非税务局努力减少积压，月均支付退税 222 亿兰特。截至 2019 年 1 月底，积压退税降至 310 亿兰特。

4. 就业税收激励促进创造就业

就业税收优惠于 2014 年 1 月 1 日开始实施，以在雇主和政府之间分担雇用年轻、缺乏经验工人的成本。2016 年和 2018 年对激励机制进行了审核和延长。最近的研究发现，激励的积极作用在小企业中更为明显。2015/2016 财年约 3.1 万雇主为 110 万个人申报了税收优惠，2017/2018 财年与就业税收激励相关的税式支出金额达 43 亿兰特。

南非国家经济发展和劳工理事会利用 2014/2015 财年和 2015/2016 财年对该计划效果的独立研究，对激励措施进行了评估。评估发现申报税收激励企业的雇员人数和就业增长率显著增加。影响在雇员少于 50 人的公司中最为明显，不过所有规模的公司都有积极影响。激励机制在阻止失业方面也发挥了作用。没有明显的证据表明，激励机制会让老员工离职。年轻员工则表示，激励机制创造了原本不会拥有的机会。2018 年，经济特区开始实施另一项就业激励措施，雇主可以为经济区内雇用的所有合格工人申报，只考虑工资标准不考虑年龄。

5. 更新和实施碳税

碳税已于 2019 年 6 月 1 日起实施。它落实了污染者自付原则，为温室气体排放定价，旨在确保企业和家庭在生产、消费和投资决策时考虑到污染成本。碳税有助于减少排放，确保南非履行对 2015 年《巴黎气候协定》的承诺，南非税务局和南非环境事务部将共同管理碳税。

南非《碳税法案》6 月 1 日正式生效，南非由此成为首个实施碳税的非洲国家。

南非早在2010年就已提出征收碳税，但由于矿业巨头、钢铁制造商和国家电力公司等温室气体排放大户反对，该法案先后被推迟了3次。2019年2月，碳税法案在南非国民议会表决通过，5月经总统签署正式成为法律。南非财政部发表声明称，南非只有充分应对气候变化挑战才能实现自身的发展目标。碳税的主要目标是以可持续、成本效益和价格合理的方式减少温室气体排放，政府鼓励企业在未来10年及更长时间内采用更清洁的技术。南非财政部还指出，实施碳税不仅不会对南非贸易企业带来负面影响，反而有助于南非本土企业开展国际经贸合作，因为碳税的实施能够使南非企业避免因温室气体减排不力而遭受惩罚性贸易关税的制裁。

目前，南非能源消耗对化石燃料依赖度超过90%，开征碳税需要充分考虑其可能对南非经济造成的负面影响。鉴于此，法案将分两个阶段实施，第一阶段从2019年6月1日至2022年12月31日，第二阶段从2023年至2030年。法案实施的第一阶段将对95%的企业实行免税津贴政策，并制定较为温和的收费标准。碳税税率从每吨二氧化碳排放当量120兰特（8美元）开始，具体实施中，在不同行业免费分配一部分碳排放指标，使实际有效碳税降至6—48兰特/吨（约合3—24元人民币）。碳税将每年有所提高，以高于通胀2%的速度调整。政府承诺电力价格在第一阶段不会受到碳税法案影响。

四、政府试图改变融资策略

（一）赤字概况

2019年预算提出了大规模支出重组和税收措施，预计这些措施将使综合预算赤字从2019/2020财年占GDP的4.5%缩小到2021/2022财年的4%，综合预算包括主体预算框架和各省、社会保障基金和由其自身收入来源供资的公共实体的支出。2024/2025财年，净贷款债务（不包括政府现金余额的贷款总额）稳定在GDP的57.3%。2018/2019年的综合赤字（占GDP的4.2%）比2018年预算的预测高0.6个百分点，主要是由于税收较低，部分被预计的社保基金和公共实体的未用尽款项和较高的盈余所抵消。与2018年预算相比，2019/2020和2020/2021年度的综合赤字估计数平均为0.9个百分点，主要原因是税收减少和综合支出增加。南非电力公司每年230亿兰特的临时拨款是较高综合开支的主要推动力。主体预算赤字是政府的净借款需求，比2018年预算估计数（占GDP的3.8%）高出0.6个百分点。赤字扩大的主要原因是税收短缺，预期支出减少部分抵消了赤字。因此，2019年度净借款增加了334亿兰特。预计2019年的主体预算赤字将扩大到占GDP的4.7%，2021/2022年将缩小到占GDP的4.3%，表9－4汇总了由国家收入基金资助的支出。

表 9－4　　主体预算框架　　单位：10 亿兰特/占 GDP 百分比

财年	2015/2016	2016/2017	2017/2018	2018/2019	2019/2020	2020/2021	2021/2022
	结果			修订估算	中期估算		
收入							
总税收	1 070.0	1 144.1	1 216.5	1 302.2	1 422.2	1 544.9	1 670.4
非税收入	42.9	19.0	19.3	19.8	27.0	21.1	22.3
南部非洲关税同盟缴款	-51.0	-39.4	-56.0	-48.3	-50.3	-65.8	-65.4
国家收入基金收益	14.4	14.2	16.6	11.7	4.5	5.0	5.6
主体预算收入	1 076.2	1 137.9	1 196.4	1 285.4	1 403.5	1 505.1	1 632.9
	26.1%	25.8%	25.3%	25.4%	25.9%	25.9%	26.1%
支出							
中央各部委	546.1	555.7	592.7	638.2	684.7	733.1	777.7
省级	471.4	500.4	538.6	572.2	612.3	657.1	701.0
市级	98.3	102.9	111.1	117.3	127.3	137.9	149.5
应急储备金	—	—	—	—	13.0	6.0	6.0
未经表决的临时拨款	—	—	—	—	19.2	11.4	18.9
非利息支出合计	1 115.8	1 159.0	1 242.3	1 327.6	1 456.5	1 545.5	1 653.1
偿债费用	128.8	146.5	162.6	182.2	202.2	224.1	247.4
主体预算支出	1 244.6	1 305.5	1 405.0	1 509.9	1 658.7	1 769.6	1 900.5
	30.2%	29.6%	29.8%	29.8%	30.6%	30.4%	30.4%
主体预算赤字	-168.4	-167.6	-208.6	-224.5	-255.2	-264.4	-267.6
	-4.1%	-3.8%	-4.4%	-4.4%	-4.7%	-4.5%	-4.3%
财政基本收支赤字	-39.6	-21.1	-45.9	-42.3	-53.0	-40.4	-20.2
	-1.0%	-0.5%	-1.0%	-0.8%	-1.0%	-0.7%	-0.3%

南非政府继续以可持续和负责任的方式管理债务并满足融资需要。2018 年，政府总借款需求上升了 153 亿兰特达到 2 395 亿兰特，主要是由于低于预期的收入筹集。2019/2020 财年的借款需求将上升至 3 353 亿兰特，将主要从国内资本市场融资。2018/2019 财年的净贷款债务预计达到 2.52 万亿兰特，占 GDP 比重为 49.9%，2021/2022 财年上升至 3.47 万亿兰特，占 GDP 比重为 55.5%，2024/2025 财年净债

务预计稳定在 GDP 的 57. 3% 。或有负债预计从 2018/2019 财年的 8 796 亿兰特上升至 2021/2022 财年的 1. 02 万亿兰特。

2018 年预算以来，南非政府的总借款需求，包括收入和支出的差额以及偿还到期债务，上升了 153 亿兰特，主要原因是经济增长疲弱以及连带的收入不足。2018 年，由于美国货币政策的不确定性、美中贸易紧张以及英国脱欧的影响，发展中经济体经历了市场波动，借贷成本和货币波动加剧。中期债务存量和还本付息成本将继续增加，2018/2019 财年政府总贷款债务估计达到 2. 81 万亿兰特，占 GDP 的 55. 6% ，预计在 2023/2024 财年稳定在 GDP 的 60. 2% ，一年后净债务预计稳定在 GDP 的 57. 3% 。或有负债主要是对公共实体的担保，预测在 2019 年 3 月 31 日达到 8 796 亿兰特，对国有企业的担保额为 5 294 亿兰特，其中南非电力公司占 55. 7% ，这些担保仍是国库的主要风险。

尽管存在这些压力，政府仍继续以可持续和负责任的方式管理其债务和融资需求。预计在 2021/2022 财年，总借款需求占 GDP 的百分比将从 2019/2020 财年的 6. 2% 下降到 5. 3% 。2018 年，所有 4 个信用评级机构都肯定了南非的评级，目前前景稳定，有利的评级支持政府以合理的利率继续获得资金。然而，两个次级投资等级的评级反映了机构对南非的经济增长、债务负担和或有负债的担忧，降级将对经济和公共财政产生不利影响。政府仍然专注于通过缩小预算赤字、稳定债务、实施结构改革以促进增长以及改善国有企业的财务状况来恢复投资者信心。

（二）融资策略

为确保政府能够以可持续方式为预算赤字供资，政府监测全球和国内经济趋势，确定拟提供资金的数额、拟使用的供资工具及其各自的到期日和风险考虑。2019/2020 财年，为确保分散风险的多样化债务组合，将由国内市场的短期和长期借款以及外币贷款提供资金。短期借款包括期限不超过 12 个月的短期国债，以及来自公共存款公司的过渡性融资。长期贷款包括固定利率、通胀挂钩、零售储蓄债券，外币贷款采取外国债券的形式。为使债务组合多样化，政府希望 2019/2020 财年首次发行以兰特计价的伊斯兰债券。此外，将考虑从多边机构借贷供资基础设施项目。

融资策略的主要风险有以下几点，一是财政状况，由于无法预见的支出或要求政府提供担保，预算赤字的扩大将导致债务和借款成本的增加。二是通货膨胀和汇率风险。通货膨胀率的意外增加或汇率贬值将增加未偿还的通胀挂钩或外币债务的成本。三是更高的全球利率。发达国家继续收紧货币政策可能会减少债券收益率的差异，导致资本外流或波动，从而降低南非债券的吸引力。

政府的战略组合风险基准有助于确保债务结构的可持续性。这些经过审查的基准将保持不变。预计 2019/2020 财年期间，债务组合将保持在战略基准限额之内。

政府继续通过现金积累和债券转换计划来管理再融资风险，该计划将较短期限的债券换成期限较长的债券，如表9－5所示。

表9－5　　　　针对战略组合风险基准的表现

基准	基准范围或限度	2018/2019	2019/2020
		估算	
短期国债占国内债务的百分比（%）	15	12.5	11.7
5年内到期的长期债务占固定利率债券和通胀挂钩债券的百分比（%）	25	12.5	11.2
通胀挂钩债券占国内债务的百分比（%）	20—25	24.0	24.2
外债占总债务的百分比（%）	15	10.1	9.3
固定利率债券和短期国债的加权到期期限（年）	10—14	13.4	13.7
通胀挂钩债券的加权到期期限（年）	14—17	14.3	14.5
其他指标（加权平均）			
总债务的到期期限（年）	无	13.2	13.5
外债的到期期限（年）	无	9.9	10.0

注：基准不包括从公共存款公司的借款、零存储蓄、零息债券。

（三）借款绩效和预测

相对于2018年预算中的预测，2018/19财年的预算赤字增加了334亿兰特。国内债券赎回减少了181亿兰特，部分抵消了这一增长。因此，2018/2019财年的总借款需求从预计的2 242亿兰特增加到了2 395亿兰特，或从GDP的4.5%上升到4.7%。未来三年，国内和国外债务中的2 076亿兰特预定赎回。预计到2023/2024财年，主体预算将达到基本平衡，即非利息支出将不再超过总收入。2021/2022财年的总借款需求预计下降至GDP的5.3%。

截至2018年12月底，外国投资者持有国内政府债券的37.7%，金额达7 129亿兰特。政府在国际资本市场上筹集资金，为其外币承诺提供资金。2018年发行了20亿美元的外国债券，交易被超额认购。2018/2019财年预计再发售20亿美元，未来3年，南非政府将从全球资本市场筹集额外的80亿美元。

2017/2018财年末，南非政府政府持有的现金总额为2 358亿兰特，包括商业银行和储备银行的存款，这些余额急剧增加，主要是由于2019/2020年度到期的大量外币承付款项。2018/2019财年，兰特现金余额比2018年预算增加了215亿兰特，是由于2019年3—4月社会补助金和利息支付的现金流发生了变化。2019/2020财年政府持有的现金总额中的几乎81%，或1 716亿兰特，构成与储备银行签订的官方外汇储备存款，供政府用作过渡性融资。

（四）政府债务和偿债费用

1. 中央政府债务

政府债务主要由其借款要求决定，也受通货膨胀和汇率变化的影响。国家政府债务的分布和存量，贷款总额预计中期增加 8 690 亿兰特。2024/2025 财年的净债务预计稳定在 4.52 万亿兰特，占 GDP 的 57.3%，2023/2024 财年总债务占 GDP 比例为 60.2%。中期支出框架期间，债务的构成相对稳定。国内短期债务和外币债务各占总贷款债务的约 10%，剩余的为国内长期债务。2018/2019 财年，债务存量增加 3 247 亿兰特，其中 2 245 亿兰特为主体预算赤字。债务投资组合对币值的变化很敏感，兰德贬值增加了未偿外债的金额。

2. 中央政府偿债费用

政府偿债成本由债务存量、新借款，以及利率、通货膨胀和汇率等宏观经济变量决定。2018/2019 财年，由于借款要求较高，偿债费用调高了 21 亿兰特。较高的短期国债发行和更大的过渡性融资增加了短期借款成本，偿债成本中期占 GDP 的比例平均为 3.9%。

3. 或有负债

南非政府密切监测或有负债的状况，即仅在发生特定事件时产生支出的财务义务。或有负债包括对国有企业、独立发电商、公私合作伙伴关系的担保。政府还监测其他负债，如多边机构准备金，不同类别的或有负债构成的风险各不相同，高水平的或有负债可能导致主权债务的风险溢价。

五、政府间财政关系

南非 2019 年预算的中央、省级、市级资金分配比例与往年基本相同。今后 3 年，在支付了偿债费用、应急储备金和临时拨款之后，国家筹集资金的 47.9% 分配给中央政府，43% 分配给省级政府，9.1% 分配给市级政府。收入分配仍具有很强的再分配能力，主要提高较富裕地区的税收，为较贫穷的省市提供资金。省级拨款的变化包括冻结政府官员的工资，增加对低收入家庭学生免费卫生用品的推广资金，以及减少需要改革的人居发展补贴。对市级政府的一般转移支付主要用于为低收入家庭提供免费基本服务，其增长速度高于通胀，是由于家庭数量增长和服务成本上升。新的专项转移支付激励鼓励改善基础设施建设和维护方面的市政绩效。医疗法律索赔给省级卫生预算带来了压力，地方政府仍然存在无资金预算模式，南非中央政府正与各省市合作解决这些问题。

在过去10年中，南非各层级政府的能力和机构完整性都受到削弱，中央政府将采取措施，加强国家能力、揭露腐败来扭转这种状态，将与各省市合作重建治理和行政结构。必要时，国家政府将利用《宪法》《公共财政管理法1999》《市财政管理法2003》赋予的权力，确保陷入困境的省市恢复财政健康。各省负责基础教育和医疗服务、道路、住房、社会发展和农业。地方政府提供供水、卫生、电网、道路和社区服务等基本服务。在治理和财务控制薄弱的地方，这些服务就会受到威胁。

国家各部门的预算由四项职能（和平与安全、社会发展、学习与文化和经济发展）主导，占拨款的88%。在各省，学习与文化、医疗占预算的75%。99%的市级转移支付用于社区发展，包括水、卫生和电力。

对收入分配结构的任何改变都将对政府所有领域的职能产生影响。加强公共财政的可持续性将使更多的资金可用于社会和经济发展。例如，为了在未来3年还本付息，政府在偿债成本上的支出将比转移到市级政府的支出多出62%。这是政府致力于实现财政基本收支平衡的原因之一，从而可以减少对借贷资金的需求，以及由此产生的利息成本。

中期支出框架期间，扣除还本付息费用、应急准备金和临时拨款后，47.9%的中央筹集资金拨付给中央政府，43%给省级政府，9.1%给市给政府。收入再分配体现了很强的调节功能，为各省市贫困人口提供服务的资金来自较富裕城市的税收。例如，林波波省居民过去10年仅支付了国家所得税中的4%，但同期平均获得了省级一般转移支付中的12.2%。

（一）对省级转移支付

省级政府预算的95%来自中央政府的转移支付，省级一般转移支付占全部省级转移支付的80%。过去8年，考虑通货膨胀后，省级拨款增长了2.1%，而年均人口增长率为1.8%。各省拨款很大程度上是根据对主要公共服务的需求计算的，如入学人数、公共诊所和医院就诊的人数。各省一般转移支付分配的不同增长率反映了这些人口统计因素的变化。南非财政部和各省财政部门一起审查一般转移支付计算公式，以确保该公式反映数据和政策发展，并平衡各省的需要，如表9-6所示。

南非省级一般转移支付公式包含六部分，捕捉各省对服务的相对需求，并考虑到各省的具体情况。该公式不是指示性预算，也不是应在某职能上花费多少的准则。相反，教育和医疗部分大致按照历史支出模式加权，以表明相对需要。省执行委员会根据作为收入分配基础的优先事项，确定各省对每项职能的分配。2019年预算的省级一般转移支付公式构成部分如下：

1. 教育部分（48%），根据学龄人口（5—17岁）的人数和在公立普通学校就读学生（学前教育至12年级）的人数。

2. 医疗部分（27%），根据各省的风险状况和医疗系统的病例量。

3. 基本部分（16%），来自各省在全国人口中所占份额。

4. 机构部分（5%），在各省之间平均分配。

5. 贫困部分（3%），以收入数据为基础，这部分强化了公式的再分配偏好。

6. 经济活动部分（1%），基于各省GDP，数据来自南非统计局。

表9-6　2019年中期支出框架期间各省一般转移支付分配比例

	教育	医疗	基本分享	贫困	经济活动	机构	加权平均值
	48.0%	27.0%	16.0%	3.0%	1.0%	5.0%	100.0%
东开普省	14.5%	12.3%	11.3%	14.7%	7.6%	11.1%	13.2%
自由州	5.3%	5.4%	5.1%	5.3%	5.0%	11.1%	5.6%
豪登省	18.7%	23.6%	25.5%	18.4%	34.6%	11.1%	20.9%
夸祖鲁纳塔尔省	22.0%	21.0%	19.7%	22.4%	15.9%	11.1%	20.8%
林波波省	12.9%	10.1%	10.0%	13.3%	7.2%	11.1%	11.5%
普马兰加省	8.4%	7.4%	7.8%	9.3%	7.4%	11.1%	8.2%
北开普省	2.3%	2.1%	2.1%	2.2%	2.1%	11.1%	2.6%
西北省	6.6%	6.7%	6.9%	8.3%	6.4%	11.1%	7.0%
西开普省	9.2%	11.4%	11.5%	6.3%	13.7%	11.1%	10.2%
合计	100.0%	100.0%	100.0%	100.0%	100.0%	100.0%	100.0%

未用尽款项在中央和省级较为稳定，2017/2018财年，中央支出未用尽款比率为1.6%，省级政府未用尽款比率为1%（上一财年为0.9%）。过去4年中，省级专项转移支付支出已超过97%，有几笔补贴全部用完。但是，全额支出会掩盖低效率支出。例如2017/2018财年，人居发展补贴的99%得到了使用，但只实现了77%的交付目标。

（二）对市级转移支付

市级规划和预算编制的立法强调社区参与决策，市政当局和社区之间的伙伴关系依赖于公众承认市政服务的价值，并愿意为其支付。未来一段时间里，因家庭数量增长和服务成本上升，为低收入家庭提供免费基本服务的一般转移支付拨款比通胀增长快。但是，对大多数市镇来说，自有收入占其资金的比例大于转移支付，其财政可持续性取决于它们如何收集和使用自有收入。一般而言，大都市的房产税收入较高。不过，有几个城镇和中等城市有着可观的收入基础。

治理和财务管理挑战影响着城市和农村市镇。例如，所有类型的城镇都普遍采用无资金预算。在某些方面，没有能力筹集自有收入的市镇政府编制预算时更容易，因其预算资金大部分来自稳定和可预测的转移支付。按每个家庭计算，向农村市镇转移支付的资金是向大都市转移支付数额的两倍多。

专项转移支付的新激励措施鼓励改进市政绩效，2019/2020 财年，7 个中等城市将从“市政基础设施补贴”转到新的“城市综合发展补贴”，以鼓励城市通过非补贴资金将投资最大化，并维持资产。这些城市通过良好的治理、支出和报告取得资格。其中 3 个城市 70% 的资本预算来自非补贴资金，展示了非大都市城市从自有收入和借款中为重大基础设施投资提供资金的潜力。“公共交通网络补贴”中也引入了激励措施，奖励市政当局利用自有收入帮助补贴公共交通系统。

南非市级一般转移支付公式使用人口统计学和其他数据确定每个城市占市级一般转移支付的份额，包括三大部分五组数据。第一部分包括基本服务部分，其中规定了向贫困家庭提供免费基本服务的费用。第二部分使资源有限的城市能够提供基本的行政和治理能力，并执行核心市政职能。它通过以下三个组件来实现：（1）机构部分为基本市政行政费用提供补贴。（2）社区服务部分为不包括在基本服务中的其他核心市政服务提供资金。（3）收入调整系数确保公式中的这部分资金只提供给筹集自有收入潜力有限的城市，最无力以自有收入提供支出的城市应该得到最多的资金。第三部分通过修正和稳定系数提供可预测性和稳定性，以确保公式的目的都能满足。市级一般转移支付公式的结构如下：

$$LGES = BS + (I + CS) \times RA \pm C$$

LGES 是市级一般转移支付，BS 是基本服务部分，I 是机构部分，CS 是社区服务部分，RA 是收入调整系数，C 是修正和稳定系数。

市级政府获得国家筹集收入分配的最小份额，因其有显著的自身创收能力。2017/2018 财年 257 个市镇的支出结果各不相同，许多市级政府采取了不切实际的支出计划。因此，217 个市镇的政府运行预算未花完，220 个市镇的资本预算未用尽。2017/2018 财年给市级政府的 300 亿兰特的专项转移支付中，支出了 280 亿兰特（93%），比 2016/2017 财年的 86.8% 有所改善。

六、财政改革和治理措施：为增长而支出

2018 年前两个季度，南非经济分别萎缩 2.6% 和 0.7%，这意味着南非经济 10 年来首次陷入技术性衰退。受国内经济不景气和新兴市场汇率波动影响，南非兰特兑美元汇率 2018 前两个季度下跌超过 20%。因此，南非 2019 年预算中提出了以下改革措施。

（一）恢复信心和支持增长

促增长改革的进展包括分配电信频谱的准备工作、改革签证要求，以及消除采矿投资壁垒。支出的优先次序已经重新调整，以支持黑人商业农民、振兴小镇和工业园区、重建南非的收入服务。为解决医疗卫生和教育方面的紧急事项提供资金，包括填补关键医疗岗位和完成学校卫生项目。正在进行一系列改革，以提高公共基础设施项目的质量和数量。政府正在改革国有企业，南非电力公司是当务之急。

（二）改组电力部门

政府当前的重点是解决南非电力公司给经济和公共财政带来的巨大风险。以目前的模式，南非电力公司在财务上是不可持续的，也不能满足国家的电力需求。建立更具竞争力的电力部门将改善企业和消费者信心，鼓励私人投资，降低价格上涨的压力。南非电力公司财务危机的深度，要求政府支持该公司的资产负债表，中期的临时拨款每年达 230 亿兰特。这项财政支援计划附加严格的条件，使南非电力公司能够偿还债务，满足赎回要求，并获得必要的流动资金，以进行紧急维修，恢复稳定的电力供应。未来几个月内将宣布进一步调整电力市场的步骤。

（三）改善基础设施的规划和交付

未来三年，全国政府基础设施投资规划额达 5 260 亿兰特，目前正努力提高这一管道质量的措施包括：1. 基础设施预算工具已经加强了国家对大型基础设施项目的审议和预算能力；2. 南部非洲发展银行、政府技术咨询中心、总统基础设施协调委员会收到 6. 25 亿兰特用于项目筹备和实施；3. 地方政府的基础设施补贴正在改变，以增加灵活性和鼓励私人融资；4. 发展收费（开发税）的监管正在改革，有望使地方政府资本支出每年增加 200 亿兰特；5. 大都市正在进行的 7 项优先项目价值约 326 亿兰特，将创造混合用途、混合收入的生活环境，可吸引私营部门长期提供大量捐助；6. 正在设计混合融资的基础设施基金，政府承诺在未来 10 年向该基金提供 1 000 亿兰特，用于聚集私营部门、衍生金融工具和多边基金。

（四）重新确定支出优先次序

基础削减为 503 亿兰特，其中大约一半与薪酬支出有关。这些削减被未来 3 年的临时拨款 753 亿兰特所抵消，分别为南非电力公司重新配置 690 亿兰特，基础设施基金 50 亿兰特，2021 年人口普查 13 亿兰特。2019/2020 财年应急准备金增加了 60 亿兰特（以回应国有企业可能提出的财政支助请求），并在中期支出框架的两个外围财年降低了 80 亿兰特。商定的任何财政支持将从非核心资产的出售中筹集，并将不包括在支出上限之内。与 2018 年预算估计数相比，上述支出调整在中期内将使主体预算非利息支出增加 250 亿兰特。

（五）调整支出上限

支出上限也包括 2019/2020 财年从出售非核心资产中筹集的国有企业资金。与《2018 中期预算政策说明》的估算数相比，考虑到非利息支出的各种调整后，2019/2020 财年支出上限将提高 140 亿兰特，2020/2021 财年提高 13 亿兰特，2021/2022 财年提高 7. 32 亿兰特。2018/2019 财年的支出上限保持不变，因而国家和省级的薪酬支出可能低于预算。

（六）薪酬支出管理

由于自然减员，雇员人数正在以足以承受 2018 年工资协议压力的速度下降，而新员工往往比即将离职的员工更年轻，级别更低。在中期内，政府将采取更多措施来管理薪酬的增长，包括提前退休而不受处罚。拟议削减薪酬预算金额 2019/2020 财年达 53 亿兰特，2020/2021 财年达 110 亿兰特，2021/2022 财年达 107 亿兰特。

七、小结：南非财政运行特征

2018 年 10 月发布的南非第三份财政风险报告分析了南非的中长期财政风险，反映了南非财政运行的状况和特征。财政风险的具体化可能导致预算结果偏离预期或预测，可能导致更多的政府债务、扩大的公共债务、再融资困难或更严重的财政事件。中期财政风险仍然很高，最大的风险是低于预期的经济表现和相关的收入不足，主要国有企业的财务状况不佳，以及地方政府内部对财务状况担忧的日益加剧，如表 9 – 7 所示。

表 9 – 7　　　　　　　　南非财政风险分类表

风险种类	主要问题
宏观经济风险	名义 GDP 和收入增长低于预期的影响 不同经济情境下的债务可持续性 债务和偿债成本对宏观经济假设变化的敏感性
地方政府	省级和市级政府的未付账单和应计项目 市级政府未能为政府运行预算提供充分资金 省级卫生部门面临的或有负债风险

续表

风险种类	主要问题
或有及应计负债	国有企业担保敞口的质量和数量 国有企业债务
长期经济和财政风险	长期经济增长潜力较低，而且不改革 人口变化对支出计划的影响

（一）宏观经济风险

在过去6个预算周期中，政府在预测中高估了GDP增长。较弱的增长结果导致了意料之外的收入短缺，并在一定程度上解释了政府债务与GDP之比的上升。这种偏差并非财政部独有，反映出国内风险的变现和对历史增长结果的技术性修正。南非财政部围绕中期基准经济预测提出了三种设想，以量化宏观经济和财政风险，并测试财政状况对不可预见的经济发展的弹性，三种假设情境分别为：低迷的国内经济增长、发展中经济体债务和货币危机的蔓延、强劲的国内增长。

（二）地方政府

省级和市级政府的未付账单和应计项目的增长构成了严重的财政风险，这些隐性成本不包括在预算中。如果各省和地方政府不得不使用拨给基本服务的资金来支付未付账单，会影响基本公共服务的提供。

省级未付账单估计为250亿兰特，考虑到各省的支出压力，这仍是令人担忧的问题，省级卫生部门还面临与医疗法律索赔相关的或有负债风险，2017/2018财年估计为800亿兰特，比上一财年增长32%。2017/2018年度，针对这些索赔的赔付额达15亿兰特，预计2018/2019年度将超过20亿兰特。2018/2019财年，113个市级政府采用了无资金支持的预算，比2017/2018财年的83个有所增加。换句话说，这些城市在没有确定收入来源的情况下做出了政府支出的承诺。结果之一是市政当局可能不向服务提供者支付费用，自2013/2014财年以来，市政欠款年均增长35%，2017/2018财年共计234亿兰特，其中约76%是欠其他公共实体的欠款，尤其是南非电力公司和国家水资源管理局，这些债务违约将削弱公共部门的资产负债表。

综合来看，包括国家、省级和市级，南非公共部门的资产净值为GDP的152%。根据IMF的计算，这一状况相对较强。然而，整个公共部门的持续赤字将削弱这一状况，并增加财政风险。

（三）或有及应计负债风险

可能导致未来财务责任（或有负债）的承付款和已入账但尚未支付的费用（应计负债）所构成的风险中，国有企业构成了这些风险的绝大部分。政府的担保投资组合总额为6 700亿兰特，其中最大的是对南非电力公司的担保3 500亿兰特。2018年6月底，为国有企业提供的政府担保已被使用3 342亿兰特。未来三个财年，担保债务赎回预计年均达260亿兰特。近年来，许多国有企业获得信贷的机会稳步下降，主要原因是它们的资产负债表疲弱、公司治理不善和流动性面临挑战。这些实体将很难为到期债务再融资，因为投资者在提供融资之前越来越需要担保。因此，政府的或有负债敞口可能仍保持高位。

2016/2017财年的最新数字显示，南非国家公共实体和国有公司的合并负债总计为1.6万亿兰特。借款最多的10家国有企业的计息债务，从2009/2010财年的2 667亿兰特增加到2016/2017财年的7 027亿兰特，7年增长了163%，这一债务预计在中期内将增加到超过1万亿兰特。虽然债务的增加在很大程度上为资本支出提供了资金，但越来越多的债务现在正在为政府运行和利息支付提供资金。2019/2020到2021/2022财年上述10个国有企业的债务赎回预计年均达660亿兰特，超过了政府同期自身的债务赎回额。大型国有企业不得不以更高的利率对债务进行再融资，从而进一步降低盈利能力和净营运现金，反过来影响偿还未来债务的能力。无法对债务进行再融资的公司面临立即偿还的可能性，要求他们出售资产或以其他方式降低运营成本。

（四）长期财政风险

南非财政部定期更新长期财政模型，据以根据各种变量和情境预测到2060年的经济增长和财政可持续性。该模型证实，南非目前的长期经济增长潜力相对较低。如果不实施促进增长的政策和改革，2018年至2040年期间，实际GDP增长率预计年均为2.6%左右，而同期人口预计从5 700万兰特增至7 000万兰特。

在基线经济情境中，失业率在未来10年将居高不下，人均收入增长将停滞不前。全球和国内冲击也有可能导致长期增长甚至低于基线预测。在悲观的低增长情况下，2018年至2040年，经济增长将平均为1.8%，而南非财政部的高增长情境假设长期增长率为年均3.3%。

至少需要2.5%至3%的经济增长才能维持目前的公共支出承诺。开普敦大学最近使用森比萨（Thembisa）模型进行的精算分析表明，由于生育率和死亡率逐渐下降，南非人口老龄化速度快于先前的预期。南非统计局最新的年中人口估计数据证实了这一下降趋势，南非统计局2014年题为《2011年人口普查：南非老年人概况》

的报告指出，南非40%的老年人很穷。规划文件，如《2030年国家发展计划愿景》（NDP）和《国家健康保险白皮书》，都是以较旧的精算模型为基础的。

南非统计局最新更新了其长期人口预测，预计2019年会发布，提供基本服务、养老金和老年补助金以及社会住房等方案的规划应结合最新的预测。鉴于最近的政策变化和经济发展，南非财政部2019年会对长期财政模型进行广泛的审查和更新。新预测会在《2019年中期预算政策报告》（MTBPS）中发布，包括新计算成本的支出和国家健康保险等长期承诺的可持续性估计。

财政和经济前景的风险仍然在加剧，一是国有企业改革进程带来的风险；二是国内经济前景风险，包括用电限制、较高的电价、矿业长期的罢工、不利的天气条件；三是国际经济前景风险，包括中国增长放缓、贸易摩擦、英国脱欧条款、欧洲潜在的银行业风险；四是税收弹性和南非收入局重组过程。

财政经济运行环境仍然具有挑战性，中期经济展望被下调，2019年GDP增长预测为1.5%，2021年上升至2.1%。经济表现不佳，税收管理中遗留问题严重，导致收入严重短缺，而国有企业财务状况的恶化给公共财政带来了更多压力。2019年预算优先考虑缩小预算赤字并稳定国家债务与GDP比率，重组电力部门并减少南非电力公司给经济和公共财政带来的直接风险，恢复经济增长和重建国家机构。

2019年预算大规模调整支出优先次序及税务措施，以收窄中期赤字，并在2023/2024财年将国家债务总额占GDP比率稳定在60.2%。在各种短期举措取得进展的同时，南非仍需要实施一系列结构性改革，以提振信心、投资和经济增长。国家执行政策的能力也需要加强，经济和财政预测的重大风险仍然存在。

主要参考文献

[1] 南非2019年预算，FullBR2019. pdf，南非财政部官网：www. treasury. gov. za.

[2] https：//mg. co. za/article/2018 - 09 - 21 - read - in - full - president - ramaphosas - announcement - of - the - economic - stimulus - package/.

[3] https：//www. fin24. com/Economy/full - text - president - ramaphosas - economic - recovery - plan - speech - 20180921.

[4] https：//allafrica. com/stories/201906210154. html.

[5] https：//allafrica. com/stories/201809250138. html.

[6]《南非正式开征碳税 成为首个实施碳税非洲国家》，经济日报，2019年6月4日。

[7]《南非公布刺激计划提振经济》，新华网，2018 - 09 - 22.

[8]《南非2018中期预算政策报告》（MTBPS）.

第十章 日本

日本位于亚洲大陆以东，隔东海、黄海、朝鲜海峡、日本海与中国、朝鲜、韩国和俄罗斯相望，国土由本州、北海道、九州、四国四个大岛和 3 900 多个较小的岛屿组成，海岸线长 3 万多公里，多海湾和良港，是太平洋上一个呈弧形的群岛国家。日本基本属于单一民族（大和民族）国家（北海道地区约有 2.5 万阿伊努族人），人口约 1.2675 亿（2017 年 7 月）。日本是君主立宪制国家，天皇是国家的象征，不参与国家行政管理。日本的政治体制是根据 1947 年日本新宪法确立的，实行立法、行政、司法各自独立的三权分立体制。国会作为立法机关，是国家最高权力机构，也是国家唯一的立法部门。行政权属于内阁，内阁由内阁总理大臣及其他国务大臣组成，内阁行使有关行政权并对国会负责。

一、“逆全球化”对日本的波及效应

（一）对日本的影响

1. 突出表现

在本轮以美国为代表的逆全球化以及保守主义抬头并逐渐蔓延的趋势中，日本内部尚未出现逆全球化的影子。由于日本的发展模式是赶超经济，外向型经济一直占据主要地位，至今贸易总额及进出口额仍分别居世界第四。可以说，日本的经济很大程度上是受益于全球化发展的，而如今为了应对或者说尽可能将逆全球化对日本经济造成的影响最低，日本采取了很多措施，代表性的措施包括启动日美经济对话。但逆全球化并非和日本没有关系，日本经济可能受到一定程度的影响。

在日本，主张全球化和反全球化的声音并存。日本国内既有观点认为日本的参与全球化的程度还远远不够，另一方面，正在实施的安倍增长战略，实际上就带有反全球化的影子，日本国内对逆全球化的批评不绝于耳。有日本专家评论说，当日本实施安倍增长战略之际就失去了批判逆全球化的资格。目前世界盛行的逆全球化潮流主要是欧美发达国家的问题，但欧美国家逆全球化的对象主体主要是为了解决产业全球化带来的弊端如贫富差距问题，但逆全球化一旦和一国主义相联系，就会对世界经济乃至世界和平产生巨大影响。实际上，安倍晋三政权主张的“一亿人总活跃社会”总目标即是变形的“日本第一”，是和日本第一的一国主义相联系的，类似于美国的“美国第一”。

2. 影响和挑战

贸易是多边的，是全球价值链、产业链形成的结果，是以现代化大生产的全球或区域生产分布的结果。2018 年全球最受关注的事件，莫过于中美经贸摩擦。实际上，中国对美国的贸易顺差中既包含了美国跨国公司通过其在中国子公司的销售额，又包含了日本、韩国等东亚其他经济体以及德国、欧盟等国家和地区通过在中国的子公司向美国的出口，即中间产品问题。日本作为重要的零部件供应商，在经贸摩擦中，必然不可能独善其身，置身事外。

总体来看，贸易保护主义对于当事国家以外的包含日本在内的其他国家以及地区的生产所造成的影响是有限的。但就日本来看，一方面，在电气机械、运输机械等方面，可以看到进口替代对生产是有积极影响的，另一方面关于纤维服装等，由于很多品类未被列为加征关税的对象，因此中国国内的服装生产的优势性相对较高，对日本来说结果有可能会出现些许负面影响。

（1）美国关税政策对日本存在波及效应。中国出口的主要商品品类中相应包含了日本的附加值。加征关税措施可以通过供应链，对当事国以外的提供零部件等的国家以及地区产生影响。中国从包括日本在内的东南亚地区进口零部件等中间商品，并用这些商品完成最终成品，最后将这些成品中的大部分出口至美国，中国工业产品的出口附加价值，其中约两成是通过零部件供给等由海外创造的。中国出口的工业产品中，2015 年当时出口额较大的四大商品种类包括信息通讯机器、纤维/衣服等、电气机械、一般机械。如果比较各品类的附加价值的构成，可以发现由于中国国内的完成程度较高，因此任何品类的中国国内附加价值的比例都占到七成以上，其中，信息通讯机器的海外附加价值的比例约为三成，属于相对较高的。而电气机械和一般机械的海外附加价值的比例约为两成。另一方面，关于纤维制品，中国国内的附加价值约为九成，海外的附加价值约为一成，中国本国附加价值的贡献度较高。这四大类商品的海外附加值部分，如果按国家、地区看贡献大小排序，在任一品类，日本的附加价值的贡献占比都是相对较高的，占比约为第 2 位或第 3 位。因此可以看出，以日本为代表的主要国家和地区，在以中国为中心的供应链中占据了重要的位置，如果因关税的提升导致中国出口减少，通过供应链，不仅中国，日本也可能受到影响。到目前为止美国的加征关税措施中，日本提供零部件较多的智能手机、平板终端被排除在外，因此现在的影响是有限的，但是如果加征关税措施的对象进一步扩大，其影响可能扩大。

（2）对日资企业的影响暂时有限。主要是通过供应链影响进入中国的日本企业。根据日本经济产业省《海外事业活动基本调查》结果，进入中国的日本企业的本地法人（以下简称日资本地企业）的数量自 2000 年以后大幅增加，到 2016 年增加到约 8 000 家。如果看 2016 年度日资本地企业的销售额的构成，其中运输机械最多，约占四成，其次是信息通讯机械等的占比较高。根据 JETRO（日本贸易振兴机构）的调查，日资本地企业的销售对象的构成中，面向中国国内的销售约为七成，面向海外的销售约为三成。由此以来，进入中国的日本企业，由于出口销售比较少，且其销售对象也不局限于美国，因此，预计因中美之间的加征关税措施，而需要对中国的生产据点等进行大幅调整的仅限于部分产业。但如果加征关税措施的对象进一步扩大，其影响可能变大。另外由于日资本地企业的销售额的约七成是面向中国国内进行销售，受到中国宏观经济动向的影响也较大，因此如果中国宏观经济减速，产生的影响也不容小视。

（3）不确定性的增强使企业的投资活动更加谨慎。在贸易摩擦问题前景不明朗的情况下，因贸易和经济动向趋势的不确定性的增强，企业活动有可能变得谨慎。根据有关国际机构推算，关税税率提升的影响虽然基本局限于当事国，但关于不确定性增加的影响，可能对当事国以外的国家和地区也会产生相应的影响。

（二）经济情况和特征

2018 年全年日本完成的国内生产总值（GDP）总额约为 5 484 961 亿日元，折合 4.968 万亿美元。全年 GDP 实际增速 0.7%[①]，GDP 名义增速 0.6%，低于 IMF 和世界银行预测增速，较 2017 年 1.9% 的增速大幅下滑。人均 GDP 约 39 369 美元。虽然日本经济已连续 7 年保持增长，但增长势头已显露疲态，见表 10 - 1。

① 2 月 14 日，日本内阁府发布的初步数据。

表10－1　　日本经济指标

财政年度	2013	2014	2015	2016	2017	2018	2019
	实际数	实际数	实际数	实际数	实际数	实际数预计	预算
名义GDP增长率	2.6%	2.2%（0.8%）	2.8%	0.7%	2.0%	0.9%	2.4%（2.0%）
名义GDP（万亿日元）	507.3	518.2	533.0	536.8	547.4	552.5	556.1
实际GDP增长率	2.6%	▲0.4%	1.3%	0.9%	1.9%	0.9%	1.3%
消费者物价上涨率	0.9%	2.9%（0.9%）	0.2%	▲0.1%	0.7%	1.0%	1.1%（0.6%）
完全失业率	3.9%	3.5%	3.3%	3.0%	2.7%	2.4%	2.3%

注：1. 根据2012年基准（2008SNA）。

2. 2014年度以及2019年度的名义GDP增长率及消费者物价上涨率括弧内数字是机械性去除提高消费税率的影响后数据。

资料来源：2018年度及2019年度根据《平成31年度经济预期及经济财政运营的基本态度》（平成30年12月18日内阁会议内容）。

从外部环境看，根据国际机构对全球经济前景的预测，预计2018年和2019年全球将持续3%左右的缓慢增长。但对2019年的经济增速预测，曾经向下进行过微调，伴随宏观经济政策支撑的逐渐减弱，预计贸易问题的影响、金融环境的紧缩等不利影响将持续。在全球经济缓慢恢复的背景下，虽然全球贸易会有增长，预计增长程度仅略超过经济增长率，而风险却是多种风险同时存在而交织的，如贸易问题的动向以及发达国家的利率上调导致资金从新兴发展中国家流出等风险，这些也是日本经济面临的风险。

从日本2019年一季度宏观经济形势看，日本内阁府2019年5月20日公布了2019年第一季度国内生产总值初步统计数据，在剔除物价变动因素后实际GDP比上季度增长0.5%，换算成年增长率是2.1%，连续两个季度增长。从宏观来看，内需对本季度的增长贡献了0.1个百分点，物资、服务等项目的净出口贡献达到了0.4个百分点。从主要项目来看，由于物价上涨和消费者节约意识的增强等因素，对GDP贡献较大的个人消费减少了0.1%。而民间住宅消费则维持了从去年第三季度以来的增长势头，环比增长了1.1%。民间企业设备投资则在去年第四季度增长2.5%后环比下降了0.3%。同样，政府消费较上季度也减少了0.2个百分点。在进出口方面，受世界经济大环境下行的影响，出口减少了2.4%，另一方面，由于原油价格下降等因素，进口规模也减少了4.6%。

此外，2018年度实际GDP增长率为0.6%，低于日本政府此前预测的0.9%。

日本经济再生大臣茂木敏充就该数据发表评论时表示，伴随出口的减少，以制造业为中心的生产活动较弱，但雇佣、收入环境的改善以及企业高水准的收益等支撑内需的基本经济条件稳定。再加上今年对公共投资的期待增加，内需扩大的趋势并没有受到不良影响。

二、政府支出：国债支出比重居高不下

（一）支出情况和主要数据

日本2019财年①政府预算案显示，2019年一般会计预算支出为99 4291亿日元，较2018年的977 128亿日元增加17 163亿日元，主要用于社会保障②、国债费③及地方交付税交付金④等方面，三者比重约占总支出的3/4。社会保障支出约占中央一般会计财政支出约34.2%，是日本中央政府最大的支出项目。

2008年全球金融危机爆发，日本经济遭受重创。为应对这场危机，日本政府分别于2008年8月、10月，2009年4月、12月，2010年9月、10月以及2013年1月出台了7项经济刺激计划，政策资金总额约为180万亿日元，其中财政规模约为48.3万亿日元。财政支出规模也由2008年的84.7万亿日元攀升至2009年的101万日元的历史最高点，2012年、2013年连续两年下调支出，但自2014年起又转为增加趋势，2014年至2018年财政支出规模不断增加，支出分别约为92.6、96.3、96.7、97.5、97.7万亿日元，见表10－2。

表10－2　　一般会计财政收入支出预算总表　　单位：亿日元

项目		2016	2017	2018	2019	2018—2019
		当初预算	当初预算	当初预算	预算案	变化
财政收入	税收	576 040	577 120	590 790	624 950	34 160
	其他收入	46 858	53 729	49 416	63 016	13 601
	公债金	344 320	343 698	336 922	326 605	△10 317
	合计	967 218	974 547	977 128	1 014 571	37 443

① 文中提到某年预算时，都是财年概念，而不是自然年。
② 社会保障：年金、医疗、看护、儿童、育儿等的支出。
③ 国债费：国债还本付息支出。
④ 地方交付税交付金等：为了维持全国各地均一的服务水平，中央转移支付给地方团体的经费。

续表

项目			2016	2017	2018	2019	2018—2019
			当初预算	当初预算	当初预算	预算案	变化
财政支出	国债费		236 121	235 285	233 020	235 082	2 062
	基础性财政收支对象经费		731 097	739 262	744 108	759. 209	15 101
		社会保障相关费用	319 738	324 735	329 732	339 914	10 182
		地方交付税等	152 811	155 671	155 150	159 850	4 701
	合计		967 218	974 547	977 128	1 014 571	37 443
公债依存度			35. 6%	35. 3%	34. 5%	34. 5%	—
一般会计基础性财政收支			▲ 108 199	▲ 108 413	▲ 103 902		—

注：一般会计基础性财政收支（Primary balance）是通过“税收 + 其他收入 - 基础性财政收支对象经费”进行的简便计算，与 SNA 基础的中央政府的基础性财政收支不同。

资料来源：日本总务省统计局《日本统计年鉴（2019 年版）》。

在基础性财政收支对象支出中，社会保障支出比重最高，为 34. 2%；其次是地方交付税支出，占 16. 1%。在其他各项支出中，公共事业支出（6. 1%）和文教及科学振兴费支出（5. 4%）比重较高，① 见图 10 - 1。

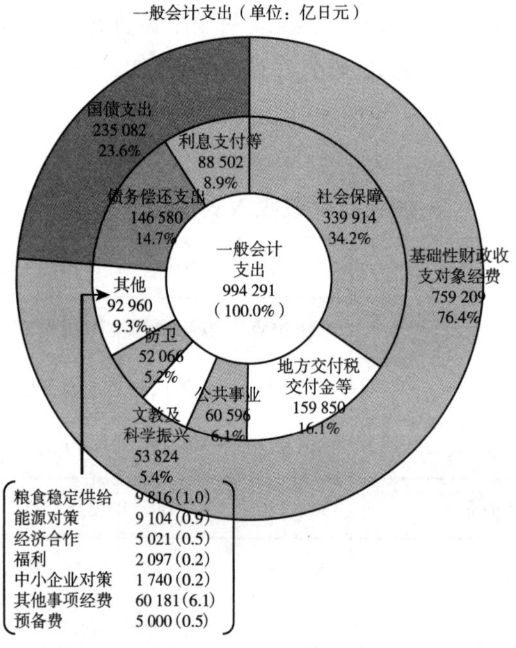

图 10 - 1　2019 年日本中央政府一般会计财政支出结构

① “基础性财政收支对象支出”是指财政支出中减掉国债支出后的支出，是当年政策性经费的指标。

（二）支出分析

20 世纪 90 年代以来，日本财政支出结构变化的特点是国债支出比重一直居高不下，同时，社会保障支出也随着老龄化进程的加剧而不断增加。预计今后中长期国债还本付息支出和社会保障支出的比重不断增加。另一方面，公共事业、教育、国防等政策支出的比重持续缩小。

出现这种情况的原因是，日本少子老龄化快速发展以及社会保障费膨胀，影响财政可持续性。日本少子老龄化快速发展是众多经济学家提出的日本最大的财政问题以及不稳定因素之一，未来可能成为日本出现财政危机的导火索，引发市场不安情绪上升。日本社会保障支出逐年增加，在财政支出中占比最高。以平成 30 年的一般会计预算为例，财政支出的 33.7% 是社会保障相关支出。而与此相对，目前社会保障支出的资金来源结构包括保险缴费（60%）、统筹基金（30%）以及资产收入（10%），是保险费和税（消费税）的组合。消费税全部用于社会保障支出，但其占财政收入的比重仅为 17.8%，因此，不得不通过发行公债（1/3 比重）进行弥补不断扩大的社会保障支出和社会保障收入之间的缺口。今后，随着老龄化的加剧，到 21 世纪 20 年代初，“团块世代”（1947—1949 年出生）的所有人将年逾 75 岁，成为“后期高龄老人”。进入 75 岁以后，人均医疗、看护费用会迅速增加，当代人享受退休金、医疗、看护等服务后留下来的债务将转移给将来世代的人来承担。为了偿还巨额的债务，必将带来未来几代人收入的减少和负担的增加，不仅违背“谁受益，谁负担”的原则，也将产生代际不公平，因此，扩充社会保障财源，建立可持续的社会保障制度是日本的迫切需求之一。如果这种依赖赤字国债的财政状况如果无法得到改善，将成为信用风险增高的主要因素。

三、政府收入：税收占比下滑

（一）收入情况和主要数据

日本中央政府收入包括税收收入（所得税、消费税、法人税、其他税收）、公债收入（赤字公债和建设公债）以及其他收入，其中税收收入是日本中央财政收入的主要来源，见表 10 – 3。

表 10－3　一般会计财政指标　单位：万亿日元

年度	2013	2014	2015	2016	2017	2018	2019（政府预算案）
一般财政支出	54.0	56.5	57.4	57.8	58.4	58.9	59.9
税收	43.1	50.0	54.5	57.6	57.7	59.1	62.5
上调消费税率增加的税收（国税部分）[①]		(4.5)	(6.2)	(6.4)	(6.3)	(6.4)	(7.9)
公债金收入	42.9	41.3	36.9	34.4	34.4	33.7	31.9
基础性财政收支	▲23.2	▲18.0	▲13.4	▲10.8	▲10.8	▲10.4	▲8.4
公债依存度	46.3%	43.0%	38.3%	35.6%	35.3%	34.5%	32.1%

注：1. 数据以当初预算为基础。公债依存度是从公债发行额中除去一般会计财政支出总额后算出。

2. 2014 年至 2018 年由于消费税从 5% 上调至 8% 带来增收，2019 年消费税计划上调至 10%。

3. 一般财政支出是从一般会计财政支出总额中减去国债费以及地方交付税、交付金等。

资料来源：日本总务省统计局《日本统计年鉴（2019 年版）》。

4. 预算支出领域特点中，所有的“＋”都代表“增加”，所有的“▲”都代表“减少”。

2019 年，税收收入 624 950 亿日元，占中央政府一般会计收入的比重仅为 62.9%。其中，所得税 199 340 亿日元，占 20.0%；法人税 128 580 亿日元，占 12.9%；消费税 193 920 亿日元，占 19.5%；其他税收 103 110 亿日元，占 10.4%。公债收入占中央政府一般会计收入的比重近几年有所下降，2017 年国债收入 34.4 万亿日元，占 35.3%，2018 年进一步降至 34.5%，2019 年进一步降至 32.1%，见图 10－2。

税收收入占一般会计总收入的比重有所下滑，与 20 世纪 90 年代以来日本政府实施的扩张性财政政策密切相关。整个 20 世纪 90 年代，日本政府几乎每年都出台临时性减税政策以刺激经济复苏。1999 年，一般会计中税收收入规模跌入谷底，为 47.2 万亿日元，2000 年以后，随着日本经济的恢复，税收收入在经历惯性下跌后转为上升，2007 年恢复至 51 万亿日元。但 2008 年全球金融危机的爆发再次将税收带入更深的谷底，直到 2012 年以后逐渐恢复，2014 年重新恢复至 50 万亿日元以上，

① 日本 2014 年 4 月起将消费税率从 5% 提高至 8%，因此，从 2014 年起，消费税率上调增加了日本政府的税收，其中，国税增加规模如（）中数据所示。

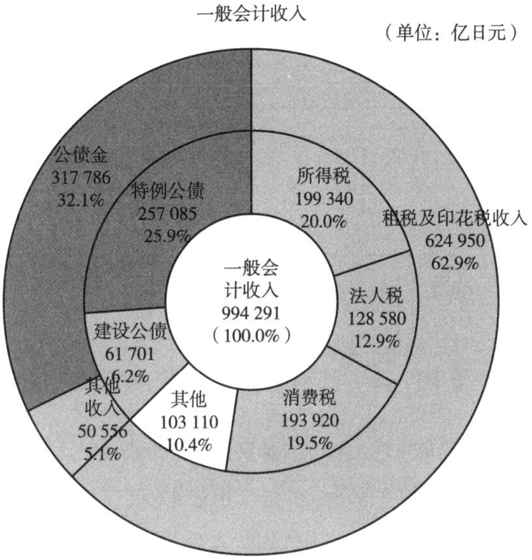

图 10－2 2019 年中央政府一般会计收入结构

2015 年、2016 年、2017 年、2018 年税收收入分别为 54.5 万亿日元、57.6 万亿日元、57.7 万亿日元、57.7 万亿日元。

目前，税收等仅能应付整体财政支出的 2/3 左右，剩余约 1/3 依靠借款（公债金），特别是发行特例公债（赤字国债）填补。这些负债将通过未来世代的税收来偿还，相当于把负担转移给未来世代。这就是目前日本财政的现状。

（二）非税收入

如图 10－3 所示，日本中央财政收入中除了税收（所得税、消费税、法人税、其他税收）收入、有公债收入（赤字公债和建设公债），还包括其他收入，即非税收入。日本非税收入基本涵盖了除税收和债券收入之外的其他各类政府收入，包括公营企业利润和国营事业（印刷局、医院等）收入、政府资产经营收入以及其他杂项收入，行政事业收费微乎其微。

日本政治体制上实行单一制，其行政机构分为中央、都道府县和市町村三级。中央财政为一级，都道府县为第二级，市町村为第三级，每级政府都有独立的预算。总体来讲，日本中央政府非税收入占年度财政收入的 5% 左右。

从日本中央财政收入构成来看，非税收入规模所占比重并不高，但近几年来看，项目不断增加，不仅包括日本银行收益及日本中央赛马会（JRA）的收益，还包括“国库纳付金”、国有土地出让收入，甚至还包括特别会计的剩余金、独立行政法人

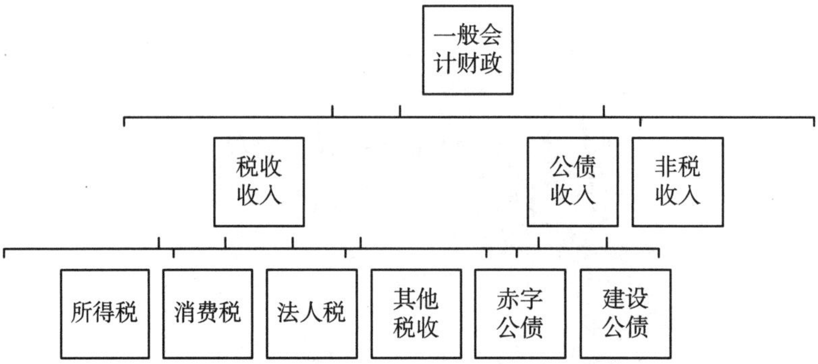

图 10－3　日本中央财政收入构成[①]

的基金返还[②]。2018 年，税收收入和公债收入分别占到中央财政收入的 60.5% 和 34.5%，税收收入比重总体趋势有所上升，非税收入仅占 5.1%。2005 年，日本中央非税收入为 86 658 亿日元，占中央财政收入比重为 9.7%；1995—2005 年非税收入年平均增长 1.6%。但 2010 年以后，非税收入呈下降趋势。2011—2014 年非税收入规模分别为 71 866 亿日元、37 439 亿日元、40 535 亿日元、46 313 亿日元，占中央财政收入比重分别为 7.8%、4.1%、4.4%、4.8%。2015 年，日本中央非税收入为 109 716 亿日元，占中央财政收入比重为 10.7%；2005—2015 年非税收入年平均增长 2.4%。但 2016 年、2017 年、2018 年连续三年非税收入规模大幅降低，分别为 92 708 亿日元、58 429 亿日元、49 416 亿日元，降幅分别达到 15.5%、37.0% 和 15.4%，见表 10－4。

表 10－4　日本中央政府一般会计非税收入规模及占财政收入比重变化

单位：十亿日元，%

	2005 年	1995—2005 年平均增长	2015 年	2005—2015 年平均增长	2016 年	比上年增长	2017 年	比上年增长	2018 年	比上年增长
税收收入	490 654 (55.1)	△0.6	562 854 (55.1)	1.4	554 686 (54.0)	▲1.5	577 120 (58.2)	4.0	590 790 (60.5)	2.4
其他收入	86 658 (9.7)	1.6	109 716 (10.7)	2.4	92 708 (9.0)	▲15.5	58 429 (5.9)	▲37.0	49 416 (5.1)	▲15.4
公债收入	312 690 (35.1)	5.4	349 183 (34.2)	1.1	380 346 (37.0)	8.9	355 546 (35.9)	▲6.5	336 922 (34.5)	▲5.2

① http://www.zaisei.mof.go.jp/num/detail/cd/3/。

② 由于日银和日本中央赛马会的“国库缴纳金”和国有地的出售收入等问题，一度成为话题的被称为“霞关埋藏金”的特别会计的公积金和剩余金、独立行政法人的基金返还部分也包含在税外收入中。

续表

	2005 年	1995—2005 年平均增长	2015 年	2005—2015 年平均增长	2016 年	比上年增长	2017 年	比上年增长	2018 年	比上年增长
合计	890 003 (100.0)	1.0	1 021 753 (100.0)	1.4	1 027 740 (100.0)	0.6	991 095 (100.0)	▲3.6	977 128 (100.0)	▲1.4

资料来源：日本财务省财政关系基础数据（2018 年 4 月）。[①]

注：1.（　　）内是比重；

2. 2016 年度以前是决算数字，2017 年是修正后的预算数，2018 年是预算数；

3. 公债收入不包括减税特例公债。

日本中央非税收入包括的内容丰富，具体含退还金和货币兑换差价、违反价格协议等缴纳的违约金、日本银行收益及日本中央赛马会（JRA）的部分收益、特殊药品销售费用、土地出售费用、专卖收入、国有企业利润和国营事业收入、国有财产（包括土地）处理收入、违反交通规则罚款和其他杂项收入等，这些构成中央财政非税收入。近几年由于税收收入的减少，特别账户公积金及剩余金、独立行政法人的基金返还等“霞关埋藏金”[②] 被充当非税收入使用的情况较常见。

日本所有除税收以外的收费、基金都可以找到相关的法律依据。对国有财产（包括土地）的处理收入，其依据是《国有财产法》，该法第三章专门对国有财产的处理做了详细规定，其中规定国有土地由财务省统一处理，买卖收益由财务省统一管理；对专卖收入，主要指酒类专卖收入，其管理依据参照《酒精事业法》；日本银行收益需上缴国库的依据是《日本银行法》；国立印刷局的收益上缴国库的法律依据是《独立行政法人国立印刷局法》（第 15 条）[③]。

中央财政非税收入中占比最高的是日本的中央银行——日本银行缴纳国库的收入。日本银行的收入来自日本银行保有的资产（国债、贷款、外汇资产）等产生的利息。这些收入中扣除银行券的制造费用、人员经费、办公经费等费用以及交税之后的剩余金除了分红给出资方以外，剩下的即可算作日本银行的收益，为全体国民的财产，需上缴至国库[④]，称为国库缴付金[⑤]。依据是《日本银行法》第 53 条。日本银行在各个事业年度结束后的两个月内需将收益上缴国库。这些缴付金作为当年中央的一般会计财政收入，最终通过一般会计财政支出又还原给国民。

① https：//www. mof. go. jp/budget/fiscal_condition/basic_data/201804/sy3004b. html。

② 所谓“霞关埋藏金”，是指正式由日本各省厅机构保管的（一般国民看不到的）特别账目累积资金。

③ http：//www. shugiin. go. jp/itdb_housei. nsf/html/housei/15420020510041. htm。

④ 日本银行的收入是作为发行银行券的等价持有的资产（国债、票据、贷款、外汇资产等）产生的利息。从这里扣除银行券的制造费、人事费、事务费，地方税等经费，以及日本银行持有的国债和外币资产相关的评价损益等调整后的利益。另外，收益方面，扣除法定公积金等的余额将全额缴纳国库。http：//www3. boj. or. jp/fukushima/answer. htm。

⑤ https：//www. boj. or. jp/announcements/education/oshiete/outline/a25. htm/。

另外，经营赛马收益的一部分也需上交国库。赛马活动本当属于赌博罪，但由于其对中央及地方财政有不小贡献，特别法又有特殊规定，赛马会便在这一违法状态下一直存续下来。日本赛马为法定竞技始于昭和23年《赛马法》（258号）。赛马会分为中央赛马会和地方赛马会，中央赛马会是在《赛马法》基础上制定的《日本中央赛马会法》的基础上，是由政府全额出资的公共法人[①]。中央赛马由中央赛马会运营，由农林水产大臣监督，其收益用于振兴畜牧业、提高社会福利及医疗水平、发展教育文化事业、振兴体育及应对灾后重建。

四、日本政府债务余额为发达国家之最

（一）政府盈余/赤字和债务情况

日本政府债务余额（建设国债、特例国债[②]以及2011年之后发行的复兴债）不断累增，2005年度占GDP比重首超100%，目前仍维持增长态势。2008年金融危机后，日本财政支出于2009年突破100万亿日元，之后保持高位运行。1998年之后税收增长日益缓慢，新国债发行额从1997年以前的19万亿日元左右的水平一跃增长至34万亿日元，之后保持30万亿日元以上的发行水平。由于受到2008年世界金融危机以及2011年东日本大地震的影响，2009年至2012年4年间，新国债发行额进一步膨胀至40万亿至50万亿日元的水平，与一般会计税收收入持平，甚至有超越之势。2013年后，一般会计税收收入恢复至55万亿日元以上的水平，新国债发行额2015年控制在略低于35万亿日元的水平，但在2016年再次增加，高于37万亿日元（基于第二次补充预算后的情况）。日本公债余额不断攀升，2019年年末，普通国债余额将达到889万亿日元，见图10－4。

从债务的国际比较看，2019年日本政府（中央政府、地方公共团体以及社会保障基金的合计）的政府债务余额占GDP的比重为236.6%（IMF）。各主要国家中除了面临承兑风险的希腊债务余额占GDP的比重达到183%以外，其他国家该比重均未超过150%。日本一般政府债务余额为发达国家之最，财政状况持续恶化。根据OECD的统计，日本一般政府债务余额占GDP的比重已远超其他西方发达国家，比债务余额占GDP比重排名第二的意大利（意大利2019年为128.7%）高出107.9个百分点，见表10－5。

日本中央政府与地方政府长期债务攀升轨迹如下。1998年，中央加地方长期债务余额为553万亿日元，占GDP的110%；2008年以后逐年攀升，2014年为1 001

① http：//www.mm－labo.com/culture/history/gambling/keiba_now.html。

② 又称赤字国债。

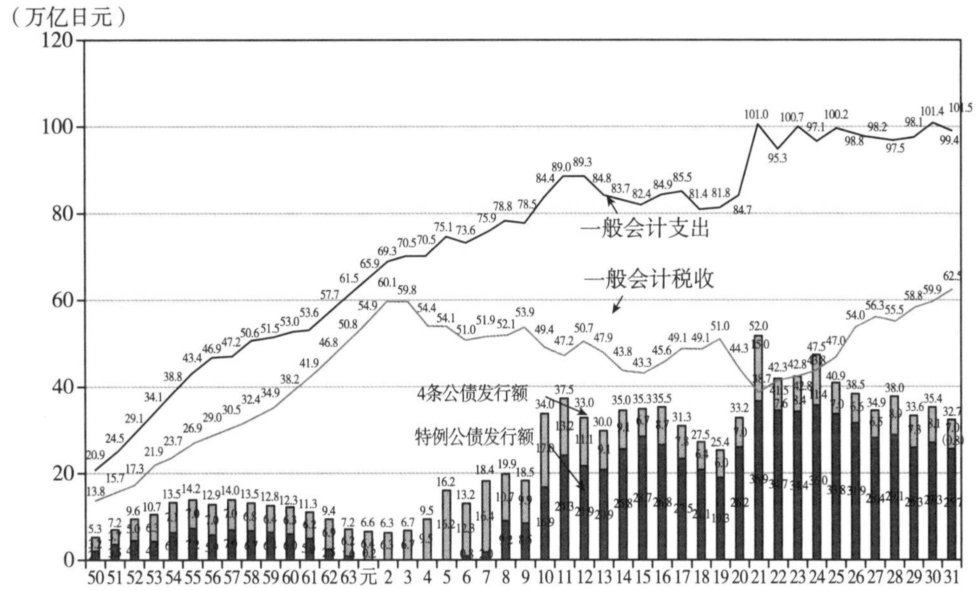

图 10－4　一般会计税收、支出总额及公债发行余额的变化

资料来源：《日本财政相关资料》，财务省，令和元年 6 月。

https：//www. mof. go. jp/budget/fiscal_condition/related_data/201906_00. pdf。

万亿日元，突破 1 000 万亿日元，占 GDP 的 193%；2015 年占 GDP 的比重为 194%；2016 年为 197%；2017 年预计为 198%，2018 年为 200%，2019 年年末为 198%，见表 10－6。

日本的政府债务余额的累增倾向不断加剧。国债余额（建设国债、特例国债〈赤字国债〉、2011 年之后发行的复兴债的合计）在 2005 年度超过了名义 GDP，目前仍维持增长态势，见图 10－5。

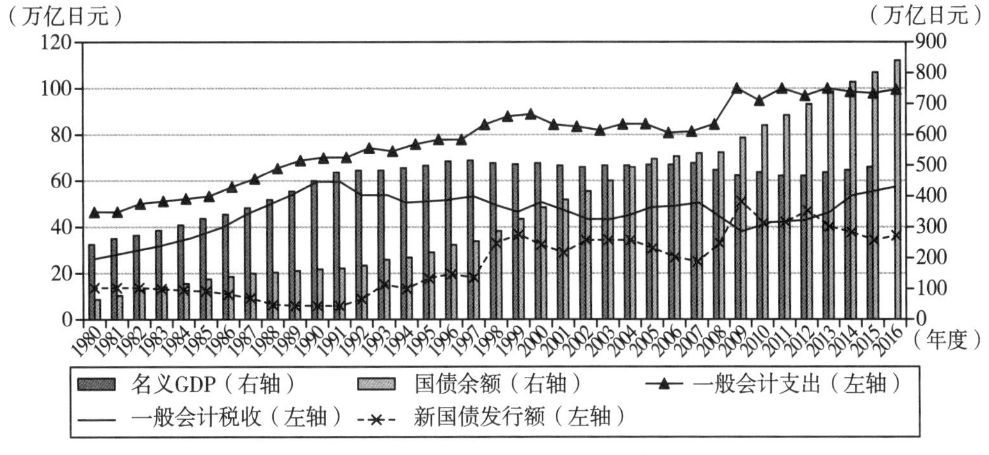

图 10－5　日本财政经济长期变化

资料来源：日本内阁府《国民经济计算》、财务省《日本财政相关资料》（2016 年 10 月）。

表 10－5　政府债务规模的国际比较

单位：%

年度	2004	2005	2006	2007	2008	2009	2010	2011	2012	2013	2014	2015	2016	2017	2018	2019
日本	171.7	176.8	176.4	175.4	183.4	201.0	207.9	222.1	229.0	232.5	236.1	231.3	235.6	237.6	238.2	236.6
美国	66.2	65.6	64.3	64.8	73.8	86.9	95.5	99.9	103.3	104.9	104.6	104.8	106.8	105.2	106.1	107.8
英国	38.6	39.8	40.7	41.7	49.7	63.7	75.2	80.8	84.1	85.2	87.0	87.9	87.9	87.5	87.4	87.2
德国	64.8	67.0	66.5	63.7	65.2	72.6	80.9	78.6	79.8	77.5	74.6	70.9	67.9	63.9	59.8	56.0
法国	65.9	67.4	64.6	64.5	68.8	83.0	85.3	87.8	90.6	93.4	94.9	95.6	96.6	96.8	96.7	96.5
意大利	100.1	101.9	102.6	99.8	102.4	112.5	115.4	116.5	123.4	129.0	131.8	131.5	132.0	131.8	130.3	128.7
加拿大	72.1	70.9	70.1	66.8	67.8	79.3	81.1	81.5	84.8	85.8	85.0	90.5	91.1	89.7	87.3	84.7

资料来源：IMF "World Economic Outlook"（2018 年 10 月）。

注：数据均为一般政府（中央政府、地方政府、社保基金）数据。

表 10－6　　日本中央与地方长期债务余额　　单位：万亿日元

	平成2年度末（1990年度末）〈实际〉	平成10年度末（1990年度末）〈实际〉	平成15年度末（2003年度末）〈实际〉	平成21年度末（2009年度末）〈实际〉	平成22年度末（2010年度末）〈实际〉	平成23年度末（2011年度末）〈实际〉	平成24年度末（2012年度末）〈实际〉	平成25年度末（2013年度末）〈实际〉	平成26年度末（2014年度末）〈实际〉	平成27年度末（2015年度末）〈实际〉	平成28年度末（2016年度末）〈实际〉	平成29年度末（2017年度末）〈实际〉	平成30年度末（2018年度末）〈实际预计〉	令和元年度末（2019年度末）〈预算〉
中央	199 （197）	390 （387）	493 （484）	621 （613）	662 （645）	694 （685）	731 （720）	770 （747）	800 （772）	834 （792）	859 （815）	881 （832）	909 （854）	928 （875）
普通国债余额	166 （165）	295 （293）	457 （448）	594 （586）	636 （619）	670 （660）	705 （694）	744 （721）	774 （746）	805 （764）	831 （786）	853 （805）	880 （825）	897 （844）
占GDP比重	37% （37%）	56% （56%）	88% （87%）	121% （119%）	127% （124%）	136% （134%）	143% （140%）	147% （142%）	149% （144%）	151% （143%）	155% （147%）	156% （147%）	159% （149%）	158% （149%）
地方	67	163	198	199	200	200	201	201	201	199	197	196	196	194
占GDP比重	15%	31%	38%	40%	40%	41%	41%	40%	39%	37%	37%	36%	35%	34%
中央·地方合计	266 （264）	553 （550）	692 （683）	820 （812）	862 （845）	895 （885）	932 （921）	972 （949）	1 001 （972）	1 033 （991）	1 056 （1 012）	1 077 （1 028）	1 105 （1 050）	1 122 （1 069）
占GDP比重	59% （59%）	105% （105%）	134% （132%）	167% （165%）	173% （169%）	181% （179%）	189% （186%）	192% （187%）	193% （188%）	194% （186%）	197% （189%）	197% （188%）	200% （190%）	198% （189%）

资料来源：《日本财政相关资料》，财务省，令和元年6月。

https：//www. mof. go. jp/budget/fiscal_condition/related_data/201906_00. pdf。

注：GDP数据截止到2017年为实际数，2018年及以后为预测数。

从近年来的财政运营状况来看，2008 年金融危机后，财政支出于 2009 年度突破 100 万亿日元，之后保持高位运行。1998 年后税收滞涨情况日趋明显，在这种情况下，新国债发行额从 1997 年以前的 19 万亿日元左右的水平一跃增长到 34 万亿日元，之后保持 30 万亿日元以上的发行情况。特别是金融危机后到经历了 2011 年东日本大地震，到 2012 年为止的 4 年间，新国债发行额进一步膨胀至 40 万亿—50 万亿日元的水平，与一般会计税收持平，甚至有超越之势。2013 年之后，一般会计税收恢复到 55 万亿日元以上的水平，因此新国债发行额在 2015 年得以被抑制在略少于 35 万亿日元的水平，但在 2016 年再次增加，达到了略高于 37 万亿日元的水平（基于第二次补充预算后的情况）①。

而这种情况带来的结果是，一般政府（中央、地方公共团体以及社会保障基金的合计）的政府债务余额占名义 GDP 的比重在 2016 年度到达到 250% 以上（如图 10－6 所示，根据 IMF 发表的预测）。各主要国家中除了面临承兑风险的希腊以外，该比值均未超过 150%，而希腊也不过是 183%。日本的财政状况以前就是全球最糟糕的，而未来将持续恶化状况，见图 10－6。

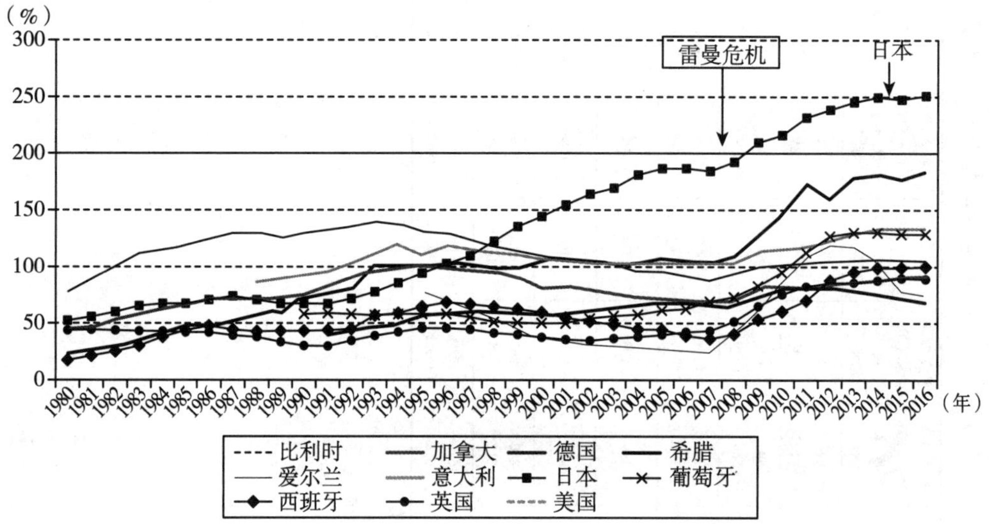

图 10－6　20 世纪 80 年代以后发达国家政府债务余额占 GDP 比重的变化

资料来源：该图由日本综合研究所根据 IMF 发布的 2016 年 10 月 World Economtc Outlook Database 制成。

注：各国 2015 年以后数据为 IMF 预测数据，日本和葡萄牙 2014 年以后即为预测数据。

虽然日本的财政状况的客观情况如此严峻，但目前的财政运营却丝毫未受影响。因此，可以说目前处于“缺乏危机感”的状态。日本的长期利率与主要国家相比，

① 河村小百合，《国家财政运营和债务偿还的存在方式》，《JRI 评论》，2017 Vol. 2，No. 41，P99～101。

长期处于较低的状态，而近年来持续下降。从全球来看，日本仍是有最大规模政府债务余额的国家，而在国债流通市场上，长期利率未出现上涨情况，甚至上涨的苗头都没有。在国债市场，反映该国财政状况的价格发现机制作用大幅度降低，见图 10－7。

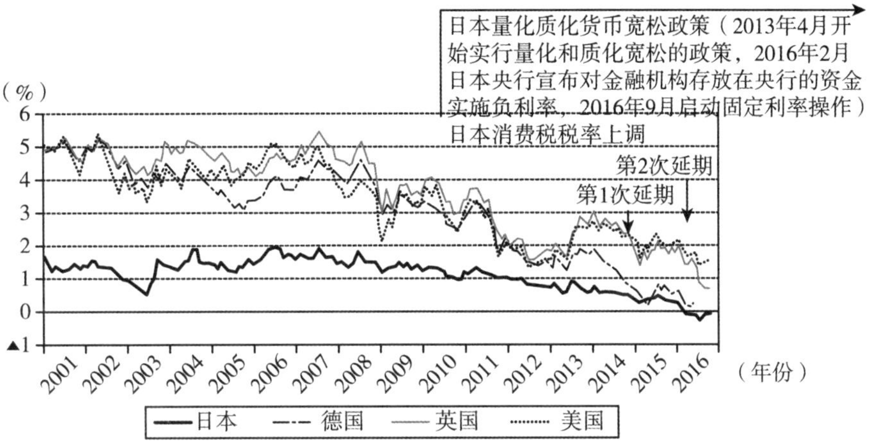

图 10－7　日本和主要国家 10 年期国债利率的变化

资料来源：该图由日本综合研发所根据 Datastream 数据形成。

在这种情况下，在 2012 年年底开始执政的安倍晋三政府领导下，日本银行与政府保持步调一致，提出“摆脱通缩”的目标，于 2013 年 4 月开始实施“量化、实质金融宽松”，这一举措发挥了巨大作用。此后，日本银行持续巨额国债的买入，最初为每年 50 万亿—60 万亿日元、2014 年 10 月以后为每年 80 万亿日元。这大大超过了政府每年发行的新国债的金额①。

（二）政府盈余/赤字和债务分析

日本财政状况恶化的原因主要可归结为财政结构的变化，如果从支出、收入两方面进行分析：从支出来看，日本现在的预算和 20 世纪 90 年代的预算相比，社会保障支出大幅增加，而公共事业、教育等其他支出保持不变。从收入来看，税收收入从泡沫经济破裂的 1990 年开始增长缓慢，基本没有增加，收支缺口一直存在，并像鳄鱼嘴一样越张越大，差额只能通过发行公债来解决。

目前，减小不断扩大的赤字和降低膨胀的政府债务规模已成为日本政府需要解决的最紧要任务，也是日本财政最大的问题。日本财政恶化原因是：1991 年与现在的财政支出相比，社会保障费大幅度增加，而与此同时公共事业、教育等其他支出则保持平稳。而财政收入方面，税收等收入没有增加，公债金却增加了约 6 倍。

① 2013 年度新国债发行额为 42.9 万亿日元，之后虽然稍有降低，但根据 2016 年度第二次补充预算计算，再次达到 37.2 万亿日元。

债务扩张造成三方面的危害：一是民间部门经济活力降低的风险。一旦民间对政府财政的信心降低、国债评级降低，银行等的公司债评级也会降低，这会导致以发行公司债方式融资的成本上升；如果政府持续发行赤字国债，不断吸收民间资金，会使民间缺少发展必需的资金，导致民间部门经济活力降低。二是对政府财政的信心降低导致利率上升。政府债务余额的不断膨胀将损害政府财政的信誉，可能导致利率迅速上涨，对经济造成恶劣影响。如，随着持有大量国债的金融机构产生潜在亏损的风险变高，金融系统将变得不稳定，国债没有了买方，政府融资难度也将加大。三是财政政策作用的空间将被极度压缩。目前，日本的债务余额占 GDP 比重已超世界主要发达国家的 2 倍之多，财政结构较为脆弱，随着国债还本付息支出不断增加，财政政策作用的空间将被极度压缩。一方面会造成社会保障、文教、防卫、公共设施维护等国民生活中必不可缺的公共服务水平的降低，另一方面，也会造成在自然灾害、经济危机面前，政府难以履行应尽的财政职能。预计到 21 世纪 20 年代中期，政府的债务规模将超过民间金融资产规模。综上，为了防控财政风险，日本政府应尽快采取有效措施降低政府债务规模。

五、政府间财政关系

（一）事权与支出责任划分

日本政府实行中央、都道府县和市町村三级自治，行政体制属于“集权—融合”型，实行分税制财政体制。

从事权与支出责任划分看，日本是典型的地方大政府。事权大部分集中在地方，地方支出占政府总支出比重也较大。

从最终支出规模来看，第二次世界大战后，日本中央财政支出和地方财政支出的比例约为 1∶2，结构较为稳定。近年来，由于国债还本付息支出的增加，中央支出的比重略微上升。

从收入划分看，日本税收分为国税和地方税，国税占主要地位，税收管理权大部分集中于中央。从二战结束到 20 世纪 70 年代的近 30 年间，日本国税与地方税收份额基本上呈 7∶3 的状况。20 世纪 70 年代以后，国税份额有所下降，国税与地方税税收收入分配结构逐步演进到 6∶4 的局面。

（二）转移支付制度构架及结构

日本转移支付制度产生于 20 世纪 30 年代的世界经济危机时期，至 1954 年，日本通过《地方交付税法》这一标志性法律通过立法，转移支付由此制度化。日本的转移支付制度构架包括:“地方交付税”“国库支出金”和“地方让与税”。从规模看,地方交付税规模占地方财政收入总额的比重接近20%,国库支出金规模占地方财政收入的比重约为15%。两项资金规模合计占地方财政收入的比重约为35%,基本赶上当年地方税税收收入,转移支付财源是日本地方财政运营的重要财源之一。

1. 地方交付税

地方交付税是没有指定用途的一般补助金,类似于我国的一般性转移支付,是保障地方行政按计划有序运转和均衡地方团体之间的财源。资金来源于中央所得税、法人税、酒税、消费税、烟税的一定比例。地方交付税制度设立的背景是,为了解决部分地方公共团体的财源不足及各个地方公共团体之间的财政不均衡,使其能够顺利行使自身事权。根据《地方交付税法》,地方交付税属于地方的一般财源,归地方公共团体自主支配,中央不得对交付税的交付设置条件或限制其用途。地方交付税制度在一定程度上为所有的地方自治体提供标准均一的义务教育、警察及消防等行政服务提供了财源。

2. 国库支出金

国库支出金类似于我国转移支付中的专项转移支付,是中央向地方交付的特定补助金的总称。国库支出金规定了资金用途,并带有附加条件,接受政府要按规定和附加条件使用资金,不能挪作他用。国库支出金分为国库负担金、国库委托金及国库补助金三种。“国库委托金”是指先由地方政府出资,但实际负担义务在中央政府的支出,即当中央政府将中央事权范围内的事务委托给地方承办时,中央承担所需全部支出;“国库负担金”根据法律规定是对中央与地方的共同事务所承担的支出,由普通国库负担金、建设事业国库负担金及灾害国库负担金构成,主要用于地方政府实施关系到整个国家利益的项目建设;“国库补助金”是中央政府为实现宏观调控和均衡发展,从奖励地方政府执行国家政策绩效的出发点设立的支出项目,包括科研费补助金、贸易振兴补助金、对公共事业的补助金等。

3. 地方让与税

地方让与税与我国的税收返还接近,但不同的是我国的税收返还不规定具体用途,而日本的地方让与税指定用途。地方让与税是地方政府的财源,为了征收方便而由中央政府代为征收的一种财源。中央政府将全部或一定比例的航空燃料税、地方道路税、天然气税、汽车重量税和特别吨位税补助给地方。地方让与税不具备平衡地方政府间财政的功能,或者说功能比较小,不是严格意义上的转移支付。

(三)转移支付规模

2017,日本地方交付税规模为167 680亿日元,占中央财政支出总额以及地方财政收入总额的比重大体相当，约 17% 上下；国库支出金规模为 154 650 亿日元，占中央财政支出总额以及地方财政收入的比重亦大体相同，约为 15%。从 2017 年决算数字看，地方政府财政收入中的地方交付税与国库支出金两项资金合计约占其财政收入总额的比重为 31.8%，而当年地方税收入占全部财政收入的比重仅为 39.4%，两者仅相差 7.6 个百分点，可见转移支付是日本地方财政运营的重要财源之一，见表 10－7。

表 10－7　　日本中央政府对地方政府的转移支付　　单位：亿日元,%

	2017 年		2016 年		变化	
	决算	比重	决算	比重	增长	增长率
地方税	399 044	39.4	393 924	38.8	5 120	1.3
地方让与税	24 052	2.4	23 402	2.3	650	2.8
地方特例交付金	1 328	0.1	1 233	0.1	95	7.7
地方交付税	167 680	16.5	172 390	17.0	▲4 710	▲2.7
国库支出金	154 650	15.3	156 291	15.4	▲1 641	▲1.1
地方债	106 449	10.5	103 873	10.2	2 576	2.5
其他	160 030	15.8	163 485	16.2	▲3 455	▲2.1
收入合计	1 013 233	100.0	1 014 598	100.0	▲1 365	▲0.1

资料来源：日本总务省《平成 31 年版“地方财政状况”概要》①（平成 29 年度决算）。

六、财政改革和治理措施：特别关注引发关注的上调消费税计划

（一）2019 年预算案及预算改革

2019 年 1 月 28 日，第 198 届国会安倍内阁总理大臣发表施政方针演说，公布了 2019 年施政方针，这是平成时代最后一次施政方针演说。2010 年一般会计功能性支出明细，以表格形式列出了 2019 年度社会保障、文教与科学振兴、国防、公共事业、经济合作、国债还本付息、粮食稳定供给等按照功能分类的支出预算规模、上年预算规模、较上年的增减额及增长率，见表 10－8。

① http://www.soumu.go.jp/main_content/000605293.pdf。

表 10－8　　2019 年一般会计收入支出概算　　单位：亿日元

主要经费	2018 年度预算（当初）	2019 年度预算	增减额	增减率	备　注
※国债费	233 020	235 082	+2 062	+0.9%	
※一般支出	588 958	599 359	+10 401	+0.9%	
社会保障费	329 882	339 914	+10 031	+3.0%	
文教及科学振兴费	53 512	53 824	+311	+0.6%	
其中科学技术振兴费	13 175	13 378	+204	+1.5%	
退休金费	2 504	2 097	▲407	▲16.2%	
防卫费	51 911	52 066	+155	+0.3%	中期防卫对象经费：+1.1%
公共事业费	59 789	60 596	+807	+1.3%	
经济协力费	5 089	5 021	▲68	▲1.3%	
参考 ODA	5 538	5 566	+27	+0.5%	一般会计整体的 ODA 预算连续 4 年增长
中小企业对策费	17 71	1 740	▲31	▲1.8%	反映经济恢复的信用保证制度相关预算减少：▲ 45 亿日元
能源对策费	9 186	9 104	▲82	▲0.9%	
粮食稳定供给费	9 924	9 816	▲108	▲1.1%	
其他项目经费	61 888	60 181	▲1 707	▲2.8%	
预备费	3 500	5 500	+1 500	+42.9%	
※地方交付税交付金等	155 150	159 850	+4701	+3.0%	
总计	977 128	994 291	+17 163	+1.8%	

资料来源：日本财务省。

注：1. 为了和 2019 年（平成 31 年）预算作比较，2018 年（平成 30 年）预算有重新调整组合。

2. 总计由于四舍五入的关系，有一些分数加起来和总数不一样。

3. 一般支出是指，从一般支出总额里减去国债费和地方交付税交付金等。

专栏：日本将构建全民型社会保障制度

面对少子老龄化、人生百年时代，我国引以为豪的社会保障制度也要进行大幅度的改革。不仅要为老年人提供保障，也要为儿童、育儿家庭以及就业适龄人员等提供更为广泛、令人放心的保障，实现向全民型社会保障制度的转变。

由于老龄化日益严重，就业适龄人员在家人护理方面感到压力非常大。为护理家人而不得不放弃工作、放弃实现自我价值的机会。我们的社会不应该是这样的。

为确保就业适龄人员安心工作，我们要继续全力实现“护理零离职”。

要在21世纪20年代初期准备好可接受50万人的护理设施。运用机器人等技术减轻现场护理负担，同时从今年10月开始，改善领导级员工待遇，每月工资最大升幅为8万日元。

加强认知障碍症对策，在今年夏天之前修改《新橙色计划》。在全国所有市町村开办认知障碍症对策交流室等，通过整个地区的努力，来减轻认知障碍症患者家属的负担。

劳务统计调查方式长期出错，严重损害了民生安全信誉，在此我要向广大国民真诚致歉。针对少发的雇佣保险、劳灾保险等，将通过简单的手续尽快补发。政府已对整个基础统计进行了紧急检查，今后也会尽全力杜绝此类事情的发生，同时也会为恢复统计的可信度，进行彻底的确认。

向全民型社会保障制度的转换，并不意味着削减老年人福利服务，因为这项措施的大前提是要让老年人安度晚年。

只要年满65岁就要负担的护理保险，从10月开始，低年金收入者只需负担三分之二。此外，为切实确保只有年金收入的老人们的生活，将新增福利给付金，每年最高金额为6万日元。

在开展以上社会保障改革的同时，还要健全财政，实现2025年度的基础财政收支盈余目标，不把这些负担推给下一代。

为解决少子老龄化问题，构建全民型社会保障制度，必须通过提高消费税率来确保稳定的财源。从10月起消费税率上调至10%，恳请广大国民给予理解与支持。

我们对消费税率上调至8%时的举措进行了反省与总结，对经济运作做好万无一失的准备。

增税部分的五分之四原本计划用于返还贷款，我们对其进行了调整，约2万亿日元将用于免费教育，还原给育儿家庭。除减轻税率以外，还会通过发放优惠商品券等方式来减轻低收入者的负担。

同时，为迎接即将突破4 000万的外国游客，我们决定通过积分还原的方式在全国各地的中小微企业普及无现金结算。对购买汽车、住宅实施大幅减税，切实支撑消费。

为切实确保经济稳健复苏，我们在下一年度预算中充分考虑了如何将消费税全部返还给国民的措施，向实现“战后最高值GDP达600万亿日元”坚实迈进。

资料来源：《第198届国会安倍内阁总理大臣施政方针演说》。

（二）2019年预算中各预算支出领域的特点

1. 社会保障

关于社会保障相关费用的实质性增加，“控制在因老龄化导致的增加的程度”，即达成“新经济、财政再生计划”的方针（+4 774亿日元）。

根据市场价格动向调整药价（▲503亿日元），以及切实执行迄今为止已确定的制度改革（导入护理缴纳金的总报酬分配等：▲807亿日元）。另外，考虑到眼下的物价状况等，上调年金+0.1%（+101亿日元）。

2. 教育、科学技术

关于各国立大学的运营费补助金，原先的分配方式大部分为与前一年预算相同金额进行固定分配，现调整为根据评估结果对1 000亿日元进行分配的方式（其中700亿日元根据高品质论文成果相关的共通指标进行相对评价）。

关于科研费用，为了提高研究能力，逐渐将预算大幅调整为分配给担当未来学术研究的年轻人，并进行充实（2 372亿日元（+86亿日元））。

3. 公共事业

确保稳定的公共事业相关经费（60 596亿日元），其中，①针对地方公团体实施有计划的，集中的支援，进行个别补助或对陈旧设施采取修补对策；②重点推进基础设施的完善，主要为了提高增长力，提高生产性。

4. 农林水产

为强化水产资源管理而充实资源调查，导入高性能渔船，由此推进水产业的发展产业化（加上2018年补充预算共计3 045亿日元）。

为了达成“2019年的出口达1兆日元”的目标，通过加强出口宣传，完善出口环境，支援国产农林水产品、食品的出口。

5. 能源、环境

实现再生能源的重点研究开发及证实等，完善配备氢化站（100亿日元）以实现氢能源社会。

立足于全球性海洋塑料垃圾污染等的问题，推进完善塑料的国内回收再生体制（70 亿日元）。

6. 外交、防卫

基于新的“中期防卫力完善计划”，确保中期防卫对象经费 1.1% 的增长，包含宇宙、服务器、电磁波等新领域，推进实现跨领域作战的体制的构建。

强化外交实施体制，进一步推进战略外交。在一般会计和事业量两方面均增加 ODA（政府开发援助）预算（ +27 亿日元， +412 亿日元）。

7. 警察、海上保安

完善物资器材等以确保良好的治安，防范恐怖袭击，充实强化警备体制（372 亿日元（ +213 亿日元）。

结合 2018 年度第 2 次补充预算（313 亿日元），以钓鱼岛大型巡视船为中心，继续根据《强化海上保安体制相关的方针》强化体制等（2 153 亿日元）。

8. 观光

有效利用国际观光游客税的增加部分（ +440 亿日元），实现出入境手续时高度化的人脸识别认证门的利用，有效利用文化财产和国立公园等，加速扩充观光项目，达成 2020 年访日外国人游客人数达到 4 000 万人，旅游消费金额达到 8 兆日元的目标。

9. 地方创生

持续推进地方创生，包括提供地方创生促进补助金（1 000 亿日元）以支援地方的自主且先驱性的努力，提供地方大学、地域产业创生补助金（22.5 亿日元）以推动先进科学以及观光、农业等地方大学等的新的挑战。

10. 复兴

根据复兴的舞台，进行职业改造等细致的支援的同时，继续全力完善复兴据点等以实现福岛的复兴。

11. 外国人才引进

促进完善外国人才引进以及人才共生的环境，支援在地方自治体设置统一的咨询窗口，充实日语教育等。

12. 地方财政

迄今为止最高的地方税收收入，消除了均摊对象的财源不足（2008 年以来），实现临时财政对策债券发行的大福缩减（▲700 亿日元）。适当确保了地方的一般财源总额。幼儿教育无偿化相关的首年度经费全额由国家承担（2 349 亿日元）。

（三）主要改革：上调消费税计划

日本现在的人口约为 12 700 万人。在全球 196 个国家中处于第 11 位，这支撑着 GDP（国内生产总值 = 国内生产的附加价值的总额）第三位的经济大国，维持着这个国家的经营。但是现在，由于人口减少，特别是劳动年龄人口（15—64 岁）的严重减少，政府想通过提高消费税来弥补国家运营费用的不足部分。但能否实现，这中间面临什么什么样的困难，政府又是在何种治理的困境下做出这种决定的，其当时的历史背景值得研究。

推行消费税是安倍经济学和日本财政改革的重要内容，2018 年 10 月 10 日，日本政府宣布将按计划于 2019 年 10 月 1 日起将消费税税率由 8% 提高至 10%。消费税占日本政府财政收入的比重较高，占日本中央政府一般会计收入的 20% 左右。

日本首相安倍晋三自第二次上任以来即实施所谓“安倍经济学“的各种政策，力求使日本经济摆脱长期的通缩。由于日本面临严重少子老龄化以及巨大的债务负担，政府想通过提高消费税来推动财政重建。日本消费税自 1989 年开始实施，中间有过两次上调，今年 10 月份如果能顺利上调，是第三次调整。历次上调都面临极大阻力。尤其这次，有观点担心安倍政府以消费税对策的名义过度扩大财政支出，财政支出规模不断膨胀，财政重建将越行越远。

根据最新公布的日本 2019 财年的预算案框架，财政支出规模预计将达到 101. 4 万亿日元，创历史新高。过去财政支出最多的一次是发生地震灾害的 2011 财年，支出规模在预算调整阶段达到了 107. 5 万亿日元。安倍政府执政下，基于当初预算到决算为止，常常会不断扩大的事实，初步预算的 101. 4 万亿日元很有可能会进一步膨胀。

（四）改革可能产生的影响

面临百年未遇世界大变局，全球竞争已经从产品和服务的竞争过渡到了国家治理能力的竞争。日本是世界第三大经济体，日本的消费税改革也会对其他国家产生影响。首先，国际贸易中产品和服务竞争的背后是企业生产和创新能力的竞争。随着发展中国家特别是中国劳动力的成本优势慢慢消失，影响企业竞争的一个十分重要的因素就是税收制度，而税收制度直接与国家的行政治理能力相关，即能否建立高效畅通的税收体系。其次，日本消费税上调计划的目的是补充社会保障财源，但是增税对居民收入也会产生影响，尤其是在削减福利支出的时候，增税会加剧社会分裂，影响经济活力。能否处理好公平和效率的关系，是对国家治理能力的一种考验。尽管日本也进行了法人税、减税等一系列配套措施，但普通老百姓的负担仍然会加重，尤其是代际负担的不公平会加剧，造成社会不稳定。

加税可能对日本经济会产生抑制，因而日本在消费税率上调的同时都采取了一些缓解冲击的措施。1989 年开始征税消费税的同时，降低了所得税税率，并且扩大了对个人的所得税扣除和减免。1997 年提高消费税率前也实施过税收减免。而 2014 年日本再度上调消费税率，不仅增加了对低收入者的补贴，还提出降低企业实际税率的措施，以刺激国内投资和鼓励增加员工薪资。税率调整时机的把握也非常关键。经济环境好的时候，加税对经济的影响容易被消化，日本政府 1997 年加税后叠加了亚洲金融危机冲击，日本经济压力加大甚至衰退。而 2014 年上调消费税之后，也同样出现了居民消费和投资的下滑，但由于外部经济环境优于 1997 年，全球经济也在回升，最终日本经济还是缓慢复苏了。并且安倍政府依据经济情况两度推迟消费税的下一轮上调，也防范了多次加税对经济造成的叠加冲击。

七、小结：日本财政运行特征

纵观日本实际经济态势，截至 2019 年 8 月份出口已连续 9 个月低于上年水平，并引发制造业停滞，日本内阁府发布的 8 月份景气动向指数 4 个月来首次出现“恶化”。同时，日本央行发布的短期经济观测报告中，大型制造业企业生产指数已经连续 3 期出现恶化。纵观历次日本经济衰退过程，出口减少导致生产下降，是日本景气恶化的典型模式。因此，根据经济原理判断，景气下降的可能性较大。在此情况下，日本财政运行显示以下特征：

（一）提高福利支出

一是实行免费教育。从 2019 年 10 月起，对 3 至 5 岁的所有儿童实施免费教育。这是实行中小学 9 年免费普通教育以来，时隔 70 年的大改革。从 2020 年 4 月起，不仅公立高中，私立高中也将实现实质性的免费教育。为真正需要帮助的孩子们提供免费高等教育，同时提供包括生活费在内十分充裕的给付型奖学金。二是增加工资。从 2019 年 10 月开始，改善领导级员工待遇，每月工资最大升幅为 8 万日元。三是减少保险缴费，增加保险给付。从 2019 年 10 月开始，年满 65 岁就要负担的护理保险，对于低年金收入者来说只需负担三分之二。此外，为切实保障只依赖年金收入的老人们的生活，将新增加福利给付金，每年最高金额为 6 万日元。

（二）促进经济发展

一是对制造业给予补助金。在全国人手严重不足的情况下，将通过 IT 补助金、持续化补助金，支持提高生产率的投资。二是支持渔业发展。使用 3 000 多亿日元的预算购买新渔船、新渔具等，大力支持水产业生产效率的提高。三是对人才移居地方创业和就业给予补助。从东京移居地方创业、就业，根据情况最多可获得 300

万日元的补助，加快人才向地方流动的速度。

（三）投入 7 万亿日元抵御灾害

在全国范围内对 2 000 多条河流、1 000 多个蓄水池进行修缮维护，对总长约 1 000公里的外墙采取安全防范措施，为守护国民生命做好防灾减灾工作。提升 4 000多公里水路管道的耐震度，在 8 000 个加油站设置发电机，完善灾害发生时也能正常运转的强韧生命线。在全国所有都道府县设立风灾水害专业广域支援队，增强紧急救援体制。花 3 年时间，在包括硬件和软件等各方面，集中推动有效抵御灾害的强韧国家建设。

（四）消费税上调

由于人口减少，特别是劳动人口（15—64 岁）的严重减少，政府想通过提高消费税来弥补国家运营费用的不足。2018 年 10 月 10 日，日本政府宣布将按计划于 2019 年 10 月 1 日起将消费税税率由 8% 提高至 10% 。消费税占日本政府财政收入的比重较高，占日本中央政府一般会计收入的 20% 左右。日本消费税自 1989 年开始实施，中间有过两次上调，2019 年是第三次调整。增加的收入中的约 2 万亿日元将用于免费教育，还给育儿家庭。低收入者除享受税率的优惠外，还会得到优惠商品券等。

主要参考文献

[1]《日本 2019 年政府预算案》，日本财务省网站，2019 年。

[2] http：//www. mof. go. jp/budget/budger_workflow/budget/fy2017/seifuan29/04. pdf.

[3] http：//www. mof. go. jp/budget/fiscal_condition/related_data/201704_00_kanryaku. pdf.

[4] http：//www. zaisei. mof. go. jp/theme/theme7/.

[5] http：//www5. cao. go. jp/j－j/wp/wp－je16/h01－03. html#h010301.

第十一章
韩国

韩国位于东北亚朝鲜半岛南部，三面环海，西濒临黄海，与胶东半岛隔海相望，东南是朝鲜海峡，东边是日本海，北面隔着三八线非军事区与朝鲜相邻，领土面积占朝鲜半岛总面积的4/9。韩国是20国集团和OECD成员之一，也是APEC和东亚峰会的创始国，是亚洲四小龙之一。自20世纪60年代以来，韩国政府实行了“出口主导型”开发经济战略，缔造了举世瞩目的“汉江奇迹”，是拥有完善市场经济制度的经合组织发达国家。

一、全球经济深刻影响着韩国

从2019年年初开始，全球经济被乌云笼罩。接连不断有预测认为受到中美贸易战争等的刺激而触发的贸易规模和产业生产的减少，以及新兴国家负债风险等问题，很可能导致全球景气萎缩，可能对“小规模开放经济”的韩国带来致命的打击。韩国的对外贸易依存度，出口贸易额占到国内生产总值的68%（2016年）。出口减少的话，经济整体都将陷入停滞，其经济构造非常脆弱。韩国经济不仅因为中美贸易摩擦等外部糟糕影响因素加重，连支撑经济的半导体的出口也出现减少倾向，完全失去了依靠。

韩国的资讯科技产业多年来一直较强，制造业与科技产业发达，除高速互联网服务闻名世界外，内存、液晶显示器及等离子显示屏等平面显示装置和移动电话都在世界市场中具领先地位。在逆全球化下，韩国作为间接受害者，其经济也受到了一定的影响。韩国经济以外向型为主，全球性半导体需求的低迷直接打击了韩国经济。韩国文在寅总统希望阻止景气的减速，但依赖财阀的力量支撑起的韩国，想要谋求整体经济水平的提高，并不容易。全球经济如果持续衰退，韩国将面临更严峻的状况。为了未雨绸缪，韩国经济界发出强烈的呼声，希望恢复曾经与日本之间签订的“货币互换”协议。在逆全球化下，韩国经济的突出表现如下。

（一）财富分布不均

在韩国经济方面，财阀企业的存在感压倒性独大。第二次世界大战后，韩国政府给予财阀企业优惠措施，重视提高出口竞争力。其结果是十大财阀的销售额占到了 GDP 的 75% 左右。

很长一段时间，韩国政府试图推进改革，但想改革以财阀为中心的经济运行情况非常困难。这是因为如果着手对财阀企业进行解体，会伴随一时的失业增加等“阵痛”，加剧利益群体的不满。因此，时至今天韩国依然保持着十大财阀的业绩左右经济的经济构造。2017 年总统选举期间，现任总统文在寅为了强调与历届政权有所不同，提到了将推进财阀企业解体等的“改革”，但实际上实施起来完全不是那么简单的事情。

长期依赖财阀的经济运行，导致在韩国，财富偏重聚集于一部分的企业和个人。形成了以财阀企业的经营者一族为首，财富集中于特定的企业及个人（家庭收支）的畸形的构造。毫无疑问这是通过征收税金进行收入再分配的机能无法发挥作用的状况持续至今的重要原因。韩国不仅面临着经济贫富差距扩大的问题，更是面临着贫富差距固化的问题。韩国希望通过提高工资水平，消除因贫富差距导致的不满。进入 2000 年以后，不论经济状况如何，韩国的最低工资持续上涨。文在寅政权承诺提高最低工资的背景也是为了缓解大众对利益群体的不满。

由政府主导，作为解决不满的对策所采取的提高工资的措施，最终的结果是导致韩国企业面临人力成本增加的问题。人力成本增加的话，企业不得不对招聘采取谨慎态度。这是导致青年层（15—24 岁）的失业率居高不下，处于 10% 以上水平的原因之一。同时，政府主导的提升薪资，并非长久之策。这点很明确，因为文在寅政府重视的工资提升承诺遭到企业的反对，最后取消了这项政策。

财富分布的不均，再加上韩国面临着急剧的少子化问题。在韩国，表示女性一生生育小孩数量的平均推算值的“合计特殊出生率”为 1.05 人（2017 年），甚至低于日本。有评论认为 2018 年该数值将低于 1。今后，韩国的老龄化将急速发展，如何消除经济贫富差距成为韩国政府紧迫的课题。

（二）经济减速态势明显

2018 年，韩国的实质 GDP 较前一年相比增长了 2.7%。该增长水平是韩国六年以来的最低水平。韩国经济增长率的下降已经无法遮掩。经济下行的最大原因是出口的减少。特别是三星电子等直接经营的半导体出口的急速减少，给经济增长踩了急刹车。

韩国经济的最大特征有两点。对外贸易依存度（出口额占国民生产总值 GDP 的比重）非常高，以及少数财阀企业的存在感异常明显。韩国从海外采购资源、零部件等，再用这些进口产品在国内进行加工、生产并出口从而实现了快速成长。因此，韩国的对外贸易依存度非常高。至 2013 年为止，韩国的对外贸易依存度超过了 100%。2017 年的对外贸易依存度约降为 80% 左右。

成为出口主力的是以三星、现代为首的大的财阀企业。2008 年雷曼危机之后，韩国的财阀企业通过抓住中国的需求实现了业绩的扩张。在中国经济快速成长的这段时间，韩国财阀企业在中国不断扩大收益，韩国的经济景气上升比较容易。但一旦中国的景气开始放缓，财阀企业的业绩也开始恶化，韩国经济很可能急剧下行。2018 年的经济下行，很大原因是受到中国经济下行影响导致的出口减少。

支撑近年韩国经济的是三星电子。该公司 2016 年经历了因智能手机起火导致的业绩恶化，通过半导体内存行业代表的 DRAM 业务的增长获得了弥补。特别是中国政府大力推动运用 IT 高科技的“中国制造 2025”产业振兴计划，对韩国半导体的需求大幅增加。顺利抓住这样的需求，三星电子的业绩获得了增长。最终，2017 年三星电子超过美国英特尔，成为了全球最大的半导体企业。

进入 2018 年后，中国经济突然转为下行。加上公共事业的中断，全球性智能手机销售情况的不佳，另外，受到中美贸易摩擦的影响，2018 年第四季度，三星电子的营业利润较前一年同期下降了 2.9%。季度营业利润时隔两年出现较去年同期相比下降的情况。

（三）经济情况和特征

经济合作与发展组织（OECD）根据主要国家最新资料对经济增长率进行了预测，发表了《实际国内生产总值（实际 GDP）预测》，预测数值到小数点以下，中央日报对该预测报告进行了分析。其结果，2018 年韩国的经济增长率（实际 GDP 基准）较 2018 年 5 月的预测下降了 0.38 个百分点，为 2.66%。全球经济增长率则下调 0.15 个百分点，为 3.66%，低于韩国的降幅。这是自 1988 年货币危机以来，韩国的经济增长率首次低于全球增长率 1% 以上。

而 2018 年美国的经济增长率预测为 2.89%。经济规模为韩国 12 倍以上之多的美国都取得比韩国更高的增长率，除 1980 年的石油危机、1998 年的货币危机、2015 年的 MERS（中东呼吸综合征）等受到外部因素影响的时期以外，这是第一次。另外，逆转幅度也是自货币危机以来最大的一次。高丽大学经济学科的姜孙京（音译）教授指出，“竞争对手国家对企业采取减税以及放宽管制等措施，实施各种提高企业活力的政策，而另一方面，韩国却在逆行，采取了提高企业所得税，增加企业负担的政策”。他认为“这是在2018年全球经济良好的情况下韩国经济却低迷的最大原因”。而延世大学经济学科的孙泰勇（音译）教授认为“作为小规模开放经济的韩国，没能紧跟2018年全球景气盛况的趋势，增长低于美国，这应认为政府采取的政策有问题。企业竞争力在减弱，在这样的情况下，最低工资的上调以及僵硬的劳动时间的缩减等政策进一步加剧了经济的困难境况”。受此影响，韩国的网络上出现了很多这样的呼声，“只有这点差距吗？亲身感受到的情况是感觉这个国家快不行了”“实际上感觉有20%的差距”“国民感受的景气糟透了”“觉得这个国家马上要不行了，现实情况比新闻报道的情况更悲惨更严重”等，实际上现状是比数字看起来更严峻的困境。

其他还有各种批判当前政府的意见，比如“没有受到任何外部因素影响却与美国之间出现逆转，这是第一次，你们创建了一个从未体验过的国家”“虽然没有外部因素，但有文在寅总统这个内部因素的影响，国家已经脆弱不堪”等。

韩国2019年第一季度国内生产总值（GDP）同比下降0.3%（同比增长1.8%）。私人和政府支出有所增加，但出口下降，基础设施和建筑投资减少。2019年第一季度实际国民总收入（GDI）增长仅为0.2%，见表11－1。

表11－1　　韩国国内生产总值和经济增长率　　单位：10亿韩元，%

	2017年	2018年第一季度	2018年第二季度	2018年第三季度	2018年第四季度	2019年第一季度
国内生产总值（名义GDP）	1 730 399	420 675	446 044	456 122	459 428	—
经济增长率（实际GDP增长率）	3.1	2.8	2.8	2	3.1	1.8

资料来源：韩国银行“国民收入”统计、国家统计门户网站（KOSIS）。http://www.index.go.kr/potal/main/EachDtlPageDetail.do?idx_cd=2736。

（四）与“逆全球化”相关的治理措施

出口形势严峻是韩国经济面临的主要难题之一。韩国月出口额自2018年12月以来“四连跌”，尤其是韩国出口两大支柱产业半导体与汽车呈现出口与生产双疲软态势。对此，韩国延世大学经济学教授成太胤表示，全球经济面临的不确定性因素增强是影响韩国出口的重要因素。韩国政府已采取多重措施应对经济下行风险。

首先，韩国政府加大了宏观调控力度，力图扩大财政支出刺激经济。韩国财政企划部2019年4月提出总额近60亿美元的追加预算计划提交国会审议，以提振内需、增加就业。

同时，韩国积极扩大对外贸易合作，对冲贸易保护主义影响。韩国一直积极推动双边和多边贸易合作谈判，以构建对外贸易合作网络，拓展海外市场。韩国政府分别推出针对东南亚区域的“新南方政策”、针对欧亚地区的“新北方政策”，并积极推动政策实施。

另外，韩国政府正努力寻求创新经济增长点，扶植新技术产业。面对第四次工业革命带来的机遇，韩国政府希望通过“政府主导、企业响应、学界支持”的模式打造经济新增长点。韩国政府 2019 年计划投入超过 170 亿美元，支持企业技术研发、人才培养和高新技术推广，涉及汽车、生物、能源、半导体、5G 等领域。政府还将放松对新技术、新产业的管制①。

二、政府支出：投入国库资金来集中解决就业等问题

（一）支出情况和主要数据

2019 年，韩国中央政府总支出规模为 469.6 万亿韩元，中央政府综合财政支出规模为 439.9 万亿韩元，占 GDP 的比重为 23.4%，较 2018 年增长 42.2 万亿韩元，增长率为 10.6%，见表 11－2。

表 11－2　　韩国中央政府总支出规模　　单位：万亿韩元，%

	2015	2016	2017	2018	2019
中央政府总支出规模	375.4	386.4	400.5	428.8	469.6
中央政府综合财政规模	339.4	354.4	379.8	397.7	439.9
（占 GDP 比重，%）	21.7	21.6	21.9	23.6	23.4

资料来源：韩国战略财政部“韩国综合财政平衡”。

注：中央政府总支出：根据每年的主要预算总计；中央政府合并财政规模：到 2017 年，2018 年、2019 年为预算。

继 2017 年盈余 11.3 万亿韩元和 2016 年盈余 8.0 万亿韩元之后，韩国政府在 2018 年再次实现了 13.2 万亿韩元的盈余。2018 年，韩国中央政府一般账户和特别账户收入总计为 385.0 万亿韩元，支出总额为 364.5 万亿韩元，如表 11－3 所示。

① 综述：韩国多重措施抵御经济下行压力，新华网，2019－04－18。

表 11－3　　韩国政府 2018 年支出　　单位：万亿韩元

	收入目标（A）	收入（B）	收入盈余（B－A）	支出（C）	盈余（B－C）	Spending Transferred（D）	平衡（B－C－D）	Unused
总计	371.1	385.0	13.7	364.5	16.5	3.3	13.2	8.6
一般账户	304.0	316.2	12.3	299.9	12.3	1.6	10.7	4.3
特殊账户	67.3	68.8	1.5	64.6	4.2	1.7	2.5	4.3

资料来源：韩国企划财政部。

2018 年总计有 8.6 万亿韩元未使用，即占预算总额的 2.3%[①]未执行。连同补充预算在内，未执行的预算比上一年增加了 1.5 万亿韩元，如表 11－4 所示。

表 11－4　　韩国中央政府 2014—2018 年未执行的预算　　单位：万亿韩元

年份	2008—2013 年平均	2014	2015	2016	2017	2018
总计（占预算的%）	7.7（2.8）	17.5（5.5）	10.8（3.2）	11.0（3.2）	7.1（2.0）	8.6（2.3）

资料来源：韩国企划财政部。

（二）支出分析

2019 年，韩国财政的投入扩大，预算接近 470 万亿韩元。韩国政府主要投入国库资金来集中解决就业、社会间接资本（SOC）及研究开发（R&D）等方面问题。3 月 26 日，韩国经济副总理兼企划财政部部长洪楠基召开了国务会议，表决通过了包括上述内容的《2020 年度编写预算案及金融运用计划案的方针》（以下简称编写方针）。这是韩国企划财政部每年向各部门发布的预算编写“指南”。据此，韩国政府明年财政运营基调以景气应对策略、收入再分配、创新发展为核心。其中令人关注的是“景气应对策略”。第三次出台编写方针的文在寅政府这是首次强调应对景气策略的内容。这意味着，政府也感受到了景气停滞的危机感。因此，韩国政府决定将集中财力在强化主力产业竞争力和扩大出口政策方面进行投资。积极支持核心材料和零部件产业或半导体、汽车等主力产业的研发、人才培养和产业重组等领域，以此来确保产业竞争力。并且通过扩大弱势群体的所得来扩大社会安全网，将对帮助低收入群体求职者解决生计问题的“韩国型失业扶助”和高校无偿教育给予财政支持。与此同时，还将加大对大数据、人工智能（AI）、氢经济、5G 移动通讯等 4 大平台产业进行支持。在应对雾霾方面，韩国政府将实施提前废弃老旧柴油车、扩大绿色环保汽车的政策，并且强化与中方在寻找原因、提供预报、减排措施方面的

① 一般账户为 4.3 万亿韩元，特别账户为 4.3 万亿韩元，分别增加了 0.1 万亿韩元和 1.4 万亿韩元。

合作。

2019 年预算案和 2018—2019 国家财政管理计划 2018 年 8 月 28 日通过内阁会议，并在 8 月 31 日提交国会，2019 年预算案主要内容①如下（2018 年 8 月 30 日）。

1. 2019 年的预算重点：创造就业机会和鼓励创新

政府 2019 预算是一个大规模的预算。与 2018 年预算相比，总支出将增加 41.7 万亿韩元，同比增加 9.7%。考虑到税收增加，预算增加对财政平衡以及国债的影响不大。共有 470 万亿韩元将用来创造就业机会，支持未来增长引擎，加强社会保障网络，支持低收入家庭，改善人民生活水平以及加强国家安全。

2018—2022 财政管理计划的制定旨在激励增加就业机会，支持“创新型发展”并确保财政的可持续性。

创造就业机会的预算增加 22.0%，达到 23.5 万亿韩元：继续鼓励私营企业创造就业岗位，增加公共部门和社会服务岗位，加强就业培训以及勤工助学项目；鼓励“创新型发展”：支出 20 多万亿韩元将用于研发，1.5 万亿韩元将用于平台经济，3.6 万亿韩元用于 8 个试点项目，改造老工业企业以及加大对新创企业的支持；加强社会保障网络：社会福利预算增加 12.1%，达到 162.2 万亿韩元，加大对小型企业支持，加强失业保障；改善民生：政府将投入总计 8.7 万亿韩元用来改善城市娱乐设施建设，加快旧城改造，改善空气质量，并进一步促进出生率的增长；保障国家安全：国防预算增加 8.2%，共计 46.7 万亿韩元。加大公民安全支出。

2. 分领域支出情况（如表 11-5 所示）

（1）增加工作岗位。

① 促进增加私营部门工作岗位：增加企业对青年就业的支持力度，鼓励包括个体经营者的中年退休人员再就业。

② 23.5 万亿韩元用于为妇女、老人以及残疾人士创造就业岗位。

③ 增加公共部门工作岗位：增加社会服务岗位 6 万个，共计达到 9.4 万个；警察、邮局等公务员岗位增加 2.1 万个。

④ 为技术欠熟练员工提供新的工作培训，提倡勤工助学。

鼓励“创新型增长”

⑤ 研发预算提高到 20.4 万亿韩元：1.7 万亿韩元用于未来科技的基础研究，3.7 万亿韩元用于中小企业研发支持。

⑥ 共计 5.1 万亿韩元用于促进创新：1.5 万亿韩元用于发展平台经济，如大数据分析、人工智能等数字平台，建立氢燃料电池供应链，并在 8 个试点项目上投资 3.6 万亿韩元。

---

① http://english.moef.go.kr/pc/selectTbPressCenterDtl.do?boardCd=N0001&seq=4538。

⑦ 改造工业园区，促进创业：投资 2500 亿韩元改造老工业园区，支持创业企业从孵化到再投资的阶段性发展。

加强社会保障网络

⑧ 162.2 万亿韩元用于福利改善：增加低收入家庭的基本社会保障以及其他福利，比如提高老年基本养老金，单亲父母福利以及孤儿福利。

⑨ 巩固就业保障网络：增加失业保险的金额，周期和范围，小企业为其员工缴纳的失业保险，政府可为其缴纳最高 90%；为正在找工作的青年提供最多 6 个月每月 50 万韩元的补贴。

提升公民生活水平

⑩ 投资 8.7 万亿韩元，改善体育馆、博物馆、图书馆等社区娱乐基础设施，改造城镇老城区以及农村房屋，修缮老房子、老福利设施，植树造林，提高空气质量。

⑪ 努力提高生育率：为新婚夫妇提供 1.5 万套住房，扩大孕产妇福利和儿托机构覆盖面。

（2）保障国家安全。

增加国防预算 8.2%：支出 46.7 万亿韩元，用于增强军事能力，改善军队福利，提高预备役部队训练费用。

表 11－5　　2019 年韩国政府预算（分领域）　　单位：万亿韩元

	2018 预算（A）	2019 预算提案（B）	变化	
			（B－A）	%
总支出	428.8	470.5	41.7	9.7
1. 医疗、养老、就业	144.6	162.2	17.6	12.1
创造就业机会	19.2	23.5	4.2	22.0
2. 教育	64.2	70.9	6.7	10.5
拨付地方政府	49.5	55.7	6.2	12.5
3. 文化、体育、旅游	6.5	7.1	0.6	10.1
4. 环境	6.9	7.1	0.2	3.6
5. 科研	19.7	20.4	0.7	3.7
6. 工业，中小企业（SME），能源	16.3	18.6	2.3	14.3
7. SOC	19.0	18.5	-0.5	-2.3
8. 农业、林业、渔业、食品	19.7	19.9	0.2	1.1
9. 国防	43.2	46.7	3.5	8.2
10. 外交，统一	4.7	5.1	0.4	7.5

续表

	2018 预算（A）	2019 预算提案（B）	变化	
			（B - A）	%
11. 社会秩序，安全	19.1	20.0	0.9	4.9
12. 公共管理，地方政府	69.0	77.9	8.9	12.9
拨付地方政府	46.0	52.8	6.8	14.8

资料来源：韩国企划财政部。

三、政府收入：税收增长，非税下降

（一）收入情况和主要数据

2018 年，韩国中央政府总收入达 385.0 万亿韩元，比上一年增加了 25.5 万亿韩元，比收入目标增加了 13.7 万亿韩元。全国税收收入共计 293.6 万亿韩元，比上年增加了 28.2 万亿韩元①，超出了目标 25.4 万亿韩元。非税收入总计 91.4 万亿韩元，比上年减少 2.7 万亿韩元，比目标减少 11.7 万亿韩元②，如表 11 - 6 所示。

表 11 - 6　　韩国中央政府 2018 年收入规模　　单位：万亿韩元

	2017 年税收收入	2018 年税收收入				2017 年非税收入	2018 年非税收入				总收入	
		目标（A）	收入（B）	较 2017 年变化（C）	和预期目标变化（B - A，D）		目标（E）	收入（F）	较 2017 年变化（G）	变化（F - E，H）	与 2017 年变化（G - C）	较目标变化（H - D）
总值	265.4	268.1	293.6	28.2	25.4	94.1	103.1	91.4	-2.7	-11.7	25.5	13.7
一般账户	258.5	260.8	285.9	27.4	25.1	34.4	43.1	30.3	-4.1	-12.8	23.3	12.3
特殊账户	6.9	7.3	7.7	0.8	0.4	59.7	60.0	61.1	1.3	1.1	2.1	1.5

资料来源：韩国企划财政部。

从国税收入结构来看，所得税、附加价值税以及法人税这三种税收规模最大，其中，所得税收入 84.5 万亿韩元，占国税收入的 28.78%；附加价值税收入 75.1 万亿韩元，占国税收入的 28.3%；附加价值税收入 70.9 万亿韩元，占国税收入的 24.15%；法人税收入 70 万亿韩元，占国税收入的 23.84%（见表 11 - 7）；规模最大的三种税收收入基本呈逐年上升趋势。

① 包括收入和资本利得税增加 11.6 万亿韩元，公司税增加 7.9 万亿韩元，增值税增加 2.7 万亿韩元等。
② 包括上一年结转的 1.4 万亿韩元。

表 11－7　　韩国 2018 年国税收入　　单位：万亿韩元

	预算金额	实际			预算与实际对比	
		实际金额	增加额	增长率（%）	误差额	误差率（%）
总国税	268.1	293.6	28.2	10.6	25.4	9.5
一般会计	260.8	285.9	27.4	10.6	25.1	9.6
－所得税	72.9	84.5	9.4	12.5	11.6	15.9
－法人税	63	70.9	11.8	19.9	7.9	12.5
－附加价值税	67.3	70	2.9	4.4	2.7	4
特别会计	7.3	7.7	0.8	11.7	0.4	5

资料来源：韩国企划财政部。

根据《2018—2022 年财政展望》，2018—2022 年，韩国中央政府总收入预计每年平均增长 5.2%，总支出预计每年平均增长 7.3%（见表 11－8）。

表 11－8　　韩国政府收入和支出的中期展望　　单位：万亿韩元，%

	2018 年		2019 年	2020 年	2021 年	2022 年	年增长率（%）
	原预算	补充预算					
政府总收入 税收收入	447.2 268.1	447.7 268.1	481.3 299.3	504.1 312.7	525.4 325.7	547.8 340.3	5.2 6.1
政府总支出 （增长率，%）	428.8 （7.1）	432.7 （8.0）	470.5 （9.7）	504.6 （7.3）	535.9 （6.2）	567.6 （5.9）	7.3

资料来源：韩国企划财政部《2019 年预算案》。

（二）收入分析

2020 年预算草案引发了韩国国内对于财政风险加大的担忧。在支出大规模增加的同时，受经济不景气影响，预计韩国财政收入增长缓慢，2020 年预计实现财政收入为 482 万亿韩元，增幅仅为 1.2%。同时，税收负担会越来越重。2018 年，韩国宏观税负（税收占 GDP 的百分比）达到了 20.28%，首次超过 20%。尽管韩国政府表态将努力保持宏观税负的稳定，不再上升，但在财政支出大规模扩张的背景下，实现起来难度较大。此外，也出现了关于财政收入稳定性的担忧。该预算草案显示，2019 年至 2023 年，韩国政府财政支出将保持年均 6.5% 的增长率。同期，计划财政收入增长 60 万亿韩元，年均增长率达到 3.9%，但受经济景气情况影响，企业所得税收入可能有所下滑，因此税收增长的实现也会有一定难度。为应对不断扩大的收支缺口，韩国政府计划采取“双管齐下”的措施，一方面将 2020 年赤字率提高到 3.6%，比 2019 年增加 1.7 个百分点；另一方面，计划发行 60.2 万亿韩元的国债，到时韩国政府的债务率将达到39.8%，会加大财政风险①。

四、韩国政府盈余再创新高

（一）政府盈余/赤字和债务情况

在韩国，代表韩国政府赤字水平的是财政平衡指标，包括综合财政平衡和管理财政平衡。二者内涵相近，但又有所区别。综合财政平衡代表政府当年的盈余或赤字规模。管理财政平衡也是指政府的盈余或赤字，但不包括社会保障基金余额和公共基金还款的本金。如果政府收入高于支出，财政平衡就会出现盈余，反之，则会变成赤字。如果赤字累积，国债将增加。财政平衡代表一年中的盈余或赤字，是评估金融稳定与国家债务的重要指标。

自2005年以来，韩国基本保持盈余，唯独2009年除外。2009年的赤字，是由于受2008年金融危机影响，经济衰退，政府实施了扩张性财政政策，增加支出和减税而引发的。2009年，韩国税收和社会保险缴费占GDP的比重出现下降。而近几年，多数国家出现赤字，韩国却一直保持了财政盈余。这主要得益于韩国比较迅速克服了全球金融危机的影响，维持了良好的财经纪律，严控了支出。

韩国政府2012年至2014年连续3年出现赤字，自2015年以来连续4年实现盈余（见表11-9）。根据韩国《国家财政法》第90条，韩国中央政府将为地方自治体提供10.0万亿韩元的补贴，资金来源为一般账户盈余，用于地方政府偿还公共基金（Public Funds）和政府债务。

2018年，韩国政府盈余为13.2万亿韩元。继2017年11.3万亿韩元盈余和2016年8万亿韩元盈余后，韩国政府在2018年实现了13.2万亿韩元的盈余，再创新高（见表11-9）。

表11-9　　韩国2013—2018年政府盈余　　单位：万亿韩元

项目 \ 年份	2013	2014	2015	2016	2017	2018
盈余	-0.8	-0.8	2.8	8	11.3	13.2

资料来源：韩国企划财政部。

从综合财政平衡指标看，韩国政府近几年基本是盈余的，没有赤字，而从管理

① 于雯杰：《韩国政策“组合拳”能否使经济走出困境》，《中国财经报》，2019年10月19日第6版。

财政平衡指标看，韩国近几年都有不同程度的赤字，但从趋势上看，两个指标都在向逐渐转好的方向发展（见表 11－10）。

表 11－10　　　　2013—2018 韩国财政平衡指标　　　　单位：万亿韩元

	2013 年	2014 年	2015 年	2016 年	2017 年	2018 年
综合财政平衡 占 GDP 的百分比（%）	14. 2 1. 0	8. 5 0. 6	－0. 2 －0. 01	16. 9 1. 0	24. 0 1. 4	31. 2 1. 7
管理财政平衡 占 GDP 的百分比（%）	－21. 1 －1. 5	－29. 5 －2. 0	－38. 0 －2. 4	－22. 7 －1. 4	－18. 5 －1. 1	－10. 6 －0. 6

资料来源：韩国企划财政部。

注：1. 财政平衡包括综合财政平衡和管理财政平衡。

2. 综合财政平衡＝综合财政收入（经常收入＋资本收入）－综合财政支出和净贷款（经营支出＋资本支出＋净贷款）。

3. 经常收入：税收收入、非税收入。税收收入：包括社会保障缴费；非税收入：租金、利息的收入、手续费、罚款和没收金、公务员养老金等。

4. 资本收入：固定提供资产、土地和无形资产处置收入等。

5. 经常性支出：人员经费、目前的转移支付，如薪金、租金、利息、补贴和地方政府。

6. 资本支出：固定资产、对地方政府的资本转移。

7. 管理财政平衡＝综合财政平衡－社会保障基金余额（社会保障基金收入－社会保障基金支出）。

8. 社会保障基金：国家养老金、私人养老金、就业保险、工业事故保。

韩国国家债务或政府债务包括中央政府债务、地方政府债务、赤字性债务和金融性债务在内的所有政府性债务，是指未来政府必须偿还的债务，是中长期财政健康状况的一个关键指标量。通过统计政府债务，可以分析韩国政府债务的规模、趋势、增长速度。政府债务可以分为中央政府债务和地方政府债务，也可以分为赤字性债务和金融性债务两类。

2013 年至 2018 年期间，政府债务占 GDP 的比重逐年上升。2019 年至 2022 年政府债务规模仍有上升趋势。2019—2022 年，政府债务规模将被控制在占 GDP 的 40% 左右的水平，见图 11－1。

2018 年政府债务占 GDP 的比重达到 39. 5%，较 2017 年下降 0. 1 个百分点。不过这一指标在 OECD 国家中仍属于比较低的水平，说明韩国的财政稳定程度比较高。其中，中央政府债务包含国债、借入金、国库债务负担行为。韩国的中央政府债务规模远远大于地方政府债务，2018 年，中央政府债务 675. 1 万亿韩元，占政府债务总额的 95. 3%，地方政府债务 33. 1 万亿韩元，仅占政府债务总额的 4. 7%，地方政府债务比重有所下降。

在另一种政府债务分类中，赤字性债务规模大于金融性债务。2018 年，赤字性

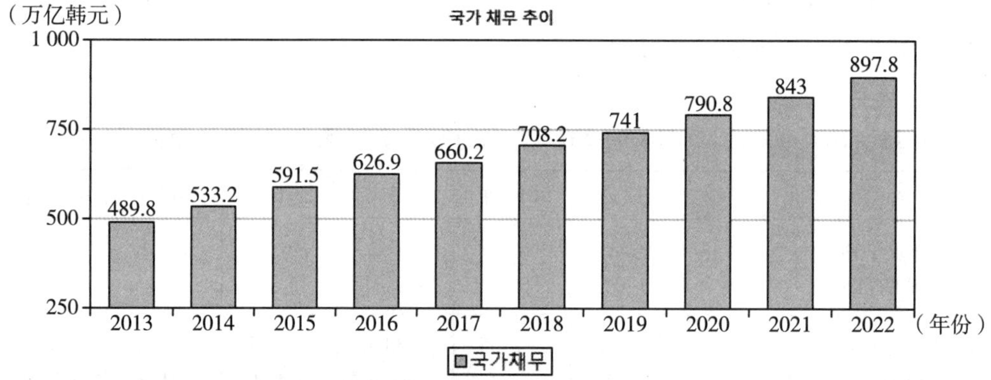

图 11-1　韩国国家债务变化

资料来源：韩国战略与财政http://www.index.go.kr/potal/main/EachDtlPageDetail.do?idx_cd=1106。

债务规模为 411.6 万亿韩元，占政府债务总额的 58.1%，金融性债务规模为 296.6 万亿韩元，占政府债务总额的 41.9%，如表 11-11 所示。

表 11-11　　韩国国家债务趋势　　单位：万亿韩元

		2017	2018	2019	2020	2021	2022
国家债务（1+2）		660.2	708.2	741	790.8	843	897.8
（占 GDP，%）		38.2	39.5	39.4	40.2	40.9	41.6
中央政府	合计（1）	627.4	675.1	711.3	761.4	813.8	869.2
	国债	623.3	671.3	707.9	758.2	810.7	866.1
	借入金	3.8	3.7	3.3	3.2	3.1	3.1
	国库债务负担行为	0.2	0.2	0.1	0	0	0
地方政府纯债务	合计（2）	32.8	33.1	29.7	29.4	29.2	28.6
赤字性债务	合计（1）	374.8	411.6	426.8	468.1	519.1	579.9
	一般会计赤字	289.6	327.2	348.2	394.7	451.3	518.8
	公共资金国债转换等	85.1	84.5	78.6	73.4	67.8	61.1
金融性债务	合计（2）	285.4	296.6	314.2	322.7	323.9	317.9
	稳定外汇市场	222.3	235.5	247.3	260.4	273.1	286.2
	稳定住宅	63.1	61	66.9	62.3	50.8	31.7

资料来源：韩国战略财政部。

注：1. 以 2018 年数据为基准；2. 2019 年以后数据来源于“2018—2022 国债管理计划”前景展望；3. 地方政府纯债务：地方政府整体债务中，除去对中央政府的债务；4. 计算国家债务占 GDP 的比重时，GDP 数据依据韩国银行公布的 GDP 数据变化而变化。

（二）政府盈余/赤字和债务分析

从近5年韩国政府财政支出情况来看，支出金额呈现出逐年递增趋势，支出增长率也在逐年增高。统计显示，2015年至2019年，韩国财政支出分别为371.8万亿韩元、384.9万亿韩元、406.6万亿韩元、434.1万亿韩元、469.6万亿韩元。韩国业界认为，扩大财政支出有其合理性与必要性，但也需要关注是否会出现财政负担加大等副作用。

一方面，韩国政府认为，当前韩国财政状况稳定，具备扩大财政支出的条件。以2017年数据为例，韩国政府负债相当于全年GDP的42.5%，在经济合作与发展组织（OECD）成员国中属于较低水平。而且，韩国国债利率维持在2%以下，低于韩国GDP增速，属于低利率债券。韩国政府可继续通过发行国债的方式收集资金，并用于扩大财政支出。

另外，韩国政府认为，扩大财政支出有利于拉动韩国经济增长，也有利于让政府财政变得更加稳健。反之，如果现在不用加大财政支出的方式来解决经济社会问题，那么不久的将来，韩国很可能将因问题恶化不得不付出更多的财力物力。所以，应采取先行投资的方式，尽早解决问题。

但是，韩国有没有充足的资金保障，扩大支出是否会使韩国财政负担加大，在韩国国内也引发了一定忧虑。2017年以来，韩国经济增速持续走低。韩国央行和国际机构也分别下调了今年韩国经济增长预期，这都不利于韩国财政增加收入。

韩国《每日经济》报道认为，韩国业界看重政府赤字是否超过GDP的3%这一红线，而且经济增速下降将导致政府税收减少。根据当前情况预测，2022年时，韩国政府财政赤字有可能会超过GDP的3%。

韩国《中央日报》发表评论认为，在企业赚不到钱、韩国家庭收入原地踏步的情况下，政府只能收取更少的税收。同时，韩国社会正加速老龄化，再过十年，劳动力人口将锐减，需要获取社会福利的人反而越来越多。届时，政府财政恐将面临困难。

《每日经济》社论称，韩国经济增长动力下降，青年失业率高，财政支出的作用比任何时候都重要。今年，韩国社会福利、劳动领域的支出预算同比增长11%，用于提高产业竞争力的预算支出虽也有所增长，但支持力度相对不足。因此，财政支出更应在提高经济增长活力方面集中投入①。

---

① https：//baijiahao. baidu. com/s? id = 1636720511966044050&wfr = spider&for = pc。

五、政府间财政关系

韩国实行以中央集权为特征的地方税制体系，即由中央政府集中税收管理权限。地方税的立法权集中在中央，地方自治团体只有一些地方零星税种的执法权。地方税的征收制度和征收标准一般由中央统一制定，地方自治团体在统一的规定下根据本地的情况制定一些具体的征收办法，确定本地地方税的适用税率。全国各税的征收由中央统一管理，征收后再按税种的划分规定拨付给地方。在韩国的税收总额中，地方税收收入所占比重较小，一般无法满足地方自治团体承担各项事务的财政支出需要，地方自治团体财政自立比例全国平均为50%—60%，道、市、自治区是30%—50%，郡是10%左右。

地方财政支出决算净额最近从增长趋势变为下降（过去5年的年均增长率为3.8%）。自1998年以来，由于国际货币基金组织的影响，地方政府支出增长一直很低，2001年暂时增加到20.3%，2009年为19.7%，但2010年略有下降至7.4%，2011年为1.9%，2012年为6.4%，2013年为6.9%，2014年为0.9%，2015年为8.2%，2016年为5.9%，2017年为7.0%，如表11-12所示。

表11-12　　地方财政支出规模　　单位：亿韩元

年份	2013	2014	2015	2016	2017	最近5年年均增长（%）
合计	1 606 113	1 620 661	1 753 338	1 857 454	1 987 255	3.8
一般会计	1 297 365	1 304 512	1 418 789	1 502 876	1 631 103	4.1
特别会计	308 748	316 149	334 549	354 578	356 152	2.7
增长率（%）	6.9	0.9	8.2	5.9	7.0	5.8

地方交付税的规模占地方财政收入的比重一般在15%左右。

韩国国税中除了关税和目的税以外的几种税统称为内国税，一定比率的内国税充当地方交付税的财源。1969—1972年，法定交付率是内国税税收总额的17.6%。1973—1982年，法定交付率暂定，根据每年的预算不同而不同。1983—1999年，法定交付率是内国税税收总额的13.27%。2000—2004年，法定交付率是内国税税收总额的15%。2005年，法定交付率变为内国税税收总额的19.13%。2006—2009年，法定交付率变为内国税税收总额的19.24%。

就外国而言，联邦州的地方税比例相对较高，而非联邦州的地方税比例相对较低。从国际比较角度看，韩国地方政府可用财源的比例高于联邦州国家，而低于非联邦制国家（见表11-13）。

表 11－13　　地方政府可用财源国际比较　　单位:%

	非联邦制			联邦制	
	英国（2003 年）	法国（2003 年）	韩国（2006 年）	德国（2003 年）	美国（2001 年）
国税：地方税	95：5	79：21	79：21	52：48	59：41
可用财源（国家：地方）	65：35	60：40	40：60	30：70	28：72

资料来源：韩国企划财政部。

由于大部分财源主要集中在中央，地方自治团体经常出现入不敷出的情况，为了解决地方自治团体的收入不足（表 11－14 为地方税和非税收入），满足其支出需求，韩国中央政府只有通过实施转移支付制度，平衡中央和地方财力需求（表 11－15 为地方转移支付财源规模）。

表 11－14　（2017 预算年度）地方收入：地方税和非税收入　单位：亿韩元

预算年度	2013	2014	2015	2016	2017	最近 5 年年均增长
地方财源	1 292 810（6.6%）	866 771（4.9%）	950 234（8.8%）	1 052 032（9.7%）	1 099 949（4.4%）	6.9%

资料来源：韩国企划财政部。

注：（　　）内是较上年增长率。

表 11－15　　地方转移支付财源规模　　单位：万亿韩元

年份	2014	2015	2016	2017	2018
地方转移支付财源	114.9	120.9	128.4	144.9	149.6
——交付金	77.7	74.8	81.7	97.1	99.4
——让与金	—	—	—	—	—
——国库补助金	31.3	46.1	46.7	47.8	50.2
——广特会计	5.9	—	—	—	—
地方可用财源	169.4	191.9	203.9	225.3	232.3
（占总税收比重,%）	62.5	66.4	64.1	65.2	66.2

如表 11－16 所示，由于大部分财源主要集中在中央，地方自治团体经常出现入不敷出的情况，为了解决地方自治团体的收入不足，满足其支出需求，韩国中央政府只有通过实施转移支付制度，平衡中央和地方财力需求。

表 11－16　　国税和地方税比重　　单位：万亿韩元，%

年份	2013	2014	2015	2016	2017
税收	255.7	267.2	288.9	318.1	345.8
（占 GDP，%）	17.9	18	18.5	19.4	19.9
国税	201.9	205.5	217.9	242.6	265.4
（国税比重，%）	79	76.9	75.4	76.3	76.7
地方税	53.8	61.7	71	75.5	80.4
（地方税比重，%）	21	23.1	24.6	23.7	23.3

资料来源：韩国国家税务局、韩国海关总署。
http：//www.index.go.kr/potal/main/EachDtlPageDetail.do？idx_cd＝1123。

地方自治团体之间尤其是近邻自治体之间是竞争关系，竞争获得中央更多的财源支持。2017 年的国税和地方比例约为 76.7∶23.3。从 2013 年至 2017 年国地税比重看，分别为 79∶21、76.9∶23.1、75.4∶24.6、76.3∶23.7、76.7∶23.3，如表 11－16 所示。

六、财政改革和治理措施：在努力为未来做准备

（一）2019 年预算改革主要内容

1. 2019 预算提案主要特点

韩国总收入得益于企业收入和税收收入大幅度增长，政府收入预计为 481.3 万亿韩元，相较上一年增长 7.6%；总支出：政府总支出将达到 470.5 万亿韩元，相较上一年度增长 9.7%，是名义增长预期（4.4%）的两倍多，也是自 2000 年以来最大增幅，不包括蔓延全球危机的 2009 年，如表 11－17 所示。

表 11－17　　2019 预算收支　　单位：万亿韩元，%

	2018 预算		2019 预算议案（B）	变化	
	原预算（A）	追加预算		B－A	%
政府总收入	447.2	447.7	481.3	34.1	7.6
税务收入	268.1	268.1	299.3	31.2	11.6
政府总支出	428.8	432.7	470.5	41.7	9.7

资料来源：韩国企划财政部。

2. 最新的变化

如表 11－18 所示，2019 年 8 月 29 日，韩国财政部预算司发布 2020 年财政预算

建议：2020 年韩国政府将在原有的基础上扩大预算为 513.5 万亿韩元，其目的是提振经济和促进创新。与 2019 年预算相比，财政总支出将增加 43.9 万亿韩元，增幅为 9.3%，综合财政平衡赤字将从 GDP 的 1.9% 上升至 3.6%；政府债务占 GDP 的比例预计将从 37.1% 上升至 39.8%，为赤字提供资金的国债将从 2019 年的 33.8 万亿韩元增长到 60.2 万亿韩元。

表 11－18　　按领域划分财政支出对比表　　单位：万亿韩元

	2019 预算（A）	2020 预算建议（B）	变化	
			（B－A）	%
总支出	469.6	513.5	43.9	9.3
1. 健康、福利、就业（创造就业机会）	161.0（21.2）	181.6（25.8）	20.6（4.5）	12.8（21.3）
2. 教育（给地方政府的转移支付）	70.6（55.2）	72.5（55.5）	1.8（0.2）	2.6（0.4）
3. 文化、体育和旅游	7.2	8.0	0.7	9.9
4. 环境	7.4	8.8	1.4	19.3
5. 研发	20.5	24.1	3.6	17.3
6. 工业、中小企业和能源	18.8	23.9	5.2	27.5
7. 芯片	19.8	22.3	2.6	12.9
8. 农林业，渔业，食品	20.0	21.0	0.9	4.7
9. 国防	46.7	50.2	3.5	7.4
10. 外交	5.1	5.5	0.5	9.2
11. 社保安全	20.1	20.9	0.8	4.0
12. 中央政府、地方政府的行政支出（给地方政府的转移支付）	76.6（52.5）	80.5（52.3）	3.9（－0.2）	5.1（－0.3）

资料来源：韩国财政部。

从绝对额和占比来看，韩国预算的支出重点在社保、教育和行政领域。健康、福利、就业支出约占总支出 35%，并呈增长趋势，教育支出约占总支出 15%，尤其是对地方政府在教育领域的转移支付占主要部分；与教育相类似，韩国的行政支出占比也较高，并且其支出主要在中央对地方的转移支付，但从其增量来看，行政支出是负增长的。从变化的百分比来看，2020 年韩国政府大幅增加了对环境，研发，工业、中小企业和能源，芯片等领域的支出，其战略目的一览无余，即通过可持续的科技创新提高其产品的竞争力，使其在全球价值链利润分配中处于上游和主动的地位，增加出口，从而达到提振经济的目标。

韩国政府正在努力为未来做准备，例如加快创新和改变人口结构，以及刺激经济，从而实现财政管理体制的包容性和可持续性。包容性将通过加强社保安全网和工作保障来实现，并努力提高生活质量，例如通过精细减尘和社区 SOC 项目。政府将通过支出重组和扩大税收基础，努力确保财政可持续性。并且韩国政府将致力于公共采购体系的创新，以刺激技术发展，帮助提高产业竞争力，并将建立下一代预算和会计系统，整合财政、经济和行政数据。

此外，韩国政府 2019—2023 年中期财政展望与财政管理目标是政府总收入预计将以平均每年 3.9% 的速度增长，政府总支出将以平均每年 6.5% 的速度增长。综合财政平衡减去社会保障基金将在 2019—2023 年期间使赤字率达到 3% 左右。政府债务率将达到 40% 左右。

3. 财政管理改革

财政管理方面的改革主要包括管理支出以支持政府包容性增长；通过防止偷税漏税以及终止不必要税收优惠增加税务收入；增加在安全、人权以及环境方面的投资以确保公民福祉；努力提高地方税务收入至总收入的 30% 。

（二）促进增长、支持创新的税收改革

目前韩国经济必须应对增长潜力减弱、全球经济放缓和外部不确定性增加等问题。虽然收入分配指标有所改善，社会安全网得到加强，但低收入群体持续受到影响，人口正在老龄化。韩国需要积极的财政政策来给未来增长的动力提供保障，应对人口老龄化。在这种背景下，韩国政府起草了 2019 年的税收修订法案。

2019 年韩国税收调整的重点集中在三个方面，包括：促进经济发展，支持产业创新；坚持包容性和公平性；拓宽税基以及改善税制。

1. 促进投资增长

新税法规定，如果新增投资是为了提高生产率，则临时延长一年减免设施投资税。大联合企业减免税收 1% 到 2% ，中型企业减免 3% 到 5% ，小型企业减免 7% 到 10% 。

同时修订后的税法将生产设施投资和安全设施投资的减税期限延长两年，扩大符合减税条件的产业范围，比如高技术设备和设施产业、医药和物流业。同时减税也涵盖了旨在改善安全的投资，将安全投资减税扩大到能源管道、液化石油气设施和所有设备和设施。

新税法将加速折旧率提高 50% 的期限延长 6 个月，直至 2020 年 6 月 30 日，政府将扩大到下半年用于提高生产率、节约能源的投资和用于促进创新的投资，比 如研发设施投资和新的增长的引擎设施投资。

与此同时，新的税法还对投资给予了众多优惠政策，包括：对中小企业和中型龙头企业下半年的投资给予75%的加速折旧；延长受到重组影响地区的初创企业税减免，在目前提供的五年100%减免的基础上，再减免两年50%；扩大企业投资税减免范围，只要在非限制领域开展经营，中小企业减免5%税收，中型龙头企业减免3%税收；对公司遗产税奖励放松要求，同时放宽分期缴纳遗产税的要求；扩大分期付款的缴税期限和宽限期，将生产设施从两年宽限期内分两期付款改为五年宽限期内分五期付款；扩大对前一年发生的损失的税收减免，减免额度从当年收入的60%增加到100%；允许最多可扣除600万韩元的维持费，比此前的300万韩元增加一倍。

2. 促进消费和出口

新税法将免税店的购物上限从3 000美元提高到5 000美元，同时向外国游客提供最多价值200万韩元的现场退税。政府将外国游客的医疗服务和住宿费用增值税退还延长一年，并为中小型企业进口货物支付货物保安检查费用。在中小企业和中等规模的主要出口商进口材料、建造制造设施时，政府将给予关税削减。

3. 支持产业创新

韩国政府采取了一系列支持产业创新的措施，主要包括：扩大对新增长引擎和资源技术的研发税减免，使之适用于生物技术、芯片系统和其他将引领创新驱动增长的技术；将减税结转期延长至未来10年，用于新的增长引擎和技术的研发投资；为韩国公司委托外国研究机构的项目提供研发税减免；扩大对风险资本股票经营资本利得税的免除；为从海外归来的韩国人才提供5年期间50%的所得税减免。

4. 大力促进就业

韩国政府大力刺激国内就业增长，修改税法后大型企业投资于中小企业雇员福利基金享受10%减税，并将减税延长至2022年。同时政府扩大对中小企业和中型企业的企业投资税减免，减免幅度最高可达10%。韩国政府扩大对雇用重新劳动的妇女的税收支助，对雇用这类妇女所产生的劳动成本减税15%至30%，这一举动旨在涵盖因婚姻、儿童教育以及生育和保育而辞去工作的人，帮助她们重返岗位。

5. 增强社会包容性

修改后的税法将信用卡使用的所得税扣除延长3年，至2022年。同时通过免费移动支付系统“Zero Pay”为这项支出提供40%的扣除。政府将购买免税农产品的增值税减免期限延长两年，至2021年。并且韩国政府提高了工作奖励的收入上限，年收入低于400万韩元的单身家庭将获得资格。

韩国政府还扩大了对私人养老金计划的税收支持：允许个人储蓄账户到期时转

移到养老金账户，并将免税上限提高到300万韩元；临时将养老金储蓄账户的免税上限提高到每年600万韩元；对长期养老金计划（超过10年）适用较低的退休所得税税率。

最后，政府对拖欠税款为5 000万韩元或以下的小企业主采取长期纳税计划：企业可以在最长5年内分期付款，企业主在未能实施分期付款计划后可以重新尝试申请。

6. 增进社会公平

该目标致力于非营利组织的工作，重点是使它们更负责任和更透明，以帮助建立慈善文化，具体包含以下主要措施：国家税务局（NTS）负责从非营利组织指定到商业评估所需的每一步，这一举措从2021年1月1日开始实施；如果评估发现该组织运作正常，新指定的非营利组织在指定3年后接受评估；从2021年1月1日起，如果提交的财务报表不够清晰，NTS有权要求提供预算支出说明；要求将其业务资产价值的1%以上用于公共利益，并要求所有非营利组织必须披露企业信息；要求非营利组织的账目每9年由新技术委员会委任人员审计，新技术委员会连续3年审计，其余六年由他们选择的审计人员进行审计。

修正税法后，韩国政府预计未来五年的税收收入将增加约40亿韩元，如表11－19所示。韩国未来的所得税收入将有所上升，同时企业税收入大幅度下降，结构性的税制改革或许能够为韩国未来的经济发展注入新的动力。

表11－19　韩国未来五年税收收入展望　单位：亿韩元

	合计	2020年	2021年	2022年	2023年	2024年及以后
合计	37	－1 405	－4 441	4 407	－11	1 487
所得税	125	408	－145	－138	—	—
企业税	－149	－32	－6 604	4 989	—	1 498
增值税	44	－793	805	52	－10	－10
其他	17	－988	1 503	－496	－1	－1

（三）2018—2022年国家财政管理计划

1. 主要政策

财政资源管理的重点是创造就业机会，支持“创新型增长”，提高生育率，确保国家安全以及公民安全，支持低收入家庭。财政计划在接下来的五年内将可能继续增加。

政府将确保财政政策可持续性。政府将继续提高支出效率，努力增加税收以支持包容性增长。

增加在环境、安全、人权等方面的公民福利投资，改革税制以提高地方政府税务收入。

政府将仔细研究韩国公民对政府支出变化的切身体会，并努力反映公民的意愿。

2. 财务中期展望以及财务管理中期目标

2018—2022 年间政府总收入预计年均增长 5. 2% 。

2018—2022 年间政府总支出将努力保证年均 7. 3% 的增长，如表 11 – 20 所示。

表 11 – 20　　政府收支中期展望　　单位：万亿韩元

	2018 年预算		2019 年	2020 年	2021 年	2022 年	年增长（%）
	原预算	追加预算					
政府总收入 税务收入	447. 2 268. 1	447. 7 268. 1	481. 3 299. 3	504. 1 312. 7	525. 4 325. 7	547. 8 340. 3	5. 2 6. 1
政府总支出 （增长,%）	428. 8 （7. 1）	432. 7 （8. 0）	470. 5 （9. 7）	504. 6 （7. 3）	535. 9 （6. 2）	567. 6 （5. 9）	7. 3

2018—2022 年间，综合财政余额减去社会保障基金后会产生相当于 GDP 3% 的赤字。

政府债务将确保稳定在略高于 GDP 的 40% ，如表 11 – 21 所示。

表 11 – 21　　财政平衡与政府债务中期展望　　单位：万亿韩元

	2018	2019	2020	2021	2022
综合财政余额减去社会保障 （占 GDP 比重%）	– 28. 5 （1. 6）	– 33. 4 （ – 1. 8）	– 44. 5 （ – 2. 3）	– 54. 2 （ – 2. 6）	– 63. 0 （ – 2. 9）
政府债务 （占 GDP 比重%）	708. 2 （39. 5）	741. 0 （39. 4）	790. 8 （40. 2）	843. 0 （40. 9）	897. 8 （41. 6）

七、小结：韩国财政运行特征

2019 年 1 月 16 日，韩国中央日报发表了名为“韩国经济脱离全球经济增长轨道的现象已经很明显”的报道。经济合作与发展组织（OECD）根据主要国家最新资料对经济增长率进行了预测，发表了《实际国内生产总值预测》，预测数值到小数点以下，中央日报对该预测报告进行了分析。其结果，2018 年韩国的经济增长率（实际 GDP 基准）较 2018 年 5 月的预测下降了 0.38 个百分点，为 2.66%。全球经济增长率则下调 0.15 个百分点，为 3.66%，低于韩国的降幅。韩国的经济增长率低于全球增长率 1% 以上，这是自 1988 年货币危机以来的首次。

而去年美国的经济增长率预测为 2.89%。经济规模为韩国 12 倍以上之多的美国都取得比韩国更高的增长率，除 1980 年的石油危机、1998 年的货币危机、2015 年的 MERS（中东呼吸综合征）等受到外部因素影响的时期以外，这是第一次。另外，逆转幅度也是自货币危机以来最大的一次。

高丽大学经济学科的姜孙京教授指出，“竞争对手国家对企业采取减税以及放宽管制等措施，实施各种提高企业活力的政策，而另一方面，韩国却在逆行，采取了提高企业所得税，增加企业负担的政策。”他认为“这是在 2018 年全球经济良好的情况下韩国经济却低迷的最大原因”。延世大学经济学科的孙泰勇教授认为“作为小规模开放经济的韩国，没能紧跟 2018 年全球景气盛况的趋势，增长低于美国，这应认为政府采取的政策有问题。企业竞争力在减弱，在这样的情况下，最低工资的上调以及僵硬的劳动时间的缩减等政策进一步加剧了经济的困难境况”。受此影响，韩国的网络上唱衰韩国经济的声音很多，国民对于经济的失望情绪比事实上的数据更为严重。文在寅总统的执政也受到冲击。

事实上，IMF2019 年 5 月曾劝告韩国积极进行财政支出。国际货币基金组织理事会发布的《2019 年度协商结果报告》表示，韩国需维持中期扩张性财政政策，以支持增长和创造工作岗位。该报告书以近期访问韩国的 IMF 年度协商团的讨论结果为基础制定。IMF 在报告书中指出，韩国具有相当的进一步激活经济的经济余力，希望韩国编排追加预算。IMF 称，韩国政府去年紧缩财政支出，希望今年能采取必要的追加措施，实现增长目标，加强社会安全网。具体来说，韩国可通过财政政策刺激女性和青年就业，同时强化积极的劳动市场政策，支持提高增长动力的结构性改革。IMF 同时警告称，韩国经济有可能出现循环性及结构性的逆转，需将重点放在民间主导型增长和提高生产效率上。同时，虽然韩国经济增长基础较强，但短期增长势头正在放缓，出现潜在增长率下滑现象。IMF 此前预测今年韩国经济增长率为 2.6%①。

主要参考文献

[1]《韩国经济脱离全球经济增长轨道的现象已经很明显》，《韩国中央日报》，2019 年 1 月 16 日。

[2] 韩国 2019 年政府预算案。

① IMF，2019-05-14，http：//world.kbs.co.kr/service/news_view.htm？lang=c&Seq_Code=63420.

[3] 韩国企划财政部网站。

[4] 韩国银行网站。

[5] 韩国国税厅网站。

[6] 韩国统计厅网站。

[7] 于雯杰：《韩国政策“组合拳”能否使经济走出困境》，《中国财经报》，2019-10-19（006）。

[8]《韩国将扩大财政支出拉动经济增长》，《经济日报》，2019年6月19日。

第十二章
印度

印度全称印度共和国（The Republic of India），位于南亚次大陆，面积约298万平方公里（不包括中印边境印占区和克什米尔印度实际控制区等），居世界第7位，人口13.24亿，居世界第2位。印度是世界四大文明古国之一，公元前2500年至1500年之间创造了印度河文明。1600年英国开始入侵印度，1757年沦为英国殖民地，1849年全境被英国占领，1947年6月，英国通过“蒙巴顿方案”，将印度分为印度和巴基斯坦两个自治领，同年8月15日印度独立。1950年1月26日，印度宪法正式生效，印度成立共和国，同时仍为英联邦成员。印度宪法规定，印度为联邦制国家，是主权的、社会主义的、世俗的民主共和国，采取英国式的议会民主制。2014年4月7日至5月12日，印度举行第16届人民院①选举，印度人民党赢得人民院过半数席位，成为第一大党，单独执政，纳伦德拉·莫迪出任总理。②

一、处于各种“冲突”中的印度

近年来，世界各国的民族主义、单边主义、保护主义抬头，全球都经历着变化，具体到国别又有不同的表现形式。从印度角度来看，“逆全球化”最突出的表现，一是边界冲突，二是美印贸易摩擦。边界问题是一直困扰着印度的问题，美印贸易摩擦是来自美国的压力，是印度和美国民族主义、单边主义、保护主义发展的有力证据。

---

① 印度议会分上、下两院，上议院又被称作联邦院，下议院又被称作人民院。

② 中国外交部，《印度国家概况》，中国外交部网站，2019年1月更新。

（一）印巴边境冲突

1947 年印巴分治以来的半个多世纪，印度与巴基斯坦关系时紧时缓，双方在克什米尔地区的武装冲突几乎从未中断。两国不断交恶的原因，归根到底是克什米尔问题。2016 年 11 月 23 日，巴基斯坦三军公关部 23 日证实，巴印两军当天在克什米尔地区印巴实际控制线附近再次发生交火。2017 年 7 月到 10 月，印巴数次交火。2018 年 1 月到 2 月印巴数次交火。印巴的最新冲突自 2019 年 2 月开始，到 4 月为止仍未结束。2019 年 2 月 14 日，印度安全部队一支车队在印控克什米尔地区遇袭，造成 45 人死亡，总部在巴基斯坦境内的“穆罕默德军”极端组织宣布对此负责。印度指责巴基斯坦支持“穆罕默德军”极端组织，并表示有证据证明巴基斯坦参与了袭击，由此引发印巴新一轮的武装冲突。①

（二）美印贸易摩擦

路透社日前报道称，美国贸易代表办公室正重新评估在“普遍优惠关税制度”框架下授予印度的最惠国地位，或将撤销涉及自印度进口到美国的总价值约 56 亿美元产品的零关税待遇。外界普遍认为，美印近来这番经贸摩擦，导火索是印度国内生效不久的电子商务新规。2019 年 2 月 1 日，印度商工部下属的工业政策与促进局牵头发布的电子商务领域外国直接投资监管新规正式生效。有分析认为，新规旨在限制外国企业，扶植本土公司，对亚马逊、沃尔玛等在印度深耕多年的美国跨国公司影响明显。2018 年，印度政府宣布了一项强制外国电商及互联网服务提供商在印度本地进行数据存储的提案，并对电子产品和智能手机征收更高关税，遭到众多美国游说团队的强烈反对。更早之前，美国还曾对印度限制医疗器械价格的决定表示抗议。美国总统特朗普也不止一次批评印度向美国征收高额关税，并在 2018 年 11 月取消了印度出口美国的 50 种产品的免税优惠。迫于压力，印度已将从美国进口哈雷摩托车的关税下调了一半。有观点指出，美印之间近来频繁的经贸摩擦，实质是特朗普以制造业回归为主要标志的“让美国再次伟大”政策与莫迪大力推动“印度制造”计划碰撞的结果。②

二、政府支出：非发展支出和发展支出占比交替领先

印度中央和地方财政分立，其中中央指联邦和没有立法机构的中央直辖区（U-

---

① 根据新闻整理。

② 《美印贸易摩擦升温 双方会上演贸易大战吗?》，2019 年 02 月 14 日，中财网。

nion Territories，缩写 UTs），邦指邦和有立法机构的中央直辖区①。印度邦以下政府的信息难以获得，因此本书没有涉及。印度的财政年度从每年 4 月 1 日至次年 3 月 31 日。

（一）中央和邦支出

1. 支出规模及其变化

政府支出是反映一国政府规模的重要指标。2014/2015 财年，印度中央和邦的总支出增加到 31.9 万亿卢比，占 GDP 的 25.61%。2015/2016 财年，中央和邦总支出调整数为 39.7 万亿卢比，占 GDP 的 29.30%。2016/2017 财年，中央和邦总支出预算数为 43.9 万亿卢比，占 GDP 的 29.11%（参见表 12－1）。

表 12－1　　印度中央和邦支出状况

（1990/1991—2016/2017 财年）　　单位：千万卢比

财年	1990/1991	2000/2001	2010/2011	2013/2014	2014/2015	2015/2016（调整数）	2016/2017（预算数）
总支出	155 142	552 124	2 105 695	2 953 311	3 192 794	3 974 546	4 385 798
支出年增长率			16.0%	11.5%	8.1%	24.5%	10.3%
GDP（现价）	586 212	2 177 413	7 784 115	11 233 522	12 467 959	13 567 192	15 065 010
支出占 GDP 比重	26.47%	25.36%	27.05%	26.29%	25.61%	29.30%	29.11%

资料来源：the Ministry of Finance of the Government of Indian，Indian Public Finance Statistics 2016－17，May 2018，table1.9，印度财政部网站。

注：（1）支出增长率为计算得出。

（2）总支出由于资料来源不同在数额上可能会略有差异。

从变动趋势来看，2013/2014 和 2014/2015 财年，中央和邦支出占 GDP 的比重曾下降态势，分别下降到 26.29% 和 25.61%。2008 年全球金融危机之前，中央和邦支出占 GDP 比重在 25% 左右，危机发生后政府为经济尽快从危机中解脱出来大幅增加政府支出，支出占 GDP 比重上升明显，在 2009/2010 财年曾经高达 28.01%②，之后呈现下降态势，在 2014/2015 财年下降到 25.61%，但是根据 2015/2016 财年的调整数和 2016/2017 财年的预算数，支出占 GDP 比重将有明显的上升，会超过 29%。

---

① Delhi 中央直辖区从 1993/1994 财年开始划入邦，之前被列入中央。

② the Ministry of Finance of the Government of Indian，Indian Public Finance Statistics 2016－17，May 2018，table1.9，印度财政部网站。

2. 支出结构及其变化

（1）经济分类。按经济分类，支出分为经常性支出和资本性支出。印度中央和邦支出以经常性支出为主，资本性支出为辅（见表12－2）。近年来，经常性支出占比在85%左右，资本性支出占比在15%左右。

表12－2　　印度中央和邦支出结构：经济分类
（1990/1991—2016/2017财年）　　单位：千万卢比

财年	1990/1991	2000/2001	2010/2011	2013/2014	2014/2015	2015/2016（调整数）	2016/2017（预算数）
经常性支出	122 950	485 388	1 784 314	2 531 370	2 707 118	3 219 051	3 673 255
资本性支出	30 202	60 960	325 601	421 892	474 621	739 559	710 949
汇总	153 152	546 348	2 109 915	2 953 262	3 181 739	3 958 610	4 384 204
	占经常性支出和资本性支出汇总的比重						
经常性支出占比	80.3%	88.8%	84.6%	85.7%	85.1%	81.3%	83.8%
资本性支出占比	19.7%	11.2%	15.4%	14.3%	14.9%	18.7%	16.2%

资料来源：the Ministry of Finance of the Government of Indian，Indian Public Finance Statistics 2016－17，May 2018，table1.3，table1.4，印度财政部网站。

注：（1）经常性支出的英文原文为revenue expenditure。

（2）经常性和资本性支出汇总为计算得出，占比也为计算得出。

2014/2015财年，印度中央和邦的经常性支出和资本性支出共计31.8万亿卢比，其中经常性支出27.1万亿卢比，占经常性支出和资本性支出汇总的85.1%；资本性支出4.7万亿卢比，占比为14.9%。从历史变动趋势来看，经常性支出一直是支出最重要的类别，占比在80%以上，占比在2000/2001财年曾接近90%，近年来在85%左右，资本性支出的变动趋势与之相反。

（2）其他分类。印度财政统计（Indian Public Fiance Statistics）把支出分为非发展支出、发展支出、借款和预付款三类，之前财年还有自我平衡项目支出和基金支出共五类（见表12－3）。印度中央和邦支出以非发展支出和发展支出为主，目前来看，非发展支出占总支出的比重接近一半，发展支出占比略小一点。

2014/2015财年，印度中央和邦的总支出31.9万亿卢比，其中非发展支出15.9万亿卢比，占总支出的49.9%；发展支出15.5万亿卢比，占总支出的48.6%；借款和预付款0.5万亿卢比，占总支出的1.6%。

从历史变化来看，非发展支出和发展支出的占比交替领先，在1990/1991财年领先的是发展支出，到2000/2001财年是非发展支出，2010/2011财年是发展支出，2014/2015财年是非发展支出，这体现出国家战略的调整。

表12－3　印度中央和邦支出结构：其他分类（1990/1991—2016/2017财年）

单位：千万卢比

财年	1990/1991	2000/2001	2010/2011	2013/2014	2014/2015	2015/2016（调整数）	2016/2017（预算数）
A 非发展支出	69 195	298 848	1 001 375	1 434 017	1 591 839	1 864 384	2 017 852
B 发展支出	74 000	236 096	1 064 432	1 479 739	1 550 194	1 993 095	2 307 040
C 借款和预付款	11 946	17 180	39 888	39 556	50 761	117 067	60 905
D 汇总（A＋B＋C）	155 141	552 124	2 105 695	2 953 311	3 192 794	3 974 546	4 385 797
E 自我平衡项目	5	0	0	0	0	0	0
F 基金	1 079	4 540	10 783	—	—	—	—
G 总支出（D＋E＋F）	156 226	556 664	2 116 478	2 953 311	3 192 794	3 974 546	4 385 797
	占总支出比重（单位:%）						
A 非发展支出	44.3%	53.7%	47.3%	48.6%	49.9%	46.9%	46.0%
B 发展支出	47.4%	42.4%	50.3%	50.1%	48.6%	50.1%	52.6%
C 借款和预付款	7.6%	3.1%	1.9%	1.3%	1.6%	2.9%	1.4%
D 汇总（A＋B＋C）	99.3%	99.2%	99.5%	100.0%	100.0%	100.0%	100.0%
E 自我平衡项目	0.0%	0.0%	0.0%	0.0%	0.0%	0.0%	0.0%
F 基金	0.7%	0.8%	0.5%	—	—	—	—
G 总支出（D＋E＋F）	100.0%	100.0%	100.0%	100.0%	100.0%	100.0%	100.0%

资料来源：the Ministry of Finance of the Government of Indian，Indian Public Finance Statistics 2016－17，May 2018，table1.1，印度财政部网站。

注：占比为计算得出。

（二）中央支出

1. 支出规模及其变化

2014/2015财年，印度中央支出增加到16.5万亿卢比，占GDP的13.2%。

2015/2016 财年，中央支出调整数 18.2 万亿卢比，占 GDP 的 13.4%。2016/2017 财年，中央支出预算数 19.6 万亿卢比，占 GDP 的 13.0（见表 12－4）。

表 12－4　印度中央支出状况（1990/1991—2016/2017 财年） 单位：千万卢比

财年	1990/1991	2000/2001	2010/2011	2013/2014	2014/2015	2015/2016（调整数）	2016/2017（预算数）
总支出	100 884	313 011	1 187 898	1 541 466	1 645 342	1 821 135	1 956 617
支出年增长率				10.7%	6.7%	10.7%	7.4%
GDP（现价）	586 212	2 177 413	7 784 115	11 233 522	12 467 959	13 567 192	15 065 010
支出占 GDP 比重	17.2%	14.4%	15.3%	13.7%	13.2%	13.4%	13.0%

资料来源：the Ministry of Finance of the Government of Indian，Indian Public Finance Statistics 2016－17，May 2018，table2.1 and table1.9，印度财政部网站。

注：支出增长率、支出占 GDP 比重均为计算得出。

从变动趋势来看，中央支出总量不断增加，但支出占 GDP 的比重呈现下降的态势，全球金融危机期间该比重曾经超过 15%，到 2014/2015 财年已经下降到 13.2%。

2. 支出结构及其变化

（1）经济分类。按经济分类，中央支出由资本形成、消费性支出、经常性转移支付和其他四部分构成（见表 12－5 和图 12－1）。其中经常性转移支付是支出中最重要的内容，占总支出的 60% 左右，消费性支出和资本形成也是重要的支出类别，占总支出的比重各在 20% 左右。

2013/2014 财年，中央政府总支出 15.1 万亿卢比，其中经常性转移支付 9.4 万亿卢比，占总支出的 62%；消费性支出 3.1 万亿卢比，占总支出的 20%；资本形成 2.4 万亿卢比，占总支出的 16%；其他支出 0.2 万亿卢比，占总支出的 2%。从增长率上看，增长最明显的是消费性支出和经常性转移支付，分别增长了 13.2% 和 10.5%，同时这两类支出对总支出增长的贡献也最多，对增长分别贡献 2.6 和 6.5 个百分点。

从近年的变动趋势看，消费性支出占总支出的比重最为稳定，在 20% 左右，经常性转移支付和资本形成占总支出的比重也较为稳定，但此消彼长，变动区间在 3% 以内。近些年来消费性支出排在第二的位置，但从更长的期间来看，消费性支出占总支出比重是重回第二的位置。①

① 参考《世界主要国家财政运行报告（2017）》及之前年份的各报告。

表 12 -5　　　　印度中央政府支出结构：经济分类
（2013/2014—2015/2016 财年）

	2013/2014 财年 实际数	2014/2015 财年 调整数	2015/2016 财年 预算数
	总量（千万卢比）		
总支出	1 511 200	1 634 218	1 712 127
i）资本形成	243 113	258 357	262 778
ii）消费性支出	306 898	335 838	373 276
iii）经常性转移支付	940 445	1 010 460	1 049 553
iv）其他	20 744	29 563	26 520
	增长率（%）		
总支出	9.9	8.1	4.8
i）资本形成	5.3	6.3	1.7
ii）消费性支出	13.2	9.4	11.1
iii）经常性转移支付	10.5	7.4	3.9
iv）其他	-4.1	42.5	-10.3
	对增长的贡献（%）		
总支出	9.9	8.1	4.8
i）资本形成	0.9	1.0	0.3
ii）消费性支出	2.6	1.9	2.3
iii）经常性转移支付	6.5	4.6	2.4
iv）其他	-0.1	0.6	-0.2

资料来源：the Ministry of Finance of the Government of Indian, An Economic and Functional Classification of the Central Government Budget 2015 - 16, 06th June 2016, P18, Table 1: Expenditure by Economic Classification, https://dea.gov.in/sites/default/files/FunClass201516.pdf，印度财政部网站。

（2）功能分类。按功能分类，中央支出包括社会服务、经济服务、一般服务和未分配支出（见表 12 -6 和图 12 -2）。中央支出中除未分配支出以外，占总支出的比重从大到小依次是经济服务支出、一般服务支出和社会服务支出。

2013/2014 财年，经济服务支出、一般服务支出和社会服务支出分别为 4.1 万亿、3.2 万亿和 2.0 万亿卢比，占总支出的比重分别是 27%、21% 和 14%，近年来这三类支出占总支出的比重变化不大①。从增长率来看，2013/2014 财年，中央总支

① 参考《世界主要国家财政运行报告（2017）》及之前年份的各报告。

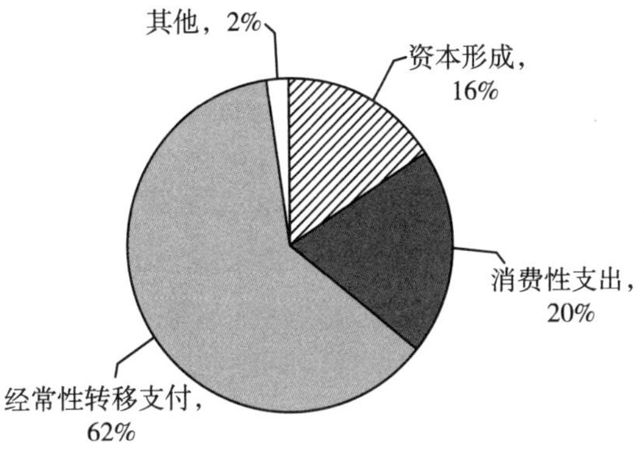

图 12－1　印度中央政府支出结构：经济分类（2013/2014 财年）

注：本图根据表 12－5 绘制。

出增长 9.9%，其中未分配支出增长率最高（15.2%），其次是社会服务支出（12.5%），对总支出增长贡献最多的也是未分配支出（5.5 个百分点），贡献超过了一半，其次是社会服务支出和一般服务支出（均为 1.7 个百分点）。

表 12－6　印度中央政府支出结构：功能分类（2013/2014—2015/2016 财年）

	2013/2014 财年实际数	2014/2015 财年调整数	2015/2016 财年预算数
	总量（千万卢比）		
社会服务	204 627	227 630	311 706
经济服务	410 633	379 011	337 747
一般服务	316 743	364 987	407 678
未分配	579 197	662 591	654 997
总支出	1 511 200	1 634 218	1 712 127
	增长率（%）		
社会服务	12.5	11.2	36.9
经济服务	3.7	－7.7	－10.9
一般服务	7.8	15.2	11.7
未分配	15.2	14.4	－1.1
总支出	9.9	8.1	4.8

续表

	2013/2014 财年 实际数	2014/2015 财年 调整数	2015/2016 财年 预算数
	对增长的贡献（%）		
社会服务	1.7	1.5	5.1
经济服务	1.1	-2.1	-2.5
一般服务	1.7	3.2	2.6
未分配	5.5	5.5	-0.5
总支出	9.9	8.1	4.8

资料来源：the Ministry of Finance of the Government of Indian，An Economic and Functional Classification of the Central Government Budget 2015 - 16，06th June 2016，P19，Table 2：Expenditure by Functional Head，https：//dea. gov. in/sites/default/files/FunClass201516. pdf，印度财政部网站。

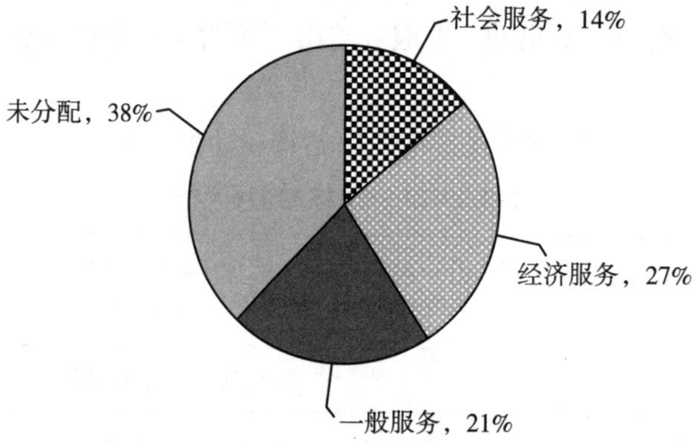

图 12 -2　印度中央政府支出结构：功能分类（2013/2014 财年）

注：根据表 12 -6 绘制。

（3）其他分类。印度财政统计对中央支出还有三种分类方式。一种分成非发展支出、发展支出、自我平衡项目支出、对邦的法定拨款及借款和预付款五类（见表 12 -7）。中央支出中以非发展支出和发展支出为主，其他支出类型占比较低（合计不到 5%），其中非发展支出所占比重最高（50% 以上），其次是发展支出，占比 40% 左右。

2014/2015 财年，中央总支出 16.5 万亿卢比，其中非发展支出、发展支出、自我平衡项目支出、对邦的法定拨款及借款和预付款分别为 9.5 万亿、6.2 万亿、0、0.6 万亿、0.2 万亿卢比，分别占总支出的 57.7%、37.6%、0.0%、3.8% 和 0.9%。

从历史变动趋势来看，非发展支出一直占据最重要的位置，占总支出比重曾在 2000/2001 财年高达 63.9%，之后有所下降，近年来呈现上升趋势，占比接近 60%；

发展支出一直占据第二的位置，近年来占比呈现下降态势；对邦的法定拨款占比十分稳定，在3%左右，近年略有上升；借款和预付款曾经占比超过10%，目前已经下降到不足1%。

其中中央非发展支出以利息支出为主，占非发展支出的40%左右，此外国防支出也是非发展支出的重要组成部分，占非发展支出的比重在20%多一点。发展支出中社会和社区服务支出所占比重最高，为25%左右，其次是对邦和中央直辖区的拨款，占发展支出的17%左右。①

表12－7 印度中央支出结构：其他分类（1990/1991—2016/2017财年）

单位：千万卢比

财年	1990/1991	2000/2001	2010/2011	2013/2014	2014/2015	2015/2016（调整数）	2016/2017（预算数）
A非发展支出	48 979	199 886	620 199	842 986	948 547	1 091 478	1 143 168
B发展支出	34 566	91 884	525 019	638 124	618 215	634 783	695 560
C自我平衡项目	5	0	0	0	0	0	0
D对邦的法定拨款	3 394	11 579	31 514	53 905	63 205	87 415	100 646
E借款和预付款	13 940	9 662	11 166	6 451	15 375	7 458	17 243
总支出（A+B+C+D+E）	100 884	313 011	1 187 898	1 541 466	1 645 342	1 821 135	1 956 617
	占总支出比重（单位:%）						
A非发展支出	48.5	63.9	52.2	54.7	57.7	59.9	58.4
B发展支出	34.3	29.4	44.2	41.4	37.6	34.9	35.5
C自我平衡项目	0.0	0.0	0.0	0.0	0.0	0.0	0.0
D对邦的法定拨款	3.4	3.7	2.7	3.5	3.8	4.8	5.1
E借款和预付款	13.8	3.1	0.9	0.4	0.9	0.4	0.9
总支出	100.0	100.0	100.0	100.0	100.0	100.0	100.0

资料来源：the Ministry of Finance of the Government of Indian，Indian Public Finance Statistics 2016－17，May 2018，table2.1，印度财政部网站。

注：占比为计算得出。

① 资料来源同表12－8，比重根据计算得出。

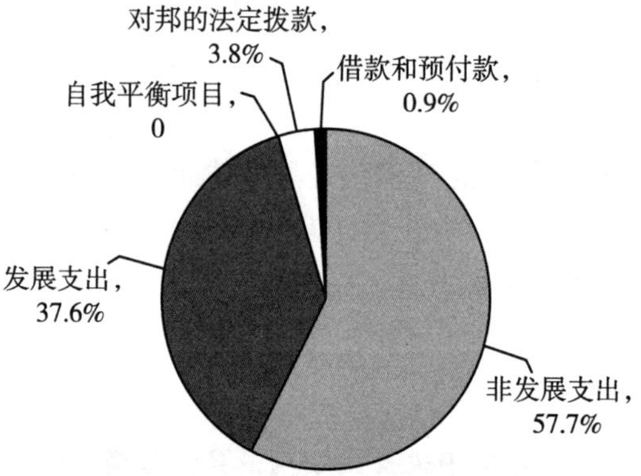

图 12－3　印度中央支出构成：其他分类（2014/2015 财年）

注：本图根据表 12－7 绘制。

中央支出的另一种分类如表 12－8 所示，分为经常性支出和资本性支出两类。总支出以经常性支出为主，占总支出的比重超过 85%；资本性支出占总支出的比重不到 15%。2014/2015 财年，总支出 16.5 万亿卢比，其中经常性支出 14.6 万亿卢比，占总支出的 88.6%；资本性支出 1.9 万亿卢比，占总支出的 11.4%。从变动趋势来看，近年来经常性支出和资本性支出所占比重都比较稳定。

表 12－8　印度中央支出结构：其他分类（1990/1991—2016/2017 财年）

单位：千万卢比

财年	1990/1991	2000/2001	2010/2011	2013/2014	2014/2015	2015/2016（调整数）	2016/2017（预算数）
经常性支出	73 557	277 975	1 036 061	1 366 170	1 457 882	1 549 551	1 720 227
资本性支出	27 327	35 036	151 837	175 296	187 460	271 583	236 389
经常性和资本性支出汇总	100 884	313 011	1 187 898	1 541 466	1 645 342	1 821 134	1 956 616
	占经常性支出和资本性支出汇总的比重						
经常性支出占比（%）	72.9	88.8	87.2	88.6	88.6	85.1	87.9
资本性支出占比（%）	27.1	11.2	12.8	11.4	11.4	14.9	12.1

资料来源：the Ministry of Finance of the Government of Indian，Indian Public Finance Statistics 2016－17，May 2018，table2.3，table2.4，印度财政部网站。

注：（1）经常性支出的英文原文为 revenue expenditure。

（2）经常性和资本性支出汇总为计算得出，占比也为计算得出。

中央支出以前还分为计划支出（Plan Expenditure）和非计划支出（Non－Plan Expenditure）两类，计划支出是指中央对邦和中央直辖区计划的资助性支出。中央支出以非计划支出为主，占总支出的70%左右，计划支出占总支出的30%左右。近年来非计划支出所占比重略有下降，计划支出所占比重略为上升①。在2017/2018财年，印度取消了对支出的这种分类方式。

三、政府收入：税收占比重下降又回升

（一）中央和邦收入

1. 收入规模及其变化

2014/2015 财年，印度中央和邦的总收入增加到 30.8 万亿卢比，占 GDP 的 24.7%。2015/2016 财年，中央和邦总收入的调整数为 38.7 万亿卢比，占 GDP 的 28.5%。2016/2017 财年，中央和邦总收入的预算数为 43.6 万亿卢比，占 GDP 的 28.9%（见表 12－9）。从变动趋势来看，近年来总收入占 GDP 的比重在 27% 左右，呈现略有下降的态势，2014/2015 财年下降得较为明显。

表 12－9　　印度中央和邦收入规模（1990/1991—2016/2017 财年）

单位：千万卢比

财年	1990/1991	2000/2001	2010/2011	2013/2014	2014/2015	2015/2016（调整数）	2016/2017（预算数）
总收入	141 666	547 258	2 118 432	2 947 573	3 076 114	3 867 371	4 356 802
总收入年增长率（%）					4.4	25.7	12.7
GDP（现价）	586 212	2 177 413	7 784 115	11 233 522	12 467 959	13 567 192	15 065 010
收入占 GDP 比重（%）	24.2	25.1	27.2	26.2	24.7	28.5	28.9

资料来源：the Ministry of Finance of the Government of Indian，Indian Public Finance Statistics 2016－17，May 2018，table1.2 & table1.5 & table1.9，印度财政部网站。

注：（1）总收入为经常性收入和资本性收入汇总得出。

（2）增长率、占比均为计算得出。

2. 收入结构及其变化

印度财政统计将中央和邦收入分为两类，分别是经常性收入和资本性收入，其中以经常性收入为主，资本性收入为辅，经常性收入大约为资本性收入的2—3倍

① 资料来源 Economic Survey 2014－15 Volume II，table 2.2.

（见表 12－10）。经常性收入又分为税收收入、非税收入、自我平衡项目、来自基金的收入、转移支付的账户调整、其他调整共六类，其中税收收入占比最高，其次是非税收入。资本性收入以在金融市场的贷款为主。

2014/2015 财年，印度中央和邦的经常性和资本性收入共 30.8 万亿卢比，其中经常性收入 23.1 万亿卢比，占比为 75.2%；资本性收入 7.6 万亿卢比，占比为 24.8%。从历史变动来看，经常性收入一直是最重要的收入来源，所占比重呈现上升趋势。

表 12－10　　印度中央和邦收入结构：经济分类（1990/1991—2016/2017 财年）

单位：千万卢比

财年	1990/1991	2000/2001	2010/2011	2013/2014	2014/2015	2015/2016（调整数）	2016/2017（预算数）
经常性收入	99 282	349 979	1 548 424	2 169 193	2 312 342	2 853 166	3 345 572
资本性收入	42 384	197 279	570 008	778 380	763 772	1 014 205	1 011 230
经常性和资本性收入汇总	141 666	547 258	2 118 432	2 947 573	3 076 114	3 867 371	4 356 802
	占经常性支出和资本性支出汇总的比重						
经常性收入占比（%）	70.1	64.0	73.1	73.6	75.2	73.8	76.8
资本性收入占比（%）	29.9	36.0	26.9	26.4	24.8	26.2	23.2

资料来源：the Ministry of Finance of the Government of Indian，Indian Public Finance Statistics 2016－17，May 2018，table1.2 & table1.5，印度财政部网站。

注：（1）经常性支出的英文原文为 revenue expenditure。

（2）经常性和资本性支出汇总为计算得出，占比也为计算得出。

（二）中央收入

1. 收入规模及其变化

2014/2015 财年，印度中央总收入 15.6 万亿卢比，占 GDP 的 12.5%。2015/2016 财年，中央总收入调整数 17.7 万亿卢比，占 GDP 的 13.1%。2016/2017 财年，中央总收入预算数 19.3 万亿卢比，占 GDP 的 12.8%（见表 12－11）。

从历史变动趋势来看，中央收入的年增长率相比支出的增长率变动要大一些，但是收入占 GDP 的比重还是较为稳定的，近年来有下降的态势。

表 12－11 印度中央收入规模（1990/1991—2016/17 财年） 单位：千万卢比

财年	1990/1991	2000/2001	2010/2011	2013/2014	2014/2015	2015/2016（调整数）	2016/2017（预算数）
总收入	89 537	306 101	1 173 710	1 552 903	1 558 319	1 774 556	1 926 773
总收入年增长率（%）				11.6	0.3	13.9	8.6
GDP（现价）	586 212	2 177 413	7 784 115	11 233 522	12 467 959	13 567 192	15 065 010
收入占 GDP 比重（%）	15.3	14.1	15.1	13.8	12.5	13.1	12.8

资料来源：the Ministry of Finance of the Government of Indian，Indian Public Finance Statistics 2016－17，May 2018，table2.2 & table2.5 & table1.9，印度财政部网站。

注：（1）总收入为经常性收入和资本性收入汇总得出。

（2）增长率、占比均为计算得出。

2. 收入结构及其变化

（1）收入总体结构及其变化。印度财政统计将中央收入分为两类，分别是经常性收入和资本性收入，其中以经常性收入为主，资本性收入为辅，经常性收入大约为资本性收入的 2 倍（见表 12－12）。经常性收入的结构下文会专门介绍，资本性收入有 8 个来源渠道，分别为金融市场贷款、外债、小额储蓄、国家准备金、公共准备金、非政府准备金特别存款、特别证券和其他杂项资本性收入，其中以金融市场贷款为主，占比超过 95%。

2014/2015 财年，印度中央经常性收入和资本性收入共 15.6 万亿卢比，其中中央经常性收入 10.9 万亿卢比，占比 70.1%；资本性收入 4.7 万亿卢比，占比 29.9%。从历史变动来看，经常性收入一直是中央最重要的收入来源，从趋势来看其所占比重较为稳定，2014/2015 财年有明显上升。

表 12－12 印度中央收入结构：经济分类（1990/1991—2016/2017 财年） 单位：千万卢比

财年	1990/1991	2000/2001	2010/2011	2013/2014	2014/2015	2015/2016（调整数）	2016/2017（预算数）
经常性收入	54 995	192 742	783 810	1 009 118	1 092 363	1 207 712	1 366 213
资本性收入	34 542	113 359	389 900	543 785	465 956	566 844	560 560
经常性和资本性收入汇总	89 537	306 101	1 173 710	1 552 903	1 558 319	1 774 556	1 926 773

续表

财年	1990/1991	2000/2001	2010/2011	2013/2014	2014/2015	2015/2016（调整数）	2016/2017（预算数）
	占经常性支出和资本性支出汇总的比重						
经常性收入占比	61.4%	63.0%	66.8%	65.0%	70.1%	68.1%	70.9%
资本性收入占比	38.6%	37.0%	33.2%	35.0%	29.9%	31.9%	29.1%

资料来源：the Ministry of Finance of the Government of Indian, Indian Public Finance Statistics 2016－17, May 2018, table2.2 & table2.5，印度财政部网站。

注：（1）经常性收入的英文原文为 revenue receipts。

（2）汇总、比重均为计算得出。

（2）经常性收入的结构及其变化。中央经常性收入分为税收收入、非税收入和自我平衡项目收入三类（见表 12－13）。其中税收收入是经常性收入的主体，占比在 70%—85% 之间，其次是非税收入，自我平衡项目收入小到可以忽略不计。

2014/2015 财年，印度中央经常性收入 10.9 万亿卢比，其中税收收入和非税收入分别为 9.0 万亿和 1.9 万亿卢比，占经常性收入的比重分别为 82.7% 和 17.3%。从历史变化来看，税收收入所占比重经历了下降又回升的变化过程。

表 12－13　印度中央经常性收入结构

（1990/1991—2016/2017 财年）　单位：千万卢比

财年	1990/1991	2000/2001	2010/2011	2013/2014	2014/2015	2015/2016（调整数）	2016/2017（预算数）
A 税收收入	43 042	136 659	569 869	815 854	903 615	947 508	1 054 101
B 非税收入	11 948	56 083	213 941	193 264	188 747	260 204	312 112
C 自我平衡项目	5	0	0	0	0	0	0
经常性收入	54 995	192 742	783 810	1 009 118	1 092 363	1 207 712	1 366 213
	占经常性收入的比重（%）						
A 税收收入	78.3	70.9	72.7	80.8	82.7	78.5	77.2
B 非税收入	21.7	29.1	27.3	19.2	17.3	21.5	22.8
C 自我平衡项目	0.0	0.0	0.0	0.0	0.0	0.0	0.0

资料来源：the Ministry of Finance of the Government of Indian, Indian Public Finance Statistics 2016－17, May 2018, table2.2，印度财政部网站。

注：（1）经常性收入的英文原文为 revenue receipts。

（2）比重为计算得出。

（3）税收收入的结构及其变化。税收收入是中央经常性收入中最重要的内容，按收入类型可以分为直接税和间接税两种。另外印度实行收入分享的税收体制，中央税收收入接近30%的部分需要按相应的规定分享给邦。表12－14列出了中央税中直接税、间接税、分配给邦的税收收入情况，以及中央税收收入（净值）和税收收入情况。

从表中可以看出，2014/2015财年，中央税收收入（净值）9.0万亿卢比，其中直接税收入6.9万亿卢比，间接税收入5.6万亿卢比，税收总收入（直接税＋间接税）12.4万亿卢比，税收总收入中的3.4万亿卢比是应该分配给邦的收入，因此中央税收收入（净值）9.0万亿卢比。

从税收结构来看，2014/2015财年，中央税收总收入中直接税收入略高于间接税。从历史变动趋势来看，1990/1991财年时，印度中央税收收入以间接税为主，直接税较低，之后直接税收入逐步上升，到2007/2008财年，直接税的税收收入开始超过间接税，2009/2010财年，直接税所占比重达到顶峰（58.9%），之后所占比重略有下降[①]。近年来，中央税收收入分给邦的份额一直保持在中央税收收入的28%左右，比2000/2001财年之前明显上升，表明中央在此之后加大了对邦税收分享类转移支付的力度[②]。

表12－14　　印度中央税收收入概况
（1990/1991—2016/2017财年）　　单位：千万卢比

财年	1990/1991	2000/2001	2010/2011	2013/2014	2014/2015	2015/2016调整数	2016/2017预算数
1 直接税	6 909	49 652	438 515	633 578	688 406	744 630	839 707
2 间接税	36 133	87 264	354 556	505 155	556 479	714 981	791 181
3 分给邦的收入	—	257	223 203	322 879	341 269	512 103	576 787
中央税收收入（净值）（1＋2－3）	43 042	136 659	569 869	815 854	903 615	947 508	1 054 101
中央税收总收入（1＋2）	43 042	136 916	793 071	1 138 733	1 244 885	1 459 611	1 630 888

① 参考表12－14的资料来源。
② 参考表12－14的资料来源。

续表

财年	1990/1991	2000/2001	2010/2011	2013/2014	2014/2015	2015/2016调整数	2016/2017预算数
	占中央税收总收入（直接税+间接税）的比重						
1 直接税	16.1%	36.3%	55.3%	55.6%	55.3%	51.0%	51.5%
2 间接税	83.9%	63.7%	44.7%	44.4%	44.7%	49.0%	48.5%
3 分给邦的收入	—	0.2%	28.1%	28.4%	27.4%	35.1%	35.4%

资料来源：the Ministry of Finance of the Government of Indian，Indian Public Finance Statistics 2016－17，May 2018，table2.2，印度财政部网站。

注：比重为计算得出，中央税收总收入（直接税＋间接税）为计算得出。

从税种来看[①]（图 12－4），中央直接税的主体税种是企业所得税和其他所得税。2014/2015 财年，印度中央的企业所得税收入 4.3 万亿卢比，其他所得税 2.6 万亿卢比，分别占中央税收总收入（直接税＋间接税）的 34.5% 和 20.8%。

从历史变动情况看，1990/1991 财年，企业所得税占中央税收总收入的比重还只有 12.4%，之后占比不断攀升，到 2009/2010 财年已经接近 40%，之后有所下降，是直接税收入超过间接税但近年来所占比重有所下降的重要因素。其他所得税占税收总收入的比重也是不断上升，近年来基本稳定在 20% 左右。

中央间接税的主体税种有关税、联邦商品税[②]和服务税[③]。2014/2015 财年，关税收入 1.9 万亿卢比，联邦商品税收入 1.9 万亿卢比，服务税收入 1.7 万亿卢比，分别占中央税收总收入（直接税＋间接税）的 15.1%、15.2% 和 13.5%。

从历史变动情况看，关税和联邦商品税占税收总收入比重分别从接近 50% 和超过 30% 下降到目前的同为 15% 左右，是间接税收入占税收收入比重下降的主要原因。近年来，服务税所占比重有所上升，是间接税所占比重又略有上升的主要原因。

2017/2018 财年商品和服务税（GST）实施后，印度中央税的税收结构发生了较大变化。一是从税种来看，5 个主体税种的收入从高到低依次为企业所得税、其他所得税、联邦商品税、商品和服务税、关税，关税从原来的第 3 位跌到第 4 位后进而跌到第 5 位。二是从税收性质看，直接税收入下降到仅略微高于间接税。[④]

2018/2019 财年，税收结构继续发生变化。一是从税种来看，5 个主体税种的收

① 根据 the Ministry of Finance of the Government of Indian，Indian Public Finance Statistics 2015－16，August 2016，table2.2 及计算得出。

② 联邦商品税（Union excise duty）是对商品的生产和制造征收的税收，商品不同适用的税率也不同。

③ 2017/2018 财年商品和服务税实施后，中央间接税主体税种按收入从高到低依次为商品和服务税、联邦商品税、关税。

④ The Ministry of Finance of the Government of Indian，Budget At A Glance 2018－2019，印度财政部网站 Union Budget 2018－19.

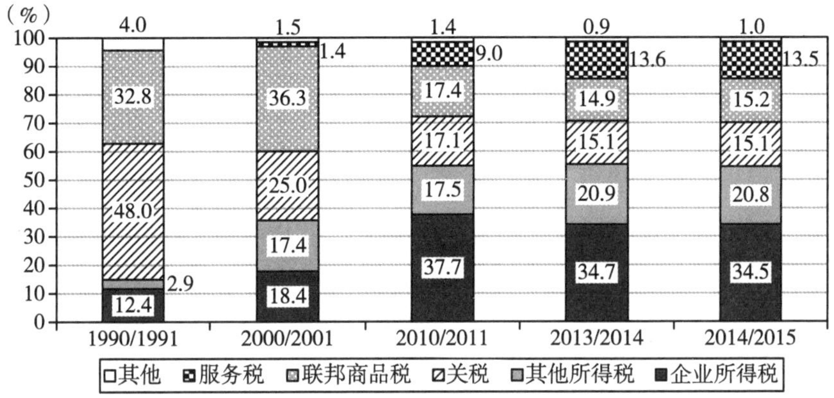

图 12-4　印度中央税主要税种的税收收入占中央税收总收入（直接税+间接税）比重变动情况（1990/1991—2014/2015 财年）

资料来源：the Ministry of Finance of the Government of Indian，Indian Public Finance Statistics 2016-17，May 2018，table2.2，印度财政部网站。

注：比重为计算得出。

入从高到低依次为商品和服务税、企业所得税、其他所得税、联邦商品税、关税，商品和服务税从原来的第 4 位上升到第 1 位。二是从税收性质看，直接税收入下降到与间接税基本持平。[①]

2019/2020 财年，税收结构的变化体现在：一是商品和服务税收入与企业所得税收入基本持平，二是由于企业所得税收入和其他所得税收入相对比重的增加和商品和服务税以及联邦商品税相对比重的下降，直接税收入明显高于间接税收入[②]。

四、印度政府赤字状况有所缓解

（一）中央和邦盈余/赤字及其变化

印度在讨论财政盈余/赤字时涉及一些基本的概念。其中经常性赤字（Revenue Deficit）指经常性支出超过经常性收入的部分；财政（总）赤字（Fiscal Deficit）是指经常性收入和非债务资本性收入与包括借款和预付款（净值）的总支出之间的差额，反映的是政府各种途径的借款总量；财政净赤字（Net Fiscal Deficit）指财政总赤字减去借款和预付款净值；原发性（总）赤字（Primary Deficit）指财政赤字减去

① The Ministry of Finance of the Government of Indian，Budget At A Glance 2018-2019，印度财政部网站 Union Budget 2018-19.

② The Ministry of Finance of the Government of Indian，Budget At A Glance 2019-2020，印度财政部网站 Union Budget 2019-20.

支付的利息；原发性赤字净值（Net Primary Deficit）指财政净赤字减去利息支付净值；预算赤字（Budgetary Deficit）指包括借款和预付款的总支出与总收入的差额，等于财政赤字加上现金余额的下降以及市场稳定计划的净收入，详情可参考表12－15。①

表 12－15　印度联邦预算概览（2017/2018—2019/2020 财年） 单位：千万卢比

	2017/2018 财年暂定实际数	2018/2019 财年预算估计	2018/2019 财年调整的估计	2019/2020 财年预算估计
1 经常性收入	1 435 233	1 725 738	1 729 682	1 977 693
2 税收收入（中央税收净收入）	1 242 488	1 480 649	1 484 406	1 705 046
3 非税收入	192 745	245 089	245 276	272 647
4 资本性收入	706 742	716 475	727 553	806 507
5 借款的清偿	15 633	12 199	13 155	12 508
6 其他收入	100 045	80 000	80 000	90 000
7 借款和其他债务	591 064	624 276	634 398	703 999
8 总收入（1＋4）	2 141 975	2 442 213	2 457 235	2 784 200
9 总支出（10＋13）	2 141 975	2 442 213	2 457 235	2 784 200
10 经常性账户支出	1 878 835	2 141 772	2 140 612	2 447 907
其中：				
11 利息支出	528 952	575 795	587 570	665 061
12 形成资产的援助拨款	191 034	195 345	200 300	200 740
13 资本账户支出	263 140	300 441	316 623	336 293
14 经常性赤字（10－1）	443 602	416 034	410 930	470 214
	(2.6)	(2.2)	(2.2)	(2.2)
15 实际经常性赤字（14－12）	252 568	220 689	210 632	269 474

① 资料来源：Indian Public Finance Statistics 2012－13，Pⅹⅲ。如想加强对这几个赤字指标含义的理解，请参考英文原文。

续表

	2017/2018 财年暂定实际数	2018/2019 财年预算估计	2018/2019 财年调整的估计	2019/2020 财年预算估计
	(1.5)	(1.2)	(1.1)	(1.3)
16 财政赤字 [9 - (1 +5 +6)]	591 064	624 276	634 398	703 999
	(3.5)	(3.3)	(3.4)	(3.4)
17 原发性赤字 (16 - 11)	62 112	48 481	46 828	38 938
	(0.4)	(0.3)	(0.2)	(0.2)

资料来源：The Ministry of Finance of the Government of Indian，Budget At A Glance 2019 - 2020，印度财政部网站 Union Budget 2019 - 20。

注：括号内数值为占 GDP 比重。

2014/2015 财年，印度中央和邦的财政总赤字 8.3 万亿卢比，财政净赤字 8.0 万亿卢比，分别占 GDP 的 6.62% 和 6.38%。2015/2016 财年，中央和邦财政总赤字和财政净赤字调整数都会略有增加，其占 GDP 的比重也会略有上升。2016/2017 财年，中央和邦财政总赤字和财政净赤字预算数一降一升，但其占 GDP 的比重都会有所下降（见表 12 - 16）。

历史来看，中央和邦的财政总赤字从数量上看增长幅度较大，1990/1991 财年财政总赤字 0.5 万亿卢比，到 2014/2015 财年已经增加到 8.3 万亿卢比。从财政总赤字占 GDP 比重来看，1990/1991 财年和 2000/2001 财年，财政总赤字占 GDP 比重高达 9% 左右，在全球金融危机前财政总赤字占比已经下降到 4% 左右，在 2008/2009 财年，财政总赤字占 GDP 比重扩大了 1 倍多（8.17%），之后赤字状况有所缓解，基本保持在 GDP 的 7% 以下。中央和邦财政净赤字及其占 GDP 比重的变动趋势也类似。①

（二）中央盈余/赤字及其变化

2014/2015 财年，印度中央财政总赤字 5.1 万亿卢比，财政净赤字 5.0 万亿卢比，分别占 GDP 的 4.10% 和 3.97%。2015/2016 财年，中央财政总赤字和财政净赤字调整数还会略有增加，但其占 GDP 的比重会下降。2016/2017 财年，中央财政总赤字和财政净赤字预算数将会下降，占 GDP 的比重也会进一步下降（见表 12 - 17）。

① 参考表 12 - 16 资料来源。

表 12－16　　中央和邦盈余/赤字（1990/1991—2016/2017 财年）

单位：千万卢比

财年	1990/1991	2000/2001	2010/2011	2013/2014	2014/2015	2015/2016 调整数	2016/2017 预算数
1. 经常账户盈余（+）/赤字（-）	-23 668	-135 409	-235 890	-362 176	-394 776	-365 886	-327 683
2. 资本账户盈余（+）/赤字（-）	12 182	136 318	244 407	356 488	289 150	274 646	300 281
3. 总盈余（+）/赤字（-）	-11 486	909	8 517	-5 688	-105 626	-91 239	-27 402
备忘项目							
1. 财政总赤字	53 320	194 915	529 594	753 974	825 895	1 026 814	981 983
2. 财政净赤字	44 999	189 567	500 143	726 549	795 404	939 334	941 252
3. 原发性总赤字	28 314	72 123	178 449	216 506	240 181	371 671	239 192
	占 GDP 比重（%）						
1. 经常性盈余（+）/赤字（-）	-4.04	-6.22	-3.03	-3.22	-3.17	-2.70	-2.18
2. 总盈余（+）/赤字（-）	-1.96	0.04	0.11	-0.05	-0.85	-0.67	-0.18
3. 财政总赤字	9.10	8.95	6.80	6.71	6.62	7.57	6.52
4. 财政净赤字	7.68	8.71	6.43	6.47	6.38	6.92	6.25
5. 原发性总赤字	4.83	3.31	2.29	1.93	1.93	2.74	1.59

资料来源：the Ministry of Finance of the Government of Indian, Indian Public Finance Statistics 2016－17, May 2018, table1.6，印度财政部网站。

表 12－17　　中央盈余/赤字（1990/1991—2016/2017 财年）　　单位：千万卢比

财年	1990/1991	2000/2001	2010/2011	2013/2014	2014/2015	2015/2016 调整数	2016/2017 预算数
1. 经常账户盈余（+）/赤字（-）	-18 561	-85 234	-252 252	-357 052	-365 519	-341 859	-354 015
2. 资本账户盈余（+）/赤字（-）	7 215	78 323	238 063	368 490	278 496	295 261	324 171
3. 总盈余（+）/赤字（-）	-11 347	-6 911	-14 189	11 437	-87 024	-46 578	-29 844
备忘项目							
1. 财政总赤字	37 606	118 816	373 591	502 858	510 725	535 090	533 904
2. 财政净赤字	23 666	107 854	362 425	496 407	495 350	527 632	516 661
3. 原发性总赤字	16 108	19 502	139 569	128 604	108 281	92 470	41 234
	占 GDP 比重（%）						
1. 经常性盈余（+）/赤字（-）	-3.17	-3.91	-3.24	-3.18	-2.93	-2.52	-2.35
2. 总盈余（+）/赤字（-）	-1.94	-0.32	-0.18	0.10	-0.70	-0.34	-0.20
3. 财政总赤字	6.42	5.46	4.80	4.48	4.10	3.94	3.54
4. 财政净赤字	4.04	4.95	4.66	4.42	3.97	3.89	3.43
5. 原发性总赤字	2.75	0.90	1.79	1.14	0.87	0.68	0.27

资料来源：the Ministry of Finance of the Government of Indian，Indian Public Finance Statistics 2016－17，May 2018，table2.6，印度财政部网站。

历史来看，中央财政总赤字从数量上看增长幅度较大，1990/1991 财年，财政总赤字 0.4 万亿卢比，到 2014/2015 财年增加到 5.1 万亿卢比。但是从财政总赤字占 GDP 比重来看，1990/1991 财年和 2000/2001 财年，财政总赤字占 GDP 比重都在 6% 左右，在全球金融危机前财政总赤字占 GDP 比重下降到 3% 左右，受危机影响财政总赤字占比迅速又回到 6% 左右，近年来赤字状况有所缓解，占 GDP 比重回落到 5% 以下。中央财政净赤字及其占 GDP 比重的变动趋势也类似。①

（三）中央和邦债务水平及其变化

2014/2015 财年，印度中央和邦债务余额 88.0 万亿卢比，占 GDP 的 70.57%。2015/2016 财年和 2016/2017 财年，中央和邦债务的绝对量会略有增加，但债务占 GDP 的比重会先升后降（见表 12－18）。

历史来看，中央和邦债务余额从绝对量上看增长幅度较大，2000/2001 财年债务余额 15.2 万亿卢比，到 2014/2015 财年已经增加到 88.0 万亿卢比。但是从债务占 GDP 比重来看较为稳定，基本在 70% 左右。2006/2007 财年，债务占 GDP 比重较高，为 84.60%，全球金融危机期间及之后债务占 GDP 比重一直呈现下降态势。也就是说，金融危机并没有导致印度债务负担的增加，得益于政府对债务状况的关注，债务状况得到了持续改善。②

从债务结构来看，中央和邦债务按政府层级划分分为中央债务、邦债务两大部分，其中中央债务大概占中央和邦债务的 70%，邦债务占 30%，比重多年来较为稳定。

（四）中央债务水平及其变化

2014/2015 财年，印度中央债务余额 62.4 万亿卢比，占 GDP 的 50.07%。2015/2016 财年和 2016/2017 财年，中央债务余额的绝对量还会略有增加，但债务占 GDP 的比重会先升后降（见表 12－18）。

历史来看，中央债务余额从绝对量上看增长幅度较大，2000/2001 财年债务 11.7 万亿卢比，到 2014/2015 财年已经增加到 62.4 万亿卢比。但是从中央债务余额占 GDP 比重来看，债务余额稳定在 GDP 的 50% 左右。2006/2007 财年，中央债务余额占 GDP 比重曾高达 59.11%，之后呈现下降态势，2010/2011 财年以来稳定在 50%

① the Ministry of Finance of the Government of Indian，Indian Public Finance Statistics 2015－16，August 2016，table2.6，http：//dea.gov.in/datastatistic/public－finance－statistics，印度财政部网站。

② the Ministry of Finance of the Government of Indian，Indian Public Finance Statistics 2015－16，August 2016，table6.2 & table6.2（A），http：//dea.gov.in/datastatistic/public－finance－statistics，印度财政部网站。

表 12－18　　中央和邦债务余额及其占 GDP 比重（1990/1991—2016/2017 财年，截至 3 月底）　　单位：千万卢比

财年	1990/1991	2000/2001	2010/2011	2013/2014	2014/2015	2015/2016 调整数	2016/2017 预算数
A. 中央债务余额	1 021 029	1 168 541	3 938 774	5 669 429	6 242 519	6 892 212	7 438 481
1 内债	962 592	1 102 596	3 781 135	5 484 848	6 045 005	6 683 214	7 210 388
2 外债	58 437	65 945	157 639	184 581	197 514	208 998	228 093
B. 邦债务余额	279 199	355 492	1 684 800	2 325 454	2 556 592	3 013 621	3 425 098
汇总（A＋B）	1 300 228	1 524 033	5 623 574	7 994 883	8 799 111	9 905 833	10 863 579
	占 GDP 比重（%）						
A. 中央债务余额	50. 74	53. 88	50. 60	50. 47	50. 07	50. 80	49. 38
1 内债	47. 84	50. 84	48. 58	48. 83	48. 48	49. 26	47. 86
2 外债	2. 90	3. 04	2. 03	1. 64	1. 58	1. 54	1. 51
B. 邦债务余额	13. 88	16. 39	21. 64	20. 70	20. 51	22. 21	22. 74
汇总（A＋B）	64. 62	70. 28	72. 24	71. 17	70. 57	73. 01	72. 11

资料来源：the Ministry of Finance of the Government of Indian，Indian Public Finance Statistics 2016－17，May 2018，table 6. 2 & table 6. 2（A），印度财政部网站。

注：邦债务中不包括中央对邦的贷款。

左右。同样，全球金融危机也并没有导致印度中央债务负担的增加，债务状况在持续改善。①

从债务结构来看，印度中央债务分为内债和外债两类，其中以内债为主，外债所占比重很低。2014/2015 财年，印度中央债务余额 62.4 万亿卢比，其中内债 60.5 万亿卢比，占 GDP 的 48.48%，外债 2.0 万亿卢比，占 GDP 的 1.58%。近年来，印度中央债中的内债占 GDP 比重较为稳定并略有下降，外债所占比重也是如此，只是下降得更为显著一些，从较长期看，外债占比下降得更为明显②。

五、政府间财政关系

印度财政分为中央和邦两级（见图 12－5），中央指联邦和没有立法机构的中央直辖区，邦指邦和有立法机构的中央直辖区③，印度政府间关系详见图 12－5。

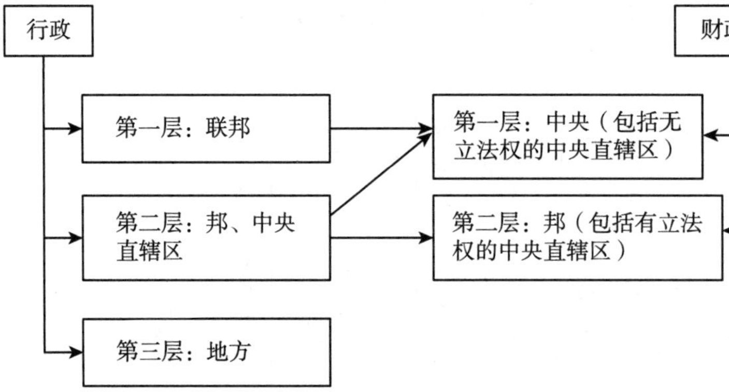

图 12－5　印度行政、财政的层级关系结构

直到 1871 年，印度仍然实行完全中央集权式政府结构，邦的所有开支都来自中央的拨款。《1919 年印度政府法案》正式划分了中央和邦的收入，导致中央赤字，不得不利用来自邦的转移支付弥补赤字。

目前印度中央将其收入的 30% 左右用于对邦的转移支付④。中央对邦的转移支付主要通过税收分享、拨款以及借款这三种方式来实现（见表 12－19）。其中税收分享是最主要的转移支付方式，其次是对邦和中央直辖区的拨款，对邦和中央直辖

① the Ministry of Finance of the Government of Indian, Indian Public Finance Statistics 2015－16, August 2016, table6.2 & table6.2（A）, http://dea.gov.in/datastatistic/public－finance－statistics，印度财政部网站。

② 比重根据表 12－18 数据来源计算得出。

③ Delhi 中央直辖区从 1993/1994 财年开始划入邦，之前被列入中央。

④ 这里所述都是指转移支付净值。

表 12－19　印度中央对邦的转移支付（1970/1971—2016/2017 财年）

单位：千万卢比

财年	中央总收入	对邦的转移支付					中央对邦级政府转移支付净值	中央对邦级政府转移支付净值占中央总收入的比重（%）
		中央税中邦的份额	中央对邦和中央直辖区的拨款	中央对邦和中央直辖区的借款（总量）	邦和中央直辖区偿还的借款	对邦转移支付汇总（总量）		
	1	2	3	4	5	2＋3＋4	2＋3＋4－5	（2＋3＋4－5）/1
1970/1971	5 506	755	612	1 028	658	2 395	1 737	31.55
1980/1981	25 507	3 792	2 796	3 146	917	9 734	8 817	34.57
1990/1991	117 297	14 535	13 293	14 522	4 653	42 350	37 697	32.14
2000/2001	376 872	51 945	37 684	20 490	11 691	110 119	98 428	26.12
2010/2011	1 419 724	223 203	157 181	10 299	9 327	390 683	381 356	26.86
2011/2012	1 360 292	259 412	177 426	10 088	10 754	446 926	436 172	32.06
2012/2013	1 722 109	294 357	177 708	14 059	9 511	486 124	476 613	27.68
2013/2014	1 931 790	322 880	194 119	11 090	10 119	528 089	517 969	26.81
2014/2015	1 864 657	341 269	331 648	12 012	10 658	684 929	674 271	36.16
2015/2016（调整数）	2 286 577	512 103	301 973	12 679	9 193	826 755	817 562	35.75
2016/2017（预算数）	2 523 843	576 787	275 117	12 682	9 573	864 586	855 014	33.88

资料来源：the Ministry of Finance of the Government of Indian，Indian Public Finance Statistics 2016－17，May 2018，table6.4，印度财政部网站。

区的净借款的数量相对较小①。

2014/2015 财年，印度中央将其 18.6 万亿卢比总收入中的 6.7 万亿（占中央总收入的 36.16%）转移给邦，其中税收分享、拨款以及净借款的金额分别为 3.4 万亿、3.3 万亿和 135.4 亿卢比，分别占中央政府对邦政府转移支付的 50.6%、49.2% 和 0.2%。

历史来看，从 20 世纪 70 年代以来的 40 多年里，印度中央对邦的转移支付占中央总收入的比重基本在 25%—35% 之间，其中 2004/2005 财年最低，为 15.86%，2008/2009 财年最高，为 38.40%，2010/2011 财年以来，中央转移支付占其收入的比重较为稳定，在 27% 左右，2014/2015 财年有较大提高②。

经过转移支付的调整后，中央和邦在支出方面基本持平，近年来邦支出的 30% 以上依赖中央的转移支付，依赖程度较高（见表 12－20）。

表 12－20　　中央对邦的转移支付占邦支出的比重
（1990/1991—2016/2017 财年）

单位：千万卢比

财年	中央对邦的转移支付	邦总支出	比重
1990/1991	37 697	81 311	46.4%
2000/2001	98 428	306 689	32.1%
2010/2011	381 356	1 090 665	35.0%
2011/2012	436 172	1 259 447	34.6%
2012/2013	476 613	1 445 003	33.0%
2013/2014	517 969	1 615 870	32.1%
2014/2015	674 271	1 879 159	35.9%
2015/2016（调整数）	817 562	2 450 581	33.4%
2016/2017（预算数）	855 014	2 713 931	31.5%

资料来源：the Ministry of Finance of the Government of Indian，Indian Public Finance Statistics 2016－17，May 2018，table6.4 & table3.1，印度财政部网站。

注：比重为计算得出。

税收分享是中央对邦转移支付最重要的一种方式。中央和邦税收收入详情见表 12－21，按照制度的安排，中央税中有部分收入是分享给邦的，中央税收收入的净值是中央税减去分给邦的部分，邦的税收总收入是邦本级税收收入加上中央从中央税收入中分给邦的部分。以 2014/2015 财年为例，中央和邦税收收入共 20.4 万亿卢

① 转移支付详情还可参考财政部财政科学研究所，《各国财政运行状况》（2013），中国财政经济出版社 2014 年版，第 244—248 页。

② 资料来源同表 12－19。

表 12－21　印度中央和邦的税收收入情况（1990/1991—2016/2017 财年）

单位：千万卢比

财年	中央和邦税收收入 A＋C	中央税收入 A	中央税中邦的份额 B	中央税收入（净值）A－B	邦本级税收收入 C	邦税收总收入 B＋C
1990/1991	87 722	57 577	14 535	43 042	30 145	44 680
2000/2001	305 322	188 605	51 945	136 660	116 717	168 662
2010/2011	1 271 665	793 072	223 203	569 869	478 594	701 797
2011/2012	1 467 891	888 898	259 412	629 486	578 993	838 405
2012/2013	1 716 117	1 036 234	294 357	741 877	679 882	974 239
2013/2014	1 879 142	1 138 733	322 879	815 854	740 409	1 063 288
2014/2015	2 040 026	1 244 885	341 269	903 616	795 141	1 136 410
2015/2016（调整数）	2 384 421	1 459 611	512 103	947 508	924 810	1 436 913
2016/2017（预算数）	2 684 384	1 630 888	576 787	1 054 101	1 053 496	1 630 283
财年	占 GDP 比重（%）					
1990/1991	14.96	9.82	2.48	7.34	5.14	7.62
2000/2001	14.02	8.66	2.39	6.28	5.36	7.75
2010/2011	16.34	10.19	2.87	7.32	6.15	9.02
2011/2012	16.80	10.17	2.97	7.21	6.63	9.60
2012/2013	17.26	10.42	2.96	7.46	6.84	9.80
2013/2014	16.73	10.14	2.87	7.26	6.59	9.47
2014/2015	16.36	9.98	2.74	7.25	6.38	9.11
2015/2016（调整数）	17.57	10.76	3.77	6.98	6.82	10.59
2016/2017（预算数）	17.82	10.83	3.83	7.00	6.99	10.82

资料来源：the Ministry of Finance of the Government of Indian，Indian Public Finance Statistics 2016－17，May 2018，table1.7 & table1.8，印度财政部网站。

比，占 GDP 的 16.36%，其中中央税收收入 12.4 万亿卢比，占 GDP 的 9.98%，邦本级税收收入 8.0 万亿卢比，占 GDP 的 6.38%；中央税收入 12.4 万亿卢比中邦的份额为 3.4 万亿卢比，除去邦的份额后，中央税净收入为 9.0 万亿卢比，占 GDP 的 7.25%，邦本级税收收入加上中央税收入中邦的份额后，邦税收总收入为 11.4 万亿卢比，占 GDP 的 9.11%。也就是说，中央和邦税收收入中，中央税收入和地方本级税收收入大约是 6∶4 的关系，中央将其税收收入的约 28% 分给邦，之后中央税收净收入和邦税收总收入大约是 4∶6 的关系。

六、财政改革和治理措施：重点将放在债务削减上

（一）产业概况[①]

农业基本自给。印度拥有世界 1/10 的可耕地，面积约 1.6 亿公顷，人均 0.17 公顷，是世界上最大的粮食生产国之一。农村人口占总人口的 72%。

工业体系较为完整，自给能力较强。印度的主要工业包括纺织、食品加工、化工、制药、钢铁、水泥、采矿、石油和机械等。汽车、电子产品制造、航空和空间等新兴工业近年来发展迅速。

服务业发展迅速。20 世纪 90 年代以来，印度服务业发展迅速，占 GDP 比重逐年上升。近年来，印服务业实现较快发展，2016/2017 财年增长 7.7%，2017/2018 财年增长 8.3%。2017/2018 财年，服务业对国民总增加值的贡献率为 55.2%，成为印度创造就业、创汇和吸引外资的主要部门。目前印度已经成为全球软件、金融等服务业重要出口国。

（二）宏观经济[②]

印度是目前世界经济增长最快的国家之一，而且在较长期间保持着高速的经济增长。如表 12－22 所示，截至 2016/2017 财年，印度 GDP 增长率连续 3 年超过 7%。根据中央统计办公室（Central Statistics Office，缩写 CSO）的首次提前估计（First Advance Estimates），2017/2018 财年，GDP 增长率会有所下降，为 6.5%。即使 2017/2018 财年增长率有所下降，但是 2014/2015 财年到 2017/2018 财年这 4 年的平均增长率仍高达 7.3%，是世界主要经济体中最高的。同期，世界的平均增长率为 3.4%，新兴经济体为 4.5%，中国为 6.9%。

---

① 外交部，《印度国家概况》，2019 年 1 月更新，外交部网站。

② the Ministry of Finance of the Government of Indian，Economic Survey 2017－18，January 2018，印度财政部网站。

实际人均收入（以2011/2012财年不变价格计算的人均国民净收入）是表示国民财富的重要指标之一。根据估计，该指标会从2015/2016财年的77 803卢比，预计在2017/2018财年增加到86 660卢比，年均增长5.5%。以名义价格计算，人均国民收入年均增长9.0%，从2015/2016财年的94130卢比预计到2017/2018财年增长到111 782卢比。

通货膨胀较为温和。2017/2018财年头3个月（4月至6月），得益于较低的食品价格，消费者价格指数（CPI）通货膨胀率低于3.0%，在之后的3个月（7月至9月）上升到3.0%。整体来说，2017/2018财年的2017年4月到12月，CPI通货膨胀率下降到3.3%，低于上年同期的4.8%。2017年年初，批发价格指数（WPI）通货膨胀率持续数月维持在较低水平。但在2017年2月和3月，由于全球原油价格的大幅突然上涨，导致WPI通货膨胀率上扬。之后，全球原油价格较为平稳，WPI通货膨胀率在4月到7月这4个月中较为温和，在6月较低为0.9%。之后数月油价回弹和走高，以及伴随食品价格的上升，WPI通货膨胀率在2017年12月上升到3.6%。整体来说，2017/2018财年的2017年4月到12月，WPI通货膨胀率为2.9%，高于上年同期的0.7%。

进出口出现显著增长。出口在经历几年负增长后，在2016/2017财年开始实现增长，增长5.2%，在2017/2018财年，出口增长更为显著，2017年4月至12月增长12.1%。进口也是如此，在2016/2017财年开始实现增长，增长0.9%，在2017/2018财年增长更为显著，2017年4月至12月实现增长21.8%。在2017/2018财年前半段的2017年4月到9月，经常性账户赤字（CAD）为GDP的1.8%，与之前财年相比略有扩大。2018年1月12日，外汇储备在某时点上升到接近4140亿美元。货币卢比兑美元的汇率较为平稳。

表12－22　　　　印度主要宏观经济指标

（2014/2015—2017/2018财年）

数据分类	单位	2014/2015财年	2015/2016财年	2016/2017财年	2017/2018财年
GDP及相关指标					
GDP（不变价格）	千万卢比	10 536 984	11 381 002	12 189 854（暂时估计）	12 985 363（首次提前估计）
GDP增长率	%	7.5	8.0	7.1	6.5
人均国民收入（现价）	卢比	86 454	94 130	103 219	111 782
价格					
WPI通货膨胀率（平均）	变动%	1.2	－3.7	1.7	2.9（2017年4—12月）

续表

数据分类	单位	2014/2015 财年	2015/2016 财年	2016/2017 财年	2017/2018 财年
CPI 通货膨胀率（平均）	变动%	5.9	4.9	4.5	3.3（2017 年 4—12 月）
对外部门					
出口增长率（美元计量）	变动%	-1.3	-15.5	5.2	12.1（2017 年 4—12 月）
进口增长率（美元计量）	变动%	-0.5	-15.0	0.9	21.8（2017 年 4—12 月）
经常账户盈余（CAB）/GDP	%	-1.3	-1.1	-0.7	-1.8（2017 年 4—9 月）
外汇储备	十亿美元	341.6	360.2	370.0	409.4（2017 年 12 月 29 日）
平均汇率	卢比/美元	61.14	65.46	67.07	64.49（2017 年 4—12 月）

资料来源：the Ministry of Finance of the Government of Indian，Economic Survey 2017 - 18，January 2018，Volume2 table 0.1，印度财政部网站。

注：（1）暂时估计的英文为 Provisional Estimates，缩写 PE；首次提前估计的英文为 First Advance Estimates，缩写 AE。

（2）WPI 为批发价格指数，CPI 为消费者价格指数。

（三）2019/2020 财年联邦预算概况[①]

印度的目标是在 2022 年庆祝印度独立 75 周年时，把印度建设成为一个新的印度。新的印度应该是干净和健康的，每个国民都有住房，都能使用厕所、水和电；农民的收入翻一倍；年轻人和妇女享有充分的机会实现其梦想；印度不再受到恐怖主义、地方自治主义、社会等级制度、腐败和裙带关系的困扰。为实现该目标，2019/2020 财年联邦预算做出如下安排：

1. 联邦预算概览

2017/2018 财年印度联邦总支出和总收入为 21.42 万亿卢比，占 GDP 的 12.7%[②]（参见表 12 - 15）。与 2016/2017 财年相比[③]，总量有所增加（2016/2017 财年为 19.75 万亿卢比），但是占 GDP 比重有所下降（2016/2017 财年为 12.9%）。

① The Ministry of Finance of the Government of Indian，Budget At A Glance 2019 - 2020，印度财政部网站 Union Budget 2019 - 20。

② 比重根据计算得出，下文同。

③ 2016/2017 财年相关数据都参考 The Ministry of Finance of the Government of Indian，Budget At A Glance 2018 - 2019，印度财政部网站 Union Budget 2018 - 19，及计算得出。

2018/2019 财年，按照调整的估计，联邦总支出和总收入会增加到 24. 57 万亿卢比，占 GDP 比重也会上升到 13. 2%。2019/2020 财年，按照预算的估计，联邦总支出和总收入会增加到 27. 84 万亿卢比，占 GDP 比重也会上升到 13. 4%。

2017/2018 财年，印度联邦财政赤字（总支出 - 经常性收入 - 非债务资本性收入）5. 9 万亿卢比，占 GDP 的 3. 5%。与 2016/2017 财年相比，总量有所增加（2016/2017 财年为 5. 3 万亿卢比），但是占 GDP 比重持平。2018/2019 财年，按照调整的估计，联邦财政赤字会增加到 6. 3 万亿卢比，但占 GDP 比重会下降到 3. 4%。2019/2020 财年，按照预算的估计，联邦财政赤字会增加到 7. 04 万亿卢比，但占 GDP 比重会持平也是 3. 4%。

2. 联邦收入结构

2019/2020 财年，联邦收入主要由税收收入、非税收入、非债务资本性收入以及借款和其他债务构成，它们占收入的比重分别为 70%、8%、3% 和 19%（参见图 12 - 6）。税收收入按税种来看，主要有企业所得税、其他所得税、商品和服务税、联邦商品税、关税，这五大税种的税收收入占总收入比重分别为 21%、17%、21%、7% 和 4%。与 2018/2019 财年预算相比，联邦收入的结构没有变化，税收收入按税收来看有所变化，2019/2020 财年，企业所得税占总收入比重上升 2 个百分点，其他所得税所占比重上升 1 个百分点，商品和服务税所占比重下降 2 个百分点，联邦商品税下降 1 个百分点。

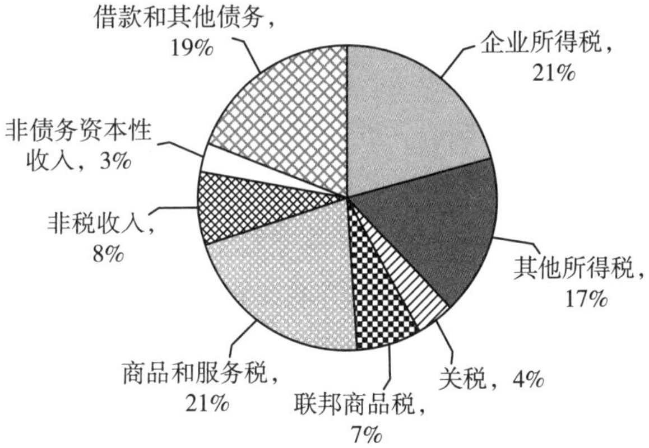

图 12 - 6　联邦收入结构（2019/2020 财年）

资料来源：The Ministry of Finance of the Government of Indian，Budget At A Glance 2019 - 2020，P2，印度财政部网站 Union Budget 2019 - 20。

3. 联邦支出结构

如图 12 - 7 所示，2019/2020 财年，联邦支出主要由中央资助计划、中央部门计划、利息支出、国防、补贴、财政委员会和其他转移支付、应属于邦的税收收入和收费的份额、养老金支出和其他支出构成，他们占总支出的比重分别为9%、12%、18%、8%、9%、8%、23%、5%和8%。与2018/2019财年预算相比，2019/2020财年预算中，中央部门计划占总支出比重增加2个百分点，国防、应属于邦的税收收入和收费的份额所占比重分别下降1个百分点。

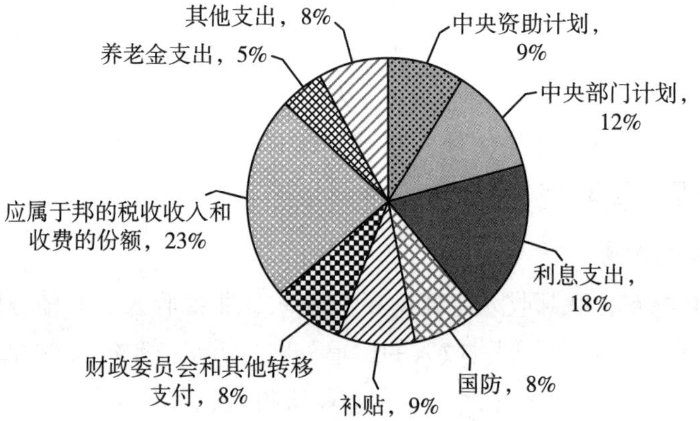

图12-7 联邦支出结构（2019/2020财年）

资料来源：The Ministry of Finance of the Government of Indian, Budget At A Glance 2019-2020, P3，印度财政部网站 Union Budget 2019-20。

（四）重点推进的财政政策和改革措施[①]

1. 财政管理方面

根据预算对收入和支出的预测，2019/2020财年，财政赤字占GDP的比重将是3.4%。印度曾经试图将2018/2019财年的赤字率维持在3.3%，并在2019/2020财年采取进一步措施将赤字保持在该水平。但是由于对农民收入增长的扶持，导致赤字高于预期，如果扣除该项措施的支出，财政赤字在2018/2019财年将低于3.3%，在2019/2020财年低于3.1%。印度联邦财政赤字管理目标是到2020/2021财年下降到3%。

2017/2018财年，印度债务占GDP比重为46.5%。《财政责任和预算管理法案》指出，印度政府债务占GDP比重应该到2024/2025财年降低到40%以下。随着财政赤字削减计划的完成，政府现在将把重点放在债务削减上。

印度政府在实施国有企业资产管理议程，目前57家企业的市场总价值超过13万亿卢比，在2017/2018财年，政府收回投资取得的收入已经超过1万亿卢比，在2019年，应该可以实现取得8 000亿卢比收入的目标。

① The Ministry of Finance of the Government of Indian, Budget Speech, February 1, 2019, P20—23，印度财政部网站 Union Budget 2019-20.

2. 支出政策方面

2019/2020 财年总支出的预算数为 27.842 万亿卢比，比 2018/2019 财年调整数 24.57 万亿卢比增长 3 万亿卢比以上。具体支出措施包括：（1）支持农民增收。为增加农民收入，2018/2019 财年安排支出（调整数）2 000 亿卢比，2019/2020 财年安排支出（预算数）7 500 亿卢比；（2）2019/2020 财年安排资本性支出（预算数）3.36 万亿卢比；（3）2019/2020 财年为“中央资助计划”（CSS）安排 3.28 万亿卢比资金（预算数），高于 2018/2019 财年的 3.05 万亿卢比（调整数）；（4）2019/2020 财年为“国家教育任务”安排的资金从上一财年的 3 233 亿卢比（调整数）增加到 3 857 亿卢比资金（预算数）；（5）2019/2020 财年为“儿童发展综合方案”安排的资金从上一财年的 2 335.7 亿卢比（调整数）增加到 2 758.4 亿卢比（预算数）；（6）大幅增加目录中的种姓和部落的福利支出。2019/2020 财年为“目录中的种姓”支出安排的资金从上一财年的 6 247.4 亿卢比（调整数）增加到 7 680.1 亿卢比（预算数），与 2018/2019 财年的预算数 5 661.9 亿卢比相比增长 35.6%。2019/2020 财年为“目录中的部落”支出安排的资金从上一财年的 3 913.5 亿卢比（预算数）增加到 5 008.6 亿卢比（预算数），增长 28%。

3. 税收政策方面

对之前曾经宣布的金融证券交易印花税改革提出修正案。之前曾经宣布对金融证券交易征收的印花税进行改革。在 2019/2020 财年的预算中提议，对改革提出修正案。修正案将引入一项合理的体系。印花税将每笔交易征收一次，通过证券交易所一次性收取。收入将与邦政府分享，中央与证券交易买方永久居住地所在的邦共同分享该收入。

个人纳税人其应纳税所得额在 50 万卢比以内的将获得全额退税，不用交纳个人所得税。个人应纳税所得额在 65 万卢比以内的，如果他们投资公积金、特别储蓄、保险等等，也可能不用交纳个人所得税。实际上，加上附加扣除，例如金额最高为 20 万卢比的住房贷款利息、医疗保险、老年人医疗支出等等附加扣除，更高收入的个人将也不用交纳所得税。这项政策将为包括自我雇佣者、小企业主、小贸易商、工薪阶层、养老金领取者和老年人在内的约 3 000 万中等收入纳税人提供 1 850 亿卢比的税收优惠。

对工薪阶层来说，个人所得税标准扣除计划从目前的 4 万卢比提高到 5 万卢比，将为超过 3 000 万的工薪阶层和养老金领取者提供 470 亿卢比的税收减免优惠。

目前，对自有住房超过 1 处的个人征收名义租金个人所得税。考虑到中等阶层由于工作、儿童教育和照料父母等不得已的原因而购买 2 处住房。2019/2020 财年预算提议免除对第 2 套自有住房征收名义租金个人所得税。

对银行和邮政储蓄存款的利息所得征税的门槛从 1 万提高到 4 万卢比。这项措施将使小额储蓄者和没有工作的夫妻获益。

根据个人所得税法第 54 条款资本收益延迟纳税的优惠将从对 1 处房产投资更改为 2 处房产，资本利得最高为 2 000 万卢比的单个纳税人可以享受该优惠。这项优惠在纳税人一生中只能享受一次。

为刺激不动产部门的发展，2019/2020 财年预算提议延长对名义租金和未出售的库存房产征税的免征期限，免征期从 1 年增加到 2 年，从 2019 年年底免征政策到期后开始计算。

七、小结：印度财政运行特征

近年来，世界各国的民族主义、单边主义、保护主义抬头，全球都经历着变化，具体到国别又有不同的表现形式。从印度来看，边境冲突是最重要的问题。财政是国家治理的基础和重要支柱，也必将深刻影响印度的财政运行，边界问题在印度财政运行上的体现如下：

（一）增加国防支出

自 2014 年印度本届政府就职以来，政府重点推进了国防力量的现代化和实战能力建设，预算优先保障国防支出，国防支出不断增长。2010/2011 财年以来，印度国防支出分别为 1.5 万亿、1.7 万亿、1.8 万亿、2.0 万亿卢比，到 2014/2015 财年增长到 2.2 万亿卢比，2015/2016 财年的调整数为 2.2 万亿卢比，2016/2017 财年的预算数为 2.5 万亿卢比①。

国防支出占中央支出比重有所增加。2010/2011 财年以来，印度国防支出占 GDP 的比重稳定在 13% 左右，在 2015/2016 财年下降到 12.3%，但是 2016/2017 财年出现明显上升，上升到 12.7%（见图 12－8）。

据报道称，印度正加强东部边境的兵力部署，在巴纳格尔新建一支山地打击军，并在前线地区部署苏－30 战斗机和武装直升机。军方还重新启用了靠近边境地区的一系列前沿机场，在东部边境部署超音速巡航导弹，并计划部署特种行动飞机。②

另外，根据 2018/2019 财年印度联邦预算，印度已经允许私人投资国防产品，也允许了国外直接投资自由投资该领域，还将采取措施开发 2 个国防工业产品生产渠道，还将出台产业友好的《国防产品政策 2018》（Defence Production Policy 2018）促进国内的公共部门、私人部门和中小微企业提供国防产品。

---

① 印度财政部，Indian Public Finance Statistics 2016－17，May 2018，table2.1，印度财政部网站。

② 《印媒称印度持续增兵中印边境地区：加强巡逻 新建医院》，2018－04－02 19：06：13，来源：参考消息网，新华网。

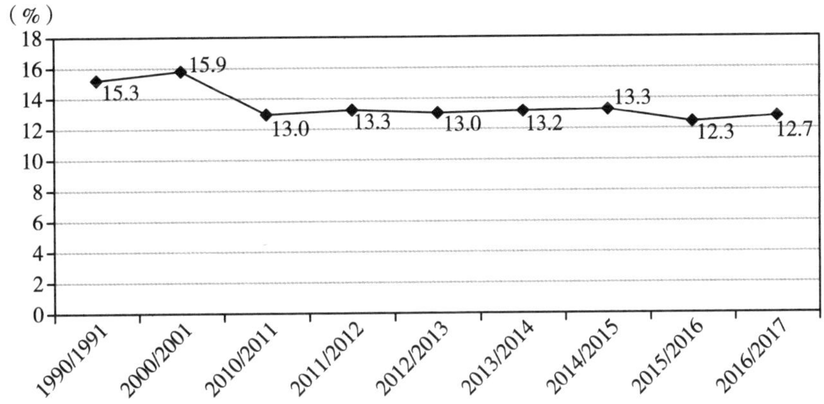

图 12－8 国防支出占中央总支出比重（1990/1991 财年—2016/2017 财年）

资料来源：印度财政部，Indian Public Finance Statistics 2016－17，May 2018，table2. 1，印度财政部网站。

注：比重经计算得出，2015/2016 财年数据根据调整数计算，2016/2017 财年数据根据预算数计算。

（二）加强边境基础设施建设

1. 交通基础设施建设

印中边境是高原地区，印度认为需要加强印中边境的公路网，以便快速调动部队。据《印度斯坦时报》报道，2017 年，印度内政部批准建设一条从马尔斯米克拉到热泉的公路，印度媒体称，修建这段公路对印度来说，可以把偏远地区的印度安全部队与中印边界争议地区连接起来，“以确保印度边防部队的优势”①。根据 2018/2019 财年印度联邦预算，印度已经完成了 Rohtang 隧道建设，实现了与 Ladakh 地区在任何气候条件下的互联互通，超过 14 公里的 Zozila Pass 隧道的建设合约在顺利进行中，预算还提议建设 Sela Pass 隧道。

2. 医疗基础设施建设

印度政府计划在一些战略要地新建医疗基础设施，提供前沿医院收治能力，为军队提供更好的医疗服务。据《印度斯坦时报》报道，据了解内情的几位官员透露，印度要在一些战略要地新建医疗设施，提高前沿地区医院的收治能力，为军队提供更好的医疗服务。东部司令部辖区将在未来 3 年新建 3 家医院，合计增加 475 张床位，同时还将升级两所医疗设施，作为提升中印边境地区医院收治能力的总体计划的一部分。总部位于加尔各答的东部司令部辖区的新医院将分别建在巴纳格尔

① 《外交部评印度在中印边界西段修路：自己打自己的脸》，2017 年 08 月 24 日，来源：新华社，新华网。

（西孟加拉邦）、兰格伯哈尔（那加兰邦）和利卡巴利（阿萨姆邦）。①

（三）惩罚性关税

印巴最新军事冲突爆发后的第2天，也就是2019年2月15日，印度宣布取消给予巴基斯坦的最惠国待遇，并将从巴基斯坦进口商品的关税税率提高到200%。

主要参考文献

[1] 中国外交部，《印度国家概况》，中国外交部网站，2019年1月更新。

[2] 中财网，《美印贸易摩擦升温 双方会上演贸易大战吗?》，2019年02月14日，中财网。

[3] The Ministry of Finance of the Government of Indian, Indian Public Finance Statistics 2016－17, May 2018，印度财政部网站。

[4]《世界主要国家财政运行报告（2018）》及之前年份的各报告。

[5] The Ministry of Finance of the Government of Indian, An Economic and Functional Classification of the Central Government Budget 2015－16, 06th June 2016，印度财政部网站。

[6] The Ministry of Finance of the Government of Indian, Economic Survey 2014－15 Volume II，印度财政部网站。

[7] The Ministry of Finance of the Government of Indian, Budget At A Glance 2018－2019，印度财政部网站 Union Budget 2018－19。

[8] The Ministry of Finance of the Government of Indian, Budget At A Glance 2019－2020，印度财政部网站 Union Budget 2019－20。

[9] The Ministry of Finance of the Government of Indian, Indian Public Finance Statistics 2012－13，印度财政部网站。

[10] The Ministry of Finance of the Government of Indian, Indian Public Finance Statistics 2015－16, August 2016，印度财政部网站。

[11] the Ministry of Finance of the Government of Indian, Economic Survey 2017－18, January 2018，印度财政部网站。

[12] The Ministry of Finance of the Government of Indian, Budget Speech, February 1, 2019，印度财政部网站 Union Budget 2019－20。

[13]《印媒称印度持续增兵中印边境地区：加强巡逻 新建医院》，2018－04－02 19：06：13，来源：参考消息网，新华网。

[14]《外交部评印度在中印边界西段修路：自己打自己的脸》，2017年08月24日，来源：新华社，新华网。

[15]《印媒称印度持续增兵中印边境地区：加强巡逻 新建医院》，2018－04－02 19：06：13，来源：参考消息网，新华网。

① 《印媒称印度持续增兵中印边境地区：加强巡逻 新建医院》，2018－04－02 19：06：13，来源：参考消息网，新华网。

后　记

2020年一季度，就在本书即将出版印刷之际，一场突如其来的新冠肺炎疫情正在肆虐全球，对世界各国经济社会发展造成了巨大影响。疫情要持续多久，对全球经济和地缘政治会带来什么样的冲击，目前还有很大的不确定性，但美国股市数日之内多次触发下跌熔断机制以及全球各地的资产价格暴跌，已经很真实地显现了本研究在2019年年初启动时就确定了的主题——风险社会。回过头来，我们就不难理解，为何"风险"一词在党的十九大报告中出现了9次、在党的十九届四中全会《决定》中出现了10次，为何习近平总书记在各种场合反复强调要有风险观。

财政是国家治理的基础，也是全球治理的基础。无论是国家治理还是全球治理，治理的对象都是公共风险。以风险社会为背景，审视世界主要国家财政经济运行情况，我们能够更好地揭示各国财政运行的特点，也能更深入地分析各国财政治理公共风险的水平和能力。从2018年到2019年，还有一件对全球有深远意义的事情，就是一些国家从本国"优先"出发，发动了针对多个国家特别是中国的贸易战，"逆全球化"的风从大西洋和太平洋刮过，引起了不小的风暴，这对世界主要国家财政运行也产生了比较大的影响。基于上述情况，品味"风险社会与逆全球化中的财政"，别有一番意味。

本书有传承、有创新。所谓传承，就是把外国财政研究中心自2011年就开始的各国财政运行研究优良传统继承下来，坚守严谨的学风，延续可比较的运行数据口径。所谓创新，就是紧跟时代，紧盯前沿，以不断创新的理论视角来观察世界各国的情况，试图挖掘数据表面看不到的东西，发现世界大不同。

本书是集体研究的成果，研究团队几经讨论，数易其稿，反复打磨，方得成书。本书撰写组是一个致力于从事财政与全球风险治理研究的团队，由中国财政科学研究院刘尚希院长任顾问，傅志华副院长任组长，李成威研究员任执行组长。团队成员和执笔分工如下：傅志华、李成威：全书总撰、导论（风险社会与逆全球化中的财政）；张晓云、高丰、杜崇珊：第一章美国、第八章澳大利亚；李欣：第四章英国、第十二章印度；刘翠微：第二章加拿大、第九章南非；景婉博：第十章日本、

第十一章韩国；于雯杰：第五章德国、第六章法国；白忠涛：第七章俄罗斯；王美桃：第三章巴西；朱玉迪：参与第十章日本和第十一章韩国部分资料收集和整理。

感谢读者对中国财政科学研究院外国财政研究中心长期以来的关心与支持，感谢中国财政经济出版社庄莉编辑为本书出版付出的辛勤劳动。由于时间仓促且水平有限，不当之处在所难免，敬请各位读者和老师批评指正！

中国财政科学研究院外国财政研究中心

2020 年 3 月 15 日

图书在版编目（CIP）数据

世界主要国家财政运行报告．2019：风险社会与逆全球化中的财政／中国财政科学研究院著．--北京：中国财政经济出版社，2020.3

（中国财政科学研究院年度智库报告）

ISBN 978-7-5095-9552-7

Ⅰ．①世…　Ⅱ．①中…　Ⅲ．①财政管理体制－研究报告－世界－2019　Ⅳ．①F811.2

中国版本图书馆 CIP 数据核字（2020）第 019019 号

责任编辑：庄　莉　　　　责任印制：刘春年

封面设计：陈宇琰　　　　责任校对：胡永立

中国财政经济出版社 出版

URL：http：//www.cfeph.cn

E-mail：cfeph@cfemg.cn

社址：北京市海淀区阜成路甲 28 号　邮政编码：100142

营销中心电话：010-88191537

北京财经印刷厂印装　各地新华书店经销

787×1092 毫米　16 开　26.75 印张　513 000 字

2020 年 3 月第 1 版　2020 年 3 月北京第 1 次印刷

定价：98.00 元

ISBN 978-7-5095-9552-7

（图书出现印装问题，本社负责调换）

本社质量投诉电话：010-88190744

打击盗版举报热线：010-88191661　QQ：2242791300